성경의 말씀을 잘 알 수 있게 하신
귀중한 책이기에 (　　　　　)님께
선물로 드리니
보시고 하나님의 복을 함께 받으시기를 바랍니다.
20　　년　　월　　일
(　　　　　) 드림

예수님을 만나는 길

제 4 권
(산상에서의 말씀)

신성엽 목사 말씀

신성엽 목사의
　　말씀과 간증 중에서

저는 진리의 영이라 세상은 능히 저를 받지 못하나니
이는 저를 보지도 못하고 알지도 못함이라 그러나 너희는
저를 아나니 저는 너희와 함께 거하심이요
또 너희 속에 계시겠음이라 (요14:17)

하나님께서 우리 속에 영으로 오신다는 것,
이것이 얼마나 큰 이적이며 얼마나 놀라운 일이며
얼마나 어마어마한 큰 복인지 아시는가요?
하나님의 영이 우리와 함께 계시고
우리 속에 계시겠다는 것 아닙니까!
바로 이 같은 복이 내게 이루어졌습니다.

하나님의 깊은 사정까지 통달하신 성영님께서 내게 오시니
성경의 말씀을 깨닫지 못할 이유도 없고
아버지의 마음을 알지 못할 이유도 없습니다.
기록하신 말씀을 통해서 아버지의 마음과 깊은 사정을 아는
이 큰 복을 받았습니다.

삼위 하나님이 내 안으로 오셨습니다. 이것이 저의 간증입니다!
세상 복으로 잘살게 해주었다. 그런 것이 나의 간증이 아니라
삼위 하나님이 내 안으로 오신 것 이것이 나의 간증입니다!
이것이 나의 영원한 간증입니다 여러분!!

일 러 두 기

이 책을 비롯해 신성엽 목사의 가르쳐 전하신 말씀을 정리하여
책으로 엮은 모든 책에는 '성령'을 **'성영'**으로 '신령'을 **'신영'**으로,
'심령'을 **'심영'**으로 표기하였습니다.

성영님은 본래 영이시며, 하나님이십니다.
그렇기에 영이신 성영님을 '령'이 아닌 '영'으로 부르는 것이 마땅합니다.

한자 문화권인 우리말의 특성상 'ㄴ' 'ㄹ' '음가 없는 ㅇ' 등의 경우
두음법칙이 적용돼 '영'을 '령'으로 표기해 불러왔고 그로 인해 '영'이신
하나님을 '신령하다.' '혼령' '죽은 사람의 혼백(넋)' '죽은 이를 높여
부르는 말' 등과 같은 뜻으로 오해하도록 한 측면이 있습니다.

그래서 예배하여 섬겨야 할 인격의 하나님이신 성영님을, 일종의
기(氣)나 기운, 능력, 신비적 현상 등의 비인격적 존재로 생각하도록
하여 하대하거나 부리는 존재로 여겨 온 경향이 있습니다.

이것은 우리의 믿음을 혼란케 하는, 잘못된 것임에 불과합니다.
아버지의 영이며, 아들 예수님의 영이신, 성영님의 인도를 받는
아들 된(롬8:14) 믿음이면 이 모든 것을 분별할 수 있습니다.

'성령'을 '성영'으로 표기하는 것은 우리말 어법에는 맞지 않는 것이지만, 영이신 하나님을 바로 알고 바로 부르는 것이 마땅한 것이기에, 믿음을 바로 하기 위해서라면 관계가 우선 돼야 하는 것이니 부득이 문법 규정이라도 벗어날 수밖에는 없습니다.

바로 알고, 바로 믿고, 바로 부르는 것은 그 어떤 행위나 제사보다 더 중요합니다. 우리 믿음의 마땅한 도리이자 권리입니다. 아멘

이와 관련한 내용은 예수님의 교회 홈페이지(http://www.jesusrhema.org) 게시판 「간증의 글」에 게시된 '성령인가. 성영인가?'와 「신성엽의 글」에 게시된 '(바르게 알자) 성영님이 금하라 하신 '성부' '성자'의 호칭'을 참고하시기 바랍니다.

발간사

수없이 많은 이들의 설교를 듣고 서적을 탐독하고 신학 공부도
해보았지만 참진리의 말씀을 접하지는 못했습니다.

말씀을 바로 깨닫기 원하는 목마름과 갈급함으로
마음이 헤매던 중에 신성엽 목사님의 말씀을 만나게 되었고,
듣는 내내 여태껏 어디서도 들어볼 수 없었던 말씀으로
'어떻게 이런 말씀이 다 있었나?!' '왜 이제야 듣게 되었나?!'하는 놀라움과 아쉬움의 마음을 금할 수가 없었습니다.
그동안 풀리지 않았던 성경의 내용들을 바로 알게 되면서
예수님을 만나는 영광을 얻고 영혼의 큰 기쁨을 얻게 되었습니다.
이것이 많은 이들의 한결같은 고백입니다.

전국 곳곳에서, 멀리 국외에서 말씀을 듣고 말씀이 선포된 곳으로
찾아와 서로 기쁨의 간증을 나누며, 하나님께 영광을 돌리며,
같은 마음으로 소원하게 된 것은, 우리처럼 말씀의 해갈을 얻지 못하
여 영혼이 헤매는 이들과 말씀을 깨닫기 원하는 이들에게도
이 말씀이 전해져야 한다는 거였습니다.
그러한 방법이 책으로 출간하자는 것이었고, 뜻이 모여 서로 협력하고
또한 여러 수고를 거쳐서 마침내 출간하게 되었습니다.

바른 가르침의 말씀 안에서 돌이켜보니
그저 열심히 전도하고 말씀을 말하여 왔던 것이 얼마나 잘못된
말씀지식으로 행한 것이었는지, 하나님께 얼마나 잘못 행하였는지를
보게 되니 피차 마음에 통회하고 고백하며, 뒤늦게나마 이 책을 전하는
것이 우리의 사명이라 확신하여 기쁨과 감사함으로 행하게 되었습니다.

이 책이 모든 이들에게 읽혀서 예수님을 만나는 참 복을 얻기를
우리 모두가 간절히 소망하며
책을 출간하게 하신 하나님께 감사의 영광을 돌립니다.

심 재 현   장 로

'산상에서의 말씀' 목차

제 1 장   천국에서 지극히 작다 하신 뜻(5:17–20) · 13

제 2 장   더욱 강화한 영적인 율법(5:21–26) · 41

제 3 장   마음에 음욕을 품은 자 지옥에 던지운다(5:27–32) · 63

제 4 장   (1)대적지 말고 속옷 겉옷까지 주라(마5:38–48) · 81

제 5 장   (2)대적지 말고 십 리를 동행하라(마5:39–48) · 99

제 6 장   5장의 말씀으로 믿음이 됐는가? · 129

제 7 장   자기 의(義)로 하는 구제(거짓 그리스도의 경로)(5:48–6:4) · 149

제 8 장   (1)힘 있는 외식의 기도들(계속 책망, 경고하심)(6:5–15) · 167

제 9 장   (2)중언부언하지 말라. 중언부언으로 판치는 기도들(6:5–15) · 183

제 10 장   상 갚아주시는 골방의 기도(6:6) · 203

제 11 장   표적에 맞히지 못한 타락의 금식들(6:16–18) · 221

제 12 장   너희를 위하여 보물을 하늘에 쌓아두라(6:19–34) · 237

제 13 장   믿음만이 받은 십의 일의 큰 복(6:24) · 263

제 14 장   비판(하나님께 심판)을 받지 아니하려거든(7:1–6) · 287

제 15 장   예수님께 대접을 받고자 하면 너도 그같이 대접하라(7:6–12) · 307

제 16 장   찾는 이가 적은 좁은 문 협착한 길의 복(7:13,14) · 335

제 17 장   (1)거짓 선지자들을 삼가라(7:15–23) · 355

제 18 장   (2)거짓 선지자들을 삼가라(7:15–23) · 373

제 19 장   반석 위에 지은 지혜의 집과 어리석은 집(7:24–27) · 397

제 1 장
천국에서 지극히 작다 하신 뜻

¹⁷내가 율법이나 선지자나 폐하러 온 줄로 생각지 말라 폐하러 온 것이 아니요 완전케 하려 함이로다 ¹⁸진실로 너희에게 이르노니 천지가 없어지기 전에는 율법의 일점 일획이라도 반드시 없어지지 아니하고 다 이루리라 ¹⁹그러므로 누구든지 이 계명 중에 지극히 작은 것 하나라도 버리고 또 그같이 사람을 가르치는 자는 천국에서 지극히 작다 일컬음을 받을 것이요 누구든지 이를 행하며 가르치는 자는 천국에서 크다 일컬음을 받으리라 ²⁰내가 너희에게 이르노니 너희 의가 서기관과 바리새인보다 더 낫지 못하면 결단코 천국에 들어가지 못하리라

(마5:17-20)

말씀 제목이 〈천국에서 지극히 작다 하신 뜻〉입니다. 17에 "내가 율법이나 선지자나 폐하러 온 줄로 생각지 말라 폐하러 온 것이 아니요 완전케 하려 함이로다." 하셨는데 이 말씀을 이해하려면 예수님이 말씀하시던 그때 상황을 좀 알아야 합니다. 그래야 성경을 읽을 때나 복음서 내용을 이해하는 데 도움이 되기 때문에 예수님이 계시던 그때 상황에 관해서 설명을 좀 하겠습니다.

예수님이 말씀을 전파하시며 안식일에 많은 병자를 고치셨습니다.

예수님의 말씀과 행하심을 유대인들이 듣고 보니 율법을 폐하러 온 것처럼 보였습니다. 백성들에게 율법을 무시하고 지키지 않아도 되는 것처럼 선동하고, 이단 사설을 퍼뜨리는 것처럼 보였습니다. 그래서 예수님을 오해하고 있는 그들에게 오늘 17의 말씀이 그것이 아니라고 율법을 무시하고 폐하려고 온 것이 아니라, 자신이 율법과 관계있는, 율법이 말한 그로서, 그 율법을 완전케 하려고 오셨다고 하신 것입니다.

유대인 지도자들이 율법을 주신 것과 선지자들의 전하는 말을 잘 새겨듣고 하나님의 의도와 뜻을 가진 신앙이 돼야 했음에도 인간 머리로 하나님을 생각하고 자신들이 옳다고 생각하는 것에다 하나님을 맞추었음으로써 다시 돌아올 수 없게 돼 버린, 하나님과는 아예 반대 방향으로 나가버리게 되었습니다. 그렇기에 계명을 지키는 것도 하나님의 뜻에 있지 않았고 잘살고 명예 얻고 영생 얻는다 하는 자신들의 뜻에 있었습니다. 그래서 예수님께서 **사람의 계명으로 교훈을 삼아 가르치니 나를 헛되이 경배하는도다 하였느니라**(마15:9)는 말씀을 하셨습니다.

오늘날도 똑같습니다. 절대로 다르지 않습니다. 하나님의 말씀과 계명을 인간의 계명과 뜻으로 삼아 해석하고 열심히 그것을 가르치고 행하게 하고 있습니다. 인간 자기의 어떤 목적들을 위해서 믿는 것이 되게 한 것입니다. 구원도 받고 땅에서 잘되는 복을 받고 사랑하고 용서하고 서로 도와주고 실천하는 착한 사람이 되자는 사람의 아주 좋은 계명으로 삼아서 믿는다 하고 열심히 가르치고 있습니다.

제 말을 여러분이 알아듣는 귀가 있어야 하고 이해가 돼야 합니다. 그것을 영적 지각이라 합니다. 마15:10에 예수님께서 말씀을 **듣고 깨**

달으라 하셨습니다. 지금 무엇을 듣는 것인지 잘 깨달으라는 말입니다. 말씀의 의도를 잘 깨달아 하나님의 뜻대로 믿음이 되려는 진실이 있어야 합니다. 여기에는 절대로 자기를 깨끗이 내려놓는 것을 전제로 합니다. 하나님의 원하시는 뜻을 알고 그 뜻을 따라 사는 것에 초점을 두어야 합니다. 믿음을 도우시는 성영님을 의지하여 순종해야 합니다.

유대인들이 예수님을 율법 폐지자로 여긴 가장 큰 이유 중 하나가 바로 안식일 문제였습니다. 그들이 볼 때는 예수님이 안식일을 예사로 범하고 있었습니다. 복음서에 보면 유대교 지도자들이 안식일 문제를 놓고 예수님을 계속 쫓아다니며 논쟁을 벌이는 것을 볼 수가 있잖습니까? 이들이 왜 그렇게 안식일에 대해 잘못된 이해를 했는가 하면 구약 성경 마지막 책인 말라기서를 기록한 말라기 선지자와 신약 복음서에 등장하는 제사장 겸 선지자인 침례 요한과의 사이가 약 사백여 년인데 그 기간에는 하나님의 말씀을 전해주는 선지자가 없었습니다. 하나님이 선지자를 보내서 회개를 촉구하면 유대교의 지도자들이 계속 그들을 잡아 죽이니 선지자를 보낼 수가 없었습니다.

그런데 유대인들이 말라기 선지자가 있었던 그 이전부터 바벨론의 느부갓네살왕에 의해 전쟁포로가 되어 바벨론으로 이주하여 살다가 70년 만에 다시 예루살렘에 귀환하여 파괴된 성전을 재건하고 또 삶의 터전을 다시 일구고 정비하여 자리를 잡아가다가 왜 이렇게 끊이지 않는 수난이 있는가 하는 의문이 생기기 시작했습니다. 말라기 선지자가 BC 440년경 당시의 선지자였는데 이 말라기 선지자 이후에도 계속적으로 유대인들이 평안할 날이 없었습니다. 알렉산더 대제에게 또 지배를 당하게 되었고, 이런 끊이지 않는 수난에 대한 의문과 함께 고민에 빠졌습니다.

하나님의 복을 약속받은 우리 민족이, 다윗왕의 때도 솔로몬왕의 때도 부강한 나라가 되어 경제나 문화적으로 최고조를 이루어 잘살았던 우리 민족이 왜 이렇게 하나님의 복이 떠나고 침략을 당하는 일이 빈번히 일어나 탈취당하고 전쟁에 포로가 되어 고통을 겪고 나라도 잃고 이방인들의 치하 속에서 수모와 수난을 겪어야 하는 것이냐? 고민하다가 과거에 조상들이 하나님의 율법을 바로 지키지 않았기 때문에 오늘날 우리가 이 어려움을 당하는 것이지 않겠느냐 하여, 하나님의 율법을 범한 것 중에 가장 문제되는 것이 무엇인지 연구한 결과 안식일을 잘못 지켰기 때문이라는 결론을 내리게 되었습니다.

그래서 우리는 율법을 철저히 지키자, 율법을 잘 지키고 살면 하나님께서 우리 민족에게 다시 복을 주실 것이다, 무엇보다 우리 조상들이 안식일을 범해서 하나님의 저주가 따랐으니 이제 우리가 안식일을 범하는 죄를 짓지 말고 철저히 지키자는 운동이 일어났습니다. 무엇이든지 범하는 것이 된다고 생각되는 것은 하지 말고 철저히 지키자는 결의를 하게 되었습니다. 이렇게 무조건 철저히 지키자는 것이 중요 안건이 됐으니 여기에는 하나님의 의도와는 상관없는 인간의 생각이 만든 규제 사항들이 많이 따라 붙게 되었습니다.

문서 전승에 의하면 이 안식일 규제법이 600가지가 넘는다고 들었습니다. 이렇게 안식일 지키는 것에 목숨을 걸었음에도 유대인들이 세계정복을 꿈꾸던 알렉산더의 통치하에 있다가 알렉산더가 죽자 또 다른 나라 왕의 지배에 들어갔습니다. 그 왕이 유대인들에게 안식일에 일하라고 명령을 내렸으나 꼼짝도 하지 않자 일하지 않으면 국법을 어긴 죄로 모두 처형한다는 엄명이 전달되었습니다. 그러나 죽을지언정 '안식일 범하지 않겠다.' 하여 그때 유대인들이 처형을 많이 당했다고 했습니다.

그다음 잠시 독립되었다가 또다시 유대민족이 로마의 지배하에 있게 되었습니다. 이런 과정 속에서 율법학자들이 아무래도 유대인들이 안식일 법을 어기고 범하는 사람들이 있기 때문에 이처럼 저주가 떠나지 않는 것 같다. 그러니 민족적으로는 지키기가 어려울 것 같으니 율법을 연구하는 우리들이라도 '안식일을 철저히 지키자'하는 바리새파가 있게 되었고 또 서기관이 있게 되었고 거기에 세상 문물을 받아들이자고 나온 사두개인이 있게 되었습니다. 신약성경에 바리새인 서기관 사두개인 이 세 부류가 등장하잖아요? 그래서 오늘날 믿는다 해도 예수님이 오셔서 계신 성전이 된 믿음이 아니면 다 이 세 부류에 속해 있는 것입니다. 그렇기에 바리새인 서기관 사두개인이 선지자가 없었던 이 400여 년의 공백 기간에 생겨난 자들입니다.

바리새인은 '구별되었다'이며 '하나님의 율법을 철저히 지키는 자로 구별되었다.' 는 뜻입니다. 이렇게 율법을 지키는 것만이 하나님께 구원받는 '의'가 되고 안식일을 철저히 지키는 것이 하나님의 복을 받는 관건이고 안식일을 철저히 지키는 것을 신앙의 척도로 삼았던 이들이 예수님께서 안식일에 병자를 고치시니 병자 고치는 것도 일한 것이 되어 안식일 범한 것인데 중풍 병자에게 "네 침상을 들고 걸어가라" 하는 겁니다. 또 삼십팔 년 된 누운 병자를 낫게 하여 "네 자리를 들고 걸어가라" 하니 이들이 볼 땐 큰일이 난 것입니다.

　따라다니며 이것을 목격한 이들에게 소동이 일어났습니다. 안식일 날 지팡이도 못 들게 하고 무엇이든지 허리를 굽혀 집는 것도 못하게 하고 무슨 일이든지 하면 안식일을 범하는 것이니 일하는 것을 철저히 금하고 있는데 예수라는 사람이 안식일마다 병자를 고치고 또 들고 가라 하고 그의 제자들은 안식일에 남의 밭에 밀 이삭이나 잘라 먹으니 그들이 볼 땐 이 예수라는 사람이 하나님의 율법을 무시하고 안식일을 보란 듯이 범하고 있으니 보통 일이 아니었습니다.

　율법 지키는 것이 영생 얻는 것이요, 복을 받는 것이라고 백성들에게 가르치고 죽을지언정 조상들로부터 안식일을 범하지 않고 지켜오던 것인데, 저 목수의 아들 예수가 나타나서 율법을 지키지 않아도 되는 것처럼 백성들을 선동하며 감히 폐하려고 하니 우리 민족이 하나님께 더 큰 저주를 받게 생겼다고 야단이 난 것입니다. 그래서 예수님을 죽여야 한다 생각하고 예수님만 보면 왜 안식일을 범하느냐고 책잡고 저걸 어떻게 죽일까? 기회를 보며 쫓아다녔습니다. 하나님의 의도에서 빗나간 율법의 잘못된 이해를 가지고 오히려 그 율법의 주인이신 예수님을 책잡아 죽이려고 쫓아다녔다는 말입니다.

　그래서 이 유대인들을 향해서 17에 **내가 율법이나 선지자나 폐하러 온 줄로 생각지 말라 폐하러 온 것이 아니요 완전케 하려 함이로라** 라고 율법과 선지자를 폐하러 온 것이 아니고 오히려 완전케 하려고 오셨다는 말씀을 분명히 하셨습니다. 이들이 예수님의 이 말씀을 알아듣지 못할 이유가 없습니다. 왜냐면 율법의 무거운 짐을 벗겨주시고 죄를 대속하실 메시아가 오신다는 것을 알고 기다린 민족이었기 때문입니다. 이것이 그들의 소망이 되어 있어야 하는 것임에도 알 아듣지 못한 것은 그렇게 인본으로 나가버렸기 때문입니다. 어둠으로 다시 돌아갔기 때문입니다.

율법은 인간이 죄인이라는 것을 말하고 있습니다. 십계명에 비추니 하나님께 죄인임이 여실히 드러났습니다. 자기가 왜 죄인이냐고 항변하고 싶어서 큰소리치지만, 십계명 앞에 누구도 죄인이 아니라고 할 수가 없게 되었습니다. 그 십계명은 백성에게 지키는 법으로 주셨습니다. 계명이 세분화된 약 613가지의 사항을 지키는 법으로 주시면서 만일에 율법을 범하면 죽는다 하셨습니다. 레18:5에 **너희는 나의 규례와 법도를 지키라 사람이 이를 행하면 그로 인하여 살리라 나는 여호와니라**고 하셨습니다. '나는 여호와니라.' 라고 하나님 자신의 이름을 반포하신 것은 반드시 말씀대로 이루시고 행하시는 하나님이시라는 하나님의 의지를 분명하게 선포하신 뜻입니다. 말씀하신 대로 반드시 행하신다는 것을 하나님 자기의 이름을 걸고 선포하신 뜻입니다.

하나님의 계명은 '의'의 표준입니다. 그래서 인간이 계명에 따른 그 율법을 온전히 지키면 영생하는 것입니다. 613가지의 율법을 온전히 지키면 산다는 말입니다. 613가지인지 제가 세어본 것은 아니지만 그 것은 성경학자들이 정확하기 때문에 그렇게 알고 있습니다. 그래서 죽지 않으려고 죽을힘을 다해 613가지의 율법을 지켜 의를 가져 보려고 하지만 지킬 수 없습니다. 지킬 수 있느냐 없느냐의 문제보다는 인간은 본질적으로 혈통에 죄를 가지고 납니다. 그래서 피가 죄의 피입니다. 피가 성품이요, 그 성품이 죄이기에 그래서 죄인입니다. 그렇기에 율법을 지켜보겠다고 애쓰고 노력해도 지킬 수가 없는 겁니다. 설사 613가지의 계명을 온전히 다 지켰어도 어느 순간 실수로 하나만 범했다면 다 수포가 됩니다. 그래서 사람은 율법에 완전할 수가 없기 때문에 율법에 정죄되어 다 심판에 들어가는 것입니다.

그러면 율법에 완전하신 분이 누구십니까? 예수님입니다. 그래서 율법에 정죄되어 심판받아야 하는 인류를 대신하여 율법에 완전하신 예수님께서 죽으셨다가 다시 살아나셔야 하는 것입니다. 그렇기에 예수님께서 율법의 요구대로 죽으셨으나 다시 살아나셨으니 이제 예수님 안에 들어오는 자마다 '살리라' 하신대로 살게 되었습니다. 그래서 인간은 율법에 완전하신 분, 하나님의 '의'이신 예수님으로 살아야 하는 것입니다.

율법은 죄를 깨닫는 것이요, 또한 율법은 그 죄에서 놓여 살기를 원하는 자는 살리신다는 표로 죄를 모르는 흠 없는 정결한 소나 양으로 생명의 피를 흘려 제사를 드리게 했습니다. 창조 때부터 죄 없는 정결한 생명의 피만이 죄를 사하는 것임을 하나님께서 양의 가죽으로 옷을 지어 입혀주심으로써 예표로 보이시고 그처럼 용서의 피를 흘리실 구주를 보내신다는 언약을 하시고 오실 때까지 정결한 소나 양을 잡아 피 흘려 하나님께 가지고 나올 수 있게 하셨습니다.

생명의 피 흘리는 제사에는 매일 드리는 상번제가 있고 그리고 번제, 화목죄, 속죄제, 속건제, 소제 등이 있습니다. 상번제는 매일 아침과 저녁에 일 년 된 수양을 태워드리는 것으로써 인간은 온전히 예수님으로 옷 입지 않으면 살지 못할 전적으로 타락한 죄로 묶인 가망 없는 존재이므로 예수님이 상번 제물이 되어 온전한 옷이 되어 주신다는 것이요.

번제는 불로 태우는 것으로 예수님께서 불속에 던짐을 받아 영원히 고통 중에 있을 우리의 죄 때문에, 불의 태움 같은 형벌을 대신 받고 죽으실 것이나, 불에 태워진 재가 바람에 날려 흔적 없이 돼 버리듯이, 번제로 드려진 예수님의 죄 사하는 피를 믿는 자는 깨끗케 되어 하나님께서 그 죄를 기억하지 않으신다는 의미요. 속죄제는 예수님께서 죄를 대속하시는 대속제물이 되신다는 의미요. 속건제는 예수님께서 사람의 죄 값을 치르시는 속건제가 되신다는 것이요. 화목제는 예수님께서 하나님과 인간의 관계를 화목하게 하시는 화목 제물이 되신다는 것이요. 소제는, 예수님이 하나님께 온전히 순종하여 자신을 내어드림으로 희생 제물이 되신다는 의미입니다.

그리고 유월절이 있습니다. 유월절은, 예수님이 죽임당한 어린양처럼 피 흘려 죽으심으로 심판에 놓인 인간을 그 심판에서 건지신다는 것이요, 유월절에 칠일 동안 먹는 무교병은, 하나님께서 보내시는 예수 그리스도만이 생명의 떡이 되시고, 인간은 오직 그 예수님만 받아들여야 생명이 있어 영생하게 된다는 것을 의미한 것이요, 또 육일이 지난 매 칠 안식일은, 안식의 주인은 예수님이요, 예수님만 참 생명의 안식을 주시고 영원히 안식케 하신다는 것이요. 또 육 년이 지난 칠년째 되는 매 칠 안식년은, 예수님께서 오셔서 인간의 저주를 풀어주신다. 저주에서 해방되어 온전(자유)케 하신다는 의미입니다.

또 칠 년씩 일곱 번을 지난 오십 년째 되는 희년은, 예수님이 부활 승천하신 뒤 성영님으로 오셔서, 즉 하나님 나라가 임하셔서 예수님을 믿는 모든 자들을 죄와 사망과 사단에게서 해방시키고 하늘 생명을 얻게 하여 안식의 기쁨과 평안으로 충만케 하신다는 의미입니다.

그러므로 이 모든 제사와 절기들이 왜 있습니까? 예수님을 알고 자기가 누구며, 예수님과 어떤 관계가 돼야 하는가를 알게 하시려고 그같이 예표와 상징으로 보이시고 행하여 온 일들을 이제 완성하려고 오셨다는 것을 말씀한 것입니다. 그렇기에 예수님의 말씀을 못 알아들을 일이 절대 아닙니다. 너희가 그동안 소나 양으로 제물을 드려 피를 흘리며 그처럼 단번에 피 흘려 죄 용서해주실 여자의 후손을 기다리지 않았느냐? 그 제사들과 절기들을 지키고 행하느라 힘쓰고 애쓰던 그 불완전한 법을 이제 완전케 하려고, 그가 바로 너희 앞에 왔다고 그들이 당연히 알아들어야 할 말씀을 하셨습니다.

불완전하기 때문에 매일 제물을 죽여야 하고 피 흘려야만 했던 그 고달픈 율법의 매임에서 해방시키고 이제 예수님 안에서 하나님을 만나게 되었고 예배하게 되었으니 내게로 나오라고 예수님 자신이 오신 것은 그 일을 위해서라는 말씀을 하신 것입니다.

그래서 절기나 제사는 십자가에서 다 완성하셨기에 폐지됐습니다. 그것은 율법으로 주어진 육체의 법이기 때문에 예수님께서 자기의 육체로 완성하셨기에 그 육체의 법을 더 이상 지킬 필요가 없게 되었습니다. 오늘날 우리는 예수님 안에서 예배하는 것입니다. 엡 2:15에 **원수 된 것 곧 의문에 속한 계명의 율법을 자기 육체로 폐하셨으니** 하셨고 히7:18에 **전엣 계명이 연약하며 무익하므로 폐하고** 19에 **(율법은 아무것도 못할지라)** 했습니다. 연약하며 무익하므로, 죄 용서도 구원도 받을 수 없으므로 예수님이 완성하셨으니 폐한다는 것입니다. 이제 예수님이 오셨으니 폐하여졌다는 겁니다.

그다음 율법에는 사람의 장자도 가축의 초태생도 곡식의 첫 수확물도 모든 열매의 첫 수확물도 그달의 첫날(월삭)도 첫 것은 다 하나님의 것으로 구별하여 바치라 하셨습니다. 오직 예수님만 하나님이 받으시는 하나님의 첫 것이 되신다는 의미입니다. 예수님만 하나님께 드려질 첫 알곡이요. 예수님만 성영님으로 처음 나실 분이요. 죽은 자 가운데서 다시 살아나실 처음 열매요. 이 땅에 많은 형제를 이끄시기 위해 하나님의 맏아들로 나실 것의 상징이요. 예표입니다.

이제 예수님의 영(성영님)을 받은 자는 아들의 영을 받았으므로 그도 하나님의 아들이 되고 예수님의 형제라 한다고 했습니다(롬8:14-17, 롬8:29, 히1:6, 히2:11). 여러분이 예수님을 구주로 영접하여 예수님을 따르는 믿음이 되어 예수님의 영(성영님)으로 살게 되었다면 하나님의 아들이요, 예수님의 형제가 되었다고 하신다는 말입니다.

그러므로 첫 것을 바쳐야 하는 의문의 율법은 예수님이 십자가에서 자신을 드려 완성하셨으니 폐하여졌습니다. 예수님 안에서는 이제 월삭이나 첫 것을 하나님께 드리던 것은 폐하여졌어요. 이제 우리가 드리는 것은 농사지어 수확을 했다거나 할 때, 암튼 율법에 의해서가 아니라 자유의 믿음, 감사한 마음으로 드리는 것은 얼마든지 좋습니다. 그러나 십일조는 그런 의미에서가 아니라는 것 여러분이 충분히 아십니다. 우리는 이제 믿음이요, 자유의 법으로 사는 자들입니다.

그리고 정결법입니다. 레위기 11장에 신명기 14장에 음식에 관한 규례가 있습니다. 짐승 중에서 또 땅에 것이든 물속에 것이든 공중에 나는 것이든 모든 생물 중에서 먹을 수 있는 것과 먹을 수 없는 것을 구분하셨습니다. 먹을 수 있는 것은 '정한 것이라.' 하였고 또 먹을 수 없는 것은 '부정한 것'이요 '가증한 것'이라고 갈라주셨습니다. 먹지 않아야 하는 것 중에서도 부정한 것과 가증한 것 두 종류로 구분하신 것입니다. 만일에 부정한 것과 가증한 것, 이 두 종류의 주검을 만졌거나 옮겼으면 저녁까지는 부정하니 입었던 옷들은 다 깨끗이 빨고, 혹시 그릇에 닿고 묻었으면 다 부정케 되었으니 깨버리라 하셨습니다.

그런데 오늘날 사람들이 돼지도 부정하니 먹지 말라 하신 것을 또 뭐라고 하는가? '부정하니 먹지 말라한 짐승은 위생학적으로 고기 자체가 해로운 균이 있어서 그렇다. 사람이 먹으면 건강에 해를 입기 때문에 먹지 말라 금하신 것이다. 이것이 과학적으로도 증명이 된 바다.' 라고 말하고 있습니다. 그러니까 하나님의 말씀의 뜻에 대하여 무지에서 나는 부정하고 가증한 말들로 영혼에 유익되지 못한 해되는, 새김질 못하는 돼지와 같은 말들을 한다는 말입니다. 하나님께서 "부정하고 가증한 것들은 먹지 말라"하신 것은 네가 살고자 하면 부정한 것과 가증한 것이 무엇을 말씀하는 것인지를 깨닫고 부정하고 가증함에서 나와야 할 것이요, 개와 돼지 같은 자들의 생명 없는 부정한 말들을, 분별하여 스스로 삼가라는 가르침입니다. 부정한 것과 정한 것, 먹는 것과 먹지 않아야 하는 것을 분명히 갈라주시는 것으로, 우리 믿음에 대해서 깨닫게 하신 것이라는 말입니다.

우리는 하나님께서 먹지 말라 하신 것들을 음식으로 잘 먹고 있습니다. '가증한 것이라'하신 것은 먹지 않지만 '부정하다.' 하신 것은 잘 먹고 있습니다. 그러면 예수님이 십자가에서 죽으실 때에 이 부정하다 하신 고기가 인간에게 해가 되는 균도 없어지고 불결한 환경도 바

뀌었기 때문에 먹게 된 것이겠습니까? 하나님께서는 '가축의 생활습성이 불결하기 때문에 고기 자체가 균이 있다. 그것은 부정한 것이니 먹지 말라.' 하셨던 것 절대 아니니 그런 무익한 것들에서 놓여나기 바랍니다. '부정하다'는 것은 '깨끗하지 않다'는 말입니다. 더러운 것이라는 말이에요. 하나님께서 더럽게 여기시는 것이 있다는 것입니다.

그리고 가증하다는 것은 '혐오스러움' '거짓과 속임'이라는 두 가지 의미를 가졌습니다. 하나님께서 미워하시고 싫어하시는 것과 원수로 여기시는 것이라는 말입니다. 그러므로 하나님께서 더럽게 여기시고 미워하시고 싫어하시는 것이 실지로 이런 짐승이나 생물들이 대상이겠는가? 하는 것을 여러분이 생각해 볼 수 있어야 합니다. 사람이 이같이 부정하고 가증하면 부정한 그 짐승과 같은 것이요, 거짓과 속임을 쓰는 가증한 사단에게 속했다는 것을 의미하는 것입니다. 그러면 무엇이 부정한 것인가? 짐승 중에서 새김질은 하는데 발굽이 갈라지지 않은 것, 반대로 발굽은 갈라졌는데 새김질을 못 하는 것을 말합니다. 이것은 둘 다 부정한 것이니 먹지 말라 하셨습니다. 그래서 돼지도 쪽발이긴 한데 새김질은 못 하니 부정합니다.

이 같은 부정의 첫째 뜻은, 하나님을 섬기며 살도록 하나님의 형상을 따라 모양대로 지음을 받은 사람이, 하나님을 모르는 짐승과 같게 되었다고 하는 것을 의미합니다. 그런데 '굽이 갈라지고 쪽발이 되고 새김질하는 것은 너희가 먹으라.' 하셨습니다. 다시 말해 '부정하지 않아 깨끗한 것은 먹으라.' 하셨다는 말입니다. 이것은 하나님께서 받으시는, 하나님께로 갈 수 있는, 하나님의 정한 것이 있는데 그 정한 것만 받으신다는 의미입니다.

다시 말해 죄가 없고, 굽이 갈라져 쪽발이고 새김질하는 것은 하나님께서 받으신다는 말입니다. 그러면 먹으라 하신 것은 무엇이 있을까요? 소, 양, 염소 등이 있습니다. 그래서 이같이 '먹을지니' 하신 것 중에서 흠도 없고, 점도 없는 것을 취하여 너희 죄를 대신하여 속죄제물을 삼아 피 흘려 제사를 드리라 하셨습니다. 자기의 백성에게 먹으라 하신 것들로 받으시는 제물이 되게 하셨다는 말입니다. 그러니까 죄를 모르는 점도 흠도 없는 정한 짐승의 생명을 취한 희생의 피를 통해 죄를 용서하시고 받으시겠다는 하나님의 의지와 뜻을 나타내셨습니다.

그러면 세상 중에서 흠도 점도 없는, 생명을 내놓아 죄 없는 피를 흘려주신 하나님이 받으신 사람이 누구입니까? 예수님입니다. 하나님이 지으신 사람이 죄를 지어 부정하니 하나님께서 받으실 수가 없게 되었다는 것을 그같이 너희에게 부정하니 먹지 말라 하신 것으로 알게 하시고, 또한 죄를 모르는 점도 흠도 없는 정한 것으로 피를 흘려 제물로 드리라 하심으로써, 죄 없으신 사람으로 오신 예수님으로 말미암아 부정한 자를 정하게 하여 받으신다는 것을 알도록 하셨습니다. 정한 것만 받으시겠다는 하나님의 의지를 그렇게 '정하다' '부정하다' 하는 것으로 알게 하셨다는 말입니다.

그래서 레위기와 신명기에, 너희에게 부정하니 먹지 말라 하신 것들의 그 종류와 이름이 낱낱이 기록되어 있습니다. 수중생물 중에서도, 즉 바다나 강에 있는 생물들 중에서도 지느러미와 비늘 있는 것은 먹을 수 있지만 없는 것은 가증한 것이니 먹지 말라. 날개가 있고 네 발이 있는 곤충 중에서도 다리가 있어서 땅에서 뛰는 것은 먹을 수 있지만 날개가 있고 기어 다니는 것은 먹지 말라 그것은 가증한 것이라고 했습니다. 날개가 있음에도 날기 위해 뛰지 않고 기어 다니는 것은 속인다는 것을 의미하는 것이기에 그래서 '가증하다' 하는 것입니다.

그다음 공중 나는 새 중에도 가증한 것들이 있는데 그것도 먹지 말라 하셨고, 땅에 기어 다니는 모든 것 중에 배로 밀고 다니는 것이나 네 발로 기는 것이나 여러 발을 가진 것은 먹지 말지니 이는 가증하다 하신 것들이 있지 않습니까? 네 발로 기는 것 중에는 악어나 도마뱀 등이 있을 것이고, 다리 여러 개 달린 것은 지네 등이겠지요.

이같이 부정하다고 먹지 말라 하신 것들은 이제 예수님께서 십자가에서 피 흘려 부정을 벗기시고 깨끗하게 하셨으니 먹지 말라 하신 것은 폐하여졌습니다. 십자가에서 완성하셨음으로써 먹느냐 먹지 않느냐 하는 것은 논쟁할 필요 없이 자기 식성대로입니다. 저로서는 가증하다고 한 수중생물들은 자유케 하신 그 뜻을 깨달았으니 대부분 먹고는 있습니다만, 그 외에 것들은(좀 혐오스러워 보이는 것들은) 먹을 것으로 보지도 않고 절대로 먹지 않습니다. 그런데 하늘에 나는 것이나 땅에 기어 다니는 것들은 다 육식동물로서 죽은 시체들, 이미 썩은 불결한 것들도 마다치 않고 먹는 불결한 것들이기에. 그리고 그것들은 사납고 매섭고 포악하고 탐욕스럽습니다. 겉모습이나 성격이나 먹는 것 등이 가증하다는 것을 그대로 보여주는 것들입니다.

그런데 여러분의 믿음에 반드시 깨닫고 받아야 하는 것이 있습니다. 부정하니 먹지 말라 하신 것은 인간이 죄로 부정케 되었다는 것을 깨닫게 하시는 데 목적을 둔 것이었으므로, 이제 예수님께서 이 죄의 부정을 정하게 하셨으니 구약에서 부정을 벗기는 정결법은 완성되었습니다. 그래서 폐하여 졌습니다.

그런데 "완전케 하려한다." 하신 이 '완전'은 헬라어로 '프렐로오'인데 이 단어는 두 가지의 뜻을 가진 동사입니다. 그 뜻은 '완성하다.' '강화하다.' 입니다. '율법의 부족한 것을 완전케 하러왔다.' '율법을 보충하여 강화하러왔다.' 하는 말입니다. 율법으로 행하던 제사나 절기나 정결례 등은 예수님께서 완성하셨으므로 이제 폐하여졌으나 그 율법이 가진 의미는 더욱 분명하고 확실한 신약 성도의 영적인 믿음의 법이 돼야 하는 것임을 말합니다.

그러니까 18에 뭐라고 하셨습니까? **진실로 너희에게 이르노니 천지가 없어지기 전에는 율법의 일점 일획이라도 반드시 없어지지 아니하고 다 이루리라** 하셨잖습니까? 이제 예수님께서 율법은 온전히 다 이루셨지만 그 율법이 가르치고자 하는 의미는 예수님 안에서 깨달아서 우리 믿음에 적용하여야 합니다. 믿음을 바로 가져야 할 하나님의 가르치시는 뜻이 있습니다. 그러기에 18의 말씀이 '자기 전 존재를 다해 예수님을 믿고 따르기를 원하는 신실한 자에게는 율법으로 가르치시는 뜻이 그 믿음에 이루어지리라' 라는 것까지의 의미를 담고 있는 말씀입니다.

그런데 사람이 말입니다. 하나님의 뜻대로 믿음이 되어 살고자 하는 것은 간절한데 그래서 다 이루리라 하신 말씀대로 자신에게 이루어지는 믿음이 되기 위해서 율법과 말씀의 뜻을 깨닫기를 원하지만 그러나 스스로는 깨달을 수가 없는 것이 말씀이잖습니까? 그러니까 그렇게 원하는 사람에게 그 믿음으로 이루어질 수 있는 길이 있음을 말씀하신 것이 바로 19입니다. 뭐라고 하셨습니까? **그러므로 누구든지 이 계명 중에 지극히 작은 것 하나라도 버리고 또 그같이 사람을 가르치는 자는 천국에서 지극히 작다 일컬음을 받을 것이요 누구든지 이를 행하며 가르치는 자는 천국에서 크다 일컬음을 받으리라**는 것입니다.

이같이 가르침을 받을 수 있음을 말씀했습니다. 그러나 바르지 못한 가르침이 있고 바른 가르침이 있다는 것이잖습니까? 스스로 말씀과 율법을 깨닫지 못하는 일반 사람들은 이제 바른 가르침에 의해 자기의 믿음을 바르게 가질 수 있게 되는데 그것은 누구든지 계명 중에 지극히 작은 것 하나라도 행하며 가르치는 자의 가르침에 있다고 하는 것입니다. 그러면 여러분이 하나님이 원하시는 믿음이 되려면 하나님의 뜻에 합당한 말씀으로 가르침을 받아야 합니까? 받지 않아도 됩니까? 가르침을 잘 받아야 하는 것이 너무나 중요합니다. '자기가 사느냐 죽느냐'입니다. '지옥이냐 천국이냐'가 달린 크나큰 중대한 문제입니다.

그러면 가르치는 자를 잘 만나야 한다는 것 기정사실이지요? 변명의 여지가 없는 것이지요? 그렇기에 예수님께서 **거짓 선지자들을 삼가라 양의 옷을 입고 너희에게 나아오나 속에는 노략질하는 이리라** (마7:15) 하셨습니다. 말씀을 가르치고 전하는 지도자들 속에는 하나님의 말씀인 것처럼 하여 하나님께서 의도하지 않은 거짓을 말하는 자들이 참으로 많습니다. 그러면 그 거짓 선지자들을 삼가는 것은 누가 해야 합니까? 일반 신자들, 말씀을 듣는 여러분이 삼갈 수 있는 분별력이 있어야 합니다. 믿음을 도우시는 성영님이 여러분에게 와계신다면 분별하게 돼 있습니다.

복음을 전하는 것은 예수님을 믿는 자는 누구나 하는 것이지만, 말씀을 전하는 사람은 누구나가 될 수 없습니다. 반드시 하나님이 세우시는 것입니다. 그렇기에 참이 있으면 거기엔 반드시 가짜가 있습니다. 참은 눈을 자꾸 씻고 또 씻고 봐야 하지만 가짜는 사방에 널렸습니다. '목사다.' 하면 다 신뢰하고 따랐다가는 큰 낭패를 만날 수 있다는 말입니다. 그렇기에 자신도 똑같은 거짓이 아니면 분별할 수 있어야 합니다.

그 목사가 인격적이고 성품이 좋다고 사랑이 많다고 하는 것으로 좋은 목사라고 말하지만 분명히 말합니다. 그것이 여러분의 영혼을 살리는 것 아닙니다. 인격적이고, 성품 좋고, 사랑 많고 하는 이런 인간성으로 참이냐 아니냐? 보는 것 아닙니다. 이것도 중요하지만 그러나 더 큰 것 하나님께서 세우신 말씀에 있습니다. 말씀이 되어 있으면 다른 것도 되어 있습니다.

그러니까 저에게서도 거짓이 보이거든 지체치 말고 삼가서 떠나야 합니다. 여러분에게 여기 제가 거짓이라는 것이 분별이 되거든 뒤도 돌아보지 말고 떠나란 말입니다. 자기 영혼을 아무에게나 맡기고 믿고 있다면 이후에 이를 갈며 고통을 겪을 수도 있다는 것을 알란 말입니다. 자기 영혼을 죽이는 자인지 살리는 자인지도 모르면서 목사라 하여 무조건 하나님이 세웠다고 믿고 있다가 큰 불행을 만날 수도 있다는 것을 알고, 분별하여 삼가는 것은 여러분의 몫이라는 것을 알기 바랍니다.

사실 말씀의 깊이를 성영님에 의해 깨닫지 못하면 거짓 선지자들을 분별하기는 어려울 수 있습니다. 그래서 성영님을 의지하라고 늘 말씀드리는 것이고, 또 한편은 스스로가 성경에 관심 없고 성경을 알려는 마음이 없기 때문에 그렇습니다. 솔직히 말하면 그 자신이 믿음에 대하여 진실이 없습니다. 목사가 하나님 말씀 가지고 전하니 그것이 하나님 의도와 맞는지 맞지 않는지는 감각 없고, 그저 목사가 하는 말이니 다 하나님 말씀이라고 생각하고, 교회 다니는 것만 중요시하고 다니는 것이니 분별하는 것 있을 수 없습니다.

　자, 그러면 쪽발은 무엇을 의미하는가? 새김질은 무엇을 의미하는가? 반드시 깨달아야 합니다. 무엇을 쪽발이라 합니까? 발굽이 두 개인데 서로 붙어 있지 않는 것 확실하게 갈라져 있는 것을 말합니다. 그리고 새김질은 먹은 음식물을 '위'에서 다시 꺼내 곱게 되씹는 것을 말합니다. 이것으로 우리에게 가르치시는 것은, 사람은 땅의 요소인 육체(육)와 하늘의 요소인 영이 있는 존재, 땅의 것과 하늘의 것으로 지음 받은 영적인 존재라는 것을 쪽발로 상징한 것입니다. 그러므로 사람은 자신의 육체만을 위해 사는 자가 아니라 하나님을 섬기도록 지음을 받았다는 것을 알고, 하나님에 대한 새김질이 있어야 하는 것임을 말합니다.

　그러므로 사람이 하나님을 섬긴다 할 때 쪽발은 되었다 해도 새김질이 없으면 그것은 그 짐승과 일반일 뿐이라, 육으로 사느냐? 영으로 사느냐? 분명히 갈라져야 하고 짐승과 같은지 하나님으로 사는 것인지 새김질로 갈라진다는 것을 의미해준 것입니다. 우리 인간은 육(땅의 것)과 영(하늘의 것)으로 된 존재입니다. 하나님을 섬기며 살도록 지어진 목적이니 그러므로 육으로 살 것이냐? 영으로 살 것이냐? 분명한 태도를 취하라는 것입니다. 이것을 알게 하시려고, 사람의 본분을 알게 하시려고 이같이 굽이 갈라진 쪽발과 새김질을 비유하여 깨닫는 교훈이요 방편이 되게 하셨습니다.

그러기에 자신이 하나님께 지음을 받은 존재임을 알고 하나님을 섬겨야 함에도 예수님을 믿는다는 사람이 영과 육으로 지음을 받은 자기를 알지 못하여 영을 따를 것인지 육을 따를 것인지 태도를 분명히 하지 않으면 그것은 쪽발이 아닌 부정한 짐승과 같아서 다 멸망으로 들어간다는 겁니다. 인간이 하나님께 지음을 받은 분수를 외면하고 산다면 그는 하나님께 아주 부정하다는 거예요.

그다음 쪽발이긴 한데 새김질을 못 한다는 것은, 자신이 하나님께 지음을 받은 영적인 피조물로서 하나님을 섬겨야 하는 존재인 것은 압니다. 쪽발이긴 하다는 말입니다. 유대인들이 이것은 알았습니다. 그런데 새김질이 되지 않았습니다. 말씀을 하나님의 뜻에 맞게 새겨 듣지를 않았습니다. 율법의 뜻을 새겨듣고 말씀을 새김질하지 않았습니다. 하나님의 말씀을 잘 듣고 하나님의 생각과 같게 깨달아 순종해야 했음에도 자기 머리로 생각하고 인본의 것으로 열심히 새김질하다가 자기도 망하고 백성도 망하게 했습니다.

오늘날도 마찬가지입니다. 자기 머리에서 나는 것으로 열심히 새김질하여 먹입니다. 자기 사상에 맞추고 인간에다 맞추고 자기 생각에 맞추고 윤리 도덕에 맞추고 세상 복에 맞추고, 육에 맞는 말씀으로 왜곡하여 사람들의 영혼을 실족시키고 있습니다. 지도자 위치에서 이같이 자기 머리로 열심히 새김질은 하되 성영님에 의해 깨닫는 말씀으로 새김질은 없습니다. 하나님의 말씀 가지고 자기가 주체가 되어 해석하고 새김질하니 하나님의 생각에 맞는 것으로 깨달을 지각도 없고 성영님에 의한 영적인 통찰력이 없습니다. 바로 이 같은 것을 새김질 못 하는 짐승으로 비유한 것입니다.

 이것은 부정한 것을 넘어서 거짓과 속임의 가증한 것 하나님이 싫어하시고 미워하시는 것 하나님의 원수인 사단과 그의 영들에게 속한 것임을 '가증하니 먹지 말라.' 는 것으로 깨달을 수 있게 하셨습니다. 참인 것처럼 말하지만 그 속에는 거짓과 속임을 쓰고 있다는 것입니다. 양의 탈을 썼지만 속에는 노략질 하는 이리라는 것입니다. 인간으로는 백 프로 옳습니다. 성품도 좋고 인격도 좋습니다. 그러나 말씀으로는 양의 탈을 쓴 것과 같고 노략질 하는 이리와 같다고 분명히 가르쳐주셨습니다. 그래서 아무거나 분별없이 받아들이면 똑같이 가증한 것이요 부정하니 구별하여 자신을 거룩하게 하고 더럽히지 말라고 레위기 11:43, 44에 말씀하셨습니다. 그런데 대부분 자기에게 좋은 말, 자기에게 맞는 말이라 하여 받아들여 먹고 자기 지식을 쌓고 육신의 생활이 살찌기를 바란다는 것입니다. 그러나 하나님께는 다 부정한 것이요 가증한 것입니다.

 그리고 물속에 사는 모든 생물, 어족 중에 '지느러미와 비늘이 있는 것은 먹어도 지느러미와 비늘이 없는 것은 가증하니 먹지 말라.' 하셨습니다. 무슨 이유일까요? 비늘이 없어 가증하다는 것은 바로 인간이 벌거벗은 자로 수치(죄, 죽음, 두려움) 가운데 있다는 것을 말합니다. 또한 지느러미가 없는 것은 물 위를 헤엄쳐 다니지 못하고 배를 바닥에 밀고 다니는 겁니다. 속이는 자라는 자기를 숨긴다는 의미입니다.

그와 같이 벌거벗은 인간의 영혼은 자기 정체를 숨기고 거짓과 속임을 써서 사람들을 죽음으로 끌고 가는 가증한 사단에게 속하여 함께 가증하게 되었다는 의미입니다. 벌거벗은 것은 하나님이 싫어하시고 미워하시는 것이라는 것입니다. 이같이 인간은 옷 입지 않으면 사단에게 속한 가증한 것인데 그러면 누구로 옷 입으라는 것입니까? 눈에 보이는 옷을 말하는 것이 아니라 예수님으로 옷 입어야 하는 것을 말합니다. 인간이 예수님으로 옷 입지 않으면 하나님이 혐오하는 자로 사단과 함께 망하게 된 존재라는 것을 가르치시는 것입니다.

레위기 13장에 인체 피부에 생기는 종기나 피부병 등을 문둥병이라고 했고 의복이나 가구나 집안에 생기는 모든 곰팡이 종류도 전부 다 문둥병이라고 했습니다. 곰팡이는 곰팡이일 뿐이지 왜 문둥병이라 합니까? 바로 죄에 대한 속성을 비유한 것입니다. 인간은 영 혼 육이 온전히 죄로 부정케 되어 영적 문둥병이라는 거예요. 문둥병은 감각신경이 없기 때문에 손가락 발가락이 떨어져 나가도 아픔을 모릅니다. 그같이 안이나 밖이나 전적으로 타락하여 하나님께 부정한 자가 되었고 영벌에 들어가게 되었음에도 인간이 스스로 죄에 대한 감각이 없다는 것입니다. 다 죄로 옷 입었습니다. 그 인간의 처한 상태, 죄가 얼마나 더럽고 악한 것인지 그 저주 가운데 있는 인간의 죄를 상징하여 문둥병이라 하셨습니다. 그러므로 더럽고 부정한 죄를 씻고 정케 되어야 할 존재라는 것을 깨닫게 하시는 뜻입니다. 그래서 예수님이 아니면 인간은 가망이 없습니다. 예수님께서 우리의 부정한 죄를 벗겨주셨습니다.

또한 죄는 전염성이 강하여 오염시킨다는 것을 상징합니다. 그래서 예수님을 믿는 사람이 세상과 죄와 짝하고 살면 그것은 버림받는 것입니다. 죄는 절대로 경계하여 죄에서 떠난 자가 돼야 하는 것임을 분명히 말씀드립니다. 하나님께서 죄를 얼마나 싫어하시는지 레15장에 여자의 월경이나 또 질병으로 인한 피나 고름이나 대하증이나 정액의 유출 등이 다 부정한 것이라고 했습니다. 다 죄로 부정케 되었다는 말입니다. 그것이 묻은 옷도 부정하고 앉은 자리, 누운 자리도 다 부정하고 부정한 것을 만지고 접촉한 자도 다 같이 부정하다고 했습니다. 그러니까 인간의 부정함이 백 퍼센트요. 영점 영일 프로도 정한 것이 없습니다.

죄가 얼마나 더럽고 악한 것인지 이와 같이 율법의 규례들로 알도록 하셨습니다. 그래서 **율법으로는 죄를 깨달음이니라** 하셨지 않습니까? 그러므로 죄에 대한 감각이 있어야 합니다. 예수님을 믿기 원하면 율법을 통해서는 하나님의 뜻을 깨닫고 죄를 깨닫고 죄를 버려야 하고 믿음을 어떻게 가져야 하는가를 알고 나를 알고 예수님을 깊이 아는 관계로 나아가야 합니다. 이것이 성영님과 함께 믿음의 달란트를 남기는 일입니다. 성경은 모르면서, 즉 예수님과 어떻게 관계를 맺어야 하는지도 모르면서 무엇을 열심히 하러 다니는 것이 달란트 감당이 아니라는 말입니다.

그래서 예수님이 내가 율법이나 선지자나 폐하러 온 것이 아니라 완전케 하려는 것이라 말씀하시면서 바로 구약 율법이 말한 것보다 더욱 강화된 율법이 어디까지를 말하는 것인지를 오늘 본문 말씀을 이어서 뒤에 계속 말씀하신 겁니다. '너희가 율법은 살인치 말라 해서 사람을 죽여야만 살인죄에 걸리는 것인 줄 알고 있지만 분노하며 욕하는 것도 살인에 해당한다. 미워하는 것도 살인에 해당한다. 율법은 그것까지를 말하는 것이다. 너희가 너희 앞에 계신 예수님을 영접하지 않으면 다 지옥행이다. 다른 길은 없다.' 고 하신 것입니다.

그래서 19에 "이 계명 중에 지극히 작은 것 하나라도 버리고 또 그같이 사람을 가르치는 자는 천국에서 지극히 작다 일컬음을 받을 것이요 누구든지 이를 행하며 가르치는 자는 천국에서 크다 일컬음을 받는다." 하신 말씀대로 이제 가르치는 자들이 구약에 모든 율법의 근본 뜻, 계명들 속에 두신 그 속뜻을 성영님으로 보고 깨달아 자기의 받은 말씀으로 행함이 되고 아버지 하나님의 뜻대로 행하여 가르치는 것이면 그것이 천국에서 크다 일컬음 받는다는 것입니다.

그러면 이 가르침의 중심에는 누가 있습니까? 예수님이 계셔야 합니다. 모든 율법의 가르침은 그 중심이 예수님입니다. 삼위 되신 하나님과 나와의 관계 예수님과 나와의 관계입니다. 오늘 제가 말씀드린 내용들이 다 그 예입니다. 알지 못하면서 그냥 주워들은 거로 '예수님이다.' 말하는 것이 아니라 그 속에서 예수님을 보고 만나야 하는 것을 말합니다. 그래서 계명 중에 지극히 작은 것 하나라도, 그 속에 예수님으로 구원 얻는 하나님의 큰 뜻을 넣으셨는데, 그러므로 작은 것 하나라도 버리고 사람을 가르친다면 그것은 큰 것을 버리는 것이 되어서, 천국에서 지극히 작다 일컬음을 받는다고 하신 겁니다.

여러분이 여기 "천국에서 지극히 작다." 하는 것을 또 '천국에 들어갔는데 너는 한 일이 없으니까 상급이 없으니 저 천국 맨 밑바닥

에나 가라. 가서 문지기나 해라' 하는 말쯤으로 착각하면 안 됩니다. '아, 천국에 들어가긴 했는데 간신히 들어간 처지라 그래서 지극히 작다고 하는가 보구나.' 하는 식의 착각들 하는 것 힘들지 않고 돈 드는 일 아니라고 쉽게들 하지 말라는 말입니다. 여기서 '지극히 크다.'고 하는 것은 '맞게 채워졌다.' 는 뜻이고, '지극히 작다.' 고 하는 것은 '미달'이라는 뜻입니다. 알아듣기를 바랍니다.

예수님을 율법 폐지자로 보고 쫓아다니며 죽일 기회를 보는 유대인들에게 예수님이 하신 말씀입니다. 예수님을 믿는다는 모든 이들에게 하시는 말씀입니다. 예수님 앞에 있는 유대인들이 천국을 알지 못했습니다. 그 마음이 다 인본과 세상으로 나가버렸습니다.

구약은 사단에게는 감춰어진 천국의 비밀 이야기입니다. 그런데 영원히 그들의 하나님이 되신다는 언약을 맺은 하나님의 백성이 천국을 알지 못했습니다. 하나님을 알지 못했다는 말입니다. 하나님의 백성이 하나님을 알지 못하면 누가 주인 되어 있다는 것이겠습니까? 사단이 주인입니다. 그러면 천국의 씨를 어디에서 뿌렸습니까? 아브라함의 가정입니다. 마태복음 13장에 씨 뿌리는 비유의 말씀이 이것을 말합니다. 천국을 모르면 누구를 모르는 겁니까? 예수님을 모르는 것입니다. 그러면 예수님을 모르면 그에게 천국이 있습니까 없습니까? 천국 없습니다.

그러므로 천국의 씨를 아브라함 가정에 심으셨으니 아브라함에게서 천국을 보고 그 천국이신 메시아를 기다리며 자신들 속에서 그 천국이 자라가야 예수님을 만나는 것인데, 그것을 보는 눈은 감아버리고 무엇으로 나갔습니까? 힘써 율법을 지켜서 하나님께 도달해보 겠다고, 자신들의 의로 하나님을 만나겠다고 하는 곳으로 나갔음으로 눈앞의 천국을 보지 못하게 되었습니다. 천국이 눈앞에 와계시는데 보이지 않은 것입니다.

말씀과 율법의 뜻을 자기 머리에서 나는 것으로 열심히 새김질하였음으로써 율법을 지키는 것으로 복을 받고 영생에 들어간다는 것으로 맞춰버리게 된 것입니다. 예수님을 만날 수 없었어요. 지킬 수 없는 자기의 죄성을 보고 우는 것이 아니라 지키는 것만이 의가 되어서 하나님 나라에 들어가는 줄 아는 외식 자가 되어 의가 되시는 예수님을 볼 수도 만날 수도 없게 돼 버렸습니다.

메시야를 보내신다는 언약의 뜻을 넣으신 율법의 모든 것을 행했어도 그 속에 넣으신 뜻, 사단에게 감춰진 천국이신 예수님을 알지 못하니 천국에서 지극히 작은 자, 즉 천국에는 '미달'입니다. 율법을 행하여 지킴으로 아흔아홉은 되었어도, 율법이 말씀하는 아흔아홉의 총 집중이 되는 것 행하는 것의 모든 결론이 되는 그 하나, 예수님을 만나지 못했으니 아흔아홉으로는 '미달'입니다. 천국에서 미달이기 때문에 천국에는 못 들어간다는 것을 말하는 것이라는 것을 이해됐습니까?

20에서 이것을 분명히 말씀하셨습니다. **너희 의가 서기관과 바리새인보다 더 낫지 못하면 결단코 천국에 들어가지 못하리라** 결단코 들어가지 못한다는 미달에 대한 답입니다. 이들은 행위의 의, 율법을 지키는 자기의 의로 영생에 들어간다고, 자기 자신들에게 스스로 속은 자들입니다. 그런데 오늘날도 이렇게 자기 의에 속은 자들이 99%에 이르지 않을까 싶습니다. 그래서 예수님께서 너희가 행위를 잘했기 때문에, 도덕적으로 흠이 없기 때문에, 하나님의 율법을 잘 지켰기 때문에, 천국에 들어가는 것이 아니라 천국에 들어가는 '의'가 무엇입니까? 바로 예수님입니다. 예수님의 의를 가져야 합니다. 바리새인 서기관이 말하는 의보다 더 나은 의, 모든 계명의 초점이요 완성인 '의', 바로 예수님입니다. 그래서 바리새인 서기관보다 더 나은 천국에 들어가는 '의'가 되는 예수님이, 자기의 '의'가 돼야 함을 말씀한 것입니다. 이제 여러분이 '작다 일컬음을 받는다.' 하신 그것은 '미달되었다. 미달이므로 천국에 들어가지 못한다.' 는 것에 대한 말씀이라는 것 다 알게 되었습니다.

저는 여러분이 참으로 천국의 미달자가 되지 않기를 원해서 구약과 신약을 통해 말씀하신 하늘의 창고와 같은, 하나님의 곳간에서 이같이 꺼내서 말씀드리는 일을 충실히 하고 있습니다. 여러분도 듣는데 절대로 소홀하지 마시고 자기의 믿음을 위해서 진짜 천국에서 크다 일컬음을 받는 믿음이 되도록 힘쓰고, 천국에서 크다 일컬음을 받기를 간절히 바랍니다. 오늘은 여기서 말씀을 맺습니다.

오늘도 우리에게 말씀을 깨닫게 하시고 예수님께 더욱 들어가는 믿음이 되도록 도우신 성영님께 감사드리고 우리 아버지와 예수님께 모든 영광을 돌립니다. 아멘

제 2 장
더욱 강화한 영적인 율법

²¹옛 사람에게 말한바 살인치 말라 누구든지 살인하면 심판을 받게 되리라 하였다는 것을 너희가 들었으나 ²²나는 너희에게 이르노니 형제에게 노하는 자마다 심판을 받게 되고 형제를 대하여 라가라 하는 자는 공회에 잡히게 되고 미련한 놈이라 하는 자는 지옥 불에 들어가게 되리라 ²³그러므로 예물을 제단에 드리다가 거기서 네 형제에게 원망 들을 만한 일이 있는 줄 생각나거든 ²⁴예물을 제단 앞에 두고 먼저 가서 형제와 화목하고 그 후에 와서 예물을 드리라 ²⁵너를 송사하는 자와 함께 길에 있을 때에 급히 사화하라 그 송사하는 자가 너를 재판관에게 내어 주고 재판관이 관예에게 내어 주어 옥에 가둘까 염려하라 ²⁶진실로 네게 이르노니 네가 호리라도 남김이 없이 다 갚기 전에는 결단코 거기서 나오지 못하리라

(마5:21-26)

여러분! 한 주간도 예수 그리스도 안에서 행복하셨습니까? 여러분 마음속에 예수님이 왕이 되시고 주인이 되신 삶이십니까? 여러분 중심에 왕으로 주인으로 구주로 모시고 함께 동고동락하는 복이 있기를 바랍니다. 오늘 우리가 읽은 말씀은 누구에게 하시는 말씀일까

요? 나에게입니다. 그래서 우리 모두의 말씀으로 받아 혼이 치료되고 삶이 치료되는 복이 있기를 또한 바랍니다. 오늘 읽은 5:21-26까지 또 그 뒤에 5장 48까지의 말씀이 다 지난 말씀과 연결이 되어서 우리 믿음에 나타나야 하는 것입니다. 물론 예수님이 산에 올라앉으셔서 말씀하신 7장까지도 그대로 다 연결하여 깨달아 믿음의 능력이 되어야 한다는 것은 같습니다.

너희가 의이신 예수님으로 살게 되었으면 당연히 예수님의 말씀(성품)으로 사는 것으로 나타나야 한다는 말씀입니다. 예수님의 사람이 누구냐? 바로 신영한 예수님의 인격을 말씀하신 예수님의 그 말씀이 그에게 아주 반갑고 기쁜 친밀한 말씀이 되어서 그 말씀의 맛을 내고 사는 자라는 말입니다. 여러분은 예수님의 사람입니까? 그러면 오늘 이 말씀 앞에서 자신을 비춰보고 참으로 천국의 속성이 자기에게 있는 예수님의 사람인지 보자는 겁니다. 자기가 믿는다고 하는 그 예수님을 진짜 예수님으로 대접해 드리고 정말 사랑하여 따르는가? 보자는 말입니다.

예수님께서 5:17에서 '율법을 완전케 하려 하심이라.' 하신 완전은 두 가지 뜻을 가졌다 했는데 무엇이라 했습니까? '완성하다. 강화하다'입니다. 이제 완성은 무엇을 말하는지 여러분이 다 알게 되었습니다만 그 완성이 어디까지 말하는 것인지 오늘 좀 더 살펴보겠고요. 예수님의 산상 말씀은 두 종류(부류)의 사람에게 하시는 말씀입니다. 한편은 율법을 지켜서 영생을 얻는다고 하는 그 율법주의자들이고 또 한편은 예수님을 믿는다는 사람들입니다. 예수님을 그리스도로 믿지 않는 유대인 율법주의자들에게는 더욱 강화된 율법이 되고, 예수님을 믿는 사람들에게는 그것은 더 이상 율법이 아니라 바로 천국의 속성을 말씀한 것으로, 나타나야 하는 영적인 인격, 예수님의 성품의 의가 성도들의 의가 되어야 하는 것을 말씀한 것입니다.

먼저 강화된 율법입니다. 5:20에 **내가 너희에게 이르노니 너희 의가 서기관과 바리새인보다 더 낫지 못하면 결단코 천국에 들어가지 못하리라** 하셨습니다. 이들보다 더 나은 의를 가져야 천국에 들어간다 하신 더 나은 의는 바로 의가 되시는 예수님 자신을 말씀하시는 것이라고 했습니다. 서기관은 율법 박사입니다. 모세오경, 즉 구약성경을 연구하고 해석하여 가르치는 성경학자들입니다. 예수님 당시의 유대인들은 이 서기관이 하늘 문을 열기도 하고 닫기도 하는 권세를 가졌다고 생각했기에 이들의 가르침을 하나님의 말씀으로 받았습니다.

바리새인은 '구별된 사람'이라는 뜻입니다. 죄와 악에서 떠나고 세속적인 것과도 분리되어 경건한 삶을 사는 자들이라는 뜻이에요. 이들이 율법을 통해 죄에서 구원받아야 될 죄인임을 깨달아 구주로 오시는 그리스도를 기다려야 함에도 불구하고 율법을 잘 지키는 것으로 하나님의 복을 받고 영생에 들어간다는 것으로 돌아가 그들 스스로가 의인이라 자처하는 자들이 돼 버렸습니다. 예수님께서 오셔서 그들에게 '회개하라 천국이 가까 왔느니라.' 하시니 그 말이 그들에게는 매우 거슬렸습니다. 죄를 사하신다 하시니 거슬린 겁니다.

율법의 가르침은 용서가 아니라 눈은 눈으로, 이는 이로 갚으라, 누가 네 이를 부러뜨렸으면 너도 똑같이 가서 갚고 눈을 빼면 너도 똑같이 갚아주라는 것이었고 간음한 자도 안식일 범한 자도 하나님의 이름을 모독하는 자도 돌로 쳐 죽이라 하셨으니 그래서 율법의 가르침대로 행하고 살아왔는데 예수님께서는 원수도 사랑하라, 보복하지 말라 말씀하시니 도무지 그들에게는 맞지 않았습니다. 그러니 그들이 보기에는 예수라는 사람이 율법을 지키지 않아도 되는 것처럼 율법이 필요 없는 것처럼 안식일까지 범하면서 백성을 선동하고 있으니 그대로 두었다간 율법이 무너지게 생겼다고 예수님을 죽이는 수밖에는 도리가 없다고 생각한 겁니다. 그뿐만 아니라 '나는 하나님의 아들이다. 나를 본 자는 하나님을 보았다.' 말하고 다니니 '감히 인간이 어떻게 하나님이라고 할 수 있느냐 이것은 참람한 말로 하나님을 모독하는 행위니 죽여야 한다.' 고 결론을 내린 겁니다.

그러나 이들이 율법을 철저히 지키고 사는 것처럼 했지만 실제로는 지키지 못하는 자기의 약함을 스스로 알고 있었습니다. 다만 체면 때문에 자존심 때문에 자기를 속이는 위선자가 되었고 아니면 지키지 못한 자기 양심을 편하게 하기 위해서 다시 말해 그것을 만회하려는 뜻에서 가난한 고아나 과부에게 돈 좀 주는 것으로 구제하는 척했고 자기만족으로 삼은 것입니다. 마찬가지로 오늘날 이런 바리새인과 서기관 같은 부류들이 얼마나 많은지 볼 수 있어야 합니다. 그래서 예수님께서 속에는 거짓을 품고 겉은 거룩한척하는 이들에게 '외식자요 위선자'라 하시고 '저희의 말하는 바는 행하되 행위는 본받지 말라'고 하셨습니다.

이처럼 자신이 율법에 정죄당한 죄인임을 인정하지 않고 율법을 다 지키는 것처럼 자기 의를 내세우는 그들에게 예수님께서 오늘 21, 22에 **옛 사람에게 말한바** 하시며 율법 속에 내재되어 있는 더욱 강화한 율법을 말씀하셨습니다. '옛 사람에게 말한바'는 '모세의 율법이 말한바' 그 말입니다. "모세의 율법에는 누구든지 살인하면 심판을 받게 된다 하니 너희가 사람을 죽여야만 살인인 줄 알고 있지만, 나는 너희에게 강화하여 말한다. 형제에게 분내는 것도 욕하는 것도 미련한 놈 뭐 같은 놈 했어도 다 지옥 불에 들어가게 된다." "또 간음치 말라 하였다고 너희가 간음죄 짓지 않은 것처럼 하지만 나는 너희에게 강화하여 말한다. 여자를 보고 마음에 음욕을 품은 것도 간음한 것이다. 음행한 연고 없이 이혼 증서 하나 써주고 아내를 버리는 것도 그 여자로 하여금 간음하게 하는 것이다. 그에게 장가드는 자도 간음하는 것이니 지옥 불에 들어간다." 라고 하심으로써 그같이 율법은 마음속에 있는 것까지도 죄로 정죄한다고 하신 것입니다.

그래도 죄 없다고 죄짓지 않았다고 할 수 있는지 너희 자신을 보라고, 율법을 다 지키는 것처럼 말하는 너희 마음이 범하고 있는 죄들이 들여다보일 것이니 그럼에도 걸리는 것 없다고 하겠느냐? 너희가 죄인임을 인정하고 회개하여 너희 앞에 와있는, 이 말을 하는 자와 함께 급히 사화하지 않으면 옥에 갇힐 것을 염려해야 할 것이라. 하나님께서 너희를 사단에게 내주면 너희가 너희 죄의 값을 호리라도 남기지 않고 다 갚기 전에는 결단코 나오지 못할 것이라 하신 것입니다.

호리는 가장 작은 단위의 동전, 일 원짜리 정도를 말합니다. 우리가 만일에 남에게 일 원을 빚을 졌다면 그거 못 갚을 사람은 세상에 아무도 없습니다. 그러나 죄를 값으로 따진다면 일 원짜리 정도라 할지라도 그것은 죄이기 때문에 그 죗값을 다 갚기 전에는 옥에서 나올 수 없다. 이 말은 갚을 수 있는 것이니 언젠가 갚으면 옥에서 나온다는 말이 아니라 갚을 수 없다는 말입니다. 너희가 죄 같이 여기지 않는 것일지라도 하나님이 죄로 보시면 그 죄의 값을 자기가 갚을 수 있는 것이 아니므로 나올 수 없다는 것을 말씀하는 것입니다.

24, 25에 **예물을 제단 앞에 두고 먼저 가서 형제와 화목하고 그 후에 와서 예물을 드리라 너를 송사하는 자와 함께 길에 있을 때에 급히 사화하라 그 송사하는 자가 너를 재판관에게 내어 주고 재판관이 관예 에게 내어 주어 옥에 가둘까 염려하라** 하셨습니다.

하나님께 예물을 드려 제사하는 것은 그 목적이 하나님과 화해하고 화목하기 위함입니다. 제사의 뜻이 '죽이다, 화해하다'입니다. 흠도 점도 없는 일 년 된 소나 양이나 비둘기로 제물을 삼아 피 흘려 제사를 드리고 소산의 십의 일조와 헌물을 제단에 드리는 것은 바로 하나님과 화해와 화목하기를 원한다는 것이요. 자신이 하나님께 속하였음을 감사한다는 의미입니다.

그런데 화목의 예물을 제단에 드리는 그들이 지금 뭐하고 있다는 겁니까? 자기들 생각에 맞지 않는다 하여 형제들의 재판관이 되어 정죄하는 일로 원수를 맺고 화목하기를 원치 않는 악을 행하고 있는 겁니다. 무슨 말인가 하면 다윗왕의 혈통을 좇아 사람으로 오신 예수님도 그들에게는 형제입니다. 그들이 죄인 취급하며 비난하고 정죄하는 세리들도 창기들도 사마리아인도 다 그들에게는 형제요 한 집 안입니다. 그런데 하나님께 예물을 드린다는 그들이 스스로 재판관이 되어서 자기의 형제를 판단하고 정죄하여 돌로 쳐 죽이는 일을 행하였습니다.

하나님께서 레위기 19:17,18에 **너는 네 형제를 마음으로 미워하지 말고 이웃을 인하여 죄를 당치 않도록 그를 반드시 책선하라** 하셨습니다. **원수를 갚지 말며 동포를 원망하지 말며 이웃 사랑하기를 네 몸과 같이 하라 나는 여호와니라**고 분명히 이웃 사랑을 네 몸과 같이 하라고 하셨습니다. 그런데 율법을 연구하여 가르치는 이들이 오히려 율법의 근본 뜻에서 벗어나 스스로 형제와 동포들의 죄를 판단하는 재판관 노릇을 했습니다.

그러면 재판관은 누구세요? 하나님입니다. 그러니까 저들이 스스로 하나님 노릇을 한 것입니다. 그러면 스스로 하나님 노릇 하는 자가 누구입니까? 사단입니다. 그렇기에 그들이 사단의 후손이에요. 오늘날이라고 다르지 않다는 것 알기 바랍니다. 예수님께서는 형제에게 분노하고 미움을 품고 미련한 놈이라 욕하는 것도 다 살인죄에 해당하니, 하나님의 심판을 받아 지옥 불에 들어가는 것이다. 그러므로 예물을 드리기 전에 먼저 형제와 화목부터 하고 와서 예물을 드리라 하셨습니다.

하나님께서 율법을 주신 것은 다른 사람 죄를 보고 정죄나 하라는 것이 아닙니다. 바로 자기의 죄를 보고 하나님의 심판을 피할 길이 없는 죄인임을 알라고 주셨습니다. 자기의 죄를 보는 자마다 그 죄에서 용서하여 구원해주실 예수님께 나오면 산다는 것을 알게 하시려고 율법을 주셨습니다. 그런데 자기 죄를 보지 못하는 소경이 되어 남의 죄를 정죄하고 있는 너를 보라고 네가 노하는 것도 욕하는 것도 살인과 같고 미련한 놈, 뭐한 놈 하는 것 다 살인죄에 해당되어 지옥에 들어가는 것이니 그러므로 너희의 죄를 인정하고 네가 그동안 비난하고 정죄하던 네 형제들과 먼저 화해를 이루고 지금 너희 앞에 와 계신 그리스도와 급히 사화하라고 하셨습니다.

25에 "너를 송사하는 자와 길에 있을 때에" 하는 것은 네가 율법을 지켰으니 죄 없다고 의인이라고 하지만 예수님이 강화하신 율법 앞에 너희의 죄가 다 드러났으니 지금 그 예수님이 길에 있을 때에 지나가시기 전에 급히 사화하라. 즉 화해하라 말입니다. 제단에 예물을 드리기 전에 먼저 너희 앞에서 말씀하시는, 율법의 주인이신, 너희와 송사하는 이와 먼저 화해부터 하라 하신 겁니다. 지금 너희와 송사하는 이가 너희 구세주 그리스도시니 빨리 영접하라는 말씀입니다. 그래서 죄인임을 인정하지 않는 그 유대인들에게 율법 속에 내재된 더 강화한 율법을 제시하심으로 인간의 '의'로는 도무지 빠져나갈 길도 없고 구원받을 길이 없다는 것을 확고히 못 박고, 예수님과 화해하지 않으면 길이 없다는 것을 말씀하셨습니다.

그러면 오늘 21-26의 말씀에서 무엇을 깨달아야 하겠습니까? 사람이 하나님과 뜻을 알기도 전에 헌금의 의미도 모르면서 하나님께 복 달라고 잘 봐달라고 하듯이 물질(십일조, 헌금)내는 것 하지 않아야 하는 것입니다. 예수님을 믿기로 하였으면 예수님을 구주로 영접하고 하나님과 뜻과 또 헌금의 의미를 깨달아 알고, 또한 형제와 화목 하는 것이 우선 돼야 합니다. 형제와 화목하라는 것은 앞서 말한 대로 자기 외에 사람들과 용서로 화해를 이루어 관계를 회복하고 그리고 드리는 헌물의 의미를 알고 드려야 하는 것입니다.

25에서 '송사하는 자'는 예수님을 말한다고 말씀드렸습니다. 유대인들에겐 헌물이 하나님께서 받으시는 것이 되기 위해서는, 먼저 자신이 죄인임을 인정하고, 비난하며 죄인 취급한 형제들과 화해를 이룬 다음, 예수님을 맞아 영접하는 것부터인 것임을 말씀하는 것이고, 오늘날 우리 이방인들은 자신이 죄인인 것을 깨달아 예수님을 구주로 믿고 영접하였으면, 곧 따라서 이웃과 화해를 이루어야 예수님과도 관계가 이루어지는 것임을 말씀하는 것입니다. 나 외에 모든 이들에게 마음에 상처를 주었거나, 어떤 것이든 원망들을 만한 일이 있다면 먼저 그들과 사화해야 한다는 것, 먼저 이웃과의 관계를 회복해야 예수님과도 관계를 이루게 되어서 헌금을 드릴 수 있게 되고 하나님께서 받으시는 것이 된다는 것을 말씀하는 뜻입니다.

여러분이 잘 이해가 돼야 합니다. 하나님께서는 돈이 필요해서, 물질이 필요해서 돈 가져와라 하시는 분이 아닙니다. 그리고 말씀의 지식을 따라 믿음으로 하지 않는 것도 관계없습니다. 하나님을 알지 못하면서 자기 잘되게 해달라는 마음으로 물질 내는 것, 타락한 마음에서 나는 죄의 행위입니다. 하나님을 빌면 복 주는 귀신쯤으로나 여기는 행위입니다. 먼저 자신이 누구인지 예수님이 누구이신지 알지 못하면서 교회 나와 물질부터 내는 것은 하나님께 합당치 않다는 말입니다.

예수님을 믿기로 하였으면 먼저 말씀을 잘 듣고 배워 구주이신 예수님과 자기와의 관계를 아는 것부터 깨달으라는 것입니다. 자기가 하나님이 말씀하시는 죄인이라는 것 예수님의 죄 용서와 구원이 필요한 존재라는 것 예수님의 죄 용서와 구원하심이 아니면 지옥으로 끌려들어 가게 된 존재라는 것을 먼저 깨달아 인정하고 회개함으로써 사람들과 원수 맺은 모든 관계를 화해로 풀고 예수님을 따라 사는 것이 되어야 한다는 말입니다.

예수님과 화해가 되었다는 것은 곧 예수님의 말씀대로 행하는 자가 되었다는 것이니 그것은 예수님과 인격적인 관계가 되었다는 것을 말하는 것이지 않겠습니까? 그 믿음은, '나 잘되게 해주세요.' 하는 타락된 마음에서가 아니라 자기와 함께 모든 것의 주인은 하나님이시니 그 믿음으로 헌금을 드림으로써 하나님의 복 안에 들어온 자인 것을 나타내는 것입니다. 누가 '드리라. 내라' 해서가 아니라 믿음이 되니 기쁘게 즐거이 드리게 된다는 말입니다.

오늘 예수님의 말씀의 뜻은 먼저 예수님과 화해가 이루어지지 않으면, 이웃과 원수 맺고 원망 듣는 일들, 용서하지 못하는 것들이 있으면 하나님과 관계가 열리지 않는 것이기에 물질의 문제도 관계가 되지 않는다는 것, 그렇기에 사죄하여 화해가 이루어져야 한다는 것까지를 말한다는 것을 이제 다 알게 되었습니다. 분명히 알기를 바랍니다. 예수님과 이 관계에 대해서 아는 바 없고, 화목의 관계가 되지 않았음에도 사람들이 무조건 헌금 드린다고 하는 것, 또 무엇이든지 기도했더니 이루어졌다고 감사의 예물 드린다고 하는 것, 다 하나님과 관계없는 종교인의 행위요. 또는 무당에게 가서 복채 주는 것과 다를 바 없는 일이라는 것 알기 바랍니다.

이런 종교인 같은 사람들은 무엇인가 잘되면 '더 잘되게 해주세요.' 하고 열심히 물질 내다가 무언가 어렵고 힘든 일이 닥치면 하나님이 어떻게 나에게 이러실 수가 있느냐고 너무한다고 하나님과 계산하는 관계로 나오는 것입니다. 그런데 하나님께서는 애초부터 그와 관계 두지 않았어요. '난 너 모른다.' 입니다. 관계 두셨다면 망할 재물로 그의 비위를 맞춰주면서 세상에 마음을 고정하고 살라고 하시지 않습니다. 여러분은 제가 하는 말에 대해서 알아듣습니까? 제가 볼 땐 지금 믿는다는 사람들이 대부분 여기에 걸려있습니다.

예수님의 말씀은 '너 지금 죄인으로 지옥에 끌려가게 생겼으니 네가 땅에서 사는 동안에 좀 어려움이 있는 그것이 문제가 아니라 지금 너에게 중요하고 급한 것은 네 영혼의 문제'라고 급히 예수님 지나가시기 전에 예수님 길에 계실 때에 예수님과 화목하라 하시는 겁니다. 그렇지 않으면 예수님이 말씀하신 율법은 그 마음의 죄까지 호리라도 다 찾아서 재판관에게 내주게 된다는 것입니다. 그러므로 '나 예수님 믿어요.' 한다 해도 너희가 옥에 갇힐까 염려해야 할 것이라. 예수님과 화목하지 않으면 다 지옥 불에 들어가 결단코 그곳에서 나올 수 없으니 지금 급히 죄인임을 고백하고 예수님을 구주로 영접하여 화목을 이루라 하신 겁니다.

예물보다 예배보다 더 급한 것이 예수님과 사화하고 화목 하는 것이요 그것은 또한 네가 너의 이기심으로 인해, 욕심과 교만으로 인해 잘난 체하고 업신여기고 상처를 주고 피해 주고 네 잣대에 안 맞는다고 비난과 욕설을 서슴지 않고 해를 끼쳐준 일로 사람들에게 원망들을 일들이 있지 않느냐? 그 일에 대하여 그들에게 사화부터 해야 한다고 하신 겁니다. 이웃에게 원망들을 만한 것들이 생각나거든 곧 사죄하고 피차간에 마음에 옥을 두지 않게 하고 하나님께 나와야 하나님께서 그 예배와 예물을 화해의 예물로 받으시는 것이 된다는 것입니다.

하나님이 받으신 것만 된다면 그 인생은 참으로 복입니다. 저주가 끝났고 하나님의 복안에 있다는 말입니다. 만일에 육체의 일로 인하여 다른 이들의 마음에 원한을 품게 하여, 그들 마음에 미움이 있고 원망이 있으면, 그 원한의 마음이 하나님께 고발하는 소리로 들려 죄로 보이면 하나님과 관계가 되지 않는다는 것을 가르쳐주시는 것입니다. 자신이 영원한 심판에 들어갈 죄인임을 알고 예수님의 은혜로 죄 용서받아 영생복락을 얻게 된 그 복을 안다면, 세상의 그 어떤 것도 그 은혜에 비교될 것이 없는 것이기에, 그 은혜를 입은 자의 증거는 이웃과 원수 맺지 않는 것으로 나타나는 것이라고 하신 것입니다.

하나님께서는 나를 위해서만 십자가의 용서를 베푸신 것이 아니요 모든 사람을 위해서도 피 흘리셨습니다. 나도 저도 다 구원받아야 할 자라는 것입니다. 그래서 내가 용서의 은혜를 입었으면 그들도 구원 안으로 들어올 수 있도록 하기 위하여 하나님과 화해된 그 은혜를 가지고 이웃을 향해 빨리 사화하여 관계를 열어야 그것이 또한 하나님과의 관계도 열리는 것이 되어 하나님께서 예물을 받으시는 것이 되는 것입니다. 예물을 받으시는 것은 나를 받으시는 것이기에 예물을 받으신다는 것을 말합니다.

참으로 우리가 예수님의 말씀을 통해서 깨달아야 하는 것 예수님의 말씀이 내게 능력이 되도록 기도해야 하는 것, 예배드리러 나와 예물 드리는 것보다 먼저 예수님과 화목해야 하는 것인데, 그것은 자기가 해를 끼쳐준 이웃(나 외에 모든 이)이 있을 때 먼저 사죄하고 화해하여 관계를 열어야 하는 것이다 그것이 또한 하나님께서 자기를 받으시고 예물 드림의 예배를 받으시는 것이 된다고 하는 이 말씀을 여러분이 잘 새겨듣게 된 줄로 믿습니다.

그러니까 여러분이 이 같은 예수님의 말씀을 참으로 살리시는 하나님의 말씀이라는 권위를 두고 듣는 것이라고 하면 한번 생각해 보세요. 오늘날 사람들이 얼마나 잘못된 예배가 되어 있고, 하나님께서 받지 않으시는 예물을 내고 있는지 말입니다. 사람들이 예수님을 믿는다 하나 예수님의 가르쳐 이르신 이 모든 말씀을 지식으로 받아 행할 능력을 갖추는 것에 마음을 다하지 않는다는 것을 날이 갈수록 제가 느끼고 있습니다.

믿는 사람들에게 예수님의 말씀이 무시당하고 있다는 말입니다. 사람이 예수님을 믿는 세월이 수십 년이 되었어도 남을 가르치는 자리에 있어도 그가 이기심에 의해 또는 육체를 위한 일들로 다른 사람에게 상처를 주고 괴롭게 하여 원망을 품게 하는 일들이 있다면 그것이 하나님께 죄로 보이면 그 사람이 예배를 드리는 것도 예물을 드리는 것도 받으신다는 거예요 안 받으신다는 거예요? 하나님께서는 거짓말이나 헛말 하는 분이 아니시니 받지 않으십니다. 자기가 혼자 드린 것이고 자기 기쁨과 만족에 젖는 것이지 하나님과는 관계없습니다.

그 자리는 바리새인과 서기관의 자리입니다. 어떤 응답을 받고 어떤 영적 체험한 것을 참 하나님이 주신 것인 줄로 착각하는 것이지 그런 영적 체험은 거짓 하나님 노릇 하는 사단도 얼마든지 가져다줍니다. 새겨들으세요. 하나님과도 화해가 되고 이웃과도 화해가 이루어지지 않은 데서 나온 것은 예배이든 예물이든 봉사이든 다 하나님께서 받으시는 것이 아닙니다.

그러니까 예수님의 교회는 목사라도, 장로라도, 누가 되었든지 성영님이 인정하실 때까지는 누구를 가르치려 하는 것 교훈하려 하는 것 용납하지 않습니다. 누구든지 간에 말씀에 비춰 믿음이 되고 영적 인격이 되었는지 말씀 앞에 자신을 점검하는 겸손부터 배우기 바랍니다. 말씀의 지배를 받는 영적인 연단을 잘 받는 것부터 하십시오. 그래서 말로만 하지 않는 행함으로 보이는 믿음, 남이 보지 않아도 조용히 묵묵히 행함으로 덕을 나타내는 것이 되십시오. 그것이 혀로 가르치고 교훈하는 것보다 더 큰 가르침이요. 교훈이 되는 믿는 자의 본입니다.

자기가 아직 바리새인이라면 서기관이라면 사두개인이라면 도대체 누굴 가르치고 누굴 교훈합니까? 그런 교만이 어디 있습니까? 가르친다고 교훈한다고 하는 것이 오히려 오해의 소지를 불러일으키고 마음에 원망을 두는 일이 되게 할 뿐입니다. 예수님의 이름에 해를 입히는 것이 될 뿐입니다. 그래서 두려운 일입니다.

여기 저도 이미 여러분께 아예 길을 열어놓지 않았습니까? 오래전에 분명히 말씀드렸잖아요. 내 사람 만들 마음 추호도 없다고 틀렸다 싶으면 성영님께서 아니라고 하시면 지체 말고 내게서 떠나라고 열어놓았잖습니까? 오늘날 많은 사람들이 성경의 말씀을 가르치고 있지만 그러나 가르치는 일은 성영님께서 부르시고 성영님과 함께 십자가에서 죽었음을 경험하는 속에서 성경을 강권으로 가르쳐 확실히 깨닫는 말씀이 되어 세우시기 전까지는 할 수 없는 일입니다. 그 외는 다 바리새인 가르침이요, 서기관의 가르침일 뿐입니다.

그다음 예수님의 모든 가르치심의 말씀은 예수님과도 화해가 이루어지고 이웃과도 화해가 이루어진 믿는 자의 삶의 내용입니다. 성품이 예수님의 성품과 인격으로 새롭게 되어 살아야 하는, 새로운 피조물의 삶의 수준입니다. 서두에서도 말했듯이 예수님을 믿는 예수님의 사람은 이제 그 마음이나 삶의 방향이 예수님을 따르고 천국의 속성인 예수님의 말씀이 영혼에 심어져서 뿌리를 내리고 성품이 되어 자라감으로써, 속사람이 장성케 되어야 하는 말씀이라는 말입니다.

예수님의 사람은 이제 어둠의 부정적인 죄의 속성, 옛사람의 성품을 가진 자가 아닙니다. 미워하는 마음을 품고 미워할 수 없는 것이요. 마음에 분노를 가지고 있을 수 없는 것이요. 입에다 상스런 욕설을 담고 자기감정대로 충동대로 내뱉는 이런 부정함을 나타내고 살 수 없습니다. 마음에 미움을 품고 미워하는 것, 분노를 품고 노하기를 잘하는 것, 욕설로 자기화를 발산하는 이 같은 것들은 다 예수님의 생명이 그 속에 없음을 나타내는 일입니다. 생명 얻지 못하게 하는 독이요 적입니다.

마음에 미움을 두고 있고, 분노를 두고 있고, 원한을 두고 있고, 화를 두고 있는 이와 같은 것들은 다 죄요 십자가에 못 박아 사단에게 내줘버린 육의 더러운 것으로 절대 천국이 그 안에 이루어질 수가 없습니다. 만일 예수님을 믿는다는 사람이 이 상황에서 죽음을 맞는다면 그 영혼은 벌거벗은 채로 그대로 지옥불로 떨어지는 것입니다. 육의 것이 강하면 영의 것은 세워질 수가 없기 때문에 벌거벗은 영혼이 되어서 그대로 심판으로 떨어지는 것입니다.

신명기 7장에 여호와 하나님께서 이스라엘 백성에게 명하시기를 축복에 땅 가나안에 들어가거든 거주하고 있는 일곱 족속을 쫓아내라 하셨습니다. 그 땅을 얻기 위해서 쫓아내야 한다고 했습니다. 그 족속들이 너희보다 많고 힘이 있지만 하나님께서 너희에게 붙여 치게 하실 것이니 그들을 불쌍히 여기지도 말고 눈으로 보는 그들을 긍휼히 보지 말고 아주 진멸하라고 명하셨습니다. 하나님이 치게 하시겠다고 하셨습니다. 가나안 땅을 차지하려면 이 일곱 족속을 쫓아내고 진멸해야 한다고 하셨습니다.

가나안은 천국을 상징합니다. 그러면 천국에 마귀의 사람들이 있을까요? 천국은 마귀도 마귀의 자식들도 없는 곳입니다. 그 나라는 부정한 것들이 전혀 없는 나라입니다. 빛과 생명과 영광으로만 가득 찬 나라입니다. 사랑과 안식과 희락이 넘치는 나라입니다. 바로 그 천국이 믿는 자의 천국이 되어야 함을 말합니다. 그래서 그 천국이 개개인의 천국이 되려면, 천국을 소유하려면 자기 안에 원수의 것들로 심어져 있는 일곱 족속을 멸하라는 말씀입니다.

너희가 천국을 소유하려면 네 속에 거주하고 있는 대적 원수인 일곱 족속, 즉 미움이나 원망이나 시기나 분노나 탐욕이나 원한이나 등등 거주하고 있는 마귀의 것들을 다 진멸해야 한다는 것을 말합니다. '일곱 족속'이라고 한 것은 일곱 숫자의 한정을 말하는 것이 아니라 마귀의 것은 온전히 진멸하라는 뜻입니다. 하나라도 남김없이 다 진멸하라 그 말입니다. 신명기 7장에 그것을 말씀하실 땐 **모든 민족을 네 눈이 긍휼히 보지 말고 진멸하라** 라고 일곱 족속이라 하지 않고 '모든 민족'이라고 하셨습니다. 그러므로 원주민 같은 옛사람에서 나는 것은 진멸해야 할 대상임을 말합니다.

하나님은 천국을 사람 안에 무조건으로 밀어 넣으시지 않습니다. '침노하는 자에게 침노를 당하겠다.' '침노하는 자는 빼앗느니라.' 고 말씀하셨어요. 침노하라는 것입니다. 바로 우리 의지가 천국을 소유하기를 가장 원해야 하는 것이고, 천국 소유가 무엇인지 방법과 원리를 이처럼 다 가르쳐 이르셨기 때문에 말씀을 따라 순종하고 행하는 것입니다. 우리 속에 원주민처럼 아주 거주하고 있는 죄의 성품, 그 성품에서 나는 부정한 것들을 쫓아내고 진멸하는 것입니다. 진멸하기를 원치 않는 것은 곧 하나님이 미워하시는 것으로 그에게 거주하고 있는 마귀의 것들이 자기 신이 되어 있는 증거가 되어서 하나님의 심판에 걸려버린다는 것을 말씀하신 것입니다.

그런데 우리가 형제에게 노하는 것도 심판받는다 미워하는 것도 살인과 같이 비난하듯 욕한 것도 심판받아 지옥 간다고 하니까 '그래, 이제 노하지 말아야지 미워하지 말아야지 욕하지 말아야지' 하고 결심한다고, 이 악문다고 안할 수 있는 일이라는 것입니까? 안 되는 겁니다. 자기가 결심한다고 노력한다고 되는 것은 아니요 억지로 이 악문다고 되는 것 아닙니다. 신명기 7:1에서 "힘이 있는 일곱 족속"이라고 했어요. 일곱 족속은 완전한 힘이라는 거예요. 사람이 타고나는 것 그래서 거주민이라고 하는 겁니다. 자기 힘으로는 안 된다는 말입니다.

그러나 우리가 '결코 승리하리라.' '결코 진멸하리라.' '결코 쫓아내리라.' '반드시 믿음의 승리를 하겠다.' 는 의지와 결심이 있다면 분명하다면 누가 칠 수 있게 하신다는 겁니까? 삼위일체 하나님이 치게 하신다고 했습니다. 이스라엘은 여호와 하나님이 붙여서 치게 하신다고 했습니다. 그러므로 오늘날은 우리 안에서 누가 도우시는 것입니까? 성영님이 도우십니다. 지금까지 말씀드린 대로 예수님과 화해가 되고 해를 끼쳐준 모든 사람들과 관계를 열면 이제 예수님이 성영님으로 오셔서 거하시는 성전이 되었지 않겠습니까?

그러므로 계명에 완전하신 예수님이, 의가 되신 예수님이 성영님으로 오셨으니 참으로 이 믿음이 되었으면 미워하지 않을 수 있는 능력이 있게 되는 것입니다. 성영님으로 되는 것입니다. 마음에 분노를 품지 않을 수 있는 것입니다. 모든 탐심, 탐욕도 이미 무너져 있는 것입니다. 성영님으로 말미암아 예수님의 의를 입고 말씀으로 양육을 받기 때문에 예수님의 가르침의 말씀을 따라 미워하지 않을 수 있는 것이요, 정죄하지 않을 수 있는 것이요, 거룩한 성품으로 변화를 받게 되는 것입니다.

빌4:13에 내게 능력 주시는 자 안에서 내가 모든 것을 할 수 있느니라는 말씀이 바로 이것을 말하는 것입니다. 의이신 예수님이, 계명에 완전하신 예수님이 성영님으로 오셔서 계시니, 능력 주시는 이가 계시니 용서할 능력이 있더란 말입니다. 미움을 마음에 두지 않을 수 있고 분노를 마음에 두지 않을 수 있고, 자기 속에 거주하던 마귀의 모든 부정적인 요소들을 다 진멸해 나갈 수가 있더란 말입니다.

하나님의 계명, 십계명을 억지로 지키는 것이 아니라 계명에 완전하신 예수님이 내 안에 오셔서 계시니 계명을 지키는 것이 너무나 즐겁고 행복한 겁니다. 얼마나 진정한 사람의 가치 있는 삶의 복인지를 아는 것입니다. 얼마나 복된 지 알고 기쁘게 지키는 것입니다. 성전의 복을 받은 자만이 가질 수 있고 지킬 수 있습니다. 우리가 이것만 안다 하더라도 행복 자가 아닙니까?

여러분 한번 생각해보세요. '다른 신들을 네게 있게 하지 말라.' 하시니, 다른 신이 내게 있지 않게 하신 것 이것이 어디 보통 복입니까? '너를 위해 형상, 우상 만들지 말고 절하지 말며 섬기지 말라.' 하시고 오직 하나님만 섬길 수 있게 하신 이 엄청난 복을 주셨으니 이것이 어디 보통 복이냐는 말입니다. '너는 너의 하나님 여호와의 이름을 망령되이 일컫지 말라.' 하셨으니 하나님의 이름 앞에 피조물인 인간이 두려움을 가질 수 있게 하신 것, 인간이 경외하지 않으면 안 되는 이름으로 우리에게 주셨으니 우리의 겸손이 무엇인지를 알게 하신 이것이 여러분의 머리로 생각하는 그런 복이 아닌 것입니다. 사람을 참 사람답게 살게 하시는 이것이 얼마나 엄청난 복인지 아시란 말입니다. 우린 누구나 다 머지않아 가야 하는 것인데 도대체 무엇 때문에 이 복을 거절하고 산다는 말입니까? 어떻게 사람들이 이 복을 거절할 용기가 있는지 참 대단하다 싶습니다.

오늘 이 예수님의 날도 온전히 거룩히 지키라 명하신 것, 바로 하늘과 땅을 지으시고 우리 사람을 지으시고 예수님으로 말미암아 피로 죄 사함 얻게 하여 자녀로 낳으신 하나님 아버지께서 복 주시고 싶으셔서 말입니다. 이날을 복 되게 하셨으니 거룩히 지키라, 너와 나의 생명의 언약이 있어 생명을 얻게 하는 날이고 예배를 통해 복을 주시는 거룩한 날이니, 복이 약속된 복된 날이니, 거룩히 지키라 하시는데 여러분 어떠세요? 예수님 부활하신 생명의 좋은 날, 내 영혼 생명의 안식 얻은 즐겁고 기쁜 날, 이날을 여러분이 참으로 거룩히 지키므로 이 복된 관계가 되었습니까? 그러니 우리가 이런 엄청난 복을 받았다는 것을 안다면 말입니다. 당당할 수 있잖습니까? 하나님의 지으신 뜻대로 신영한 인격으로 재창조된 이 엄청난 복이 우리의 것이니 이 복을 알자는 말입니다. 알자!

이제는 내 본위, 자아의 지, 정, 의로 살지 않고 하나님의 말씀, 예수님의 이 말씀들이 우리 영혼의 양식이 되고 지정의의 살이 되고 피가 되어 말씀대로 살고 싶은 뜻을 가진 사람에게 성영님께서 철저히 말씀으로 가르치시고 새롭게 재창조된 사람으로 자라가게 하실 것입니다. **내게 능력 주시는 자 안에서 내가 모든 것을 할 수 있느니라**하신 말씀이 그대로 속의 능력이 되어 할 수 있게 되는 것입니다. 예를 들어 원수를 사랑하라는 것을 내 혼(자아)의 지정의의 인격으로는 절대로 못하지만 그러나 누가 하셨습니까? 누가 원수를 사랑하셨어요? 예수님이!

예수님께서 원수 같은 우리를 사랑하셔서 십자가에 자신을 내주셨으니 우리에게 성영님께서 오셔 계시면 원수도 사랑할 능력이 얼마든지 있게 되는 것입니다. 지정의의 인격이 말씀으로 변화를 받고 성영님으로 말미암아 예수님의 십자가 사랑이 깨달아지게 되어 그 사랑을 입은 힘으로 사랑할 능력도 용서할 능력도 얼마든지 있게 되는 것입니다. 그러므로 마음에 미움을 품을 수 없습니다. 마음에 분노를 품을 수 없습니다. 비웃는 말이 입에 있을 수 없습니다. 병신, 못난 놈, 미련한 놈 하는 이런 저주스런 언어가 입에 있을 수 없습니다. 이것은 고약한 더러운 귀신의 것입니다. 아셨습니까?

그래서 '율법을 완전케 하러 오셨다.' 하신 완전의 뜻이 '완성하다, 강화하다' 그러므로 완성은 예수님께서 십자가에서 다 이루신 것을 말하는 것이요. 그러나 율법은 육체의 법이지만 그 속에는 오늘 말씀이 말한 바대로 개개인이 영혼에 받아들여 사는 뜻이 돼야 하는 것까지를 말한다는 것 예수님께서 "나는 너희에게 말하노니" 하시며 말씀하신 그것을 '강화'라고 말한다는 것, 여러분이 이제 알게 되었습니다.

예수님을 영접한 사람들의 영적인 믿음의 법, 천국의 속성인 예수님의 성품으로 변화를 받아야 하는 것에 대한 그것을 강화, 즉 더 나은 법, 더 큰 법, 영적인 법을 말한다는 것이라는 말입니다. 그래서 완성이 어디까지를 말하는지 이제 여러분이 알게 되었습니다.

또한 오늘 마5:21-26까지의 말씀을 들은 것에 대해서는 다 이해가 되었습니까? 이제 행하시는 말씀이 되기를 진심으로 바랍니다. 오늘도 우리에게 말씀을 깨닫게 하시고 우리 믿음의 능력이 되도록 말씀을 주시고 도우시는 삼위 하나님께 모든 영광을 돌립니다. 아멘

제 3 장
마음에 음욕을 품은 자 지옥에 던지운다

²⁷또 간음치 말라 하였다는 것을 너희가 들었으나 ²⁸나는 너희에게 이르노니 여자를 보고 음욕을 품는 자마다 마음에 이미 간음하였느니라 ²⁹만일 네 오른눈이 너로 실족케 하거든 빼어 내버리라 네 백체 중 하나가 없어지고 온몸이 지옥에 던지우지 않는 것이 유익하며 ³⁰또한 만일 네 오른손이 너로 실족케 하거든 찍어 내버리라 네 백체 중 하나가 없어지고 온몸이 지옥에 던지우지 않는 것이 유익하니라 ³¹또 일렀으되 누구든지 아내를 버리거든 이혼 증서를 줄 것이라 하였으나 ³²나는 너희에게 이르노니 누구든지 음행한 연고 없이 아내를 버리면 이는 저로 간음하게 함이요 또 누구든지 버린 여자에게 장가드는 자도 간음함이니라

(마5:27-32)

　오늘 읽은 본문 27-32까지는 간음과 음행에 대한 말씀입니다. 간음, 음행, 이 같은 단어들은 입에 올리는 것도 제가 좀 민망하고 부담스럽기는 합니다만 입에 올리는 것이 좋지 않듯이 예수님께서도 29, 30에 뭐라고 말씀하십니까? '네 오른눈이 너로 간음하게 하는 것이면 그 눈 빼버리라. 그 눈 때문에 지옥 가지 않는 것이 유익하다. 너의 오른손이 너로 간음하게 하는 데 쓰이면 그 손 찍어 내버리라. 그

손 찍어 내버리는 것보다 네 온몸이 지옥에 던지우지 않는 것이 유익하다.' 하심으로써 간음과 음행이 얼마나 더럽고 무거운 심각한 죄라는 것을 알 수 있도록 하셨고 결국 간음의 창조자인 사단이 들어갈 지옥으로 함께 던지움을 받는다는 것을 말씀하셨습니다.

그러므로 우리가 예수님이 말씀하시는 간음과 음행에 대하여 깨닫고 참으로 육체적으로나 영적으로나 바른 처신에 서기를 너무나 원하고, 또한 말씀의 뜻을 살펴봄으로써 각자의 믿음을 깨끗이 하는 기회가 되기를 소원합니다. 간음이 무엇을 말하는지 아이가 아닌 이상 모르는 이 없으리라 생각합니다. 결혼한 남자 여자가 남의 여자와 남의 남자와 통간하는 것, 부정한 관계를 맺는 불륜 행위를 말합니다. 암튼 이 밖에도 불륜적인 것은 다 간음입니다. 그런데 예수님께서는 이런 부정한 행위에 대한 것만 간음이라 하지 않고 28에서 마음에 음욕을 품는 것도 마음에 이미 간음하였다고 하십니다. 그러면 간음은 어디에서 난다는 것입니까? '그 마음에서 난다' 그러므로 마음에 음욕을 품었으므로 이미 간음하였다는 것입니다.

여러분 간음을 하는 것은 여자를 보고 마음에 음욕을 품으니 간음하는 것이지, 마음에 음욕이 없으면 간음할 이유가 없습니다. 도무지 그 마음이 없으니 간음이 되지 않습니다. 여러분이 이 말에 대해서 영적인 것까지 연결하여 잘 이해해보기를 바랍니다. 여자를 보고 마음에 음욕을 품듯이 세상 것들을 보는 것은 왜예요? 마음에 음욕이 있으니 보는 겁니다. 마음에 음욕이 없으면 보지 않습니다. 이해됩니까? 간음에 대한 해답을 지금 미리 말씀드린 것이니 간음과 음욕에 대한 말씀의 의미가 줄줄이 풀리지 않습니까?

28에서 "여자를 보고 음욕을 품는 자마다…" 하셨는데 이것은 '남자가 여자를 보고'라는 말입니다. 그런데 여기서 '남자가 여자를 보고'하는 것은 여자도 마음에 음욕이 있음을 의미합니다. 남자가 음욕을 품도록 하는 음욕이 있는 여자임을 암시합니다. 여러분이 그것을 기억하고 계십시오. 이같이 음욕이 있는 여자를 보고 남자가 음욕을 품으니 그에게서 곧 어떤 행동이 나오겠습니까? 은밀한 눈짓으로 찡긋거리며 유혹의 신호를 보냅니다. 은밀한 손짓으로 신호하는 것입니다. 음욕이 있는 여자를 향해 눈을 찡긋거리며 유혹하고 오른손으로 손짓하여 오라고 신호한다는 말입니다. 유대인들의 남자가 여자를 보고 그같이 음욕을 품었다는 말입니다. 예수님의 이 말씀은 바로 음욕이 있는 여자와 그 여자를 보고 음욕을 품고 유혹하는 남자의 음욕적인 행위들을 들어서 영적인 것을 말씀하시는 것입니다.

하나님을 섬기고 예수님을 믿는다는 사람들이 마음에 세상을 품고 육체의 정욕을 따르고 돈을 사랑하는 이 같은 것들은 다 하나님에 대한 영적 간음이라는 것을 말씀하고자 육체의 음욕과 간음을 말씀하는 겁니다. 육체의 음욕과 간음은 곧 영적인 음욕에서 나오는 것이기 때문입니다.

그러면 이 배후는 누구의 '짓'입니까? 바로 사단의 짓입니다. 여기서 음욕을 품은 남자는 진짜 남자로 오실(오신) 예수님을 가장한 사단을 상징합니다. 여자는 하나님의 메시아 언약을 가진 그 신앙으로 흘러오던 이스라엘이 육체의 정욕의 것들을 쫓고 추구함으로써 사단의 유혹을 받아 사단에게로 돌아간 그 이스라엘을 상징합니다.

사단은 하나님의 보좌를 탐낸 음욕의 창조자입니다. 피조물 중에 처음 난 사단은 음욕을 품고 하나님의 보좌를 넘보다 하늘에서 쫓겨났습니다. 그 사단은 이스라엘 속에 생명의 씨로 심겨진 진짜 남자(생명을 주시는 이)로 오실 예수님이 오시지 못하도록 훼방하고 하나님처럼 가장하여 행세하며 하나님의 백성인 이스라엘(여자)의 신앙을 무너뜨리려고 끊임없이 추파를 보내어 유혹했습니다. 그런데 이 여자(유대인)도 마음에 음욕이 있었으므로 유혹을 받아들였습니다. 그래서 예수님을 메시아로 영접하지 않는 유대인들이 이미 마음에 사단의 음욕을 품은 영적 간음 자들이 되었기에 예수님을 알아보지도 못하고 예수님을 원수로 여기는 것이라고 말씀한 것입니다. (오늘날도 영적 음욕에 있는 자, 영적 간음 자들은 예수님을 절대로 알아보지 못하고 만나지 못합니다.) '그들 자신이 음욕을 마음에 품고 간음하는 자라, 여자를 보고 마음에 음욕을 품은 것도 간음이다.' 라고 그들 속의 죄들을 드러내 말씀하신 것입니다.

그러므로 마음과 눈을 오직 여호와 하나님께만 고정하고 하나님을 보아야 할 오른눈이 보는 것 때문에 음욕을 품게 하는 것이면 눈 빼버리라. 오직 하나님과 함께 사는 것이 삶의 전 뜻이 되어야 할 오른손이, 하는 일로 인하여 육체에 대한 음욕(정욕)을 품게 하는 것이면 차라리 그 오른손 찍어 내버리라. 보기 때문에 오른눈이 타락하는(마음에 음욕을 품는) 것이라면, 하는 일로 인하여 육체의 정욕을 품게 하는 것이라면 그 오른눈 빼 버리고 오른손도 찍어 내버리고 온 몸이 지옥에 던지우지 않는 것이 유익이라고 하신 것입니다. (참고로, 오른쪽은 하나님이요 영적이요 하늘을 의미하고, 왼쪽은 사단이요 육(육체)이요 세상을 의미함)

예수님께서 이 말씀을 하신 의도는, 예수님을 영접하지 않는 유대인들에게 눈 빼버리라 손 찍어 버리라 하셨지만 실제로 그렇게 간음에 동조한 오른눈을 뺀다고 오른손 찍어 내버린다고 간음죄가 없어지는 것은 아니지요. 그 죄의 근본 동기는 마음에 있고, 마음이 간음하였으므로 눈 빼버려도 손 찍어 내버려도 예수님을 하나님께서 보내신 메시아로 영접하여 죄 사함을 받지 않으면 그 죄에서는 벗어날 방법도 해결할 방법도 없는 것입니다. 그러므로 예수 그리스도 앞에 철저히 죄인으로 엎드려 죄 용서의 은혜를 입지 않으면 구원받을 길은 도무지 없다는 것을 말씀하는 뜻입니다.

그러나 실지로 예수님의 말씀을 듣고 마음에 품은 음욕을 죄로 여겨 그 죄를 회개하기 위해 오른손 찍어 버리고 오른눈 빼어 내버린다면 예수님을 보는 눈이 열리게 되니 예수님을 메시아로 영접하여 들일 수 있게 되는 것이기에, 봄으로써 음욕을 품게 하고 그 일에 동조하여 일함으로써 간음하게 하는 손 찍어 내버리라 눈 빼버리라 하신 것입니다.

그다음 31, 32에 **또 일렀으되 누구든지 아내를 버리거든 이혼 증서를 줄 것이라 하였으나 나는 너희에게 이르노니 누구든지 음행한 연고 없이 아내를 버리면 이는 저로 간음하게 함이요 또 누구든지 버린 여자에게 장가드는 자도 간음함이니라** 하셨습니다.
즉, 모세의 율법은 아내를 버릴 때 이혼 증서를 주라 하였다고, 너희가 그같이 음행한 연고도 없이 이혼증서 주는 것으로 아내를 버리지만, 나는 너희에게 율법을 강화하여 말한다. 누구든지 음행한 연고가 아니면 아내를 버릴 수 없다는 것을 잘라 말씀하셨습니다.

이 말은 너희가 하나님에 대하여 음행한 연고가 아니면 하나님께서도 너희를 내버리지 않으신다는 역설입니다. 그러나 그들은 스스로 음행하였으므로 하나님께서도 내버릴 수밖에 없다는 말씀입니다.

신 24:1에 사람이 아내를 취하여 데려온 후에 수치되는 일이 그에게 있음을 발견하고 그를 기뻐하지 아니하거든 이혼 증서를 써서 그 손에 주고 그를 자기 집에서 내어보낼 것이요 했습니다. 그런데 유대인 남자들이 이 말씀을 악용했습니다. 아내가 음행한 연고도 없는데 자기 맘에 안 든다고 무조건 이혼 증서를 하나 써주고 내 보냈습니다. 음행한 연고 없이 아내를 버리는 것은 그 여자에게 간음죄 짓게 하는 것이요. 또 그 여자에게 장가드는 자도 간음죄 짓게 하는 것이니, 그러므로 음행한 연고 없이 아내를 버리는 것은 간음죄 짓게 하는 간음의 원흉인 사단에게서 난 것임을 의미합니다. 그렇기에 계명을 악 이용하는 것은 사람을 간음죄 짓게 하는 사단과 동질이라는 것을 말씀하시는 뜻입니다.

간음을 헬라어로 '모이케오'라 하고 음행이란 말의 헬라어는 '포르네이아'라고 합니다. 음행은 성적인 문란한 행동이나 행위 등, 부정한 관계 등입니다. 결혼하기 전에 행하던 이런 음행을 결혼 후에도 지속적으로 행하는 것이 음행입니다. "아내가 음행하는 연고 없이" 하는 것은 결혼 전에 있었던 성행위의 음행이 남편에게 드러나서 남편이 그 일로 대단한 수치감을 느껴서 함께 살 수 없는 판단이 될 경우(이것은 믿는다는 사람이 하나님 앞에 자신이 얼마나 죄 가운데 살았는지에 대한, 죄인임을 깨달아 볼 줄 모르는 자의 대한 비유), 또는 결혼 후에 이런 음행하는 일들로 인하여는 이혼해도 된다는 말씀입니다. 반면 그 남편은 음행이나 간음에는 흠 없이 깨끗해야 합니다. 이것도 기억하고 계십시오.

이 음행은 결혼하지 않았을 때를 포함해서 결혼 후에도 갖는 간음, 음탕 등 부도덕한 모든 성적 행위들을 통틀어 말하는 단어입니다. 그래서 고전 6:18에 그리스도인들에게 반드시 음행을 피하라고 했습니다. 오늘 예수님께서 믿는 이들에게 말씀하는 것은 무엇입니까? 앞에서 듣고 배운 대로 율법이 강화된 것은 한편 예수님을 믿지 않는 유대인들과 세상 끝나는 때까지 인류의 죄를 보게 하시는 것이고, 또 한편은 예수님을 믿고 죄를 용서받은 자는 예수님의 의로 사는 자가 되었다는 것이니 그 의로움이 드러나는 거룩한 삶이 돼야 하는 것임을 말합니다. 그러므로 예수님을 참으로 믿는 것이면 절대로 육체적 간음도 음행도, 영적인 음행과 간음도 없습니다. 성경 전 역사를 두고 분명히 말합니다. 이런 부도덕하고 부정한 더러운 죄를 짓는 자는 하나님의 나라에 들어갈 수가 없습니다.

그리고 남자든 여자든 미혼이든 기혼이든 그리스도인은 배우자 외엔 다른 누구와도 접촉을 금해야 합니다. 결혼을 약속한 사이라도 결혼 날까지는 각자 몸을 단정히 하여 피차 성결한 결혼이 돼야 합니다. 예수님께서는 네 오른눈이 여자를 보고 음욕을 품으면 그 눈 빼내버리라 네 눈이 보기 때문에 음욕을 품으면 그 눈 하나 없어지고 지옥에 던지우지 않는 것이 유익하다. 오른손이 있으므로 간음하는 것이면 그 손 가지고 지옥에 던지움을 받는 것보다 차라리 백체 중 하나가 없어지고 온몸이 지옥에 던지우지 않는 것이 유익하다고 말씀하심으로써 간음이 얼마나 무서운 결과가 따르는지를 알 수 있게 하셨습니다.

고전 6:18에 **음행을 피하라 사람이 범하는 죄마다 몸 밖에 있거니와 음행하는 자는 자기 몸에게 죄를 범하느니라**고 했습니다. 무슨 말입니까? 음행의 죄 외에 범하는 죄들은 다 몸 밖에 죄이기에 한 몸이 되지 않는 것인데, 또 보상을 한다든지 벌을 받든지 사죄한다든지 하여 끝나는 것이지만, 이 성적 죄를 짓는 것은 자기 몸에게 죄를 짓는 것이어서 죄와 한 몸이 된다는 것입니다. 그래서 고전 6:16에 **창기와 합하는 자는 저와 한 몸인 줄을 알지 못하느냐 일렀으되 둘이 한 육체가 된다 하셨나니** 했습니다. 창기와 한 몸이 되고 둘이 한 육체가 된다. 바로 창기와 합한 그 자신도 창기요 창기의 육체라는 것입니다. 예수님을 믿는 여러분, 좀 심각하게 듣기 바랍니다. 음행하는 자는 자기 몸에 죄를 범하여 죄와 한 몸이듯 창기와 합하는 것도 한 몸이요 한 육체라 하였으니 그러면 믿는다 하면서 음행 죄짓는 자, 간음하는 자, 어때요. 여러분? 구원받는 것입니까? 구원받지 못합니다. 어떻게 구원이 있습니까?

고전6:17에 **주와 합하는 자는 한 영이니라**고 했습니다. 성영님으로 예수님과 한 몸이 되었다는 말입니다. 고전6:19,20에 **너희 몸은 너희가 하나님께로부터 받은바 너희 가운데 계신 성영의 전인 줄을 알지 못하느냐 너희는 너희의 것이 아니라 값으로 산 것이 되었으니 그런즉 너희 몸으로 하나님께 영광을 돌리라**고 했습니다. 고전 3:16,17에 **너희가 하나님의 성전인 것과 하나님의 성영이 너희 안에 거하시는 것을 알지 못하느뇨 누구든지 하나님의 성전을 더럽히면 하나님이 그 사람을 멸하시리라 하나님의 성전은 거룩하니 너희도 그러하니라**고 했습니다. 음행의 죄를 짓고 간음을 행하는 것으로 영광을 돌릴 수 없습니다. 창기와 합하는 것으로 영광을 돌릴 수 없습니다. 예수님을 믿는다 하면서 그같이 몸을 더럽히는 자는 하나님이 그 사람을 멸하신다고 분명히 말씀하고 있습니다.

　예수님을 믿는다고 하는 사람이 음행과 간음으로 죄를 지어 몸을 더럽히면, 또 창기와 합하는 자는 하나님께서 그 사람을 어떻게 한다고요? 그 사람을 멸하신다는 것 분명히 맞습니까? 그런데 오늘날 목사가 음행의 죄를 지었어도, 간음을 행하였어도 버젓이 말씀을 전하는 일을 하고 있습니다. 이 같은 하나님의 말씀들을 무시하고 짓밟듯 하는 시대가 되었습니다. 바로 사단의 하수인들이 하나님의 말씀을 유대인들이 악용했듯이 똑같이 악용하여 예수님의 구원의 뜻을 훼방하고 있는 것입니다. 만일에 예수님을 영접했으면 그의 몸은 성전이니 더러운 음욕의 죄를 지어 절대로 성전을 더럽힐 수 없습니다. 내가 예수님 안에 예수님이 내 안에가 되면 음욕이 있을 수가 없어요. 그렇기에 음욕의 죄를 짓는 것은 사단의 종자이기 때문입니다. 실제 믿는다는 남자가 여자보고, 여자가 남자보고 마음에 음욕을 품으면 그것은 사단에게 속했다는 증거라는 말입니다.

　그리스도인이 음란물들을 접하고 들여다보는 것은 그 스스로가 음욕을 마음에 품은 것으로 자기 영혼을 그런 것들에다 파는 행위가 되어서 절대로 예수님을 만날 수가 없습니다. 또한 음욕으로 인한 죄들은 영적인 것이든 육체의 것이든 그 자신만의 죄로 끝나는 것이 아닙니다. 그 영향이 여러 방향으로 파생되어 나가, 죄가 죄를 낳고 또 죄를 낳는 것으로 죄가 확산되어 나가는 것입니다. 그러므로 사단의 나라에 큰 힘이 되게 하는 역할인 것입니다. 만일에 예수님을 믿는다는 사람에게 아직 돌이킬 기회가 남아 있다면 말입니다. 음욕으로 인한 죄들에 대하여 감각을 가지고 지옥의 던지움을 받는 그 길에서 속히 돌이켜 떠나 나와야 할 것입니다. 철저히 회개가 있어야 할 것이란 말입니다.

다시 반복합니다만 오늘 예수님께서 "마음에 이미 간음하였느니라."고 하신 것은 바로 영적인 것과 직결이 되어 있음을 말합니다. 영적 간음이 육의 간음으로 드러나는 것이요. 육의 간음은 영적 간음으로 드러나는 겁니다. 육의 간음은 영적으로도 간음하고 있다는 것을 의미한다는 말입니다. 이 말을 잘 이해해야 합니다. 예수님께서 "간음치 말라는 계명을 너희가 들었으나" 하시며 말씀하신 것은 바로 너희가 육체적인 간음만 말하는 것인 줄 알지만 **나는 너희에게 이르노니 여자를 보고 음욕을 품는 자마다 마음에 이미 간음하였느니라** 하심으로써 영적인 간음을 행한 것이라는 것을 말씀하신 것입니다. 육체의 간음을 말씀하시면서, 예수님을 믿는다는 사람들이 영적으로 간음하고 있다는 그것을, 드러내신 것이라는 말입니다.

그러니까 성경은 영적으로 간음하는 자를 '음녀'라고 말합니다. 영적인 간음 자를 음녀라고 하는 것은? 바로 하나님을 남편처럼 사랑하고 섬겨야 하는 자가 다른 남편을 좋아하고 즉, 사단과 합하여 인본의 누룩을 뿌리고 육체의 정욕을 따라 사는 자들이 되었다는 것을 말합니다. 지금 예수님께서 유대인의 지도자들에게 말씀하신 것이지마는 곧 믿는다 하는 모든 이들에게 하시는 말씀입니다. 유대인의 지도자들이 오직 하나님께만 두어야 하는 눈과 마음을 돌이켜 사단과 함께 눈이 맞아 마음을 나누고 인본의 사상들을 세워 말씀의 뜻을 가리고 세속적인 것들을 사랑하고 취하는 쪽으로 나갔습니다. 그것이 음욕이요 음녀의 일입니다. 그러므로 사단과 함께 간음하였다는 것을 말씀한 것입니다.

부딪치면 깨지는 연약한 그릇과 같은 자기 백성을 남편처럼 돌보아 주시겠다고 언약하신 하나님의 말씀을 마음을 다해 귀담아듣고 따라야 하는데, 남편과 맺은 언약을 버리고 사단이 가져다주는 세상 부귀 명예의 달콤한 유혹에 끌리고, 사치와 향락의 음욕을 마음에 품고 사단과 간음하는 자들이 되었으므로 그것이 하나님에게서 실족케 한 것이라고 하는 것입니다. 그렇기에 하나님을 본다고 하면서도 눈앞에 오신 하나님을 보지 못하는 그 오른눈을 빼 내버리라. 보이는 것 때문에 눈이 멀어 예수님을 보지 못하는 것이면, 그 눈 빼 내버리고 지옥에 던지우지 않는 것이 유익하다. 보지 못하면 음욕을 품지 않을 것이니 빼 내버리라 하신 것이지 않겠습니까? 네가 땅에서 사는 일로 인해 그렇게 분주하여 하나님을 마음에서 멀어지게 하는 것이면, 일의 목적을 오로지 하나님께 두어야 하는 것임에도 세상일에 빠지게 하는 것이면, 그 오른손을 찍어 내버리라 그것이 유익이다 하시는 것이 아닙니까? 지옥이 얼마나 고통스러울지를 아시는 예수님께서 눈 빼버리고라도 손 찍어 내버리고라도 지옥으로 던지움을 받지 않아야 할 것임을 말씀하시는 것을 여러분이 좀 심각히 듣고 새겨들어야 한다는 것 강조하고 강조합니다.

여러분의 마음에 품고 있는 것은 무엇입니까? 세상을 마음에 품고 그 세속적인 것들을 따라가지 않습니까? 더 벌고 더 쌓아놓기 위해 일에 매달려 바쁘고 분주하여 마음에 그 음욕을 품었으므로 오직 예수님을 아는 일에 마음을 쓰지 못하고 있지는 않은가 말입니다. 이

같은 것들이 다 영적 간음이요 음행입니다. 세상 것들 때문에 하나님과의 관계를 소홀히 하는 것이면 오른손 찍어 내버리라 하십니다. 오른눈 빼버리라 하십니다. 지옥에 던지움을 받지 않으려면 내일이 아니라 지금 바로 예수님의 말씀을 듣는 즉시 행함이 일어나야 합니다.

약 4:4에 **세상과 벗된 것이 하나님의 원수임을 알지 못하느뇨** 세상과 친하면 영적인 간음이요 하나님과는 원수가 된다는 것 분명히 알라는 말입니다. 이 영적 죄는 곧 무엇으로 나타난다고 했습니까? 육으로도 간음이요 음행입니다. 실제로 육체의 음란으로 드러나는 것입니다. 그러므로 지옥에 던지움을 받는 것입니다. 영원한 지옥의 형벌에 들어갈 죄에서 예수님의 피로써 죄 용서의 은혜를 입었다면 이제는 예수님을 신랑으로 모시고 신부로서의 자격을 갖추는 것에 온 마음을 쓰고 오직 예수님만 사랑하고 예수님만 바라보아야 하는데, 여전히 사단이 임금 노릇 하는 세상 것을 신랑처럼 여기고 따라간다면 그것은 음욕이요 간음을 행하는 연고가 되어 버릴 수밖에는 없다는 것입니다. 무엇이 중요한지 알지 못하는 미련한 자는 예수님의 신부가 될 자격이 없다. 그렇기에 예수님께서도 예수님을 믿는다 하는 사람에게서 음행의 사실이 드러나면 이혼증서 줘서 사단에게로 내줘버린다는 것을 분명히 말씀하시는 뜻입니다.

앞에서 아내의 음행한 연고로 이혼 증서 써주고 버리는 그 남편 자신은 반드시 그와 같은 부정한 것과는 전혀 흠 없어야 한다고 기억하고 계시라 했었던 그 흠 없는 남편은 바로 구약에서는 여호와 하나님을 상징한 것이요 신약에서는 예수 그리스도를 의미합니다. 그래서 참으로 예수님을 믿는 믿음으로 자신이 성영님이 거하시는 성전의 거룩한 신분이 되었음을 안다면 음란한 것들, 음탕이나 음행의 더러운 죄의 요소들을 모양이라도 다 버려야 하고 깨끗이 떠나야 합니다.

그리고 예수님 믿기 전에 가졌던 것들로 자기 육체의 자랑이 되어 있고 음란의 요소가 되었던 모든 것들, 과거에 도취해 자기 안에 가지고 있는 모든 음욕적인 것들을 깨끗이 회개하여 예수님의 피로 다 씻어버려야 합니다. 죽음에 넣어버려야 합니다. 예수님과 함께 십자가에서 옛사람이 죽었음을 믿는다면 그 죽음에 깨끗이 내던져버려야 합니다. 도취해 있는 것 다 음욕입니다. 과거에 취해서 자랑하는 것들, 자기가 이런 사람이었다는 것을 알아주기를 바라 은근히 나타내고 있는 도취해있는 속된 우월감들, 육에서 나는 더러운 자랑들, 자기가 과거에 얼마나 인기가 있었는지, 여자들이 자기만 보면 좋다고 따라다녔다. 자기가 얼마나 남자들에게 인기가 있었는지, 길가다가도 자기를 쳐다보느라 정신없었다. 이런 자기 우월감, 육의 욕된 것들을 자랑하는 것은 다 음란입니다. 이제 예수님 안에서는 절대로 자랑 아닙니다. 그것들은 음란의 영에게 자신을 유혹하도록 길을 내주는 육체의 더러운 자랑입니다. 과거에 자기가 인기가 많아 남자들이 따랐고 과거에 자기가 인기가 많아 여자들이 따랐다면 그것은 자신에게 음란의 영이 끼어서 음욕의 생활 했다는 것을 말하는 것입니다.

오늘날 예수님을 믿는다는 그리스도인 중에 특히 미혼녀들이 정숙하고 단정한 데서 나오는 아름다움이 아니라, 예쁘게 또는 섹시하게 보이려고(남자들에게) 자기를 단장하고 몸을 가꾸고 치장하는 데에 온갖 마음을 쏟습니다. 바로 이것이 음욕입니다. 세상 유행에 맞추고 자기를 돋보이려는 것들, 다 음욕이요 음란의 요소입니다. 참으로 늦지 않았다면 속히 회개하고 깨끗이 하나님께로 돌이켜 예수님의 말씀으로 사는 능력이 되고 거룩함의 삶이 돼야 할 것입니다.

　과거에 TV에서 연예인(특히 가수)들이 춤추는 것을 보아도 다 성적인 것들을 묘사하고 다 음란을 표출하는 거였습니다. 만일에 믿는다는 사람들이 그런 것들이 자기 마음에 좋은 것으로 여겨 즐기고 보는 것에 심취한다면 그 역시 마음이 음욕에 있는 증거입니다. 세상 영과 간음하고 있는 것입니다. 그러니 세상 영과 간음에 있는 사람들이 어떻게 예수님과 관계가 되겠으며 말씀으로 사는 믿음이 되겠으며 어떻게 예수님의 신부로서의 능력을 갖추겠으며 어떻게 성영님이 거하실 성전이 될 수가 있겠습니까? 앞에서 "여자를 보고 음욕을 품는 자마다"하는 여자도 마음에 음욕이 있는 것을 의미한다고 기억하라 했던 것이 바로 예수님을 믿는다는 사람들이 마음에 그 같은 세상과 육체의 것들을 품고 있음으로써 사단의 영들이 좋다고 함께 즐기자, 함께 살자 하고 덤벼든다는 것을 말합니다. 그렇기에 함께 지옥의 던지움을 받는다 하는 것입니다.

　오늘날 기독교 안에 심각한 폐단은 바로 성적인 문제입니다. 그 같은 음란들로 인하여 사단이 교회의 거룩함을 훼손하고 세상이 교회를 판단하고 심판하는 아주 우스꽝스런 모습이 되어 있습니다. 특히 강단에서 말씀을 전하는 위치에 있는 사람이 간음을 행하는 것은 이미 사단에게 쓰이는 자라는 것을 분명히 아십시오. 사람들을 구원에 들어가지 못하게 하려고 유혹하고 미혹하는 자라는 것을 아십시오. 하나님께서 하나님의 말씀을 전하게 하시는 데는 차라리 돌들이 외치게 하실지언정 그런 음란한 자들을 하늘이 무너져도 세우지 않는다고 하셨습니다. 하나님의 사람은 여자가 남자를, 남자가 여자를 이성으로 보이지 않을뿐더러 대하지도 않습니다. 영적 신분인 하나님의 성도요. 자녀요. 아들이라는 그 이상은 이성적으로 보이지도 않고 또 있지도 않습니다. 마음에 음욕이 없으니 유혹도 미혹도 받지 않습니다. 하나님의 말씀을 맡은 자는 세상도 육체의 정욕도 다 초월한 것이지 어디 세상이 있고 육체의 정욕이 있습니까?

과거에 성영님께서 내가 질문한 것도 아닌데 자세히 말씀해주신 것이 있었습니다. 만일에 사람이 예수님을 믿고 변화되었다고 할지라도 그의 살아온 삶이 돈의 셈이 흐려 남의 돈을 떼먹거나 돈 관계가 깨끗지 않은 자, 성적인 것을 좋아하여 문란하게 산자, 귀신들렸었던 자, 무속인이었던 자, 종교에 심취했던 자, 악한 병이 들었었던 자들은 하나님의 말씀을 전할 수 없다고 하셨습니다. 이 같은 것들에 관련되었던 자가 예수님을 믿고 회개하면 용서받고 자기의 근신함으로 인하여 구원은 받는 것이지만, 영적인 거룩한 하나님의 말씀을 가르치고 전하는 것은, 즉 선지자나 목사나 교사로는 허락되지 않는다고 하셨습니다. 하나님께서 세우지 않는다 하셨다는 말입니다. 저는 성영님이 제게 말씀하신 이것을 너무나 당연한 것으로 받았고 저 자신이 말씀을 전할 수 있는 자로 지킴을 받았구나 하는 감동을 크게 받게 되었습니다.

그런데 오늘날 지도자 위치에 있는 사람들이 그같이 간음의 죄를 짓는 그것이 어떻게 하나님과 관계가 있다는 말입니까? 절대로 하나님의 말씀의 지도자가 아닙니다. 바리새인이요 사두개인이요 서기관의 음욕을 품은 자로 사단이 인을 쳐 사용하는 것으로써 그를 따르는 교인들 또한 "여자를 보고 음욕을 품는 자마다"에 있는 자들뿐이라는 것 알아야 할 것입니다.

성경은 분명히 교회 안에서 음행하는 자들은 사귀지도 말라고 경고했습니다. 그러면 성경의 이런 경고는 무시해도 되는 것입니까? 고전 5:11에 **만일 어떤 형제라 일컫는 자가 음행하거나 탐람하거나 우상 숭배를 하거나 후욕하거나 술 취하거나 토색하거든 사귀지도 말고 그런 자와는 함께 먹지도 말라 함이라** 했습니다. 여러분, 음행하거나 술 취하거나 해도 사귀지도 말고 함께 먹지도 말라, 함께 자리하지도 말라는 것 아닙니까? **이 악한 사람은 너희 중(교회)에서 내어쫓으라**고 말하고 있습니다. 고전 6:9에 **불의한 자가 하나님의 나라를 유업으로 받지 못할 줄을 알지 못하느냐** 했습니다. 이런 자들에게 미혹을 받지 말라 했습니다.

고전 10:8에 **저희 중에 어떤 이들이 간음하다가 하루에 이만 삼천 명이 죽었나니 우리는 저희와 같이 간음하지 말자** 했습니다. 민25장에 보면 이스라엘 백성들이 모압에 있을 때에 모압 신들에게 절하고 모압 여자들하고 간음하여 염병으로 멸망한 사건을 가리킵니다. 영적 간음은 곧 육체의 간음이요 육체의 간음은 곧 영적 간음임을 의미합니다. 히 13:4에 **모든 사람은 혼인을 귀히 여기고 침소를 더럽히지 않게 하라 음행하는 자들과 간음하는 자들을 하나님이 심판하시리라** 라고 분명히 말하고 있습니다. 그러니 오늘 말씀에 비춰볼 때 오늘날 교회라고 이름 한 곳에 심판받지 않을 자가 과연 몇이나 있을까! 얼마나 예수님의 이름을 밟고 서서 음욕으로 예수님의 이름을 덮고 더럽히고 있는지 여러분이 짐작해볼 수 있을 것입니다. 이 말씀을 듣는 여러분이라고 해서 여기에 해당되는 사람 한 사람도 없다고 볼 수는 없다는 것 또한 알기 바랍니다.

이제 간음과 음행에 대한 우리 그리스도인들의 자세가 어떠해야 하는지 오늘 말씀을 통해서 여러분 마음속에 확실히 깨닫는 것이 되었고 세상을 사랑하고 좋아하고 좇아가는 것, 성경을 통해 예수님은 다 음욕이라고 말씀해주고 있으니 이런 음욕에서 돌이킴으로 지옥에 던지움을 받지 않는 그 영광 안에 있는 여러분이 되기를 진심으로 바라며 여기서 말씀을 맺습니다.

오늘 말씀을 깨닫게 하신 성영님께 감사드리며 모든 영광 삼위 하나님께 돌립니다. 아멘

제 4 장
대적지 말고 속옷 겉옷까지 주라(1)

³⁸또 눈은 눈으로, 이는 이로 갚으라 하였다는 것을 너희가 들었으나 ³⁹나는 너희에게 이르노니 악한 자를 대적지 말라 누구든지 네 오른편 뺨을 치거든 왼편도 돌려대며 ⁴⁰또 너를 송사하여 속옷을 가지고자 하는 자에게 겉옷까지도 가지게 하며 ⁴¹또 누구든지 너로 억지로 오 리를 가게 하거든 그 사람과 십 리를 동행하고 ⁴²네게 구하는 자에게 주며 네게 꾸고자 하는 자에게 거절하지 말라 ⁴³또 네 이웃을 사랑하고 네 원수를 미워하라 하였다는 것을 너희가 들었으나 ⁴⁴나는 너희에게 이르노니 너희 원수를 사랑하며 너희를 핍박하는 자를 위하여 기도하라 ⁴⁵이같이 한즉 하늘에 계신 너희 아버지의 아들이 되리니 이는 하나님이 그 해를 악인과 선인에게 비취게 하시며 비를 의로운 자와 불의한 자에게 내리우심이니라 ⁴⁶너희가 너희를 사랑하는 자를 사랑하면 무슨 상이 있으리요 세리도 이같이 아니하느냐 ⁴⁷또 너희가 너희 형제에게만 문안하면 남보다 더 하는 것이 무엇이냐 이방인들도 이같이 아니하느냐 ⁴⁸그러므로 하늘에 계신 너희 아버지의 온전하심과 같이 너희도 온전하라

(마5:38-48)

여러분은 오늘 본문 말씀을 어떤 마음으로 읽었습니까? 아무 생각

없이 읽기만 했습니까? 아니면 말씀을 생각하면서 읽었습니까? 아니면 사람이 어떻게 이렇게 살 수 있겠냐? 는 부담으로 읽었습니까? 아니면 말씀대로 사는 능력이 되었으니 기쁘고 반가운 말씀으로 읽었습니까?

예수님의 이 말씀은 사실 인간 생각으로 이해한다면 받아들이기 매우 부담되는 말씀입니다. 왜냐? 아무리 생각해봐도 이 말씀은 성경 안에만 있어야 할 것이지 사람이 어떻게 그렇게 살 수가 있겠냐? '아니, 이 악한 세상에 바보가 아닌 이상 나도 똑같이 이는 이로, 눈은 눈으로 갚아줘야 정당하고, 억울하지 않지, 어떻게 오른편 뺨을 치거든 왼편도 돌려대고 속옷을 가져가고자 하면 겉옷까지 가지라 할 수 있느냐?' '이런 식으로 살다가는 망할 일밖에 더 있겠느냐, 이리 뛰고 저리 뛰고 다녀도 살기 힘든 세상인데 그러면 사회생활도 직장생활도 다 때려치우고 죽으라는 말이냐?' '나는 성질 없느냐?' '왜 바보처럼 살아야 하느냐?' 하는 반발심이 들고 용납할 수 없는 것으로 돌려버릴 수가 있기 때문입니다.

그래서 사람들이 말입니다. 예수님을 믿는다 해도 이 같은 말씀을 만나면 어떻게 이렇게 살 수 있겠냐는 부담감부터 들기 때문에 읽기는 해도 자기와 상관없는 말씀으로 젖혀 놓고 모르는 척 못들은 척 귀 닫고, 눈 감아 버리고 여전히 자기의 본성에서 나는 생각대로 행하면서 종교생활 합니다. 예수님과 관계없이 자기 편리한 대로 자기 방식대로 믿는다 합니다. 믿는다는 세월이 수년, 또는 그 이상이 되었어도 예수님을 참으로 사랑해서 믿는 믿음, 예수님과 친밀한 관계를 이룬 믿음은 보기가 참 어렵다는 것을 많이 느끼고 있습니다.

자기가 시퍼렇게 살아서 자신이 하나님이 되어 있는 사람은 많은데, 참으로 자기 자신의 실체를 보고 알게 되어, 예수님을 '자기의 구주요 하나님으로 사랑하여 모든 것을 버려두고 좇으니라.' 의 믿음이 된 사람을 보기가 참 어렵더란 말입니다.

　이 말을 하니까 또 예수님 믿는 사람은 박애 정신이 투철해서 사람들 위해서 모든 것 다 버리고 몸과 마음을 다해 죽도록 충성해야 된다는 말인가? 하고 돌려 들을까 염려됩니다. 그런 말이 아니니 돌려 듣지는 마십시오. 예수님이 말씀하신 의도대로 잘 깨달아서 따르는 것을 말합니다. 예수님을 진짜 믿는 것이면 예수님의 말씀대로 능력을 갖추어 나가는 것이 예수님을 믿는 것이요, 예수님과 한 몸을 이루는 일이 됩니다. 예수님께서 사단의 권세를 깨고 세상을 이기신 것이 곧 내 이김이 되고 승리가 되어야 합니다. 예수님의 말씀은 천국의 속성을 말씀한 것이라는 것 말씀드렸습니다. 예수님의 모든 말씀은 예수님으로 사는 능력이 되는 것이요 믿는 자의 삶이 되어야 하는 말씀입니다.

　또한 천국은 영이요 생명이신 예수님의 말씀으로 소유하는 것입니다. 천국은 죽어야 가는 곳이 아니라 지금 우리 안에 천국이 와있어야 하는 것입니다. 금세에서 천국을 소유해야 내세에서 자기의 누릴 천국이 되는 거예요. 그렇기에 말씀을 통해주시는 천국을 금생에서 충만히 소유하시는 믿음이 돼야 합니다. 예수님의 말씀으로 속사람이 사는 능력이 되어 성장해 감으로써 소유된 천국이 되고 하나님이 기뻐하시는 거룩한 산 제사의 삶이 돼야 합니다. 그것이 하나님께 드릴 영적 예배요, 신영과 진정의 예배가 되는 것입니다. **신영과 진정으**

로 예배 할지니라 하니까 예배당 열심히 쫓아다니며 예배하라는 말씀 아니에요. 참으로 예수님을 믿는 것이 예배입니다. 자기의 믿는 예수님의 말씀을 따라 사는 것이 예배입니다.

믿는다 하면서 예수님의 말씀에 관심 없고 '어떻게 그렇게 살겠냐?'하고 외면한다면 그것은 예수님을 믿는 것도 아니요. 예배도 아닙니다. 그것은 죄 용서와 구원과 생명을 얻게 하시는 하나님의 뜻을 종교처럼 여기는 종교인이라는 것을 말할 수밖에는 없습니다. 그러니까 예수님을 믿는 것처럼 하는 것일 뿐이고, 자기의 요구들을 위해, 자기 편리한 대로 믿는 것이 되어 성경에서 자기의 입맛에 맞는 말씀만 보는 것이고 찾는 것이라는 말입니다.

오늘 본문의 말씀 같은 경우도 따르고 싶은 자는 따르면 되고 따르고 싶지 않은 자는 따르지 않으면 되는 것이지, 다 각각 자기에게 맞는 말씀이 있는 것이지, 사람이 어떻게 예수님의 말씀을 다 따라서 살 수 있느냐 우리가 예수님도 아닌데 우리가 신도 아닌데 하고 불평하고 나오는 겁니다. 자기가 정하고 계산을 세우고 자기에게 맞는 말씀을 선택해서 믿는다 하는 교만함으로 말씀을 대한다는 말입니다. 그중에 예수님이 병을 고치시는 것이나 귀신이 쫓겨나가는 것은 자기에게도 맞으니 좋은 겁니다. 배불리 먹이셨다는 것도 자기에게 맞으니 좋은 겁니다. 나를 사랑하는 자가 나의 사랑을 입는다 하니 자기가 자기 방식대로 하나님을 사랑한다고 열심 내놓고 그것도 자기에게 맞으니 좋은 겁니다.

잘 들으세요. 이런 것은 절대로 믿음 아닙니다. 이런 정신으로 예배당에 나와서 자기 몸을 다 바쳐 봉사하고 일한다 해도 예수님의 뜻이 그의 속에 없기 때문에 예수님과는 관계없습니다. 예수님께서 계시록 2:23에 **나는 사람의 뜻과 마음을 살피는 자인 줄 알지라** 하셨습니다. **내가 너희 각 사람의 행위대로 갚아 주리라**고 분명히 말씀하셨습니다. 그래서 말입니다. 하나님의 일 한다고 봉사한다고 하는 것이 자기의 유익을 위한 것이면 행한 대로 갚으신다 하신 하나님께서 그의 원대로 땅의 것 육체의 것들에다 갚아버리시면 그는 이 땅에서 끝나는 날, 천국이 그에게 있지 않으므로 그대로 영원한 심판의 장소로 들어가게 되는 것입니다.

그래서 분명히 말합니다. 예수님의 가르치시는 천국의 말씀을 듣고 그것이 천국을 소유하는 뜻인 줄 알고 믿음으로 행하지 않으면 거짓 믿음이라는 것을 말입니다. 요10:30에 예수님께서 **나와 아버지는 하나이니라** 하셨습니다. 그러면 예수님과 예수님의 말씀은 따로 떨어진 것일까요? 따로 떨어진 것이 절대 아닙니다. '나와 아버지는 하나이니라.' 하신 것과 같이 예수님과 예수님의 말씀도 하나입니다. 그래서 자유케 되는 진리입니다. 영이요 생명이 되는 천국의 요소가 예수님 말씀에 다 있습니다. 그래서 예수님을 참으로 믿기 원하면 예수님의 말씀에 자신을 온전히 내맡기고 말씀대로 행할 때에, 즉 행하라 하는 것을 행하고, 버리라 하는 것을 버리면 말씀의 이적이 따르는 것이요. 예수님(천국 소유)과 하나 되는 것이요. 성영님의 충만이 되는 것입니다. 그것이 예수님을 믿는 것이요. 천국을 소유한 증거요. 진리로 자유케 된 것이요. 육체의 장막을 벗으면 예수님이 계신 하늘 처소로 직행하는 것입니다.

여러분! 저는 예수님의 말씀이 참으로 너무나 좋은 사람입니다. 말씀 한 구절 한 구절에서, 나로 온전한 복을 얻게 하시려는 예수님의 사랑의 뜻이 보이기 때문에 너무나도 기쁨이 벅찹니다. 저는 그 복을 확실히 받은 사람입니다. 또한 날이 갈수록 예수님의 말씀에서 엄청난 복을 보기 때문에, 그 기쁨에 마음이 설레고 떨리고 벅차서 어찌할 바를 모르겠는 겁니다. 더럽고 추하고 이기심만 가득한 썩은 냄새밖에 날 것이 없는 나 같은 죄인을, 사단의 종노릇하다가 결국은 사단과 함께 불구덩이로 떨어질 그런 나를 하나님의 복 주시는 사람다운 사람으로 살게 하시는 말씀이라서, 거룩한 자가 되게 하시는 말씀이라서, 참으로 존귀한 자가 되게 하시는 말씀이라서, 예수님의 성품으로 변화 받아 성영님과 교제할 수 있는 거룩한 높은 심영이 되게 하는 말씀이라서, 그렇게 좋을 수가 없습니다.

내가 하나님의 자녀로 다시 난 신분이 되었으니 그 신분으로 사는, 세상에는 없는 너무나 높고 고상한 하늘의 말씀이기에 내게 이런 복이 있다는 이것이 너무 기쁘고 좋아서 예수님의 말씀이 이렇게 귀하고 좋을 수가 없는 겁니다. 나를 하나님의 자녀로 재창조하시는 말씀이라서, 그래서 이것을 알기에 여러분에게 이 말을 전달하지 않을 수가 없는 것입니다.

여러분, 예수님을 믿는 것은, 예수님의 가르치시는 말씀대로 행하여 따라 사는 것이라는 것을 분명히 동의합니까? 오늘 예수님께서 가르치시는 말씀이 나와 상관없는 것이 아니라, 외면해야 할 말씀이 아니라 참으로 행하는 믿음이 되어야 한다는 것, 그것이 예수님을 믿는 예수님의 사람이요, 천국을 소유하는 능력이라는 것 여러분이 분명히 믿습니까? 우리의 상식엔 맞지 않지만 우리 힘으로는 할 수 없지만 우리가 예수님을 사랑해서 참으로 따르기 원한다면 **내게 능력 주시는 자 안에서 내가 모든 것을 할 수 있느니라**고 하였으니 성영님이 능력이 되어 주시는 것입니다.

　그렇기에 예수님을 믿는 우리는 말씀으로 살고자 하여 오늘도 우리 예수님 앞에 앉아서 예수님이 산에 올라가 입을 열어 가르쳐 이르신 말씀을 듣는 이곳에 있는 것입니다. 나를 살리고, 나를 복되게 하시고 나를 높이시는 천국의 말씀을 받아들여 사랑해서 행하고 따르기 위해 이 말씀 앞에 있는 것입니다. 저 하늘이 무너진다 해도 이 땅이 꺼진다 해도 누가 무슨 말을 한다 할지라도 이 믿음에 굳게 서서 예수님의 말씀으로 삶이 되어야 한다는 것 다시 또 강조합니다. 참으로 아멘이 되길 바랍니다.

　본문 38에서 예수님께서 '또 눈은 눈으로, 이는 이로 갚으라 하였다는 것을 너희가 들었으나' 39에 '나는 너희에게 이르노니 악한 자를 대적지 말라 누구든지 네 오른편 뺨을 치거든 왼편도 돌려대며' 하시고 또 이어서 믿는 자의 어떻게 행할 것을 계속 이르셨습니다. 구약의 율법은 누가 네 이를 부러뜨렸으면 너도 똑같이 하고 눈을 뺐으면 너도 똑같이 눈 빼고 다리를 부러뜨렸으면 너도 똑같이 갚아주라는 것으로 보복을 말씀했습니다.

　출 21:23-25에 **생명은 생명으로, 눈은 눈으로, 이는 이로, 손은 손으로, 발은 발로, 데운 것은 데움으로, 상하게 한 것은 상함으로, 때린 것은 때림으로 갚을지니라**고 했어요. 그러니까 이는 이, 눈은 눈, 손은 손, 발은 발로 하는 것은 억울하면 아주 똑같이 그대로 갚아주라는 뜻입니다. 다시 말해서 두 사람이 다투다가 주먹으로 얼굴을 쳐서 이가 두 개가 부러졌다면 '네가 억울하다 하여 보복하고 싶다면 너도 상대방 이를 똑같이 두 개 부러뜨려 주라.' 는 말이에요. 하되 똑같이 하여 서로 억울하지 않고 공평한 갚음이 되게 하라는 말입니다. 이와 같은 보복 법은 갚음이 똑같아서 공평해야 합니다. 그렇지 않으면 보복의 연속이 될 뿐만 아니라 율법을 범하는 죄가 되는 겁니다.

그런데 여러분, 똑같이 해줄 수 있을까요? 없는 거예요. 절대로 없어요. 예를 들어 '네가 내 이를 두 개 부러뜨렸어? 그럼 나도 네 이를 부러뜨릴 정당한 권리가 있으니 너 이리와 봐!' 하고 화가 올라서 상대방 이에 주먹을 날렸어요. 그러면 어떻게 됐겠습니까? 화난 감정으로 주먹을 날렸으니 이가 두 개만 나간 것이 아니라 그 이상이 돼 버린 겁니다. 그러니까 또 상대방은 격분이 나서 '나는 두 개만 했는데 너는 뭐냐?' 하고 서로 엉켜 싸우다가 살인까지 날 수도 있지 않습니까?

이 같은 것은 '이는 이로, 눈은 눈으로'의 율법을 지켰습니까? 지키지 못한 것입니다. 사람은 율법을 지켜낼 수가 없습니다. 그래서 율법의 목적은 인간이 율법을 지키려고 몸부림쳐 보지만 지킬 수 없는 약함, 자신의 죄성을 보고 그것을 깨달으라 하는 데 있습니다. 율법을 범한 자를 돌로 쳐 죽이면서 자기 자신도 언젠가 그같이 돌에 맞아 죽게 될, 율법에 정죄당한 죄인인 것을 보라는 데 있는 것입니다.

이는 이로, 눈은 눈으로 갚으라 하셨다고 하여 '그래 너도 손해 보지 말고 갚아줘라'가 아니라 왜 나만 손해 보아야 하느냐? 너무 억울하지 않느냐? 나도 똑같이 갚아줘야 공평한 것이지 않느냐? 하는 인간 앞에 그럼 이는 이, 눈은 눈으로의 율법을 주시고는 '네가 갚으려거든 똑같이 갚아줘라 그러나 똑같은 갚음이 되지 않아 상대가 억울함을 나타내면 형제끼리 또 다른 보복을 불러들이는 일이요, 너는 하나님의 율법을 범한 것으로 하나님의 진노를 당할 것이요. 그러므로 이는 이로, 눈은 눈으로 갚으려 하는 것은 곧 악으로 좇아 나온 것이라는 것을 알도록 하시려고 갚아보라 하신 것입니다. 보복은 보복을 불러들이고 해를 끼치면 곧 다시 해를 받는 악순환이 이어지는 것을, 너희가 알았으면 이제 해 끼치는 것도, 보복하는 것도 그치라 그것이 이는 이로, 눈은 눈으로, 갚으라 하신 율법의 근본정신이라는 것을 알게 하시는 데 목적이 있었다는 말입니다. 이해됐습니까?

또한 이는 이로, 눈은 눈으로 갚으라 하신 뜻이 무엇인지 이것에 대해서 네가 네 재주껏 깨달아 그 정신을 가져라. 하신 것도 아닙니다. 율법의 근본이 되는 말씀을 주셨습니다. 인간이 똑같이 갚아주려 하지만 율법이 명한대로 행하지 못하여 더 큰 보복을 부르는 자기 속에 죄성을 보게 하시면서 그에 대한 율법의 근본 정신이 무엇인지를 알 수 있는 율법을 주셨다는 말입니다.

레 19:17,18에 **너는 네 형제를 마음으로 미워하지 말며 이웃을 인하여 죄를 당치 않도록 그를 반드시 책선하라 원수를 갚지 말며 동포를 원망하지 말며 이웃 사랑하기를 네 몸과 같이 하라 나는 여호와니라** 하셨습니다. 네가 미워하는 마음을 가지고 있으면 결국 그로 인하여 죄를 짓는 것이니 마음에 미움을 품지 말라고 하셨습니다. 네가 네 형제로 말미암아 해 입었다 하여 억울하니 보복하겠다는 그 미움을 마음에 품지 말고 그에게 가서 '내가 너로 인해 해를 입었지만, 그러나 너에게 해로 갚지 않겠다. 내가 해 받은 만큼 네게 해로 갚는다면 너도 해 입는 것이니 피차 보복하는 것이 되지 않겠느냐 그러니 우리 서로 미워하고 원망하지 말고 서로 해 끼치고 해 받지 말자' 라고 책선하여 이 같은 관계로 선을 이루라 하셨습니다. 너도 죄짓지 않고 상대방도 죄짓지 않도록 책선하여 선을 이루라는 말씀입니다. 그것이 곧 이웃을 내 몸과 같이 사랑하는 것이라 하신 겁니다.

'이웃 사랑을 어떻게 하느냐?' 하고 물을 때 보복하지 말고 책선하여 선을 이루라는 것으로 그것이 이웃을 네 몸같이 사랑하는 것임을 말씀한 것이라는 말입니다. 그리함에도 불구하고 상대가 책선을 받아들이지 않아 악을 행할 때에 너도 같이 하지 말고 신 32:35에 **보수는 내 것이라 그들의 실족할 그때에 갚으리로다 그들의 환난의 날이 가까우니 당할 그 일이 속히 임하리로다** 하셨습니다. 롬 12:19에 **너희가 친히 원수를 갚지 말고 진노하심에 맡기라 기록되었으되 원수 갚는 것이 내게 있으니 내가 갚으리라고 주께서 말씀하시니라**고 하셨습니다. 하나님이 보실 때 네가 억울할 일이면 하나님께서 친히 갚으실 것이니 하나님께 맡기라고 하신 겁니다. 네가 갚으려 하지 말고 보복하지 말란 말입니다. 갚으려 하고 보복하려는 것은 악이요 악한 자(사단)에게서 나온 것이기 때문입니다.

본문 39에서 '악한 자'라고 하신 것은 그리고 성경 전체에서 '악한 자'라고 했을 때는 사단을 말하는 것이요, 또는 사람이 사단에게 속하여 사단의 일을 하는 자라는 것을 의미한다는 것을 알기 바랍니다. 아셨습니까? 그러면 보복하는 것, 원수 갚는 것, 해 끼치는 것 등이 하나님에게서 난 것입니까, 사단에게서 난 것입니까? 사단에게서 난 것입니다. (왜 사단의 것인가는 잠시 뒤에 다룰 것이고요). 그러면 예수님 믿는 사람들이 눈은 눈으로, 이는 이로 하고 나온다면 그 사람이 예수님을 믿는 것일까요? 안 믿는 것입니다. 아직 어디에 속했다는 것일까요? 사단입니다.

서두에 말했던 대로 예수님과 예수님 말씀과 관계없이 자기 좋을 대로 믿는다는 종교인입니다. 성경 말씀을 자기 기분대로 자기 형편에 맞는 것을 찾아서 하나님이 이는 이로, 눈은 눈으로 갚으라 하셨으니 내가 꼭 갚아주겠다고 하는 것은 사단에게 속한 종교인입니다. 그래서 말씀을 어느 한 구절만 보고 자기 형편에다가 끌어다 붙이는 것은 절대 안 되는 겁니다. 그것이 미신 적이요, 이단입니다. 예를 들어 행 2:21에 **누구든지 주의 이름을 부르는 자는 구원을 얻으리라**했다 하여서 주의 이름이신 예수님 이름을 부르는 것으로 구원을 얻는 것은 아닙니다. 주의 이름을 부르는 자는 구원 얻는다 했으니 예수님을 모르는 사람에게 가서 '주여 불러봐, 예수님 불러봐' 한다면 그래서 '주여' 부르고 '예수님' 부르니까 '야! 너 이제 구원 얻었다'가 아니라는 말입니다. 교회 나와 예수님 이름 불렀다고 하여 구원 얻을 일이면 세상 사람 전부다 구원 못 받을 일 없습니다.

구원은 예수님의 이름을 아는 자의 것입니다. '부른다.'는 뜻은 거지 바디메오가 예수님을 알고 부른 것처럼 예수님의 이름을 알고 부르는 자가 구원을 얻으리라 하는 말입니다. 그렇기에 예수님과 이름을 알게 하시려고 이 성경을 기록하신 것입니다. 성경 말씀의 뜻을 깨달아 아는 것이 이름을 아는 것이요. 이 이름을 인격적이요 믿음으로 알고 부르는 자, 성영님이 그 이름을 가지고 오신 자가 부르는 이름을 말하는 것입니다.

그러므로 눈은 눈, 이는 이의 율법을 주신 것도 그에 상응하는 율법으로 연결하여 깨달아 볼 수 있도록 하셨다고 말씀드렸지 않습니까? 이것이 성경이 기록된 방법입니다. 자기 마음대로 자기 좋을 대로 골라잡는 말씀이라면 그것은 하나님께서 인간을 죄에서 구원하시는 뜻과는 상관없는 미신입니다. 말씀을 네 맘대로 네 좋을 대로 네 형편에다가 골라잡아다 사용하는 것이면 거기에 구원의 뜻은 없습니다. 그 속에 하나님의 뜻은 없는 거예요. 없어! 이와 같은 말씀의 가르침을 받을 필요도 없는 것입니다.

그래서 오늘날 사람들이 성경을 이런 식으로 대하고 있음으로써 오늘 본문 39에서 말씀하는 대로 '악한 자'라 하는 것입니다. 예수님을 믿는다는 것은 포장이고 '나도 예수님 믿어! 구원받았어!' 라는 말은 진짜 알맹이가 아니라 포장이고 마음에는 미움과 원한과 분노를 담고 있고, 눈에는 눈, 이에는 이로 하며 하나님께는 자기의 요구들을 위해서 기도한다고 하는 것이기에, 오히려 자기에게로 그 화가 메아리처럼 돌아오는 것입니다. 악한 영들에게 일할 수 있도록 스스로 돕는 것이 되어서 영혼이 공허와 혼돈 가운데 잡혀 그 속에 기쁨도 없고 평안도 없는 것입니다. 내일이 도무지 어두워서 볼 수 없으니 불안에 떨고 두려움 가운데 마음이 헤매는 것입니다. 결국은 믿음이 무엇인지 이해하지 못할 방향으로 붙잡혀 나가버리는 것입니다.

예수님으로 말미암은 영적 행복과 기쁨이 없으니, 천국의 밝음이 없으니 한숨이나 푹푹 쉬고 '내 인생은 왜 이래, 아이고 누구누구 때문에…, 저 사람이 나를 괴롭혀서 못 살겠어! 죽었으면 좋겠어!' 하고 탄식하는 것입니다. 믿는다는 자신이 사람을 통해 괴롭게 하도록 귀신에게 길을 내주고는 그것을 저 사람 때문이라고 원망하는 것입니다. 그러니 그에게서 예수님이 보일 리가 없습니다. 천국이 보일 리가 없습니다. 구원 얻어야 할 믿지 않는 사람들이 믿는다는 그에게서 그런 모습이나 태도를 보고 '예수 믿는 것이 그런 것이라면 별 볼 일 없구나.' 해버리는 것입니다.

그들이 무엇인가 붙잡고 싶어 마음이 헤매는데 예수님을 믿는다는 이 사람을 봐도 별 볼 일 없고, 저 사람을 봐도 별 볼 일 없으니 사람들이 죄 용서와 영생의 뜻을 가진 하나님의 이 엄청난 구원의 은혜를 하나의 종교로 봐버리는 것입니다. 생명을 가지고 말입니다. 이 예수 그리스도의 구원을, 죄 용서를, 생명을, 하나님의 독생자가 십자가에 달려 피 흘려 죽으시고 다시 사신 이 엄청난 사건을 가지고 하나의 종교로 봐버리고 있다는 말입니다.

믿는다는 사람들이 그 믿음을 예수님의 말씀에 두지 않았으므로 사단이 여전히 주인이 되어 있는 겁니다. 사람들이 참으로 믿음이 무엇인지를 이해를 못 하고 있습니다. 정말 이해를 못 하고 있어요. 그런데 성영님께서 그런 사람들이 믿음으로 돌아오기는 늦었다고 하셨어요. 돌이킬 수가 없다는 것입니다. 사단이 인을 쳐버려서 화인 맞은 양심이 되었다는 것입니다. 하나님의 뜻대로 믿는 믿음이 되는 것은 예수님의 말씀 밖으로 나가서는 될 수가 없습니다. 아시겠어요?

같은 성경 안의 말씀이지만 예수님 말씀 밖으로 나가서 다른 말씀 붙들고 빙빙 돌아다니는 것은 다 자기 뜻에 맞는 것을 찾기 위해서입니다. 그래서 예수님의 말씀 밖으로 나가 돌아다니는 거예요. 하나님의 뜻은 예수님입니다. 예수님과 예수님이 행하신 일과 예수님의 말씀만이 진리요 능력이요 영이요 생명입니다. 그렇기에 예수님의 말씀 밖에 것은 무엇이겠습니까? 교리요 교훈에 머무는 것입니다. 자기 뜻에 맞는 것을 찾는 것입니다. 인간의 도리와 인간의 윤리 도덕으로 맞춰주는 것입니다. 세상에서 부귀 명예 누리게 하시는, 세상 복 주시는 하나님만 보이는 것입니다.

그러나 하나님께서는 겉껍데기 같은 말씀 속에다 하나님의 뜻이 되시는 생명을, 예수 그리스도를 넣으셨습니다. 그래서 성경 어디를 보아도 예수님이 보여야 하는 것입니다. 예수님을 만나야 합니다. 성경에서 예수님을 보지 못하면 만나지 못하면 그는 겉껍데기에 있는 자요, 교리만 붙들고 있는 자요, 인간 도리가 뜻인 줄 아는 자요, 인간 윤리 도덕만 높이는 자요, 세상 복 주시는 하나님만 보는 넓은 문, 넓은 길로 따라가는 사단과 함께 망할 가라지입니다. 아셨습니까? 사단의 인을 맞지 않았다면 기회가 있다면 누구든지 예수님을 믿기로 했으면 구약을 통해 세상 복 주는 하나님을 보는 것이 아니라 자신이 죄인인 것을 보아야 하고 죄인이 살길이 되시는 예수님께로 나와야 하고 예수님의 말씀 앞으로 나와야 합니다. 그래서 말씀 안으로 들어와야 합니다. 예수님의 말씀을 따르고 말씀으로 살아야 합니다. 그래서 좁은 문이요, 협착한 길이어야 합니다. 그러므로 천국을 소유하고 진리로 자유를 가져야 합니다.

예수님께서 분명히 말씀하셨습니다. 좁은 문으로 들어가라고 그 길은 생명으로 인도하는 문이라 좁고 협착하다고 그 문은 얼마나 어려운지 찾는 이가 적다고 하심으로써 좁은 문으로 들어갈 것인지, 넓은 문으로 갈 것인지는 각자가 선택할 몫인 것을 알게 하셨으니, 스스로 넓은 길을 택한 것이야 말할 수는 없지만, 그러나 여러분이 기회가 된다면 살고자 한다면 좁은 길 따라야 합니다. 복을 세상 것에다가 맞추었다가 끝 날에 영원한 불지옥으로 떨어질 것이 아니라, 복을 하늘에 것에 맞추고 좁은 문 협착한 길을 기꺼이 가다가 하늘 영광에 들어가야 합니다.

 죽고자 하고 고난을 겪으며, 핍박을 받으며, 가는 그 길엔 협착함만 있는 것이 아니라 영적 기쁨이 있고 그 뒤엔 엄청난 영광이 기다리고 있습니다. 천국이 소유되고 진리로 자유를 얻는 영광이 있습니다. 이 영적인 행복 때문에 견딜 수가 없어서 예수님 말하지 않을 수가 없고 죽음이, 세상이 두렵지 않은 것입니다. 땅에서 사는 동안 천국을 소유하고 아버지 나라에 들어가면 그 영광으로 사는 것입니다. 내가 얼마만큼 천국을 소유했느냐, 천국의 영광을 가졌느냐에 따라서 아버지 나라에 들어가 누릴 영광이 될 것입니다.

 예수님을 믿게 된 이복이 얼마나 귀한데, 믿는 것이 참으로 이 귀한 복이 되는 믿음이 되어야지요. 그런데 겉껍데기만 가지고 믿는다 하다가 결국은 예수님 재림하실 때에 심판으로 들어가야 되겠는가 말입니다. 예수님을 믿기 원하면 참으로 정신 차리기 바랍니다. 말씀 안으로 들어오기를 자기의 뜻으로 결단하고 마음과 목숨을 다해 힘쓰세요. 비록 힘들고 어려워도 성영님이 도우시니 이기고 갈 수 있습니다. 진정으로 원한다면 성영님께 도우심을 구하여 의지하면 도우십니다. 예수님의 성품으로 변화를 받게 하시고 높여주시는 겁니다.

여러분! 저 같은 사람도 높여놓으시잖아요. 제가 여러분에게 분명히 말할 수 있는 것은 저는 여러분보다 잘난 것 아무것도 없습니다. 아무것도 자랑할 것이 없고 내세울 것이 없는 사람이에요. 그러나 하나님이 높이시고자 하니 높여지더란 말입니다. 사단 위에 있고 천사들 위에 있는 하나님의 자녀라는 말입니다. 성영님께서 높이시니 누구도 낮추지 못합니다. 그러니까 여러분도 예수님을 믿기로 작정했으면 이왕 믿는 믿음, 말씀 안으로 들어와서 좁고 협착하지만 따라가자는 말입니다. 말씀으로 사는 믿음이 되어서 반드시 천국을 소유하고 영원한 아버지 나라 가서도 영광 가운데 예수님 앉으신 보좌 우편에 앉는 분들이 되자는 말입니다. 그렇게 되기를 예수님의 이름으로 진심으로 원하고 축복합니다.

오늘 예수님께서 **악한 자를 대적지 말라** 하셨습니다. 그러면 여러분은 악한 자를 대적지 않는 믿음입니까, 아니면 나도 억울하니 갚아줘야 하지 않느냐 합니까? 그런데 예수님은 그것은 사단에게서 나온 악이라고 말씀하십니다. 그와 책선하여 선을 이루고 하나님의 선을 드러내라 하셨습니다. 예수님께서도 오늘 대적지 말라 하시고 오히려 오른편 뺨치면 왼뺨도 돌려대 주고, 속옷을 가지고자 하면 겉옷도 가지게 하고, 억지로 오 리 가자면 십 리를 동행하라고 하셨습니다. 그럼에도 상대가 선을 이루기를 원치 않고 악으로 행하면 거기에 절대 대적지 말고 하나님께 그를 위해 기도하라는 것입니다. 원수를 사랑하며 핍박하는 자를 위해 기도하라고 하셨습니다. 그같이 사랑하여 기도할 때에 하나님의 아들이 되는 어마어마한 복이 있게 된다는 말씀을 하셨습니다.

원수를 대적지 말고 원수를 사랑하며 핍박하는 자를 위하여 기도한다면 하나님께서 개입하셔서 그를 변화시키시든지 아니면 하나님의 방법대로 처리하시겠다고 하나님께 맡기라고 하신 것입니다.

오늘 속옷 겉옷에 대한 본론 적인 것은 나가지 못하겠고 2부에 드리는 것으로 하겠습니다. 말씀을 깨닫게 하시고 믿음의 능력을 갖추도록 도우시는 성영님께 큰 감사 올립니다. 아멘

제 5 장
대적지 말고 십 리를 동행하라(2)

³⁹나는 너희에게 이르노니 악한 자를 대적지 말라 누구든지 네 오른편 뺨을 치거든 왼편도 돌려대며 ⁴⁰또 너를 송사하여 속옷을 가지고자 하는 자에게 겉옷까지도 가지게 하며 ⁴¹또 누구든지 너로 억지로 오 리를 가게 하거든 그 사람과 십 리를 동행하고 ⁴²네게 구하는 자에게 주며 네게 꾸고자 하는 자에게 거절하지 말라 …… 생략 ……

(마5:39-48)

오른편 뺨을 치는 사람에게 왼편도 돌려대라는 말은 이해될 것 같기도 한데 속옷을 가지고자 하는 자에게 겉옷까지도 가지게 하라는 것은 우리 머리로는 도저히 이해되지 않습니다. 여러분은 이해됩니까? 누가 속옷을 갖겠다고 벗어 달라 하겠습니까? 그래서 성경은 우리의 생각을 초월한 하나님의 뜻을 말씀한 것이기에 하나님의 깊은 것이라도 통달하시는 성영님에 의해 깨달아서 우리의 믿음생활에 적용하는 복이 있어야 한다는 것 아멘입니까?

오늘 말씀은 1부 말씀에 이어서 드리는 말씀입니다. 1부에서 말했지만 예수님께서 믿는 너희들은 악한 자를 대적지 말라 하셨음에도 믿는다는 사람들이 사실은 신앙생활이 오래임에도 예수님의 말씀을 무시하듯이, 아니 말씀을 모른다고 하는 것이 맞는 말인 것 같습니다. 사실 여전히 대적하며 살고 있습니다. 믿지 않는 세상 사람과 다를 바 없다는 말입니다. 참으로 예수님을 믿는 것인지 사단이 시험해 보는 것에 다 걸려 여전히 사단이 그의 주인이 되어 있습니다. 그래서 성영님이 그와 함께할 수가 없으니 믿는다는 사람들 속에 천국을 소유하는 능력이 없습니다. 참말이지 천국을 소유하는 능력들이 없습니다.

사단은 하나님의 보좌를 탐내어 찬탈하려고 하나님을 대적하다가 하나님께 자기 지위와 처소에서 쫓겨났습니다. 피조물이 자기가 하나님이 되겠다고 하는 행위는 자기의 신분을 망각한 패역무도한 교만입니다. 또한 하나님이 가장 미워하시는 가증하고 악한 탐욕으로서 사단은 스스로 하나님의 원수가 되어 하늘에서 쫓겨나가게 되었습니다. 사단은 자기 분을 이기지 못하여 하나님께 앙갚음을 하려고 땅으로 내려와 하나님께서 지으신 사람, 하와에게 다가와 하나님을 망령되이 일컬으며 거짓으로 유혹하여 하와로 하여금 하나님의 말씀을 어기고 죄를 짓도록 했습니다.

그 후에 가인으로 하여금 하나님께 대한 분노를 유발시키고 동생 아벨을 죽이도록 사주하여 살인을 행하게 하였고 하나님과 원수 관계가 되게 했습니다. 물론 가인의 의지가 사단의 사주를 받아들였습니다. 가인의 자유 의지는 살인할 것으로 선택을 했습니다. 그러므로 또한 인류의 조상과도 같은 가인이 사단을 자기 안에 받아들인 것이 되었고 사단은 인간의 육을 거처로 삼게 되었습니다. 인간은 점차 사단의 성품으로 길들었습니다. 사단의 교만과 탐욕의 종이 되어 서로 물고 뜯고 할퀴고 살인하고 해 끼치고 보복하며 사는 것에 열심을 다하는 인간으로 자라났습니다. 그래서 인간은 사단의 교만과 탐욕의 노예로 살면서 그것이 인간의 정당한 삶의 권리인 줄로 착각하며 살고 있는 것입니다.

그러나 예수님은 지금 예수님을 믿는 자의 권리는 대적지 않는 것임을 구체적으로 말씀하셨습니다. 인간의 성품에서 나는 죄가 무엇이냐? 서로 물고 찢으며 해 끼치고 보복하는 것들이라고 그 죄의 근원은 다 탐욕과 교만에서 오는 것이라고 그 탐욕과 교만은 사단에게서 비롯된 사단의 것이라고, 그러므로 예수 그리스도로 말미암아 죄 용서를 받아 구원받은 하나님의 자녀가 되기를 원하면 이제 대적지 않는 것이라고 말씀하시는 것입니다. 하나님이 우리에게 복이라고 하시는 것 예수님을 믿는 자의 복은 어디 있는가? 예수님이 대적지 않으신 것으로 본을 보이셨던 것처럼 대적지 않는 데 있다고 하셨다는 말입니다.

예수님을 믿지 않았을 때는 어떻게 하든지 손해 보지 않으려고, 어떻게 하든지 억울한 것은 갚아주려고, 어떡하던지 이겨보려고 이는 이로, 눈은 눈으로 하면서 사단의 종노릇 하는 것인지도 모르고 행하고 살았지만, 이제 예수님으로 말미암아 구원받기를 원하면 또한 구원받은 것이면 이제 예수님의 가르치신 말씀으로 삶의 방향이 되어 나타나야 한다고 하는 것입니다.

악한 자 사단의 종노릇 하는 데서 구하여 내시려고 예수님께서 그와 같이 대신 형벌을 받으시면서 생명을 내놓아 피 흘리셨는데 그런데 예수님의 은혜를 입기 원하는 네게서 예수님의 가르치심의 특성이 나타나지 않는다면 그것은 아직 은혜를 모르는, 은혜에 대한 감각을 모르는 자인 것이지 않느냐? 아직 시험에 들려있다는(사단을 섬기는 것이라는) 말입니다.

네가 예수 그리스도의 용서의 은혜를 입고 아버지 나라 영생에 들어가려면 악한 자가 네 오른편 뺨을 치거든 왼편도 돌려 대주고, 속옷 가지려고 하면 겉옷도 가지도록 하고 억지로 오 리 가자면 십 리까지 동행해주라는 것입니다. 우리는 예수님의 말씀에 반기를 들고 항의하고 싶은 마음이 있지만 그것이 사단에게서 떠나 나오는 것이요, 세상에서 나오는 관문이요, 하나님의 나라로 들어가는 협착한 길이요 하나님의 아들이신 예수님의 성품으로 변화 받는 일이요 하나님의 아들이라 할 수 있는 일인 것입니다. 그것이 자기를 부인하고 자기 십자가를 지고 예수님을 따르는 길이요 예수님과 함께 있는 일인 것입니다.

예수님께서는 말씀만 전하여 가르치신 것이 아니라 말씀하신 그대로 사셨습니다. 그리스도의 언약을 가진 유대인 관원들과 유대교 지도자들이 그리스도이신 예수님을 따라다니며 죽이려 했고 시험하여 돌로 치려 했고 말씀을 책잡는 대적자로 따라다녔습니다. 그러나 예수님은 하나님 나라의 말씀을 가르치시면서 그들의 악에 대항치 않고 언제나 자리를 피하셨습니다. 대적지 않으셨습니다. 또한 뺨을 치면 왼편도 돌려주셨고 수모와 매 맞음과 침 뱉음과 채찍질에도 대항치 않으셨습니다.

손과 발에 대 못을 박혀 달리신 십자가의 그 엄청난 고통을 당하시는 순간도 예수님께서는 오히려 그들을 위해 하나님께 간구를 올렸습니다. 자기의 죄를 보지 못하는 소경된 자들이 죄 없으신 예수님을 죄인으로 몰아 십자가에 못 박은 원수임에도 예수님은 오히려 저들이 하는 짓을 알지 못하니 용서해 주시라고 그들을 위해 기도하시며 운명하셨습니다. 예수님은 그와 같이 악한 자를 대적지 말라는 말씀만 전하고 가르치신 것이 아니라 천국의 속성이 무엇인지 예수님의 사람이면 그 삶이 어떻게 나타나야 하는지 말씀하신 그대로 사셨습니다.

우리 주 예수 그리스도께서 우리 죄를 대신하여 십자가에 달려 승리 하실 수 있었던 것 바로 대적지 않으셨기 때문입니다. 만왕의 왕이요 만주의 주가 되시는 그 영광과 영화를 얻게 된 것은 바로 악한 자를 대적지 않으시고 대항치 않으셨기 때문입니다. 그러므로 우리가 예수님을 믿는다면 예수님을 본받아 그대로 사는 것입니다. 예수 그리스도를 바로 알고 믿는 것이 되어야 합니다. 삶의 목적이, 삶의 꿈이, 우리 환상이, 예언이, 바로 예수님이 되어야 하는 것입니다.

너희 자녀는 예언을 하고 늙은이는 꿈을 꾸고 젊은이는 환상을 보고 말세에 남종과 여종에게 내 영을 부어줄 것이라고 하니까 무슨 신비한 꿈이나 꾸고 사람들이 잘될까, 못될까 환상이나 보라는 것으로 착각하고 있지만 이 모든 것의 목적과 결국은 오직 예수님을 말씀하는 것입니다. 우리 삶이 우리의 꿈이 우리의 환상이 바로 예수님이심을 말씀하는 것이란 말입니다. 믿음의 승리가 오직 여기에 있습니다. 그렇기에 예수님의 말씀 안으로 들어와야 승리하는 것입니다. 바로 자기가 믿는 예수님을 사랑해서 이 같은 예수님의 가르치심의 말씀을 잘 새겨듣고 삶이 되어야 하는 것임을 말합니다.

요 13:15에 **내가 너희에게 행한 것같이 너희도 행하게 하려 하여 본을 보였노라** 말씀하셨고, 마11:29에 **나는 마음이 온유하고 겸손하니 나의 멍에를 메고 내게 배우라 그러면 너희 마음이 쉼을 얻으리니** 하셨습니다. 딤전 1:16에 **그러나 내가 긍휼을 입은 까닭은 예수 그리스도께서 내게 먼저 일절 오래 참으심을 보이사 후에 주를 믿어 영생 얻는 자들에게 본이 되게 하려 하심이니라** 라고 사도바울도 말하였고, 고전 4:16에 **그러므로 내가 너희에게 권하노니 너희는 나를 본받는 자 되라** 라고 했습니다. 그러면 사도 바울은 누구를 본받은 것입니까? 예수님입니다. 그래서 너희는 예수님을 본받은 나를 본받는 자가 되라고 한 것입니다.

예수님을 믿는다는 것은 우리에게 본을 보이신 예수님을 따라가는 것을 말합니다. 우리 믿음이 승리할 수 있는, 참으로 복된 자의 길이 되어 사단에게 해 입지 않는 것, 믿음의 승리자가 되어 천국을 소유하고 영광의 면류관을 쓰는 것, 그것은 이미 말씀을 나누었던 5:21에서 26까지 가르쳐 이르셨던 것으로 여러분이 믿음에 반영하는 말씀이 되었으리라 믿습니다. 내가 남에게 해 끼쳤으면 가서 사화하여 화목의 관계를 이루어 원수 삼지 않는 것이요. 27에서 32까지의 가르쳐 이르신 것, 세상에 대하여 마음에 품은 음욕, 영적 육적인 간음에서 깨끗이 돌아서야 하는 것, 즉 영과 혼과 육 전인의 것이 삼위일체 하나님의 것들과 대립되는 것들에서 깨끗이 돌아서서 떠나 나와야 하는 것이요. 33에 이르신 것, 함부로 맹세하지 않아야 하는 것이요.

오늘 38에서 42까지 말씀하신 것, 나에게 해 끼치는 자를 대적지 않는 것이요. 이 모든 가르침이 내게서 능력으로 나타나야 하는 것임을 말하는 것입니다.

그래서 이 모든 것을 이긴 이김의 바탕이 되는, 근본이 되는 것이 무엇이냐? 오늘 44에서 사랑이라는 것을 말씀했습니다. 이 모든 것을 이긴 이김, 사랑이 우리 믿음의 승리의 비결이라고 산에 올라앉으셔서 이 엄청난 복된 소식을 말씀하신 것입니다. 사단이 사람을 통하여서 비웃고 조롱하고 핍박해도 그것을 마음에 담고 똑같이 네가 그러니까 나도 그런다는 식이 되어서는 믿음의 승리는 없다는 것입니다. 예수님이 그에게 없다는 것입니다. 예수님의 말씀을 따르는 길은 좁은 문이요 협착한 길이라고 분명히 말씀하셨습니다.

예수님께서 산에 올라가 가르치신 모든 말씀이 내게 승리의 열매로 나타나는 그 일을 위해서 나 자신 안에 있는 마귀의 속성과 사람을 통해 해 끼치러 들어오는 마귀의 시험들과의 전투를 해야 되는 그것이 우리에게는 협착한 길입니다. 나는 예수님 믿고 구원받았다고 하는 그 말 하나 가지고 천국에 들어간다고 생각하는 것은 큰 착각입니다. 예수님을 믿는다는 그것만 가지고 구원받아 천국에 들어간다고 하면 예수님이 협착한 길이라고 말씀하실 필요가 없습니다.

성경의 뜻은 예수님으로 말미암아 구원 얻는다는 것을 말하는 것이지 예수님의 가르치신 말씀을 따르지 않아도 구원 얻는다고 하신 것이 절대 아니라는 것 여러분이 명심해야 합니다. 하나님의 나라에 들어가는 구원의 완성은 반드시 협착한 길을 통과해야 합니다. 그 일을 힘써 행하는 자를 성영님이 확실히 도우시는 것이요 하나님 아버지께서 다 보상하시는 것입니다. 그것이 바로 예수님을 믿는 일입니다.

　예수님을 믿는 사람은 자기 쪽에서 생각하는 복을 구하는 것이 아니라 예수님이 복이라고 말씀하시는 것을 구하는 삶이 되어야 예수님을 믿는 예수님의 사람입니다. 그러면 여러분은 예수님을 믿는 예수님의 사람입니까? 참으로 예수님의 사람이기를 원하고 하나님 아버지께 영광을 돌립니다. 내가 예수님만 사랑하고 예수님의 말씀을 삶의 원천, 삶의 원칙으로 삼아 그렇게 살기만 한다면 불행이 아니라 아무도 빼앗지 못할 영적인 행복이 있고 참 기쁨이 있고 사는 동안 필요를 채우시는 복이 따르는 것입니다. 우리가 하늘의 것이 더 중하고 영원하다는 것을 아는 지혜가 있다면 세상에서의 잠시 받는 고난이나 고생을 받을 것으로 여기게 됩니다. 예수님에 대한 믿음이 분명하다면 정말 여러분이 믿는 것이면 하나님 아버지 나라에 소망을 두었다면, 세상 것으로 좀 풍족하지 않아 고생을 좀 한다 해도 괜찮습니다. 예수님 믿는 것 때문에 사람들에게 핍박을, 괴롭힘을 좀 당해도 괜찮습니다.

　여러분! 눅16장에 부자와 거지 나사로 이야기를 잘 알지 않습니까? 우리는 거지 나사로가 부자의 대문간에 누워서 부자의 상에서 떨어지는 부스러기를 받아먹고 비참한 죽음을 맞았으나 그가 죽어서 아브라함의 품에 안겨서 위로를 받았다는 정도로만 알고 있습니다. 그러나 나사로의 그 같은 모습은 나사로가 그 어떤 것도 세상의 것은 전혀 소유된 것이 없는, 세상을 바라는 것이 아무것도 없는 오직 아버지 아브라함이 있는 하늘을 바라는 그의 신앙을 보인 것이요, 세상에 매이지 않았음을 보인 것입니다. 또한 부자는 하늘의 것에 소망을 둔 것이 아니라 오직 세상의 것으로만 소유된, 세상을 바라는 자였음에 대한 그의 신앙 상태를 보인 것입니다. 그러나 그들의 사후세계는 어떤 형편에 처해졌는지 우리는 다 잘 알지 않습니까?

그러므로 예수님을 믿는다 하면서도 세상을 마음에 품고 세상 영광을 얻기 위한 뜻을 두고 바라는 자리에 있다면 그의 결국은 음부로 떨어지게 된다는 것을 부자를 통해서 보아야 합니다. 그러니 이 엄청난 복음을 받아들이기 원하면 이제 괴롭히는 자 핍박하는 자 있음을 알고 가자는 것입니다. 예수님을 믿기 때문에 사단은 반드시 사람을 통해 핍박할 것이라는 것과 괴롭힘을 당하는 것이 있다는 것을 알고 가자는 말입니다. 협착한 길이라는 것을 알고 가야 합니다. 누가 괴롭히면 괴롭힘을 받으며 핍박하겠다면 핍박받을 것이고, 괴롭히겠다면 괴롭힘 받고 갈 것이다 하고 아주 마음에 결정이 돼야 합니다. 세상 것 다 귀를 막아버려야 합니다. 세상 것 때문에 사람들과 마음에 미움과 원한을 품고 서로 대적하는 관계가 되어서 신앙의 마른 가지 역할 할 것이 뭐 있겠습니까? 조금만 건드리면 거기에 같이 맞서니까 그 속에 역사하는 악한 영들이 자꾸 걸고 들어오는 겁니다. 이제 우리의 싸움은 사람과의 싸움이 아니라 그 배후에 역사하는 마귀와 마귀의 영들임을 알아야 합니다.

예수님께서 바로 그것을 말씀하신 것입니다. 너희가 나를 따르면 나 때문에 핍박하는 자들도 있을 것이고 괴롭히는 자도 있을 것이니 그런 그들과 이는 이로, 눈은 눈으로 대적지 말고 또한 사단이 너희에게 가져다주는 시험이 있으니 장차 너희에게 올 영광을 바라고 보복하지 말고 대적지 말라고 당부하신 것입니다. 악한 영들이 너희를 시험하여 핍박할 것이고 억울하게 해 끼치러 들어올 것이고 괴롭히려고 들어올 것이니 너희가 그런 시험을 당할 때 오히려 오른편 뺨을 치면 그냥 왼편도 돌려줘 버리는 여유를 가지고 당당히 돌려주라 하신 겁니다. 속옷 가지고자 하면 겉옷까지도 가지게 하는 그런 믿음의 담대함을 가지라는 것입니다.

예수님의 이 가르치심이 우리가 얼마나 큰 영광으로 들어가는 복된 일인지 아는 지혜가 있다면 예수님을 따르는 길이 어려운 것이 아니라 너무나 귀하고 귀한 신분이 되는, 참으로 사랑스럽고 너무 고귀하고 고상한 아름다운 것임을 아는 것입니다. 가슴이 떨리도록 사랑하고 따르고 싶은 말씀인 것을 안다는 말입니다. 그래서 말씀대로 살아보면 내영에 기쁨이 차고 넘쳐서 내가 참으로 행복한 겁니다. 그 행복을 가진 사람으로서 여러분께 말하는 것입니다. 여러분에게 분명히 당당히 말씀드리는 겁니다. 망하는 것이 아니요 억울할 일도 아닌 것이요 승리의 기쁨이 성영님으로 주어지니 행복하다는 말입니다. 그래서 예수님께서 말씀하신 복이 있나니 하신 그 모든 복이 내게 완전한 복이 되는 것을 알게 되는 경험이 계속 일어나는 것입니다. 여러분! 아멘이 됩니까?

그래서 40에 **너를 송사하여 속옷을 가지고자 하는 자에게 겉옷도 가지게 하며** 하셨습니다. 너를 송사한다는 것은, 이제 사람이 예수님을 믿겠다고 예수님께로 방향을 돌려나오면 악한 영들이 믿지 않는 아내나 자녀나 이웃이나 직장을 통해서나 여러 모양으로 참으로 믿는 것인지 믿음을 시험한다는 것입니다. 예수님을 믿지 못하도록 하기 위하여 믿음에서 떨어지게 하려고 시비를 걸고 들어와 시험하고, 세상 것들로 유혹하여 시험하고, 물질로 시험하고, 믿는 것을 비난하고 시험한다는 것입니다. 참으로 믿는지, 진짜 믿음이 되었는지 시험하는 것입니다.

이사야 59장 17에 **하나님께서 보수로 속옷을 삼으시며 열심을 입어 겉옷을 삼으시며** 하셨습니다. 하나님께서 보수로 자기의 속옷을 삼으셨다는 것입니다. '보수'라고 하는 것은 '원수를 갚는다.' 는 말입니다. 구약은 악한 자들을 하나님께서 보수하신다는 것을 말씀하고 있습니다. 원수를 갚아주시는 하나님을 말씀하고 있는 겁니다. 그래서 보수는 하나님의 형상대로 지음을 받은 사람을 죄에 빠지게 한 하나님의 원수인 사단과 그 악의 영들을, 또한 사단의 편에선 악한 자들을 심판하시는 하나님의 공의의 방법이 하나님께 있다는 것을 의미하는 것입니다. 하나님께서 그 보수로 속옷을 삼으신다고 했습니다.

그러면 왜 속옷입니까? 겉옷 속에 입는 것이 속옷입니다. 겉옷으로 덮여있는 속옷은 보이지 않습니다. 속옷은 가장 가까운 자, 즉 같이 사는 사이만 보는 것입니다. 바로 하나님께서 보수로 속옷을 삼으셨다고 하는 것은, 속옷은 아무나 볼 수 있는 것이 아니듯이 하나님의 원수요 하나님의 사람에게도 원수인 사단을 하나님께서 보수하실 것인데, 원수를 갚으실 것인데 그 원수 갚으실 '공의'가 구약에서는 사단에겐 감추었던 것이라는 것을 의미하는 것입니다. 그래서 하나님의 사랑하시는 자들, 하나님의 사람들에게만 보이시고 알게 하신다는 은유적인 비유입니다. 그래서 오늘날도 하나님의 사람들이면 이미 다 이루신 구약의 비밀처럼 감추었던 하나님의 일하심의 뜻을 볼 수 있어야 그것이 하나님의 사람입니다. 사단에게는 감추었던 것이지만 하나님의 사랑하시는 자들은 성영님께서 훤히 보이시고 알게 하신다는 말입니다. 그러니까 말씀 전하겠다고 나온 사람들이 하나님의 사람이냐 사단의 사람이냐 하는 것, 100% 구분할 수 있는 것입니다.

그리고 **열심을 입어 겉옷을 삼으시며** 하셨습니다. 열심을 입어 겉옷을 삼으신다는 것은 하나님께서 사람을 죄에서 구원하시기 위해 일하신 그 열심은 겉옷처럼, 겉옷을 입으신 것처럼 하신다는 말입니다. 우리는 겉의 옷을 입고 삽니다. 그같이 하나님께서 자기의 백성을 죄와 사단에게서 구원하시는 그 일을 하나님의 겉옷으로 삼으셨다는 것입니다. 그러면 하나님께서 보수하시는, 사단에게는 감춘, 속옷으로 삼으신 것은 무엇일까요? 바로 죄인을 구원하시기 위해 예수 그리스도를 보내시는 것을 말합니다.

시편 22:18에 **내 겉옷을 나누며 속옷을 제비 뽑나이다** 라고 했습니다. 하나님께서 원수에게 보수하신다는 것을 속옷(사단에겐 감추었다는 뜻)으로 삼으신 그것은 곧 예수님이 오셔서 십자가에 달리실 것을 말씀하시는 것으로 바로 예수님께서 그같이 십자가에 못 박은 자들에 의해서 겉옷과 속옷을 벗김 당하여 벌거벗은 채로 달리셨습니다. 속옷의 벗김을 당한 것은 수치를 의미합니다. 자기 백성을 대신하여 수치를 당하신 것입니다. 그래서 속옷의 벗김을 당한 채로 십자가로 올라가신 것입니다.

그러므로 이사야의 말씀과 시편의 말씀이 그대로 응하게 되었고 예수님을 십자가에 못 박은 자들이 속옷과 겉옷을 제비뽑아 나누어 가짐으로써 이들이 곧 하나님의 진노의 날에 받을 심판을 스스로 자기들의 것으로 받아들인 것이 되었습니다. 하나님의 속옷과 겉옷을 벗겨서 자기들 것으로 가져갔으므로 심판받을 것을 자기 자신들의 것으로 찾아간 것이 되었다는 말입니다. 우리의 주 예수님께서 하나님의 공의로 오셔서 자기 백성의 죄로는 심판을 받으시고 하나님의 의로는 살아나셨으므로 인하여 죄인은 살리시고, 죄를 가져다준 죄의 창조자인 사단의 사망권세를 깨뜨려 영원한 심판으로 멸함을 받게 하셨습니다. 그래서 원수를 갚게 되었고 수치 당하심이 오히려 영광을 얻는 것이 되었습니다.

그러면 왜 하나님께서 예수님을 보수의 속옷으로 삼으시고 그같이 벌거벗은 수치를 당하게 하셨을까요? 물론 첫 사람의 먹지 말라 하셨던 선악과를 먹은 죄로 인함입니다. 선악과를 먹지도 말라 하셨음에도 바라봄으로 인하여 보암직하고 먹음직하고 지혜롭게 할 만큼 탐스러워 보인 것으로 먹고자 하는 탐욕이 들어와 먹었기 때문입니다. 탐욕에 끌려 죄를 짓게 된 사람은 이제 벌거벗은 수치 가운데 있는 자신을 보게 되었고 입지 않으면 살 수 없는 존재임이 드러나게 되었습니다. 그래서 예수님께서 친히 우리의 수치가 되시고 속옷을 벗김 당한 채로 십자가에 못 박히신 것입니다.

그렇기에 오늘 예수님께서 "너를 송사하여 속옷을 가지고자 하는 자에게" 하신 그 속옷이 바로 우리 안에 가진 육의 교만과 탐욕을 말합니다. 우리 육의 교만과 탐욕으로 인해 예수님이 수치를 당해 주셨기 때문에 그러므로 너희가 예수님을 믿는 것이면 마귀의 영들이 너를 송사할 것이니, 다시 말해 너희가 참으로 믿는 것인가 그 믿음을 시험해올 것이니 너희 속에 사단으로부터 온 탐욕과 교만은 다 내주라는 말씀입니다. 사단이 네게 사단의 것인 탐욕과 교만이 있는지 시험하러 들어온다는 것입니다. 시험이 들어올 때 사단의 것으로 깨끗이 넘겨 줘버려야 한다는 것입니다. 이것이 마13장의 **천국은 마치 밭에 감추인 보화와 같으니 사람이 이를 발견한 후 숨겨 두고 기뻐하여 돌아가서 자기의 소유를 다 팔아 그 밭을 샀느니라** 하는 것을 말하는 것입니다. 자기 소유 팔지 않으면 하늘이 무너진다 해도 천국에 들어갈 수 없습니다. 그래서 믿음의 시험이 들어오는 가장 큰 것이 바로 물질입니다. 돈이라는 말입니다. 돈에 대한 시험이 대부분입니다.

여러분 우리가 돈의 탐욕을 가지고 그것을 잡으려고 지금까지 '눈은 눈으로, 이는 이로' 하면서 할퀴고 싸우고 원수 맺고 분내며 살아오지 않았습니까? 탐욕에서 나는 그 더러운 열심. 육의 정욕에서 나는 욕심을 이루어 보려고 얼마나 열심을 냈습니까? 오로지 세상의 것 땅의 것으로 쌓고 이루어 보려고 세상 부귀 명예 영광 위해 열심을 다해 달려온 그것들이 다 탐욕과 교만에서 나는 겉옷입니다. 그래서 예수님께서 속옷을 가지고자 하는 자에게 겉옷까지도 가지게 하라고 하신 겁니다. 예수님께서 그 탐욕과 교만의 죄에서 구하시려고 수치를 당하시면서까지 사단의 것은 사단의 것으로 돌려 줘버렸으니 너희가 예수님을 참으로 믿고 천국에 들기 원하면, 함께 심판에 들어갈 사단의 것들을 사단에게 다 돌려 줘버려야 한다는 것을 말씀한 것입니다.

그러므로 악한 자(사단에게 속한 자)들이 여러 모양으로 시비를 걸어와서 참으로 예수님의 사람인지 시험해 본다고 하는 것 반드시 아십시오. 예수님을 믿기 전부터도 그 속에 아예 탐욕이 없다면 해당 아니겠지만 세상 물질 모으려고 탐욕에서 나는 시기, 질투, 미움, 원망, 불평, 원수 맺음 등으로 자기 것이 되게 했던 것들은 다 사단의 것이기에 그 물질 뺏어가는 것입니다. 또한 예수님을 믿는다 하면서도 오직 물질 모으기 위해 마음을 다한 것들은 다 사단의 것입니다. 그래서 예수님을 믿으러 나오면 여러 모양으로 시비를 걸어와 예수님께로 돌아온 믿음인지 시험해 본다고 하신 겁니다.

예수님께서 대적지 말라 하시고 그 뒤 이어서 말씀하신 것은 다 악한 자 사단이 사람과 환경을 통해서 핍박해 올 것이요 그러므로 믿음의 시험이 있을 것이니 그때는 이렇게 하라는 당부의 말씀을 하셨습니다. 당부의 말씀에 따름이 되지 않으면 그것은 예수님을 믿는 것이 아니라는 것 사단의 종이라는 것 이미 분명히 말씀드렸습니다.

이 같은 핍박이나 시험이 먼저 와서 닿는 쪽이 대부분 가족일 것입니다. 예수님께서 가족 간의 불화가 일어난다 하셨지 않습니까? 가족 중에서 유일하게 예수님을 믿게 되면 가족의 핍박이 심한 경우가 많습니다. 부모는 '넌 내 자식 아니다. 집안 망하는 꼴 보려고 그러느냐 예수 믿는 것 포기하지 않는다면 부모·형제와도 인연을 아주 끊고 나가라' 하고 죽일 듯이 호통을 치고 듣지 않으면 쫓아내기도 하지 않습니까? 그렇기에 이런 일이 일어나거든 대적지 말라는 것입니다. 가족을 통해 역사하는 마귀는 대적하되 사람은 대적하지 말라는 말입니다. 오른편 뺨을 치거든, 여러분 오른편 뺨은 예수님 때문에 예수님을 위해 맞는 것입니다. 왼편도 돌려대며, 이것은 사단에게서 나온 자신을 위하여 맞으라는 것입니다. 거기에 대항하지 말고 치면 그대로 맞을 것으로 아주 각오하라는 말씀이에요. 혈과 육으로 대항치 말라는 것입니다.

그들에게 굴복하지 않겠다고 입씨름하여 논쟁을 벌이고 힘이나 혈기로 대하면 오히려 그것은 완전한 굴복입니다. 사단은 자기의 것을 찾아가겠다는데 그것을 주지 않으려고 하는 것은 탐욕에 의한 것이므로 이미 예수님과는 전혀 관계없게 됩니다. 예수님을 믿는다는 이유로 부모가 대노하여 '너는 내 자식이 아니라고 너에게는 내 상속 재산을 줄 수 없다'고 하는 이런 경우들이 닥칠 때 그 상속에서, 물질에서 기쁘게 포기할 수 있어야 한다는 것입니다. 그것들은 다 내 것이 아니잖습니까. 하나님께서 나에게 주신 것이 아니잖습니까? 부모의 것이지만 사단이 주인 되어 있는 사단의 소유입니다. 악한 자 안에 처하여 있으면 그것은 사단의 것이니 예수님을 믿는 자는 사단의 것에 대해 권리가 없습니다. 주인은 사단이니 그것으로 시험이 들어올 때 논쟁할 이유가 없는 것입니다. 속옷을 가지려 하면 겉옷까지도 가지라고 줘버려야 합니다. 이것이 예수님의 가르침입니다. 다 넘겨주고 하나님께서 주시는 것, 채우시는 것으로 사는 것입니다.

세상의 물질보다 더 중요한 것이, 세상 재물을 상속받는 것보다 예수 그리스도를 믿어 구원받는 것이, 하늘의 것을 상속받는 것이 더 크다는 것을 당당히 보이라는 겁니다. 이 같은 시험 앞에 그 물질 포기하지 않으려고 '아무리 그래도 어떻게 이럴 수 있느냐, 저럴 수 있느냐' 하고 물고 찢으며 원망하고 싸운다면 그는 이미 악한 자에게 굴복되어진 것이고 하늘의 것을 포기해버린 것입니다. 악한 자가 자기 것, 속옷을 가져간다고 하는데 겉옷까지도 줘버려야 하는 것인데,

오히려 속옷 가져가지 못하게 다투고 싸우니 속옷과 함께 겉옷도 입고 있는 것이 되어서, 악한 자의 시험에 굴복한 것이 되었으므로 사단의 것으로 인침을 받아버리는 것입니다.

그가 예수님을 주인으로, 구주로 믿는 것이 아니라 물질이 주인 되어 있다는 것이 드러났다는 말입니다. 자신은 예수님을 믿는다고 하지만 예수님은 그와 관계없는 것이요. 스스로 종교생활 하는 것일 뿐으로 악한 자 사단이 자기 주님 노릇 하는 종교인으로 있을 뿐입니다. 아마도 이 말씀 앞에 걸리지 않는 자유를 가지고 그 영혼이 하나님께로 어엿이 나온 자가 몇이나 될까 의문입니다. 저에게 천 명 중의 한 명을 찾기가 어렵다는 말씀을 하신 것이 이제는 참으로 제가 이해가 되고 실감하는 것입니다.

예수님을 믿는 증거는 세상의 것들을 깨끗이 포기해야 하는 것부터 임에도 불구하고 오히려 물질에 애착을 두고 자신이 해 입었다는 억울함과 분함과 원망을 품고 있음으로써 영혼이 어둠에 잡혀 구원받지 못한 사람들이 많음을 알아야 할 것입니다. 욕심에 의해 악한 자 안에 있는 이들과 원망하고 시비하는 관계가 돼 있으면 그는 예수님을 믿는 것 절대 아니라는 것 분명히 아십시오. 예수님 믿는 것을 물질을 위해 믿는 것으로 드러난 이방인보다 더 악한 자에 속한 것입니다.

그러나 예수님을 참으로 믿는 것이면 그것은 자기의 것이 아니라 사단이 권리를 가진 것들이라는 것을 아는 것이요 깨끗이 포기하는 것입니다. 물질로 살 수 없는 더 큰 천국을 상속받았다는 그 기쁨 때문에 악한 자 안에 처한 사람들을 통해 들어오는 물질의 시험과 핍박 앞에 깨끗이 포기한 믿음은, 하나님께서 반드시 보상하시는 것입니다. 마 19:29에, 막10:30에 백배로 갚아주신다고 예수님께서 친히 하신 약속입니다.

사람이 말입니다. 예수님께로 돌아왔기 때문에 사단에게 권리가 있는 옛 세상의 재물 등을 기꺼이 포기해버리고 예수님을 믿는 참뜻을 참으로 그들에게 보여준다면 바로 그것이 이후에 그들을 하나님께로 돌아올 수 있는 길을 열어놓는 것이 되는 것입니다. 길이 되는 일이라는 말입니다. 만일에 부모가 예수님을 믿는다고 핍박하여 험한 말로 '너는 내 자식 아니다. 네게는 줄 재산 없으니 나가라' 한다면 '그렇게 하시는 것이 부모님 마음에 화를 덜어드리는 것이면 부모님 뜻 따르겠다고 부모님을 거역하려는 것이 아니라 부모님도 구원받아야 하고 예수님을 구주로 믿어야 하는 것임을, 죽는다 해도 예수님을 믿는 것은 포기할 수 없다.' 는 믿음에 대하여 확고한 태도를 보이면 결국 믿음의 승리는 그런 자에게 있다고 말씀하시는 겁니다.

그들이 구원 얻기 원하는 소원과 그 영혼들을 사랑하는 마음을 품고 분명하고 진실 되게 행하라는 것입니다. 만일에 형제들이 핍박하여 '저 미친 누구에게는 재산 한 푼도 주지 말라' 한다면 '그것이 형제들의 분노가 풀리는 것이면 그렇게 하라고 나는 예수님을 택하겠다.' 고 할 수 있는 믿음이 되라고 앞일에 두려워 말고 그렇게 좀 당당하고 분명한 태도로 믿음을 나타내라고 하시는 당부인 것입니다.

만일에 믿는다는 이유로 내쫓김을 당하였다면 하나님께 그 사정을 아뢰면 하나님께서는 이미 다 아시고 그 모든 것을 예비하고 계신 것입니다. 제가 이런 쪽의 간증을 여러 번 들었어요. 부모가 핍박하여 나가라 하여 견디지 못했을 때 집 나와 갈 곳이 없어 '하나님 어떻게 해요 아버지 나 어디로 가요' 했더니 사람을 예비했더라는 거지요. 호텔 같은 곳에서 잠재우고 모든 일들이 잘 풀어지게 하여 하나님이 주시는 물질로 풍족케 되었다는 것도 들어보았습니다. 하나님께서 예비하고 계신다는 말입니다.

물론 이런 간증 때문에 그렇게 하는 것이 아니고 자신이 예수님을 참으로 믿는 믿음이면, 예수님의 약속이니 약속을 믿고 담대해야 하는 것입니다. 하나님의 돌보심을 그럴 때 경험하는 겁니다. 또한 그들을 미워해서도 원망해서도 안 됩니다. 그러면 그들을 구원의 길로 이끌 수 없게 되고 미움이나 원망의 요소들을 품고 있는 것은 자신도 구원받지 못했음을 의미하는 것입니다. 미움이나 원망의 것들이 절대로 자기 속에 없어야 합니다. 내가 살고 그들을 살리기 위해서는 이런 악한 자의 요소가 없어야 하는 거예요. 영혼이 예수님을 믿어 구원 얻게 하는 데에 목적을 두고 행하라는 것이 38-48까지의 말씀입니다.

그래서 원수처럼 들어오는 그들을 원수로 여기지 않고 영혼의 구원을 위해서 행하는 것이면 오늘 46에서 그가 바로 하나님의 아들이라 하셨습니다. 하나님의 아들이 되는 것, 바로 나를 괴롭히고 핍박하는 원수와도 같은 그도 사랑하여 기도하는 자라는 것입니다. 좁은 문으로 들어와 협착한 길을 가는 그들이 하나님의 아들이 된다는 겁니다. 나도 예수님을 믿는다고 하는 말만 하는 자가 하나님의 아들이 아니라 예수님 가신 길을 따라가는 자가 하나님의 아들이라는 것입니다.

그러면 여러분 어떻습니까? 만일에 그들의 구원을 위해서 싸워야 할 일이면 지혜롭게 싸울 수는 있고 다투어야 할 일이면 다툴 수는 있습니다. 그런데 그 마음에 미움이나 원망이 없어야 합니다. 혈기와 분으로 싸우고 다투는 것, 육체의 것들로 다투고 싸우는 그것은 하나님에게서 나는 것이 아니라 악한 자 사단에게서 나는 것이기에 악한 영의 조소와 비웃음만 사는 것입니다. 그래서 육과 세상을 포기할 때, 다시 말해 속옷(탐욕 교만)도 겉옷(세상의 것)도 다 가지도록 하면 그는 하나님이 주시는 더 큰 것으로 복을 경험하는 것입니다. 예수님이 분명히 말씀하셨습니다.

예수님께서 농담하자고 하시는 말씀이 아니라는 것 여러분 모두 분명히 믿습니까? 그러면 말씀대로 행해야 하는 것도 아는 것이잖습니까? 막10:29,30에 **내가 진실로 너희에게 이르노니 나와 및 복음을 위하여 집이나 형제나 자매나 어미나 아비나 자식이나 전토를 버린 자는 금세에 있어 집과 형제와 자매와 모친과 자식과 전토를 백 배나 받되 핍박을 겸하여 받고 내세에 영생을 받지 못할 자가 없느니라** 하셨습니다. 그들을 얻는다는 말씀입니다. 버렸더니 오히려 그들을 얻게 되더라는 말씀입니다.

간혹 저에게 여러분이 감탄하시며 어떻게 그렇게 성경을 깨달을 수 있었느냐고 물으시는데 저는 성경 말씀을 깨닫기 전에 예수님의 이 말씀을 알기 전부터도 포기해야 할 것들엔 포기를 잘해버렸습니다. 예수님을 믿는 것에 핍박을 받은 것은 없었지만 물질로 시험이 들어오는 것에는 망설일 것도 없이 포기할 줄을 알았었습니다. 당장 끼니를 잇지 못하는 상황 일지라도 삶이 곤고하여 죽을 것 같은 상황 속에서도 시험이 들어오는 물질에 대해서는 깨끗이 포기할 줄을 알았던 것입니다.

그래서 돌이켜 보면 참으로 감사한 일이었고 이후에 말씀을 깨닫고 보니 하나님의 은혜였었다는 것을 더욱 실감을 했습니다. 말하자면 내 안에 탐욕과 교만을 용납지 않았다는 것입니다. 용납지 않으니 성경 말씀을 깨닫는 것이 되었고 영적 세계를 보게 된 것입니다. 가려진 것이 없으니 어두움이 없으니 당연히 성경 말씀을 깨닫게 되지 않겠습니까? 사단의 것인 교만과 탐욕을 용납지 않으니 사단의 것이 내게 없으니 성경의 말씀이 열려, 보이는 영적 세계가 되었다는 말입니다.

41에서 **누구든지 너로 억지로 오 리를 가게 하거든 그 사람과 십 리를 동행하고** 하셨습니다. 여기에 '억지로'라는 단서가 붙었습니다. 그러니까 내가 원하는 것이 아니라는 것입니다. 내 뜻과는 상관없이 악한 자가 믿지 않는 사람을 통해서 무리한 요구를 가지고 시험하러 들어온다는 거예요. '네가 정말 믿는 것인지 보자' 하고 의도적으로 계획적으로 어떤 작전을 짜서 믿음을 시험하러 들어온다는 말입니다. 나는 오 리를 가줄 의사가 전혀 없는데 억지로 오 리를 가자고 그의 성품과 믿음을 테스트하려고 들어온다는 것을 의미합니다.

간증을 하나 예로 들겠습니다. 옛날 복음의 초창기 때쯤에 있었던 실화입니다. 초등학교 5학년 여자아이가 예수님을 믿게 됐습니다. 시골 문중만 모여 사는 마을이었는데 그 아버지가 예수는 서양 귀신이라고 하며 집안 망한다고 문중에서 알면 큰일 난다고 교회를 가지 못하게 대문을 잠그기도 하고 호되게 야단을 치기도 하고 매를 때려 피멍이 들기도 했지만 교회 가는 것을 막을 수가 없었습니다. 오히려 그 아이의 마음이 굽히지 않고 더욱 강하게 되었다는 것입니다.

그래서 아버지가 한 꾀를 생각해 냈습니다. 토요일 저녁에 '이번에는 못 가겠지!' 생각하며 딸에게 '너 내일 고추밭에 가서 고춧대를 다 뽑아놓으라'는 엄한 지시를 내렸습니다. 고추 수확을 다 끝낸 그 넓은 밭의 고춧대를 어린 딸에게 뽑으라 한 겁니다. 내일 절대 교회 갈 수 없다는 뜻이잖습니까? 이 딸이 아버지 말씀은 집안에 법이니 거역할 수 없었습니다. 억지로 오 리 가자고 하는 것이 바로 이런 경우를 두고 하는 말입니다. 길동무해달라는 것이 아니라 믿음을 시험하기 위해 핍박과 함께 믿음을 버리게 하려고 오는 이런 황당한 요구, 황당한 꾀를 가지고 들어오는 이 같은 것을 오 리 가자고 하는 뜻이라는 말입니다. 알아듣습니까?

이 어린 딸이 교회는 가야 되겠는데 또 아버지의 명령도 어길 수 없으니 대략난감이었습니다. 그 일로 기도하는데 '오늘 밤에 뽑자'는 생각이 번득 들었습니다. 마침 달이 환하게 떠 있어서 어둡지가 않았습니다. 바로 고추밭으로 달려가서 그 밤에 밭을 보자니 왜 그렇게 큰지 끝이 안 보였습니다. 마음에 절망감이 밀려왔지만 바짝 마른 고춧대를 뽑아 나가며 주일학교에서 배운 '내 주를 가까이하려 함은' 그

찬송을 부르면서 밤새도록 뽑아 나갔습니다. 처음에는 생각해보니 자기가 어떻게 그런 생각을 할 수 있었을까? 하는 생각에 신기하기도 했고 내일 교회에 갈수 있다는 생각에 힘든 줄도 모르고 오히려 고춧대 뽑는 것이 재미가 있었습니다. "아버지는 내가 고춧대를 뽑는 줄도 모르고 주무시겠지"생각하니 신이 났던 겁니다.

그러나 그 여린 손으로 메마른 고춧대를 뽑으니 손이 얼마나 아픈지 중간쯤 뽑다 손을 보니까 손이 부르터서 피가 난 겁니다. 그렇다고 포기할 수 없었습니다. 손이 많이 아프지만 참고 뽑다 보니 나중에는 감각이 없어져 아픈 줄도 몰랐습니다. 밤새 그 메마른 밭의 고춧대를 다 뽑고 나니 아침이 되어, 집에 돌아와 힘든 몸을 쉴 틈 없이 교회 가려고 나서는데 아버지가 "고추밭에 가느냐?" 물으셨습니다. "아니요! 교회가요!" 대답하니 "오늘 고춧대 뽑으라고 했지 않느냐" 하고 화를 내셨습니다. 밤에 다 뽑았다고 하는 딸의 말에 아버지가 기가 막혀서 딸의 팔을 잡아끌고 밭에 달려가 보니 정말 다 뽑아 정돈되어 있는 것을 보았습니다.

그런데 여기저기 고춧대에 빨간 것이 묻어 있는 것이 아버지 눈에 띄었습니다. 유심히 들여다본 아버지가 그것이 딸아이의 손이 터져서 피가 나 묻은 것이라는 짐작이 마음에 치밀어 오르니 가슴이 뭉클하며 눈물이 핑 돌았습니다. 아버지가 기가 막혔습니다. "너 그렇게도 교회가 좋으냐?" 딸이 그 틈을 타 "아버지! 제가 죄 때문에 지옥 가는 것이 좋겠어요? 죄 용서받아 천국 가는 것이 좋겠어요?" 여러분, 어느 부모가 믿지 않는다 할지라도 자식이 지옥 가는 것이 좋다고 말하겠습니까?

아버지가 대답을 못하고 있자 "아버지. 내가 죄를 지어 감옥에 가면 아버지가 어머니가 저 대신 감옥에 가 주실 수 없잖아요. 그러나 예수님은 내 죄를 대신해서 십자가 위에서 죽으셨어요. 그리고 하나님이 나를 자녀로 삼으셔서 천국에 갈 수 있게 해주셨어요. 그래서 마땅히 교회 가서 예배드려야 해요. 아버지도 저와 같이 예수님 믿고 천국 가요 네? 아버지!" 딸의 구구절절 하는 말에 아무 대답도 하지 못하던 아버지가 딸의 손을 살펴보았습니다. 밤새 고춧대 뽑느라 손이 퉁퉁 부어 엉망이 되어 있었습니다. 그것을 보며 "그래 내 딸이 원하니 나도 교회 나가 보마"

이와 같은 경우가 바로 너로 억지로 오 리를 가게 하면 그 사람과 십 리를 동행하라는 말씀의 뜻입니다. 사단이 아버지를 통하여 믿음을 버리도록 핍박하고 또 계획적으로 '오 리'를 가게 하였으나(교회 나가지 못하게 발목 잡는 일을 하는 이것이 오 리를 가게 하는 것) '십 리'를 가준 것이 되어서(여기에 대항치 않고 기도하니 그 밤에 뽑도록 하나님께서 주신 지혜대로 실천한 이것, 즉 손이 터지고 지치고 힘든 희생을 해야 한 것이 십 리 가준 일) 그러므로 아버지를 그 사단의 손에서 구해낸 것입니다. 그 여자아이로 가정이 변화를 받고 믿음의 승리를 가져온 겁니다. 그 가정이 또 문중에서 핍박이 있을 것이지만 그러나 그 문중도 아버지를 통해서 구원하는 일이 있지 않겠습니까? 우리가 사람을 구원받을 수 있게 하는 것이 오 리를 가게 하면 십 리를 동행하는 이것인 것입니다. 이해됐습니까?

여러분은 구원을 위해서 이같이 오 리 가게 하면 십 리를 동행해줄 정신을 가지고 예수님을 믿는 것입니까? 조금만 자기에게 해가 들어온다 치면 쌍심지를 켜고 대들고 싸우고 손해 보지 않으려고 어찌 되었든 더 가져보려고 다투고 원수 맺는 일로 자기도 구원받지 못하고 가족도, 다른 사람도 구원받지 못하게 하는 그런 역할을 하지는 않았습니까?

오늘날 말입니다. 예수님을 믿는다는 이름을 가진 사람들이 핍박 안 받으려고 세상과 적당히 타협하면서 말 그대로 교회생활 하고 있습니다. 그리고 지지 않으려고 세상 육의 것들을 손해입지 않으려고 미움 원망 시기 용서하지 않는 마음을 품고 다투고 싸웁니다. 이같이 믿지 않는 자처럼 행하면서 하나님께 나와서는 '하나님 구원해주세요, 하나님 복 주세요.' 하는 기도한다고 합니다. 그러나 오 리 가자면 십 리를 동행할 믿음이 아니면 '하나님 구원해주세요.' 백 번 한다 해도 그것은 하나님을 귀신 대하듯 하는 것이기에 귀신이 나서서 '그래 내가 네 하나님이니 구원해줄게, 너처럼 내가 구원해줄게' 하고 나오게 하는 겁니다.

예수님의 말씀이면 그것이 자기의 행복이요 하나님을 기쁘게 하는 것이라 알고 목숨을 다해 깨달아 행하는 인격이 되지 않으면서 '구원해주세요.' 기도한다고 하는 짓들 백 번 천 번 한다 해도 참 하나님께서는 모르시는 일입니다. 그러니까 하나님을 세상 신 정도쯤으로 여기고 있기 때문에 이 예수님의 날의 예배도 그렇게 대하는 것 아니겠습니까? 이 예배는 나의 전 존재를 다해서 예수님 안에서 성영님으로 예배하는 날입니다. 주 예수님의 거룩한 날입니다. 아버지께서 약속하신 날입니다. "내가 너에게 생명을 준 날, 언약이 있는 날, 그날에 너와 내가 사랑 안에 있자. 내가 너에게 복을 주고 너는 나의 복을 받아 네 일생을 행복하기를 원한다." 하시며 약속하신 이 날을 거룩하게 여기지 않는 것 다 무엇입니까? 자기 형편에 맞추어 예배하지 않는 것, 핍박받지 않으려고 타협하는 것 다 참 하나님을 믿지 못하는 데서 나온 거짓 신 섬기는 태도들 아니냐 말입니다.

예수님 오신 이후부터는 자기의 육을 위한 것이 아닌, 사람을 두려워서가 아닌, 사람의 비위를 맞추기 위해서가 아닌, 참으로 자신과 이웃의 구원에다가 맞추고 구원의 길로 이끌기 위해서 기도하며 성영님께서 주시는 지혜와 뜻으로 행하는 믿음이 된 사람이 설사 피치 못할 사정으로 예배에 불참했다 한다면 그것은 이해합니다. 왜요? 그는 어디에서도 영으로 성영님과 함께 움직이는 자요. 오직 예수님께 모든 뜻을 두고 행하는 자이기 때문입니다. 그의 믿음은 성영님이 주관하기 때문입니다.

그런데 진리 안에서 성영님과 움직이는 이 같은 예배의 자유를 제가 편한 맘으로 말을 못합니다. 왜냐? 말뜻은 알아들을 귀가 없으니 말만 받아들여 자기 편리를 위해 아무 데나 갖다 붙여 타협하면서 '우리 목사님이 그러는데 이런 때는 주일예배 안 가도 된대' 할까 봐 그래서 이상한 목사 만들어 놓으니 차마 말을 못합니다. 받아들이는 지혜가 없기 때문에……, 성영님이 자기에게 주신 뜻 가운데 행하는 것이면 예수님의 날 여기서 함께하지 않는다 해도 그는 어느 곳에 있든지 성전이니 하나님께 영으로 예배드리는 관계에 있지 않겠습니까?

그다음 42에 **네게 구하는 자에게 주며 네게 꾸고자 하는 자에게 거절하지 말라** 하셨는데 이 말씀은 사단이, 이웃에 대하여 이기심과 욕심을 가졌는지 시험해 본다는 뜻입니다. 가난한 이웃으로, 어려운 문제를 만난 이웃으로, 우리의 믿음이 참으로 예수님을 믿는 자로 영혼을 구원하기 위한 뜻에다 두고 마음을 열었는가의 시험을 하러 들어온다는 것입니다.(예수님이 말씀한 믿음의 시험은 하나님께서 허락하시는 범위임)

예를 들면, 옆집에 사는 남자가 술 중독자로 가정을 돌보지 않아 집안이 생활고에 있습니다. 평소에 술로 세월을 사는 그 사람이 밉고 싫습니다. 내 집 사람들 본을 볼까 봐 염려도 되고……. 그런데 그 아내가 와서 '먹을 것이 없어서 그러니 좀 빌려주세요.' 하는데, '없어요! 당신 남편 만날 술 먹는 것이 일이니 당연히 그렇게 살 것밖에 더 있겠어요?' 하고 자기의 품고 있던 미운 마음을 실어서 거절하는 겁니다. 이런 것은 지옥의 불을 불러들이는 것이라고 성경은 말했어요. 예수님을 믿는다면 영혼을 구원하고자, 악한 자에게서 구원하고자 하는 그 영혼 사랑이 먼저 있는 것이기에 그 같은 행동은 믿는 것이 아니라는 것을 스스로 나타낸 것으로 여전히 악한 자에 속한 것임을 의미합니다. 예수님께서는 '네가 영 지옥에서 구원을 받은 믿음이면 네게 꾸고자 하는 자에게 주라 그것이 영혼을 구하고자 하는 데서 나온 이웃사랑이요 또한 그들을 구원으로 이끌 수 있는 길'임을 말씀하셨습니다.

평소에 이웃에까지 피해를 주던 성실치 못한 사람들이 있는데 갑자기 불의의 사고를 당해 부부가 함께 죽었습니다. 그 부부의 어린 자녀들이 장례를 치를 힘이 없어 도움을 청하는데 그동안 그들에게 해 입은 것의 억울함을 가지고 '몰라 저 다른 데 가서 알아봐!' 이것은 예수님 믿는 것 아닙니다. 그 같은 어려움에 처한 이웃이 꾸고자 하면 거절하지 마라, 큰 어려움에 놓여 도움을 청하는 자에게 거절하지 마라 하신 것 그것은 그들이 예수님께로 돌아올 수 있는 길을 열어놓는 것으로써 여기에 승리가 있다고 하시는 거예요. 구원의 길로 오게 하기 위해 베푸는 것은 하늘에서 상이 있다고 말씀하신 것입니다.

롬 12:17-19에 **아무에게도 악으로 악을 갚지 말고**(누가 예수님을 믿는다는 이유로 나에게 피해를 주었다면 똑같이 하지 마라 말입니다.) **모든 사람 앞에서 선한 일을 도모하라 할 수 있거든 너희로서는 모든 사람으로 더불어 평화하라 내 사랑하는 자들아 너희가 친히 원수를 갚지 말고 진노하심에 맡기라 기록되었으되 원수 갚는 것이 내게 있으니 내가 갚으리라고 주께서 말씀하시니라** 했습니다. 너를 해 끼치는 원수가 있느냐 네가 그리스도인이면 그 원수는 내게 맡기고 너는 그 원수하고 평화하기를, 즉 그가 구원 얻도록 하는 선한 일을 도모하라 그러면 하나님께서 친히 승리케 해주신다는 거예요.

참으로 네가 믿음이면 네 할 일은 네가 원수 갚는 것이 아니라 선을 도모하고 평화하기에 힘쓰는 일이라는 것입니다. 자기가 원수 갚으려 하는 그것은 이미 마귀와 손잡은 것이요 예수님을 거절하겠다는 선언입니다. 하나님께 맡겨버리고 예수님의 말씀대로 선을 행할 때에 그 원수의 목전에서 내게 상으로 갚아주신다는 것입니다. 평화하기에 힘쓰고 선을 도모하는 일이 곧 사랑이요, 원수의 마음을 되돌려 악을 포기하게 하는 힘이요 악에게 승리할 수 있는 능력이기 때문입니다. 이처럼 예수님께서 예수님의 사람들에게 보복하거나 대적하는 것은 비겁한 악이요 악에게 굴복하는 것이라는 것을 깨닫게 하시면서 예수님의 사랑으로 사랑하는 것만이 승리임을 가르쳐주신 것입니다.

44에 **원수를 사랑하며 너희를 핍박하는 자를 위하여 기도하라** 이 말씀은 41의 말씀과 상통하는데 네 원수가 굶주리고 있으면 먹을 것을 베풀고 헐벗고 있으면 입을 것을 주라 그리고 너를 핍박하는 자라도 네 원수일지라도 사랑하여 기도하라는 것은 그들도 구원을 받아야 할 존재들이기 때문입니다. 그들이 알지 못하여 죄를 짓는 것이고 너도 그 가운데서 구원 얻게 되었으니 그러므로 그들 영혼이 구원 얻게 하기 위해서 기도하며 그 사랑을 실천하는 자가 바로 하나님의 아들이라고 45에 말씀했습니다. 아들이면 아버지와 같습니다. 아버지께서는 죄로 인해 멸망 받게 된 우리들을 구하시기 위해 독생자를 내주셨습니다. 또한 독생자 예수님은 아버지의 뜻을 사랑하여 원수 되었던 우리를 구하시기 위해 십자가로 올라가셨습니다. 그러므로 그 사랑을 받은 우리도 원수를 사랑하는 것으로 흘러가야 하는 것입니다. 그것이 하나님께로 난 아들인 것이 증명되는 일입니다.

예수님께서 제자들과 무리들을 앉히시고 예수님을 따르는 것은 이와 같다고 진정한 참된 복의 길이 이것이라고 가르치셨습니다. 그것이 예수님을 따르는 자가 가져야 하는 아버지 나라의 법이요 사랑의 법이요 진리의 법이라는 것입니다. 네가 하나님의 아들이면 하나님께서 주신 복을 날마다 경험한다는 것입니다. 네가 아들이면 아버지 것을 상속받아 하늘의 것을 소유한 것이니 땅의 것이 무슨 문제가 되겠느냐? 바로 상이 따른다 하신 것입니다.

그러나 믿는다는 이름을 가지고 있는 사람 중에서는 그래도 깨달아 믿음이 되게 하시고자 하여 기회를 주시는 사람이 있습니다. 그들에게 구원을 받지 못할 불순물이 많다고 하면 광야 생활을 계속하게 하실 것입니다. 그 광야가 넉 달에 끝날지, 사 년에 끝날지, 아니면 구원받지 못하고 결국 죽음으로 끝나 버릴지는 각자 자신에게 달려있습니다.

우리가 반드시 거치는 이런 믿음의 시험들 앞에 당장은 어려울 수 있지만 내일의 복을 보는 영적인 안목이 있다면 이 모든 시험은 기쁘게 받을 수 있습니다. 예수님께서 가르치신 이 산상에서의 말씀을 계속 묵상하고 기도하면서 자신을 다스리고 행하므로 48에 **그러므로 하늘에 계신 너희 아버지의 온전하심과 같이 너희도 온전하라** 하신 말씀에 부합한 믿음이 되어야 할 것입니다. 예수님이 하나님께 온전한 제물로 드려진 것처럼 우리 믿음도 예수님으로 말미암아 온전하라고 하시는 말씀입니다.

처음 예수님을 믿기 위해 나왔을 때는 하나님께서 나를 맞추어 주셨습니다. 그러나 '아! 하나님은 살아 계신 분이구나.' 하는 고백이 자기에게서 나왔다면 이후부턴 자기가 철저히 하나님께 맞히어야 합니다. 자기가 하나님께 맞히어 가야 합니다. 그 뜻을 확고히 가지면 예수님께서도 네가 나에게 맞히라고 이끌어 가시는 것입니다.

예수님께서 가르쳐 이르신 모든 말씀은 우리로 하여금 하나님께 맞히도록 하신 말씀이라는 것을 아시고 말씀을 행하는 믿음의 삶이기를 예수님의 거룩하신 이름으로 간절히 바라면서 말씀을 맺습니다. 참으로 이 귀한 천국의 말씀으로 사는 믿음이 되게 하신 아버지 하나님께 무한 감사 올립니다. 아멘

제 6 장
5장의 말씀으로 믿음이 됐는가?

　그동안 마태복음 5장 말씀을 나누었잖아요? 우리가 얼마나 예수님의 말씀을 믿음으로 받아들여 살고자 하는 노력이 있는가? 이미 들으신 말씀들을 과연 얼마나 존중하고 사랑하고 권위를 두고 따르는가 하는 것을 점검해 보고자 합니다. 이미 드렸던 말씀을 나누어 보겠다는 말입니다. 예수님을 믿는다는 우리가 예수님의 말씀을 듣고도 행함이 되지 않는다면 또는 자신의 모습을 비추어 보고 그렇게 살고자 하는 애통의 마음과 믿음의 노력을 기울이지 않는다면 말씀을 아무리 전한다 한들 뭐하겠습니까? 그렇잖습니까? 중심의 변화가 없다면 그것은 듣는 귀만 커져서 나도 안다는 말만 가진 것이 될 뿐입니다. 예수님의 말씀을 기만하는 것이 될 뿐입니다.

　오늘날 우리의 믿음이 참으로 예수님 사랑해서 믿는 것이 아니면 안 됩니다. 지금 이 시대가 말이지요. 사단이 완전히 장악한 시대가 되어서 발전하는 세상의 힘으로 믿는 자들의 발목을 잡아 믿음에 서지 못하도록 하는 때가 확실히 되었습니다. 사단이 어마어마한 간계를 가지고 미혹의 역사를 펴고 있기 때문에 참으로 예수님을 사랑하는 것이 아니면 안 된다는 말입니다. 입으로 '예수님 사랑해요' 이따위가 아니라 예수님의 말씀으로 사는 능력이 되었는가를 말합니다.

오늘날 믿음이라는 것이 말입니다. 여러분이 예수님을 사랑해서 믿는 예수님이 아니면 예수님과 관계없습니다. 예수님과 인격적인 관계가 아니면 예수님 사랑하는 것 아닙니다. 인격적 관계라는 것이 무엇입니까? 사랑해서 존중하여 말씀을 따르는 것입니다. 예수님이 우리를 사랑하신 것은 우리의 죄를 대속하신 것을 말합니다. 그러므로 예수님의 말씀을 사랑하고 존중해서 따르는 자를 예수님께서 사랑하시는 것이지 무조건 사랑하신다 하는 것 아닙니다.

구원은 값없이 주신 것이지만 예수님과 온전한 사귐으로 사랑하는 관계, 나를 사랑하신 예수님을 내가 또 사랑하는 것입니다. '믿습니다. 사랑합니다.' 말이 아니라 진짜 사랑하면 내 목숨도 내드리는 것입니다. 예수님의 말씀을 참으로 마음과 뜻을 다해 따르는 그것이 사랑입니다. 나의 구주요, 나의 왕으로 대접해드리는 것, 자든지 깨든지, 먹든지, 무엇을 하든지 오직 예수님 생각으로 가득 차고 말씀을 묵상하고 말씀의 맛을 내고 사는 것입니다. 내가 사는 이유, 오직 예수님께 두는 것입니다. 그래서 예수님은 신랑이요 우리는 그의 신부라고 말하는 것입니다. 그러면 예수님이 여러분의 신랑입니까? 여러분이 신랑의 신부이면 지금까지 말씀드린 관계가 되었음을 말하는데 그렇다면 여러분이 참으로 신부 맞습니까? 예수님 안에 들어간 신부 맞느냐는 말입니다. 신랑이신 예수님이 신부인 자기 안에 와계신 관계가 되었느냐는 말입니다. 예수님 안에 들어갔으면 내가 예수님과 함께입니까, 아닙니까? 함께입니다. 또 예수님이 내 안에 들어오셨으면 예수님과 나와 함께입니까, 아닙니까? 함께입니다.

계 3:20에 **누구든지 내 음성을 듣고 문을 열면 내가 그에게로 들어가 그로 더불어 먹고 그는 나로 더불어 먹으리라** 하셨으니 내가 예수님 안에 예수님이 내 안에 함께 가 되어서, '함께'라는 것은 헬라어로 '프로스' 라고 하는데 '프로스는 똑같다.' 는 말입니다. 그래서 신부가 신랑의 뜻으로 하나가 되는 것을 뜻합니다. 그것이 신랑을 사랑하는 증거요, 존중하는 증거요, 신랑이 있는 곳에 신부이면 반드시 '프로스'로 있는 것입니다. 그런데 예수님과 함께 있는 것이 아니면 그것은 예수님 안에 들어간 것 아닙니다. 내가 예수님 안에 들어갔고 예수님이 내 안에 오셨다면 이것만큼 확실한 관계가 어디 있습니까? 예수님은 나로 더불어 먹고 나로 인하여 기쁘고 배부르셔야 합니다.

예수님께서 십자가에 달려 영혼이 떠나시기 전 '내가 목마르다' 하셨습니다. 예수님을 맞아 영접하는 자가 그리 없어서, 예수님을 사랑하여 말씀을 믿는 자가 그리 없어서 그때는 예수님께서 목마르다 하셨지만 이제는 성영님으로 우리 안에 오셨으니 그 예수님을 내가 배부르게 목마르지 않게 해드려야 합니다. 그래서 예수님은 나로 더불어 먹고 나는 예수님과 더불어 먹는 관계가 된 이것만큼 더 확실한 관계가 어디 있느냐는 말입니다. 그러면 예수님께 무엇을 먹여드려야 하겠습니까? 예수님은 십자가에서 이루신 그 엄청난 승리와 천국을 믿는 자에게 주셨고 그 천국의 온갖 진수성찬을 날마다 먹여주십니다. 자신을 먹여주시는 것입니다. 그것을 받아먹은 믿음이면 당연히 예수님과 예수님의 말씀이 그의 말과 행동과 삶으로 배어 나오는 것이기에 예수님이 드러나게 되는 것입니다. 그것이 바로 예수님을 먹여드리는 것입니다 얼마(12년 5월)에 말씀을 듣고 기뻐하는 어느 분과 전화 통화를 하게 되었는데 그의 부탁이 있었습니다. 앞으로 경제가 많이 어려워진다는 예언의 말들이 많은데, (본인 스스로가 그 말들을 받아들여 마음이 불안에 있는 것이지요.) 이것이 우리나라뿐만 아니라 세계적으로 다가올 것이라는 것이지요. 종말의 징조로 나타나게 되는 곡물이든지 유가를 보더라도 그 시대가 도래하지 않았나 싶은데 우리 그리스도인들이 이것을 어떻게 대처를 하면 좋을지 알려주시면 좋겠다. 다시 말해 이런 일을 어떻게 대처해야 하는지 지금 이 일로 불안해하고 있는 그리스도인들이 많을 테니 목사님이 설교를 한번 해주시면 좋겠다고 했습니다. 어려움을 겪어야 할 일이면 자기 자신은 겪어내겠지만 그러나 우리 아이들은 어떡하느냐는 것이었습니다.

물론 미래를 알고 준비하는 것도 하나의 지혜라 하겠지요. 미래에 어떤 변화가 일어날지 불확실하고 불투명하다 보니 걱정이 되었겠지요. 그런데 저의 입장에서는 이분의 말을 듣고 솔직히 갑갑했습니다. 그리고 예수님이 하나님이시며 구주요 신랑 되시는 그 믿음에 있지 않고 도대체 믿음을 어디에다 두고 있는가 싶었습니다. 예수님과 함께 있지 않다는 말입니다. 그렇다고 저의 믿음을 그에게 강요할 수도 없는 것이고, 전화상으로 여러 말 하기도 그렇고 하여 갑갑한 통화를 했습니다. 그런데 실제로 오늘날 사람들의 믿음이 다 이런 식의 막연함에 있습니다. 기독교가 믿는다는 것이 이런 식으로 흘러왔다는 것을 말할 수밖에는 없습니다. 제가 보는 관점은 그렇습니다.

저는 지금까지, 앞으로도 물론이지만 예수님을 믿고 내가 예수님 안에 있고 예수님이 내 안에 계신 관계로 사는 것이기에 경제에 대해서 한 번도 생각해본 적이 없습니다. 어떻게 될까에 대해서 염려해본 적 0.1%도 없습니다. 저는 누가 경제가 어렵다, 좋아진다, 어떻다 하는 이런 세상 경제 운운하는 것들 귓가에도 듣지 않습니다. 하나님의 뜻은 이루어져야 하는 것이기에 뜻을 이루시는 데는 인간 경제가 어려워야 할 일이면 어려워야 할 것이요. 또 경제와 상관없는 일이라면 상관없게 하실 것이요. 아버지의 자녀라면 아버지 나라에 부르실 때까지 아버지가 책임져주실 것이기에 그런 설교한다는 것 자체가 내겐 참으로 가당치가 않습니다. 지금 당장 내게 아무것도 없다 해도, 내가 예수님(삼위의 하나님)이 오셔 계신 성전이니 그것으로 족한 것이지 내일 어떻게 될까 고민해본 적도 없고 고민하지 않습니다. 저의 믿음은 그렇다는 말입니다.

　하늘과 땅을 지으신 창조주요 주인이신 주 예수님께서는, 성도가 된 하나님 자녀에게 모든 것을 주시는 것에 능력 없는 분 아닙니다. 저는 하나님이 내 아버지시니 내가 사는 동안에 내 삶을 책임지신다는 것을 백 프로 믿는 사람입니다. 만일에 책임져주지 않는 아버지시라면 저는 그 하나님 믿지 않습니다. 자기 자녀 하나 책임져 줄 수 없는 하나님이시라면 어떻게 하나님이시며 아버지겠습니까. 그런데 제가 믿는 하나님은 백 프로 책임지시는 아버지요 저는 그분의 아들이기 때문에 그 어떤 것도 염려하지 않습니다.

　예수님이 자기 안에 와계시다면 도대체 무슨 세상 말을 받아들여서 경제를 염려합니까? 염려로 키를 한 자 더할 수 있습니까? 우리는 말씀으로 약속하신 것을 믿는 믿음이어야 합니다. 예수님이 약속하신 말씀을 믿어야 하는 것이지요. 하늘과 땅을 창조하시고 십자가 위에서 피 흘려 우리를 낳아주신 아버지가 우리를 돌보시는데, 예수 그리스도로 말미암은 우리의 아버지께서 함께 계시는데 그 믿음만 확실하다면 무엇을 더 고민하는 것입니까? 정말 사람들이 믿는다 해도 예수님과 함께 있는 것이 아니라 예수님 밖으로 돌고 있다는 것을 요사이 제가 많은 부분을 통해서 여실히 보고 있습니다.

여러분은 참으로 믿음을 위해 사십시오, 믿음을 위해 사십시오! 자녀들에게도 예수님의 믿음을 말하십시오. 세상을 이기신 예수님을 따라 살든지 죽든지 우리 인생이 가져야 하는 소망은 땅의 것들이 아니라 예수님을 만나, 영원한 영생의 나라에 들어가기 위해서 땅에 왔으니 자녀들에게도 그같이 믿음을 말하십시오. 우리는 예수님을 따라가야 한다는 것을 어린 자녀라 할지라도 어려서부터 그 믿음을 말하십시오! '아이가 알아들을까?' 아니요! 성영님이 함께 하시니 그 믿음을 가질 수 있도록 성영님께서 도와주실 수 있는 터가 되는 것입니다.

부모의 믿음이 분명하고 확실하다면, 성영님이 함께하시고 확실히 도우십니다. 믿는다는 부모가 하나님의 뜻 앞에서 좌지우지 우왕좌왕 하며 세상의 것들을 붙잡으며 믿는다 하고 있기 때문에 믿음의 중심이 없단 말입니다. 그같이 믿음을 자녀들에게 잘못 보이고 있어서, 귀신들이 자녀들의 믿음을 노략질하도록 하고 있음으로써 오늘날 자녀들도 똑같이 그 길을 따라가고 있는 것입니다. 여전히 세상의 염려가 중심이 되어 있는 부모들의 믿음 상태로 인해 오히려 자녀들이 믿음으로 들어올 수가 없게 되었습니다. 이제 믿기로 시작했어도 핑계하지 마십시오. 누가 비위 맞춰줄 것 바라지 마십시오, 자기가 죽느냐 사느냐입니다. 천국이냐 지옥이냐 입니다. 이제 믿기 시작했어도 오래되었어도 다 믿음으로 사십시오. 성영님을 모시고 말씀을 사랑하여 따르기에 힘쓰고 하나님의 뜻대로 살기에 열심을 품으십시오.

제가 산상의 말씀은 마태복음의 모든 말씀도 그렇고 사실 2008년도까지 이미 다 전했던 것인데 재차 하잖습니까? 영상이 필요해서 다시 하는 것이 있지만 산상의 말씀을 지금 한다는 것이 너무 때늦은 것이라고 성영님께서 재차 말씀하셨습니다. 예수님을 믿은 세월이 오 년 이상이 되었으면 누구나 이 산상의 말씀은 이미 삶이 되어 있어야 하는 것이지 지금 예수님의 이 말씀을 듣는 때는 지나갔다고 하셨습니다. 믿는다면 이미 다 말씀의 능력 가운데 있어야 한다고 하셨습니다. 저는 성영님께서 왜 이 말씀을 하셨는지, 이 믿음이 돼 있지 않은 자, 예수님을 사랑해서 믿는 것이 아닌 자들에게 임할 일이 무엇인지는 모릅니다만 말씀하시기는 사람들이 예수님을 진짜 사랑하여 믿는 것이 아니라고 하셨습니다.

예수님의 모든 말씀은 영이요, 생명이니 말씀으로 영혼의 몸을 이룬 성소요, 성전이 돼야 함에도 그 믿음의 능력은 없고 여전히 세상(사단)에게 마음이 붙들려 있어 돌이킬 능력이 없다고 하셨습니다. 성경이 없어진다 해도 영이요 생명이신 말씀이 자기 안에 있으면 그 말씀으로 사는 것입니다. 그러므로 말씀으로 세워진 온전한 믿음의 능력을 갖추어야 하는 것입니다. 여러분에게 뒤늦은 때에라도 주신 기회라 여긴다면 마태복음의 말씀을 들으시면서 참믿음이 되기를 진심으로 바랍니다. 자신을 비추고 말씀을 자기 영혼의 생명으로 받고 그 능력에 서서 믿음의 길을 걸어가는 여러분이 되자는 말입니다.

제가 1997년도에 TV 방송에서 최○○이라고 하는 중년 여성의 인터뷰를 듣게 되었습니다. 일가족 17명이 탈북을 한 이야기로 탈북 과정이 44일 걸렸고 거기에 임산부도 있었다는 것입니다. 가장 두려울 때는 어떤 방법으로 두려움을 이길 수가 있었는가? 라는 기자의 질문에 '그 탈북 과정은 말로 다 할 수가 없다, 온 가족이 이제 다 끝이 났구나 하는 절망적인 순간 때마다 기도를 드렸다.'고 하자 기자가 '누구에게 기도를 했느냐' 물으니 그들이 '하나님께 기도를 드렸다'고 했습니다. '북한은 종교를 용납하지 않고 종교성이 없는데 어떻게 하나님께 기도를 드릴 수가 있었나?' 묻자 '초등학교 5학년 때 같은 반 아이가 교회를 다녔는데 그 아이가 일요일이면 학교에 안 나왔었다. 그래서 선생님이 그 아이가 교회에 다니지 못하도록 나보고 그 집에 가서 아이를 데리고 오라고 했다. 그래서 가서 보면 그 집 식구들이 엎드려 하나님께 기도하고 있는 것을 몇 번 보아서 알게 되었다.'고 했습니다.

'그 뒤 6·25 전쟁이 났는데 폭격과 총성이 너무 무서워서 나도 그 아이 집에서 본 그대로 엎드려 하나님께 기도를 했다. 총 맞지 않게, 죽지 않게 해 달라고 기도했다. 그 뒤로도 그렇게 어려움이 있을 때마다 계속 기도했었다. 탈북할 때 두만강을 건너 중국에 입국했는데, 중국에도 종교 자유가 없다는 것을 들어 알고 있었기에 기도할 때 손 모으던 것을 안 하고 모든 가족이 다 엎드려서 기도했었다. 그런데 진짜 신비롭게 일이 기도한 대로 되었다'고 했습니다. 밤에 배 타고 바다를 건널 때 북한군 배가 자기들의 배를 찾으려고 라이트로 사방을 비추며 쫓아왔는데 자신들이 탄 배가 바로 옆에 있었음에도 배를 못 보고 그냥 지나쳐 갔다는 것입니다. 그것은 하나님이 가려주셨다. 그런 위기 때마다 가려주셨다는 엄청난 기적들을 많이 보았다고 하는 말을 제가 감격하며 들었습니다.

　이 이야기를 왜 하는가 하면 여러분의 믿음을 깨우기 위해서입니다. 여러분! 이 사람들이 존재하시는 하나님을 경험한 것입니까? 안 한 것입니까? 그들은 살아 계신 하나님을 위기 때마다 기도를 통하여 분명히 확실히 경험했습니다. 참으로 극적인 위기의 순간마다 하나님께서 보호하시고 지키신 것을 확실히 경험한 것입니다. 그래서 이 사람들이 남한에서 교회 나가는 기독교 가정이 되었다고 했습니다.

　그러면 하나님의 살아 계심을 누구보다 크게 경험했으니 그 경험을 보아 '구원을 받은 것이구나.' 하는 것입니까? 아니라는 것 확실합니까? '아니 하나님께서 구원받은 자에게, 구원받았으니까 기도를 들어 주시는 것이지 구원받지 않았는데 하나님과 무슨 관계가 있다고 기도 들어 주시는 것이냐? 하나님을 믿으니까 구원받은 것 아니냐?' 하고 말하고 싶겠지만 그 가족의 상황은 구원과는 관계없습니다. 이 관계는 하나님께서 사시는, 존재하시는 하나님이심을 경험한 일입니다. 이제 하나님의 말씀이신 성경을 통하여 자기의 실체를 알고, 뜻을 알고, 삼위 하나님을 아는 관계가 되고 참된 회개를 거쳐 예수님을 믿음으로 말미암아 구원받는 과정을 인격적으로 가져야 하는 것입니다.

　그래서 오늘날 교회 나오는 사람들이 오늘 예로 든 것과 같은 하나님을 체험하는 경우는 허다합니다. 구원받지 않았어도 예수님의 이름을 부르며 기도하면 하나님께서는 응답으로 살아계심을 체험케 하십니다. 영적인 것들을 경험합니다. 그런데 모든 사람들이 체험으로 하나님의 살아계심을 아는 정도의 관계에 머물러서 그것이 믿음인 줄 알고 있다는 것입니다. 구원받은 것인 줄로 착각하고 있다는 말입니다. 참으로 예수님을 믿는 자들이 없다고 했습니다. 예수님을 사랑해서 믿는 것이 아니라고 성영님이 말씀하셨습니다. 오늘 이 말씀을 듣는 여러분도 마음에 변화가 참으로 일어나야 합니다. 우리의 믿음은 오직 성영님이 깨닫게 하시는 말씀으로 되는 것입니다. 믿음이라 하니까 말씀의 뜻을 알지 못하면서 '아! 나 하나님 믿어요, 아! 나 예수님도 믿어요.' 하는 것을 말하는 줄로 착각하면 안 됩니다. 믿음은 지식을 거쳐야 하고 삼위 하나님과 온전한 관계를 이뤄야 하고, 예수님 안으로 들어간 온전한 구원을 말합니다. 그러므로 힘써 말씀을 통하여 성영님으로 말미암아 된 믿음으로 사는 여러분 되기를 바랍니다. 예수님과 한 몸 된 믿음이기를 바라는 것입니다.

마 5:21-26의 가르침이 무엇입니까? 예수님과 화해가 되었으면 그 뒤에 곧 가서 누구와 화해해야 합니까? 이웃 누구예요? 나에게 해 끼친 것은 내가 용서하고 원망을 풀면 되지만 예수님의 말씀은 내 쪽에서 해를 끼쳤음으로써 원망들을 만한 일이 있으면 가서 그들과 사화를 청하여 화해를 이루라 하신 것 아닙니까. 해 끼친 것으로 이웃에게 원망들을 일이 있으면 예수님과도 관계가 열리지 않는다고 했습니다. 이웃이라고 하는 것은 나 외에 모든 사람입니다. 우선이 가족이 될 수가 있겠지요. 이웃이라 하니까 내 가족 외에 사람들을 말하는 것인 줄로 들을까 또 순간 염려되어 말씀드립니다.

물론 신앙 생활하신 지는 대부분 다 오래되었으니 이미 예수님의 말씀들에 걸려있지는 않으리라 봅니다. 다 능력 갖추었지 않겠어요?

그래서 이 산상의 말씀을 지금 말한다는 것은 때가 아니라고, 때에 맞는 말씀 드리는 것 아니라고 했잖습니까. 만일에 신앙생활이 오래 된 사람이 예수님의 이 같은 말씀들에 걸려있다면 예수님과 화해가 되었을까요? 그가 구원받은 영이 되었을까요? 아닙니다. 구원받지 못 했어요. 해 끼쳤으므로 원망 듣고 있다면 하나님과 화해되지 않았다 는 것 분명히 알기 바랍니다.

제가 처음 교회 나와 일 년 조금 넘었을 때 내 쪽에서 해를 끼쳤으 므로 원망들을 만한 것이 생각나거든 가서 사화하라는 말씀에 대해 서는 잘 몰랐지만 목사님이 어느 예배 때 '원수 맺지 말라, 사람을 미 워하는 것도 살인이라고 했다.' 라고 하시는 말씀이 제 귀에 들렸습니 다. 예배가 끝나고 즉시 교회 근처에 있는 공중전화기로 달려갔습니 다. 나 자신이 남에게 원망들을 만한 일을 했다거나 원수관계에 있다 거나 하는 것은 없었지만 내 남편은 그때 당시 미운 마음이 컸던 때 이긴 했으나 그 외는 그다지 생각나지 않았습니다.

나는 나에 대한 책임을 아는 사람이고 원칙에서 벗어나는 것 아주 싫어했고 다른 사람 마음에 상처 주거나 피해를 끼치거나 하는 것은 하지 못하는 성격이어서 사람들과의 관계는 풀고 해야 할 일이 없었 습니다. 그런데 전화기로 달려갔던 것은 친정 오빠 때문이었습니다. 오빠 내외가 부모님의 재산을 상속받을 때 홀로 계신 친정어머니를 잘 모시는 조건으로 딸들이 그 재산 상속을 포기하고 오빠 내외에게 다 넘겨주었는데 이후 어머니 마음을 아주 힘들게 하는 겁니다. 하여 마음이 늘 불편했었는데 어느 때 가족이 모이는 기회가 있어서 어머 니 마음을 힘들게 하지 말라고 아주 어려운 이야기를 제가 했습니다.

그때 오빠가 대번에 '출가외인인 네가 뭔데 간섭이냐' 하며 순간 저의 뺨에 손이 날아왔습니다. 그리고 험한 말과 이해 못 할 행동을 했습니다.

전혀 예상하지 못했던 일이었고, 처음으로 오빠에게서 그런 행동을 본 것입니다. 억울하고 분했지만 참고 그 상황을 피해 나왔습니다. 뒤에 생각할수록 억울했어요. 결혼한 동생에게 어떻게 그렇게 몰상식한 행동을 할 수 있단 말인가! 매우 기분이 언짢고 불쾌한 생각이 영 가시질 않았습니다. 전혀 볼 수 없었던 행동을 했다는 것에 더 맘이 불편하고 속상했습니다. 그러나 오랜 후에 내가 예수님을 믿기 때문에 내 믿음을 시험하러 들어온 것이었다는 것을 깨닫게 되었습니다. 오빠에게 전화한 것은 이것을 깨달았기 때문이 아니고 그 뒤 깨달았다는 말입니다.

내 마음 한쪽에선 너 잘못 한 것 아니잖아! 무엇 때문에 네가 사과를 하느냐는 것이 있었지만 무조건 전화를 했습니다. 나는 예수님을 믿기 때문에 미워하고 싶지 않아 사화를 청한다고, 내가 잘못했다고 말하니 오빠도 '내가 잘못했다.' 라고 했습니다. 내가 잘못한 것이 무엇이냐고 억울한 것을 억울하다고 말한 것이 아니라 잘못한 것이라고 했을 때 그쪽도 수그리고 들어와 관계가 열리더라는 말입니다.

저는 예수님 믿은 지 일 년 후부터 말씀이 들려지는 것은 실천했습니다. 지금은 어느 누구도 미운 마음 두고 싶은 생각 추호도 없습니다. 미운 마음이 들어와도 순간이지 성영님께서 허락지도 않을 뿐만 아니라 나 또한 옳지 않다는 것 알기 때문에 제가 그런 것에서 깨끗이 놓여난 능력이 되었습니다. 마음에다 그런 쓰레기들을 두고 성영님이 계시지 못하게 할 담대함은 제겐 없습니다. 그러므로 예수님을 바로 믿고 구원 얻기 원하면 어느 누구와도 원망들을 일어나 미움으로 담을 두어서는 안 됩니다. 그런 것으로 인해 영적으로 막히고 밝음이 되지 못하는 것이어서 예수님과 화목의 관계가 되지 않는 것입니다.

참으로 예수님을 믿기 원하면, 예수님을 사랑하려면, 천국을 소유하려면, 예수님의 말씀을 따르자는 것입니다. 원칙대로 하자는 말입니다. 원칙대로! 하나님께서 복을 주시지 않으면 안 될 자가 되자는 것입니다. 그렇기에 오늘 재확인을 위해 하는 이 말씀에 걸림이 없기를 바랍니다.

그다음 5:27-32의 말씀에선 무엇을 가르침 받았습니까. 누가 설명해보실까요. 단순치 않은 답을 설명하려니 좀 어렵지요? 음욕을 품지 말라는 것이지요. 음행하면 이혼 증서 써 줄 수 있다는 것이지요? 예수님께서 말씀하시고자 하는 본뜻으로 바로 들어가 봅니다. **오른손이 너로 실족케 하거든** 하는 것은 오른쪽은 하나님 쪽입니다. 오른손은 하나님과 나와의 관계를 말합니다. 그러니까 네 마음에 품은 음욕으로 하나님에게서 실족케 하거든 그 말입니다. 참고로 왼쪽은 사단 쪽입니다. 세상과 나와의 관계를 말합니다.

이 말은 예수님을 믿는다(믿으려)면 예수님만 사랑하고 예수님의 모든 말씀에 집중하여 따르고 예수님과 함께 있는 예수님의 사람이어야 함에도 육체의 정욕 안목의 정욕 이생의 자랑인 사단 쪽의 것들을 마음에 품고 부르는 것은 왜냐? 세상에다 마음을 두고 그것을 부르는 것은 왜냐? 보기 때문이냐? 그것은 하나님에게서 자신을 실족케 하는 세상이요 사단의 것이니, 지옥에 던져지는 것이니 네 눈이 봄으로써 네 손이 하는 것 때문에, 세상 정욕을 품고 부르는 것이면 차라리 오른눈을 빼어 내버리라 오른손을 찍어 내버리라는 말씀입니다.

보는 것 때문에, 하는 것 때문에 사단의 것인 세상을 마음에 품는 것이면 지옥에 던져지는 것이니 차라리 볼 수 없고 할 수 없는 것이 낫다. 마음이 세상 것에 끌려가면 그것은 음욕이요, 사단과의 간음이요. 다시 말해 세상이 원하는 명예나, 권세나 부귀를 원하는 것이면, 마음이 재물에 있으면 그것은 마음에 이미 음욕을 품은 것이니 온몸 가지고 지옥 가는 것보다 차라리 오른눈 빼버리고 지옥 가지 않는 것이 낫다. 만일 네가 하는 일 때문이면 차라리 오른손을 찍어 버리라 온몸 가지고 지옥 가는 것보다 손 찍어 내버리는 것이 낫다는 말씀입니다.

그러므로 여러분! 여러분 마음에 절대적으로 삼위 되신 하나님만 계시고 사랑해야 되는 것이지 세상 사랑함이 마음에 있으면 그것은 음욕이요, 간음이니 하나님께서 이 같은 음욕을 품은 자는 구원하신다 하셨습니까? 구원과 상관없습니다. 부부간에도 아내가 음행한 연고면 이혼 증서 써 주고 버려도 된다고 했습니다. 여러분 버려도 된다고 하신 것을 좀 깊이 생각해보십시오, 버리는 것 왜 버립니까? 쓸모없으니 버립니다. 쓰레기니 버립니다. 그와 같은 뜻입니다. 하나님께서도 음행한 연고면 그와 같이 버리신다는 뜻입니다. 지금 자기 믿음이 어디에 있는가? 눈은 어디에 있으며 어떤 일을 하고 있는가? 마음에 세상의 것을 붙잡고 있는가? 세상의 것들을 사랑하고 있는가? 세상 뒤돌아보고 있는가? 자기 마음을 보라는 말입니다. 음욕을 품고 그것을 이루어 보려고 나에게 오라고 부르고 있는가 보라는 말입니다. 이런 음욕은 하나님께서 버린다는 것 아닙니까.

세상 것을 얻으려고 예수님과의 관계를 소홀히 하면서 내일로 미루면 내일 예수님이 오신다면 어떡하겠느냐는 말입니다. 오늘 즉시 행동이 일어나야 합니다. 예수님이 오늘 오셔도 내일 오셔도 상관없이 이미 맞을 준비가 되어 있으라는 말입니다. 오늘 죽어 세상 떠날 수도 있습니다. 그때는 이미 늦었으니 어떤 방법으로도 지옥에서 나올 길은 없습니다. 여러분 지금입니다. 눈 빼 버리세요. 손 찍어 내 버리세요. 지금까지 세상 사랑하고 세상 붙들고 있던 것 다 빼버리고 찍어 버리시고 놓으세요.

믿는다고 예수님 이름 부르는 자가 간음하고 있다는 것이 무엇으로 나타나는가 하면 세상 명예 얻으려는 것으로 나타납니다. 세상 자랑을 얻으려는 것으로 나타납니다. 세상 영광 얻으려는 것으로 나타납니다. 돈을 좇아가는 것으로 나타납니다. 이런 것은 다 간음입니다. 무엇이 되었든지 욕심을 품은 것 간음입니다. 세상 것, 자기 육체를 섬기는 것, 육체의 것 집착하는 것이 간음입니다.

그 마음에 음욕을 품고 있다는 것이 밖으로 다 드러나는 것입니다. 그래서 예수님께서는 영적인 간음은 곧 그 마음에 품은 것들로 나타나는 것이기에 그 같이 사람들을 또 간음하는 길로 오라고 부르는 것이라고 하셨습니다. 또한 영적 간음은 곧 남녀 간의 육체적 간음으로도 나타납니다. 세상은 어차피 음란과 음행의 죄가 하늘을 덮었지만 오늘날 교회 안에서도 세상과 다를 바 없습니다. 그것이 얼마나 더러운 죄인지에 대하여 감각 없습니다. 교회 안에서 육체의 간음을 행하는 자들은 자기 몸 안에 죄를 쌓는 것으로 지옥의 그 형벌이 크게 작용할 것입니다. 여러분 모두 오직 예수님만 사랑하고 삼위일체 하나님만 알기를 원하는 소원을 품고 열심을 다해 행하기 바랍니다.

그 다음 38-48까지에서 가르침 받은 것이 무엇입니까? 눈은 눈으로, 이는 이로 갚으라고 했지만 예수님께서는 그렇게 하지 마라입니다. 율법을 주신 근본 의도는 똑같이 갚을 수 없는 인간의 약함과 죄성을 보라는 데 있는 것이지 하라는 데 있지 않다는 것입니다. 21-26까지는 내가 해 끼친 자에게 어떻게 할 것인가의 가르침이었다면 여기서는 이제 예수님을 믿는 일로 인하여 믿지 않는 자를 통해 믿음의 시험이 들어올 때, 해 끼쳐오는 것 등이 있을 때를 말씀하신 것인데 그러면 어떻게 하라고 하셨습니까. 똑같이 갚아주라 입니까? 보복지 말고 대적지 말라 하신 것, 여러분이 이 가르침을 아멘으로 받았습니까? 그렇다고 비굴하게 빌빌대며 죄짓는 곳에 질질 끌려 다니라는 말이 아닙니다. 믿음의 문제는 당당해야 합니다. 죄와 세상과는 타협하라는 것 아닙니다. 예수님을 믿기에 사단이 진짜 믿는 것인가 시험하러 들어온다고 했잖습니까?

속옷을 가지고자 하는 자에게 겉옷까지도 가지게 하며 하신 우리의 속옷은 무엇이라 했습니까? 우리 안에 있는 교만이요 탐욕이라는 것 다 동의 하십니까? 예수님을 믿기 전에 인간은 모두가 다 사단의 지배 가운데 살았습니다. 하나님을 등지고 하나님을 떠나간 인간은 육체 안에 사단을 담고 사단의 성품으로 자라났습니다. 하나님의 보좌를 찬탈하려고 하나님께 반역을 일으킨 사단의 교만과 탐욕이 심어져 뿌리를 내리고 자라나 사단의 교만과 탐욕으로 살아왔습니다.

그러므로 죄를 회개하고 예수님의 피로 죄 사함 받은 영혼에 성영님이 오셔야 하기 때문에 그같이 사단의 성품인 교만과 탐욕이 있는지 시험이 들어올 때 속옷 가지고자 하는 사단에게 다 내 줘버리라 시험이 들어오면 자꾸 맞서서 대적지 말고 사단의 것이니 사단의 것으로 넘겨 줘버리라. 속옷 가지고자 하면 겉옷까지도 즉 세상으로 옷 입었던 것도 다 가지도록 넘겨주라는 말씀이었다는 것 여러분이 동의 하시고 사단의 것으로 넘겨준 것이 되었습니까?

또한 억지로 오 리를 가게 하거든 그 사람과 십 리를 동행하라고 하신 것 사단의 지배하에 있는 사람을 예수님 믿게 하려면 사단의 소유물들이었던 것들은 다 포기할 줄 알아야 한다고 말씀드렸습니다. 뺏기지 않으려고 손해 보지 않으려고 맞서서 물고 찢고 분쟁하고 싸우는 것은 이미 예수님을 거부한 것이요 사단에게 자신을 온전히 내주는 것이 된다는 것 말씀드렸습니다. 예수님 믿기 전 사단이 주인이었던 모든 것, 자기 것입니까? 사단의 것입니다. 그런 것들로 물고 들어온다면, 시비가 들어온다면 우리 믿음은 깨끗이 포기해야 한다는 것, 여러분이 받으시고 능력이 되었습니까?

예수님을 믿고 영생을 취하기 원한다면 예수님의 이 같은 가르침의 말씀으로 믿음의 능력을 갖춰야 합니다. 그것이 예수님의 사람입니다. 천국을 소유하는 능력입니다. 버리지 않으면 절대로 받을 수 없습니다. 낡은 부대에다 새것을 절대로 담을 수 없습니다. 땅이 하늘 될 수 없고 하늘이 땅이 될 수 없음과 같습니다. 예수님과 함께 들어갈 아버지 집은 예수님으로 말미암아 점도 흠도 없는, 영과 혼과 육이 온전히 흠 없는 예수님의 신부들이 들어가는 것입니다. 예수님을 믿는 이유로 해 끼치러 오는 원수, 인간적으로 볼 때는 원수와 같지만 그러나 사람을 원수 삼으라 했습니까? 아닙니다. 사람이 원수가 아니라 배후에 역사하는 사단이 원수로서 사단은 예수님의 이름으로 결박하여 물리치는 것이지만, 그 영혼들을 사랑하는 것으로 구원 얻게 하려는 것에 모든 뜻을 두고 지혜를 구하여야 한다고 했습니다.

이웃이 곤경에 처하여 도움을 청하거나 어려움을 호소하면 외면하지 말라 네가 힘이 되는 대로 돕고, 내게 있는 것으로 베풀 때에 그 영혼들을 얻을 수 있는 길이 된다는 뜻을 말씀하셨습니다.

혹여 여러분이 말입니다. 누구에게든지 보증을 서는 것은 절대로 하지 마십시오. 그것은 그도 망하고 자신도 망하는 것이라고 성경은 분명히 말씀하고 있습니다. 그리고 돈 빌리자고 하는 사람이 생계에 어려움이 없는 경우라면 돈을 빌려주는 것 하지 마십시오. 만일에 빌려주겠거든 받지 못할 수도 있다는 것을 전제하고 빌려주십시오. 내가 넉넉하면 가난한 이웃이야 외면하면 안 되지만, 욕심을 가진 것에는 돈거래 하지 않는 것이 마땅하다는 것을 알기 바랍니다.

오늘 우리가 5장의 말씀으로 사는 믿음이 되었는가 각자의 믿음을 점검해보자는 뜻에서 말씀을 다시 나누게 되었는데 암튼 여러분이 자기 믿음은 자기에게 달린 것이라는 것 말씀을 드리면서 이로써 마칩니다. 우리에게 복 주고 복 주시기를 원하는 아버지 하나님께 예수님의 이름으로 감사를 드립니다. 아멘

제 7 장
자기 의(義)로 하는 구제(거짓 그리스도의 경로)

⁴⁸그러므로 하늘에 계신 너희 아버지의 온전하심과 같이 너희도 온전하라
¹사람에게 보이려고 그들 앞에서 너희 의를 행치 않도록 주의하라 그렇지 아니하면 하늘에 계신 너희 아버지께 상을 얻지 못하느니라 ²그러므로 구제할 때에 외식하는 자가 사람에게 영광을 얻으려고 회당과 거리에서 하는 것같이 너희 앞에 나팔을 불지 말라 진실로 너희에게 이르노니 저희는 자기 상을 이미 받았느니라 ³너는 구제할 때에 오른손의 하는 것을 왼손이 모르게 하여 ⁴네 구제함이 은밀하게 하라 은밀한 중에 보시는 너의 아버지가 갚으시리라

(마5:48-6:4)

  오늘 6장 1의 말씀은, 5장 48에 "하늘에 계신 너희 아버지의 온전하심과 같이 너희도 온전하라"고 하셨잖습니까? 그러니까 하나님께서 구원하시는 것에 온전하심 같이 너희도 구원받기에 온전하라 그 말입니다. 아버지의 온전하심과 같이 온전하려면 바로 예수님께서 말씀하신 5장 6장 7장의 말씀을 행하는 참믿음에 있습니다. 그런데 행하는 데 있어 사람에게 보이려는 것은 다 외식이니 사람에게 보

이려고 하지 말라는 당부의 말씀을 하신 것입니다. 그래서 반드시 그 말씀으로 사는 능력이 따라 나타나야 구원받는 온전한 믿음이 되는 것이기에 지금까지 한 장 반 정도밖에 되지 않는 5장의 말씀을 몇 주에 걸쳐서 말씀을 드렸던 것이고요.

아무리 주여! 주님! 부르고 찾아도, 병이 치료되고 귀신이 쫓겨나가고 응답을 받는 신비한 별 체험을 다 했어도, 예수님이 가르쳐 이르신 산상의 말씀이 행함으로 나타나지 않으면 그것은 아버지 뜻대로 행한 것이 아니므로 예수님께서 모른다고 하셨습니다. 여러분이 이것을 분명히 알아야 합니다. 하나님의 뜻이 되시는 예수님과 그의 가르치시는 말씀을 받아 그렇게 사는 자가 예수님이 알고 함께하는 자이지 예수님의 것이 그에게서 나타남이 없으면 어떻게 예수님이 그를 알겠습니까? 어떤 능력들이 나타나 별의별 희한한 일들을 행하고 별의별 영적 체험을 다 한다 해도 예수님은 그를 알지 못하는 것입니다.

구약 시대에 거짓 선지자들도 예언했고 가르치기도 했고 묵시를 말하기도 했습니다(렘23:16). 거짓 예언을 베풀고 자기가 몽사를 얻었다 즉 꿈을 꾸었는데 징조가 있는 꿈이라고 했다는 말입니다(렘23:25-32). 여호와 하나님께서 자신들에게 말씀을 주셨다고(겔22:28) 여호와 이름으로 거짓 계시를 베풀고 복술과 허탄한 것을 가르쳐서 백성들이 다 거짓을 믿도록 했다고 했습니다(렘14:14). 백성을 인도하는 자가 그들로 미혹케 하니 인도를 받는 자가 다 멸망을 당한다고 했습니다(사9:16). 이것을 선지자들의 예언서인 이사야, 예레미야, 에스겔서가 주로 말하고 있습니다.

그래서 오늘날 참으로 사람들의 믿음이 진짜냐 하는 것을 어떤 몽사나, 영적인 체험들이 있는 것 가지고 아는 것 아닙니다. 말씀을 많이 안다는 것으로도 알 수 있는 것 아닙니다. 바로 예수님을 성영님으로 사랑하고 예수님의 말씀을 사랑해서 따르고 행하는 것이냐? 그래서 그가 예수님 안에 예수님이 자기 안에 오신 성전 된 관계가 되어서 예수님을 나타내고 있느냐 입니다. 그가 예수님의 사람인지는 이것으로 알 수 있습니다. 여러분에게 바른 영적인 분별력과 판단력의 지혜가 있기를 바라서 말씀을 합니다.

예수님께서 마24:11, 12에 **거짓 선지자가 많이 일어나 많은 사람을 미혹하게 하겠으며 불법이 성하므로 많은 사람의 사랑이 식어지리**라고 하셨습니다. 마24:24에 **거짓 그리스도들과 거짓 선지자들이 일어나 큰 표적과 기사를 보이어 할 수만 있으면 택하신 자들도 미혹하게 하리라** 했습니다. 여러분, 이 말씀 모르는 것 아니잖아요? 종말 때에 나타날 일에 대한 예언의 말씀을 모르는 분 없습니다. 예수님의 재림의 때가 가까워져 오면 거짓 선지자가 많이 일어나 많은 사람을 미혹하게 하겠으며, (이때는 거짓 선지자가 득시글거린다는 말이에요 득시글거려!) 그 불법이 성하므로, 불법이 크게 일어난다, 왕성해진다, 큰 세력으로 일어난다. 그러므로 많은 사람의 사랑이 식어진다는 겁니다.

사랑이 식어진다니까 인간과 인간끼리의 사랑이 식어진다는 말인 줄 착각하지 마십시오. 육신의 정 사랑이 식어진다는 말이 아닙니다. 바로 예수님을 사랑할 수 없는 잘못된 가르침, 거짓된 가르침이 많이 일어남으로써 불법이 성하다고 하신 말씀입니다. 예수님을 사랑할 수 없도록 하는 잘못된 가르침이 많이 일어나는 이런 불법으로 인해 예수님을 사랑할 힘이 없다는 거예요. 사랑이 식어지리라 하니까 또 예수님을 사랑했는데 그 있던 사랑이 식었다는, 식는다는 말이 아니라 불법이 성하여 예수님을 사랑할 믿음의 힘을 얻을 수 없는 쪽으로 다 미혹되어서 따라간다는 말씀입니다. 알아듣습니까?

그런데 잘못 가르치는 이 불법만 성한 것이 아니라, 거짓 그리스도들과 거짓 선지자들이 일어나 큰 표적과 기사를 보이어 할 수만 있으면 택하신 자들도 미혹하게 하리라 하셨습니다. 그러니까 예수님 재림이 가까워져 오는 때는 말씀을 하나님의 마음과 생각을 알고 하나님의 뜻대로 가르쳐서 사람을 오직 예수님께로 인도하여 예수님만 사랑하게 하는 것이 아니라 예수님을 사랑할 수 없도록 자기 마음에서 나는 것으로 가르치는 거짓 선지자들이 많이 일어나는데 또한 거짓 그리스도도 많이 일어난다는 것입니다. 이것이 예수님의 재림이 가까워져 오는 때에 일어나는 현상이라는 거예요. 종말이 가까워져 오면 자신이 그리스도라고 나타나는 자들이 많이 있어서 그들이 표적과 기사를 나타내는 것을 보고 미혹되어 따라간다는 것입니다.

현실적으로 통일교의 문선명 씨가 자신이 하나님의 아들이라고 했단 말 들었습니다. 여기에 서 있는 저도 하나님의 아들입니다. 그런데 저는 예수 그리스도께서 십자가 위에서 피 흘리시고 그 생명으로 낳아주신 양자의 영을 받은 관계로서의 아들, 예수 그리스도로 말미암은 아들입니다. 그런데 문선명이는 재림주로 온 하나님의 아들 예수라고 한다는 말입니다. 그 문선명이가 인간성은 좋은 사람입니다. 인간이 생각하는 그런 착한 마음을 가진 사람이에요. 그러니까 사람들에게 물질을 베풀어 마음을 사고, 생활을 돌봐줌으로 자기들 공동체에 끌어들여 그들 위에서 교주 노릇을 하는 것입니다. 그가 하나님의 아들이라고 함에도 불구하고 그를 따르는 무리들이야 어차피 그 거짓을 따르기 위해 모여드는 것이니 안타까울 것은 없습니다. 이렇게 드러난 것은 귀신에게 쓰임 받는 무리라는 것 성경을 좀 알면 그냥 다 알 수 있어요. 누구든지 성경을 읽어본 사람이면 다 안다는 말입니다.

그런데 예수님께서 여기서 '그리스도'라고 하신 것은 어떤 사람이 자기를 그리스도라고 주장하고 나타난다는 것을 말씀하는 것이 아닙니다. 만일 그렇게 한다면 문선명 씨와 마찬가지로 성경 읽어본 사람이면 벌써 귀신의 종이라는 것 그냥 다 알게 되기 때문에 '내가 그리스도다' 하고 나타나지는 않습니다. 그런 짓은 지능이 아주 저급한 귀신들이나 장난질하는 것이지. 예수님이 말씀하신 것은 하나님을 대적하기 위해 택하신 자들도 미혹하려고 나타나는, 사단에게 쓰임 받는 좀 큰 단체로써 세력이 있는 자들을 말합니다. 예수님께서 '그리스도'라 하신 것은 여러분, 그리스도라는 말의 뜻이 무엇입니까? '기름부음'이라는 말입니다. 하나님께서 '기름을 부으셨다'는 뜻입니다.

그러니까 여기 거짓 선지자가 스스로 하나님의 종이 되어서 자신을 알기를 하나님께서 자기에게 기름을 부어 종으로 세웠다고 생각한다는 말입니다. 하나님이 나를 주의 종으로 삼아 주의 일을 하게 하셨다고 자신에 대해 그렇게 알고 말한다는 것입니다. 거기에 큰 표적과 기사를 보이니 그것을 보는 모든 사람들도 '야 그 목사님, 진짜 하나님이 세운 하나님의 종이다' '하나님이 권세를 주셨으니 저런 큰 능력을 나타내는 것이지 않겠느냐' 하고 걸려드는 것입니다. 그래서 마지막 때는 워낙에 많은 기사와 표적이 따르는 일로 인하여 성영님에 의한 믿음이 아니면 미혹에 걸려들게 되어 있습니다. 예수님의 말씀으로 밝음이 없으면 이 같은 현상들에 미혹되어 그 마음들이 쫓아가게 되어 있다는 말입니다.

예수님께서 오셔서 나타내신 표적들이 무엇입니까? 중풍 병자를 일으키고 앉은뱅이를 일으키고 많은 병자들을 고치시고 눈먼 자를 보게 하시는 표적과 기사를 나타내시므로, 예수님 자신이 죄를 사하시는 권세가 있는 분, 생명의 주인이신 하나님이시라는 것을 보이셨잖습니까? 다시 말해 중풍 병자의 죄를 사하시고 낫게 하신 것, 앉은뱅이를 일으키신 것, 눈을 뜨게 하신 것 등등이 바로 인간은 영적으로 중풍 병자와 같고 영적으로 앉은뱅이와 같고 영적으로 소경과 같은데, 예수님께서 육체의 것을 낫게 하시는 것으로 예수님 자신이 영혼을 고치시고 죄를 사하시는 권세를 가지신 하나님이신 것을 보이신 표적이었다는 말입니다.

그러나 거짓 그리스도도 예수님께서 행하신 이런 표적, 즉 앉은뱅이를 일으키고 중풍 병자를 고치고 소경의 눈을 뜨게 하고 귀신을 쫓는 것으로 그 자신도 예수님과 같은 능력이 있음을 나타낸다고 하는 것입니다. 자신이 하나님께로부터 기름부음의 능력을 입은 자라는 것을 보여준다는 겁니다. 예수님께서는 죄를 사하시고 혼을 치료하시는 표적으로 육체의 병을 치료하신 것이지만 이 거짓 그리스도는 무엇만 보입니까? 육체의 병만 낫는 것입니다. 사단이 그 같은 표적과 기사가 나타나게 함으로써 택하신 자들까지라도 "여기가 주님이 계시구나. 여기가 바로 하나님이 복 주시는 곳이구나. 여기가 바로 잘되게 하는 곳이구나. 살아계신 하나님이 계신 곳이 바로 여기구나" 하고 미혹하게 한다는 겁니다.

여러분, 기사가 뭡니까? 예를 들면 표적과 기사를 나타내는 유명한 목사 데려다가 큰 집회를 하고 있는데 그 현장에 예고 없는 비가 오는 겁니다. 그러니까 거짓 그리스도가 '비는 멈추라'고 몇 번 소리쳐 명령하니 잠시 후에 비가 그친 겁니다. 그칠 비였기 때문에 그친 것일 수도 있지만 '미혹하게 하리라'신 말씀대로 그 마음이 미혹된 사람들에겐 그 목사가 신과 같이 보이는 것입니다. 또한 사람들을 줄 세우고 말씀을 이용하여 최면 걸듯 하며 의지와 상관없이 진짜 몸을 꼼짝할 수 없게 한다든가 귀신을 쫓아내는 흉내들을 내고 성영의 불을 받으라고 광란의 기도들을 하며 자기 의지가 아닌 어떤 힘에 지배당하여 괴이한 몸짓들 하는 그 같은 짓들이 성영님의 역사라고 미혹하는 일들이 온 세상에 퍼져 미혹하게 하는 것입니다.

성영님의 강권의 부르심이 아닌, 성영님의 확증이나 확신이 아닌, 이 같은 미혹에 의해 주의 종이라는 이름 달고 줄줄이 나오고, 또는 부모님의 뜻이어서, 또는 자식 바친다는 부모님의 서원 때문에, 또는 예언기도 받았더니, 또는 은사들이 많이 나타나서, 또는 도무지 되는 일이 없는 것 보니까 아무래도 하나님이 세상일 하지 말고 주의 종 하라는 싸인 같아서, 또는 우연찮게 등등의 이유로 주의 종 한다고 나온 이 같은 경우들은 거짓 그리스도, 거짓 선지자의 범주에 속한 것임을 알기 바랍니다. 이 같은 경로들로 나와서 목회한다고 하는 이들은 자기 속에 구원받았음을 확증해주시는 성영님의 확신이 없기 때문에 스스로 어둡고 불안이 엄습하는 것을 겪는 겁니다. 영혼의 자유가 없다는 말입니다. 그럼에도 자신이 거짓에 속해있는 것인지를 모릅니다. 예수님을 믿는다고 하는 그리스도인들도 다 마찬가지입니다.

제가 과거에 알았던 중년을 넘은 한 여자가 있었는데 그 성격이 누구도 해볼 수 없겠다는 생각이 들 정도로 대단히 강하면서 체력도 남자 이상이었습니다. 자기가 은사를 받았다고 주의 종 되겠다고 하며 자기의 간증을 하는데 자기 남편에게 너무 괴롭힘을 당해 견딜 수가 없었다는 겁니다. 몸에 좋다는 식품들로 술이라는 술은 다 담아서 보약처럼 놓고 날마다 먹고 괴롭힌다고 했습니다. 한번은 더 이상 참을 수 없는 분노심이 극에 달해서 남편을 향해 저주를 하고 손을 들어 술병들을 가리키며 다 깨져버리라고 분노를 폭발하니 술병들이 쫙 나가면서 다 깨져버렸답니다. 그것을 성영님이 주신 능력이라고 말하더란 말입니다.

그러나 이런 괴이한 일이 일어나는 일들로 하나님께 은사 받았다고 능력 받았다고 말하는 것 다 미혹입니다. 그리고 이들이 귀신들린 자에게서 귀신도 쫓아냅니다. 강한 귀신에게 약한 귀신이 쫓겨나는 것입니다. (요즘의 무당도 사람 안에 든 귀신을 내보내잖아요? 무당뿐 아니라 퇴마사라고 하는 사람들도 귀신 비위 잘 맞추어 내보내는 것도 보았습니다. 그렇다고 이들이 사람을 살리는 것이 아니라 결국은 다 귀신들의 장난질에 속는 일들입니다.)

그래서 그 같은 괴이한 일이 나타나는 것들로 능력 받았다고 과신하는 겁니다. 성영님의 능력을 받았다고 또는 받은 것으로 착각하는 겁니다. 그러나 그 속에 예수님과 예수님의 말씀이 없으면 말씀의 행함이 나타나지 않으면 바로 거짓 그리스도요. 자기에게 관심을 불러일으키는 거짓 것입니다. 사람을 그런 쪽으로 마음을 미혹하여 끌어버리는 겁니다. 어떤 누구에게서 그런 것이 나타난다고 해서 그것이 성영님의 역사라고 믿는다거나 신격화하거나 우상시하면 안 됩니다. 거기에 하나님이 계시고 성영님의 능력이 있는 것처럼 나타나는 현상들로 그들을 믿는다거나 쫓아다니면 그 자신도 그들과 다를 바 없게 됩니다.

믿음은 절대로 예수님 말씀 안으로 들어오지 않으면 잘못 될 것밖에는 없습니다. 성영님에 의해 말씀으로 예수님을 만나고 교제하며 말씀을 따라 행하는 믿음만이 예수님이 계신 곳에 함께 있는 것입니다. 예수님께서 저주를 다 속량하셨고 죄 사함도 치료도 영생도 다 이루어 놓으셨으니 예수님과 말씀으로 하나가 되면 예수님이 이루어 놓으신 것이 다 내 것이 되는 것입니다. 더 말할 것 없는 거예요.

진리를 알지니 진리가 너희를 자유케 하리라 하셨는데 진리는 예수님이시요 말씀이 진리이시니 진리이신 예수님(성영님)과 말씀으로 지배받기만 하면 세상이 아무리 요란해도 경제가 무너지네, 하늘이 무너지네 떠들어도, 그리스도가 여기 있다 저기 있다 소동하여도, 그리스도 주 예수님은 지금 내 안에 함께 연합하여 동고동락하며 먹고 마시는 관계가 되어 있는데 그런 것들이 어디 틈을 타고 들어오겠습니까. 요동할 일 전혀 없는 것입니다. 먹든지 마시든지 자든지 깨든지 다 예수님과 함께 하는 것이면 그런 것들에 요동하지 않습니다.

　마24장의 예수님께서 말씀하신 그 미혹이 오늘날 가장 극렬히 나타나는 시대라는 것 여러분도 동감하십니까? 물론 예수님이 오신 이후부터 거짓 그리스도 거짓 선지자가 일어나 불법을 행하는 것들이 많이 나타났으나 온전히 드러나지 않았을 뿐이지 이 종말의 때에는 예수님을 대적하는 거짓 진리의 세력이 어마어마하게 일어날 것입니다. 아니 이미 일어났습니다. 오직 성영님으로 믿는 이들만 그것을 분별하는 것입니다.

　거짓 그리스도, 거짓 선지자는 그 사람 자신이 거짓영이라는 것이지 인간성까지 나쁘다는 것 아닙니다. 거짓 영에 속하였기 때문에 하나님의 진리가 그 속에 없는 거예요. 사람 자체가 나쁜 것 아닙니다. 존경할만한 인품이나 인격을 지녔으나 그 영은 거짓 영이라는 말입니다. 그래서 영적으로 거짓 된 것이기에 진리를 모르고 진리가 없는 사람들이 거기에 많이 속는 겁니다. 택하신 자들도 여기에 미혹되는 것입니다.

　그렇기에 여기의 말씀을 듣는 여러분에게 진심으로 당부합니다. 저는 여러분을 망할 길로 이끄는 사람이 아닙니다. 그러니 여기서 가르치는 말씀을 잘 듣고 받아들여서 행하는 믿음으로 제발 좀 잘 따라만 가십시오. 그것이 예수님을 따르는 것이요. 예수님의 사람이 되는 것입니다. 지금 자기 믿음이 자기에게 속고 있는 것인지 알 수 있는 것은, 다른 말씀까지는 놔두고라도 지금까지 전해드린 이 산상의 말씀으로 자신을 비춰본다면 곧 알 수 있습니다. 알아듣습니까?

여러분이 스스로 성경을 깨닫지 못해서 믿음을 바로 할 수가 없었다 한다면 바른 믿음이 되는 데는 지금까지 제가 전한 말씀으로도 절대 부족하지 않습니다. 각자 자기가 말씀을 어떻게 받느냐에 달려 있습니다. 그래서 정신 차려야 합니다. 제가 6장의 말씀으로 들어가다 성영님께서 계속 경고하라 강권하셔서 잠시 방향이 나갔습니다만 오늘날 사람들의 믿음을 볼 때 너무나 안타까워서 그렇습니다. 앞으로 경고하라고 계속 하신 말씀을 다시 또 다룰 것입니다.

오늘 6장 1에서 **사람에게 보이려고 그들 앞에서 너희 의를 행치 않도록 주의하라 그렇지 아니하면 하늘에 계신 너희 아버지께 상을 얻지 못하느니라** 말씀하셨는데 앞에서 말씀했듯이 5장에서 7장까지의 가르치신 말씀을 행할 때에 주의해야 하는 것을 말씀한 것입니다. 예수님의 모든 가르침을 행할 때에 사람에게 보이려고 행하는 것이 되지 않아야 한다는 당부의 말씀입니다.

물론 모든 행함을 사람에게 보이려는 것은 다 외식입니다. 외식하는 것은 구원받지 않았다는 것을 의미합니다. 외식은 바로 종교인의 특징입니다. 6:2-4는 구제에 대한 가르침이고 5-15까지는 기도에 대한 가르침이고 16-18까지는 금식에 대한 가르침인데 구제나 기도 금식을 사람에게 보이려고 하는 것은 다 '외식하는 자'라는 말입니다. 예수님께서 그때 당시 외식을 말씀하신 대상이 누구입니까? 바리새인 서기관 사두개인 대제사장 종교지도자들입니다. 이들은 예수님을 거부했어요. 왜냐? 외식 자들이었기 때문입니다.

사람에게 보이려는 것은 외식이요. 그것은 자기 자신에게 보이려는 것이기도 합니다. 자기가 보는(자기 마음에서 스스로 자랑되어 있는 것, 자기의 만족이 되어 있는 것) 구제나 기도나 금식 다 외식입니다. 외식은 '속에 거짓이 겉으로 드러나는 행위'라는 말입니다. 척하다, 가장하다, 속과 겉이 다르다, 가면을 쓰다, 속이다, 이런 뜻을 가졌습니다. 예수님을 잘 믿는척한다, 사람들에게 인정받으려 하고 높임을 받으려 하고 칭찬 듣고자 하고 믿음이 좋은척한다, 사람들이 자기를 알아주기를 원하고 자기를 나타내려고 한다는 것입니다. 그래서 외식은 죄의 특징입니다.

오늘날 교회 안에 모임이 얼마나 많습니까? 예수님의 날 예배 외에 공적인 모임이 아주 많이 있습니다. 저는 그것을 열심히 외식하러 다니는 것으로 보이고, 외식 열심히 하러 다니라는 것으로 보입니다. 실제로 열심히 교회 쫓아다니며 봉사한다고 예배한다고 기도한다고 하는 것이 말씀을 깨달아 예수님을 알고 예수님과 함께 협착한 길 가기 위해서, 하나님의 뜻대로 믿음을 갖기 위해서가 아니라, 자기의 세상 것을 얻기 위한 육신적인 요구들을 이루어 주시길 원해서라고 생각하는 겁니다. 저에게 그렇게 보입니다. 그것이 열심히 하는 이유이고 열심히 안 하면 자기가 요구하는 복을 받지 못할까 봐 그렇게 교회 안에 모임에 열심인 것으로 보인다는 말입니다. 영으로 그렇게 본다는 말입니다.

인간은 너나 나나 할 것 없이 자기를 나타내려고 하는 것이 아주 강합니다. 그래서 저 사람보다 내가 더 낫다고 하는 것을 어떻게 하든지 보이려고 성품 속에 도사리고 있는 경쟁심과 시샘으로 합니다.

그래도 나는 너보다 부자야, 그래도 나는 너보다 많이 배운 사람이야, 그래도 나는 셋집은 안 살아, 그래도 나는 과거에 이런 명예를 가진 전적들이 있어, 등등으로 자기 속에 비교하는 마음을 두고 기어코 나타내 보이려고 하는 이런 죄의 특성들을 가지고 있습니다. 또한 관심받으려고 합니다. 예수님을 믿는다는 사람에게 이런 모습이 있다면 그것은 다 외식입니다.

오늘날 교회들이 외식하게 하면서까지 부흥이라는 명목으로 사람 머리 숫자 늘리기에 급급해 있습니다. 이미 거짓이기에 그렇다는 것 말할 것은 없겠지만 그래도 자신을 돌아볼 기회를 가질 자가 있을 것으로 생각하여 말씀합니다.

그래서 사람들이 예배 나오는 것도 자기가 잘한 것 가지고 나올 수밖에는 없게 되었습니다. 자기가 잘한 것이 있으면 기분이 좋아서 예배에 달려오는데 잘못한 것이 있으면 자기 예배를 받지 않으실 것 같아서 예배에 오는 것이 마음이 편치 않습니다. 예배가 자기 행위에 좌우되고 있는 겁니다. 자기 기분에 좌우되고 있는 외식이 되어 있다는 말입니다. 자기 행위로는 하나님께 나올 수 없는 죄인이었으나 예수님께서 피 흘려 죄를 사해주신 은혜를 입고 그 믿음으로 예배에 나오는 것이 되어야 함에도 그 믿음을 갖지 못하는 것입니다. 자기 기분에 매달리는 외식에 습관 들어버렸습니다.

오늘 "사람에게 보이려고" 하신 말씀은 다른 사람뿐만 아니라 자신을 포함한 말씀이라는 것 아셨습니까? 자기가 보는 것이 아니라 하나님께서 은밀한 중에 보시는 구제, 금식, 기도가 되어야 합니다. 인간 자신이 본질적으로 예수님의 은혜가 아니면 살 수 없는, 아주 가망 없는 부패한 존재라는 것을 알고, 예수님의 피로 죄 용서받은 그 은혜로 살게 되었음을 아는 믿음이면, 하나님 앞에서 사람에게 보이려고 자기 잘났다는 것을 보이려고 할 수는 절대 없는 것입니다.

사람들에게 능력 있다고 잘한다고 칭찬 듣기 원하고 높임을 받기 원하는 것이면 그것은 자신이 영 죽을 죄인으로서 예수 그리스도의 십자가의 피 흘리신 은혜를 입은 것이 아니고 자기 처지를 모르는 외식자라는 것입니다. 세상에서 잘 나갔어도 아무리 명예가 높고 커도 하나님께서는 그것을 보시는 것이 아니라 자신이 하나님의 은혜를 입지 않으면 살 수 없는 죄인인 것을 알고 하나님 앞에 자신을 낮추는 겸손한 그에게 상이 있다고 하셨습니다.

땅에서도 하늘에서도 상이 있다고 하셨습니다. 인간이 외식하기 쉬운 존재이므로 하나님의 상을 잃지 않는 믿음이 돼야 한다는 당부의 말씀을 구체적으로 하셨습니다. 만일에 시간이나 물질이나 모든 것이 어려운 중에도 열심히 한다고 했는데 하나님의 상이 없다면, 공력이 다 불에 타버리는 것이면, 얼마나 애석하고 애통할 일입니까? 일평생 열심히 했는데 말입니다. 그렇기에 참으로 자신을 살펴 외식하는 것을 철저히 깨야 합니다. 속에 있는 모든 외식을 전부다 말씀에 의해서 철저히 깨야 한다는 말입니다.

하나님을 위해서 하나님의 일을 한다고 하지만, 자기 속에 있는 동기나 목적을 보아야 합니다. 무엇인가 세상의 복을 받기 위한 것인가, 사람에게 보이려고 하는 것인가, 잘했다고 칭찬 듣기 원하고 칭찬 듣기를 좋아하는가, 인정받으려는 것인가, 너희에게 없는 능력이 나는 있다는 자기만족과 우월감에 도취하여 하는 것인가, 사람들이 자기를 알아봐 주기를 원해서인가? 저 사람도 하는데 내가 안 하면 지는 것 같은 경쟁심 때문인가, 시샘 때문인가, 하는 수 없어서인가, 자기를 보라는 것입니다. 동기나 목적이 이같이 자기에게서 나온 것이면 다 자기 '의'요 '외식'입니다.

성품 적으로 남을 돕기 좋아하므로, 남을 돕는 일에 앞장서서 하면서 사람들에게 자기가 좋은 사람이라는 인정을 받는 것으로 자기 기쁨이 되고자 함인가, 자기의 행위들이 자기 의가 되어 사람들에게 칭찬을 받으려는 것이면 하나님의 상은 없다. 자기 성품이 만족하기 위해서 하는 것 절대로 상은 없다고 하는 것입니다.

또한 무슨 일이든지 아무리 열심히 많은 일을 수고했어도, 많은 물질을 드렸어도 그것은 자신에게나 사람들에게 보인 것일 뿐, 하나님과는 관계없는 사람의 일이요 자기의 일로 끝났다고 말씀하시는 것입니다. 마음의 동기가 여기 있으면 칭찬받을 만한 일을 했을 때 아무도 칭찬해주지 않으면 슬그머니 기분이 상하고 무시당하는 것 같고 '알아주지도 않는 것 내가 괜히 했나?' 하는 섭섭함을 속에 두고 있게 되어서 어느 땐가는 또 다른 섭섭함의 일이 발생하면 핑계 대고 떠나는 것입니다.

사람이 '저는 누가 알아주기를, 인정받기를 원해서 하는 것 절대 아니다.' 라고 말은 해도 자랑이 되고자 하는 것에 기어코 자신을 드러내려는데 스스로가 마음을 쓰고 자신의 노고나 능력을 사람들이 알아봐 주고 그에 대한 찬사가 따라야만 직성이 풀리는 경우들을 사실은 봅니다. 그렇기에 자기가 스스로 영광을 취하였으므로 수고한 모든 대가는 그것으로 끝났습니다. 물론 그 속이 구원을 받았다면 자기를 높이려는 것은 있지 않습니다.

예수님의 가르침은 구제이든 무엇을 하던 간에 사람에게 칭찬받으려고 하는 것 보이려는 것 나타내려는 것 자기가 영광 받는 외식이 되었으므로 하나님의 상은 없다고 하셨습니다. 예수님의 말씀입니다. 그렇기에 자기 속에 외식하고자 하는 마음을 철저히 깨야 합니다. 하나님께 받는 하나님이 알아주시는 믿음의 일이 되게 할 때에 속이 구원받을 수 있는 귀중한 능력이 되는 것이요 마침내 은밀한 중에 보시는 하나님 아버지께서 갚으시는 것이 되는 것입니다.

외식에 치우치는 것은 믿는 것을 종교로 믿기 때문에 그렇습니다. 그렇기에 사람에게 원하는 것이요 사람에게 기대하는 것입니다. 이같이 사람들이 진정한 믿음이 되어 하나님께 하지 못하고, 사람에게, 목사에게, 교회에게 상 받을 쪽으로 열심히 해놓고 뭔가 사람에게서 상이 오는 것 같지 않으면 은근히 교회나 목사에게 사람들에게 원망의 마음이 드는 겁니다. 그러나 예수님께서는 '네가 믿음이냐? 네 의냐? 믿음이면 상이 있을 것이고 네 의면 나와는 관계없는 외식이다.' 백 프로 확정된 말씀이니 그리 알기바랍니다.

만일에 나는 원치 않음에도 사람들이 칭찬한다면 그 칭찬 앞에 내가 어떻게 해야 되는 것이겠습니까? 믿음은 사람에게 보이려고 하지 않는 능력이요 사람의 칭찬을 거절하는 능력입니다. 거절하는 능력이라니까 '아 나 칭찬하지 마세요.' 하는 그런 것이 아니라, 누가 진심으로 칭찬한다면 그 칭찬을 마음에 받아서 우월감이나 자기만족이나 자기 의로 도취하지 않는 것임을 말합니다.

본문 2-4까지는 구제에 대한 말씀으로 5:42에 "네게 구하는 자에게 주며 꾸고자 하는 자에게 거절하지 말라." 하셨잖습니까? 무엇에 대한 말씀인지 여러분이 배웠잖아요? 네가 이웃들과 맺힌 것들을 화해로 풀고 사람들의 영혼을 구원 얻게 하려 할 때에 어려운 이웃이 구하고 꾸고자 하는 것을 거절하지 말고 베풀 때 그것을 사람에게 칭찬받으려고 하거나, 해놓고 자랑하는 것 다 외식이니 은밀하게 하라는 것입니다. 구제나 봉사한 것을 자기 속에다 두고 자랑하려 말고, 했으면 잊어버리라는 것입니다. 도움이 필요한 사람에게 내게 있는 것을 나누었다면 그 사람이 어떻게 했든지 확인하려 들지 말고 은밀히 보시는 하나님이 보시는 것만 되게 하라는 것입니다.

"너는 구제할 때에 오른손이 하는 일 왼손이 모르게 하여" 하셨습니다. 여러분 박수를 쳐도 같이 쳐야 하는데, 어떻게 오른손이 하는 일 왼손이 모르게 할 수 있습니까? 여러분은 예수님께서 오른손이 하는 것 왼손이 모르게 하라는 것이 무엇을 말하고자 하는 것인지 깨달아 보았습니까? 제가 먼저도 말했습니다만 지금 산상의 말씀을 나누는 때가 아니라고……, 예수님의 이 모든 말씀은 믿는 자들에게는 이미 이루어져 있어야 하는 영적 믿음의 때인데 지금 이 말씀을 말한다는 것 맞지 않는 때라고 하셨습니다.

오른손은 하나님과 나와의 관계를 말하는 것이고, 왼손은 사단과 사람과의 관계를 말합니다. 그러므로 믿는 자로서 믿음 때문에 하는 구제요 봉사요 행하는 것이면 하나님만 보시게 하라는 것입니다. '오른손이 하는 것을' 하신 것은 네가 예수님을 참으로 믿는다면 행하는 모든 일은 오직 하나님만 보시게 하라는 말입니다. 자기 마음에다 두고 스스로 자랑이 되고 자랑하고 싶어 하는, 자기가 보는 것이 되지 말라 사람들에게 나팔 불어 사람들이 보는 것이 되게 하지 말라는 뜻입니다. 네 구제함이 은밀하게 하라. 은밀하게 보시는 너의 아버지가 갚으신다고 말씀하시는 것입니다. 아셨습니까? 오늘 구제까지만 말씀하는 것으로 하고 여기서 말씀을 맺겠습니다. 여러분이 이 정도만 들어도 깨닫지 못할 이유는 없습니다. 아멘입니까?

  우리 주 예수님의 이름으로 이 말씀을 전하였으므로 예수님의 이름에 모든 영광을 돌립니다. 아멘

제 8 장
힘 있는 외식의 기도들(계속 책망, 경고하심)(1)

⁵또 너희가 기도할 때에 외식하는 자와 같이 되지 말라 저희는 사람에게 보이려고 회당과 큰 거리 어귀에 서서 기도하기를 좋아하느니라 내가 진실로 너희에게 이르노니 저희는 자기 상을 이미 받았느니라 …… 생략 ……

(마6:5-15)

오늘은 외식의 기도에 대해서입니다. 예수님께서 예수님을 참으로 믿는 자의 기도는 어떤 것인가에 대해서 '너희는 이렇게 기도하라' 라고 9-13까지 기도를 가르쳐 주셨습니다. 그런데 그 내용을 그대로 외워서 하면 된다고 하는 것이 아니고 그 기도를 하되 기도가 말씀하는바 뜻을 깨달아 믿음이 되고, 삶의 뜻이 되어 사는 것까지를 말합니다. 그러니까 여러분이 입으로 말하는 것만 기도라는 것인 줄로 알고 있었던 기도에 대해 잘못된 개념이나 고정관념을 확실히 깨버려야 합니다. 하나님께서 말씀하신 뜻대로, 자기가 그렇게 살고자 하는 뜻이 돼서 구하고, 그렇게 사는 것이 기도예요. 알아듣습니까? 그렇지 않은 기도는 다 외식하는 것이요 중언부언이라는 것을 말씀했습니다.

그렇기에 믿는 자의 기도를 말씀하실 때 먼저 본문 5-8까지 '외식하는 자와 같이 되지 말라' '이방인과 같이 중언부언하지 말라'는 것을 가르치셨습니다. 하나님과의 관계가 될 수 없는 기도는 무엇인가를 먼저 말씀하셨다는 말입니다. 그런데 사실은 오늘날 믿는 자들의 기도가 외식과 중언부언에 다 걸렸다 해도 과언이 아닙니다.

여러분은 외식이 무엇인지 이미 구제의 말씀에서 살펴보았고 또 오늘 기도의 외식에 대해서 예수님께서 말씀해주셨으니 충분히 알아들을 수 있는 근거의 말씀이 되었으리라 생각합니다. 무엇을 외식이라 하는지 모르겠다고 할 수 없는 분명한 가르침을 주셨다는 말입니다. 또한 기도할 때 이방인과 같이 중언부언하지 말라 하신 것도 무엇이 중언부언인지 '너희는 이렇게 기도하라.' 하신 기도의 내용과 함께 6장 전체의 말씀에서 충분히 깨달아 볼 수가 있습니다.

그러면 오늘 이 자리에서 말씀을 듣는 여러분은 산상의 말씀은 이미 다 들은 것이니 외식의 기도하지 않는 능력이 다 되었지 않겠어요. 또 기도할 때는 어디에 들어가? **골방에 들어가 문을 닫고** 어떻게 계신 아버지? **은밀한 중에 계신 네 아버지께 기도하라** 하셨으니 이 기도의 관계가 되었지 않겠습니까. 또 중언부언하지 않는 기도의 관계가 되었지 않겠어요. 그러면 이 말씀에 대해 다 아는 것인데 또 듣는 것이 뭐 그리 반가운 말씀이 되겠습니까. 그러나 제가 때늦은 말씀을 또 하게 되는 것은 예수님을 믿기 위해 나온 지 얼마 되지 않은, 믿음을 배워야 하는 이들을 위해서이니 잘 듣고 깨닫는 기회가 되기를 바랍니다. 믿는 것을 우리 마음대로 우리 방식대로 하는 것 하나님과 관계없다는 것 이미 다 알지 않습니까.

우리가 죄 사함을 입을 수 있는 것도 구원을 받는 것도 다 우선은 우리 마음에서 믿는 것부터 시작입니다. 그러나 마음에 믿는 것만 가지고 죄 사함을 받고 구원을 얻는 것은 아닙니다. 이 사실이 마음에 믿어지고 자신이 하나님이 말씀하시는 죄인이요 예수님이 구주이시라는 믿음을 마음에 가졌으면 '마음에 믿어 의에 이르고 입으로 시인하여 구원에 이른다.' 하였으니 이제 이 믿음을 입으로 시인하는 기도를 해야 하는 것입니다. 그리할 때 죄 사함도 얻는 것이요 삶을 그 뜻에 맞히어 살아갈 때에 구원에 이르도록 이끌어 주시는 것입니다.

그러니까 죄 사함 받는 것도 구원받는 것도 다 마음에 믿었으면 입으로 시인하는 기도를 통해서 이루어지게 된다는 말입니다. 성영님을 자기 안에 모셔 들이는 것도 기도를 통해서입니다. 그렇기에 기도는 오늘 처음 예수님을 믿기로 했어도 해야 하는 권리이기 때문에 입으로 시인하는 기도로 죄 사함을 얻고 구원 얻는 것이 되어야 하는 것이요. 기도함으로써 성영님을 모셔 들여야 하는 것입니다. 그러면 누구 이름으로 하라 하신 것입니까? 바로 예수님 이름으로만 하나님이 들으시는 조건이므로 예수님 이름으로 기도하라 하신 것 다 잘 아는 거잖습니까?

또한 예수님 믿는 행함의 모든 것을 하나님께서 보시는 믿음으로 하는 것이 아닌, 사람이 보게 하려는 것은 다 외식이라는 것 여러분 이제 다 아는 것입니다. 사람이 예수님을 참으로 사랑해서 믿는 것이 아니면 다 외식하게 되어 있습니다. 자기 목숨 사는 것 때문에 예수님을 믿는 것이 아닙니다. 우리는 예수님을 왜 믿어야 하는지의 이유와 뜻을 확실히 알아야 하는 것은 물론이거니와 예수님을 믿으려면 진짜 사랑해서 믿는 것이 돼야 한다는 것 명심하기 바랍니다.

유대인의 지도급 계층들은 음란한 마음이 그 속에 있어서, 다시 말해 하나님을 사랑하여 경외하기보다 자기 사랑과 세상 사랑하는 마음을 속에 둬버렸으므로 하나님을 알지 못하는 까닭이 되었다고 했습니다(호5:4). 그렇기에 하나님께서 **나는 인애를 원하고 제사를 원치 아니하며 번제보다 하나님을 아는 것을 원하노라**(호6:6)고 하셨습니다. 제물을 바치고 제사에 힘을 다 쏟아도 하나님의 원하심은 그것이 아니라 하나님을 알기를 원한다, 하나님을 사랑하기를 원한다고 하셨다는 말입니다. 하나님을 알면 하나님의 뜻과 마음을 아는 것이요 뜻과 마음을 아는 것은 사랑으로 섬기는 것입니다. 하나님 사랑은 하나님께만 온전히 마음을 두는 것이니 기도이든 구제든 사람에게 보이려고 할 것이 없습니다. 온전히 하나님께 맞히는 것입니다.

그렇기에 예수님을 참으로 믿기 원하면 교회 나온 이유가 어떤 것이 되었든지 다 내려놓고 내 이유, 내 사정 다 내려놓고 '내가 예수님을 사랑해서 따르는 것이 돼야 하겠구나.' 하는 믿음으로 돌아서야 합니다. 삼위 하나님을 알고 그 뜻대로 살고자 하는, 하나님을 사랑함이 없음에도 헌금 내고 봉사하고 기도한다고 하는 것, 하나님께서 원치 않으신다는 것을 알기 바랍니다. 그런 것이 우선이 되면 다 외식하게 되어 있습니다. 참으로 오직 믿는 초점이 예수님을 사랑해서 따르는 목적이 되어 믿는 것이 아니면 다 외식에 걸려있습니다. 새겨듣기를 바랍니다.

바리새인, 서기관, 사두개인 이들 자신이 하나님의 율법을 얼마나 잘 지키면서 살고 있는가를 사람에게 보이기를 좋아하고 사람에게 칭찬받기를 원하고 높임 받기를 원하고 존경받으려는 것에 마음을 쓴 자들이었습니다. 그러므로 외식이요 자기 상을 이미 다 받았다고 하셨습니다. 제가 이것을 말하는 것은 이들을 여러분이 잘 알게 하려는 것이 아니라 이들을 거울삼아 믿음을 어떻게 가져야 하는지 알도록 하기 위해서입니다. 믿음이 되자는 말입니다. 말씀에 비추어 잘못된 것이 있으면 아닌 척하지 말고 자기 마음을 기경하자는 것입니다. 마음을 갈아엎어야 합니다. 묵은 것 갈아엎고 예수님의 새것을 받아들여서 새로운 피조물로 새로운 재창조 안으로 들어와야 합니다.

우리 좀 생각해봅시다. 믿음이 뭐냐 말입니다. 천지를 지으시고 나를 지으신 분이 말씀하길 '자기를 부인하고 자기 십자가를 지고 나를 좇는 자라야 내게 합당하다'하셨으니 그러면 오직 그분과 그분의 모든 말씀에 관심을 두고 따라야 하지 않겠습니까? 예수님을 좇는 것이 천국에 있는 것이지 않습니까?

예수님께서는 산 정상에서 너희가 내게 오려면 그곳으로 올라오라고 올라오는 자들을 내가 그와 함께 있어 손잡아 이끌어 주시겠다고 하시는데 그런데 뭐합니까? '그 산 높은데 힘들어서 어떻게 올라가느냐?' 하며 주저앉아 있는 것입니다. 왜 예수님께 가는 길을 힘들어합니까? 마음이 땅(세상)의 것들에 집중돼 있기 때문입니다. 세상 것, 육의 것에 집중하느라고 예수님께서 지금 너 죽음으로 달려가고 있다고 얼마나 다급한 말씀을 하시는데도 들리지 않는 겁니다.

그리고 세상 방법 따라서 자기 방식대로 행하기에 여념이 없으니 그런 말을 믿고 싶지도 않은 겁니다. 예수님 계신 곳에 올라가려니 자기가 굳세게 잡고 있는 세상 방법, 세상 전통, 세상 문화, 자기 방법인 자기의 것을 다 버려야 한다니 '어이구 내가 미쳤느냐 그것을 버리고까지 따라가게? 안 버리고도 갈 수 있는데 왜 그렇게 복잡하게 믿는 것이냐?' 하는 자세가 돼 있습니다. 그러나 분명히 들으십시오. 여러분 앞에 불원간에 망연자실할 일이 반드시 일어날 것이요 땅을 치고 통곡하며 이를 갈며 후회할 일이 일어날 것이라는 것을 말입니다. 여러분이 예수님과의 바른 관계를 위해서, 참으로 예수님을 위해, 사랑해서, 자기 것을 버리고 따르는 것이 아니면 그것은 예수님께 들어가지 못합니다. 외식하는 바리새인 서기관 사두개인입니다.

여러분이 예수님을 위해, 또는 자기 믿음 때문에 버린 것이 뭐가 있습니까? 한번 내놔보십시오. '아 그래도 나는 꽤나 버렸다고 생각하는 데 무슨 소리냐?' 하십니까? 음란의 더러운 육체의 것들 쫓아다니던 것 좀 버렸다고 버린 것입니까? 그 더럽고 추잡한 것 좀 버렸다고 말입니다. '아니 내가 예배드리려고 나온 것이지 책망 듣자고 나왔나? 받아들이든 받지 않든 각자 자기 자유인 것이지, 목사가 전할 말이나 전하면 되지 무슨 책망을 하느냐?' 저도 그거 압니다. 저도 책망의 말하고 싶지 않습니다. 제가 책망한다고 내게 돌아올 유익이 뭐겠습니까? 불평하는 욕이나 듣지……, 그러나 책망 듣는 것이 여러분께 돌이킬 수 있는 기회인 줄 아십시오. 성영님께서 요사이 저에게 계속 책망의 말씀을 물밀 듯이 벅차도록 주시면서 책망을 금하지 말라 명하시고 계십니다.

지금 책망을 듣고도 돌이키지 않는 자는 사정할 것 없으니 그대로 두라 하셨습니다. '내가 책망 듣자고 여기 왔나?' 한다면 자신이 예수님보다 더 똑똑하고 자기가 예수님보다 더 잘났다고 하는 인본주의

의 극치라고 하셨습니다. 말일에는 있는 것까지도 **빼앗으시겠다**고 하셨어요.

요20:21-23에 예수님께서 제자들에게 **너희에게 평강이 있을지어다 아버지께서 나를 보내신 것 같이 나도 너희를 보낸다** 하시고 **저희를 향하사 숨을 내쉬며 성영을 받으라 너희가 뉘 죄든지 사하면 사하여질 것이요 뉘 죄든지 그대로 두면 그대로 있으리라**고 말씀하셨습니다. 제자들이 죄를 사할 수가 있다는 것이 아니라 예수님께서 십자가에서 이루신 구원을 세상에 전하기 위해 성영님으로부터 보냄을 받게 될 때에 제자들이 전하는 회개와 구원을 듣고 돌이켜 예수님을 영접하면 그의 죄가 사하여 진다는 것이요 돌이키지 않으면 죄가 그대로 있다는 말입니다. 제자들이 전하는 말씀은 곧 예수님의 말씀이기 때문에 그 말을 듣지 않으면 예수님의 말씀을 듣지 않는 것이니 제자들이 그것을 죄로 정죄할 권한이 있다는 말입니다.

그래서 말씀을 가르쳐 전하라고 성영님께 보냄을 받은 자는 죄를 책망하고 권면하고 온유함으로 징계함으로써 돌이켜 회개할 기회를 갖도록 해야 합니다. 그래도 듣지 않으면 정죄 받을 자로 돌려버리라 하시는 말씀입니다. 그렇기에 오늘날 믿는다는 사람들이 예수님을 무시하듯이 하며 세상을 따르는 그 죄들에 대해 성영님께서 내게 보이시며 책망하여 경고하라 하시는 것을 제가 말하지 않을 수가 없게 되었다는 것을 여러분에게 밝혀드립니다.

제가 말씀을 준비하려고만 하면 성영님께서…, 오늘 본문이 말씀하는 기도에 대해서 말씀을 준비해야 하잖습니까? 그런데 본문의 말쏨을 들어갈 수 없게 하시듯이 말씀 준비하다 보면 어느새 책망과 경고의 말씀을 계속 저에게 쏟아내 주시는 것을 제가 듣는 겁니다. 그래서 본문의 내용으로 나갈 수가 없을 정도라서 말씀 방향이 자꾸 돌아가고 있습니다. 지금 산상의 말씀을 해야 하는 때가 아니라 이미 이 말씀의 능력을 갖추고 하나님께 예배하는 제사장이 되어 있어야 하는 때임에도 그 믿음이 된 자가 그리 없다는 것을 제 마음에 계속 이르셨습니다.

성영님께서는 나의 잘못하는 것도 그냥 넘어가시지 않습니다. 뜻에 어긋나는 것에는 반드시 그에 대하여 책망하시고 그것을 알도록 흔적들이 있게 하십니다. 지난주엔 제게 어떤 일이 있었는가 하면 예수님의 날 예배 말씀에 거짓 그리스도, 거짓 선지자가 나오는 경로와 함께 스스로 하나님께 기름부음 받은 것처럼 자신을 믿고 나와서 사단이 가져다주는 표적과 기사를 나타내 많은 사람을 미혹하고 있다는 것을 여러분에게 말했다는 것에 대해서 솔직히 제 맘이 편치 않았었습니다.

왜냐면 영적 세계에 대한 이야기라서 영적이지 않은 입장에서 듣게 되면 이해가 되지 않으니 그렇게 큰일을 한 목사들이 왜 가짜라고 하느냐 하는 불편한 마음이 앞설 것이고 곧 속에서 나에 대한 거부가 올라오게 될 테니, 알아듣지 못할 말을 공연히 말했나 싶고, 알아듣는 영적 귀가 있으려나 싶고, 내 꼴이 우스워지는 것 같아서 마음이 싫었었습니다. 그리고 집에 돌아가서 남편에게 오늘 전한 말씀에 거부감 드는 것 없었느냐고 물었더니 '없었다. 당연히 할 말을 했는데 왜 그러느냐?' 하며 물어오기에 설명을 했습니다. '성영님이 말하라 하신 것을 전했으면 된 것이지 뭘 그리 마음을 쓰느냐'고 했습니다.

그리고 뒷날, 월요일에 아침식사를 하려는데 입이 안 벌어지는 것입니다. 턱관절이 벌어 지지가 않는 거예요. 밥숟가락을 입에 넣으려는데 입이 안 벌어져서 의지적으로 벌리려고 했더니 딱 소리가 나서 뭔 일이 일어날 것 같은 예감에 어찌지 못하고 간신히 넣어 씹는 둥 마는 둥 하며 식사를 마쳤습니다. 도대체 왜 그런가? 저는 어떤 문제가 있을 땐 내가 뭔가 성영님과의 관계에서 잘못한 것이 있구나 생각하고 먼저 회개할 것이 무엇인지부터 찾습니다. 그래서 내게 왜 이런 일이 있는 것인지 깨닫고 회개하기 원한다고 가르쳐 주시라고 기도하면서 턱관절을 문지르며 계속 치료를 명했습니다. 그럼에도 치료는 나타나지 않고 증세가 더 악화되어 가는데 내가 말을 실 수 한 것에 대해서 마음에 짚이는 것은 있었습니다. 그래서 그 부분에 대해서 회개를 하니 증세가 쪼끔 풀어지긴 했습니다.

그날 늦은 밤까지 그 고통을 겪었습니다. 밤 12시가 다 되어 잠이 들지 않아 그 말씀 원고가 끝마무리가 안 돼 있어서 나중을 위해 기록을 마쳐 놓으려고 원고를 보며 정리하려는데 내 마음에서 순간 '아 이것이었구나! 아 맞아! 이것 때문에 내가 걸렸구나!' 하고 크게 깨달아졌습니다. 그 순간 턱관절에 손이 올라가면서 '성영님 그랬군요! 제가 그것으로 죄를 범했군요. 제가 많이 잘못했습니다.' 하는데 관절의 고통이 그 즉시 풀어진 것입니다.

바로 거짓 그리스도, 거짓 선지자에 대한 말씀을 전한 것 때문에 내가 마음에 그렇게 불편함을 가졌고, 남편에게도 혹 불편하게 들었는가? 그것을 물어보았던 것 등이 걸렸던 것입니다. 그래서 너무너무 성영님께 죄송하고 부끄러웠습니다. "아버지 잘못했어요. 아버지께서 말하라 하신 것을 말했으면 되는 것이지 내가 건방지게 왜 염려를 합니까, 아니 도대체 왜 내가 사람을 의식합니까, 도대체 내가 왜? 사람들이 어떻게 받아들였을까를 왜 염려합니까, 사람이 어떻게 들었을까를 살피지 않는 믿음으로 세워주신 성영님을 왜 거슬리는 짓을 했는지…, 미쳤지…. 성영님께서 말하라 하심에 대해 내가 왜 사람의 마음을 살폈습니까? 말하라 하셨으면 하는 것이지 제가 잘못 했어요. 아버지 용서해주세요." 하고 가슴을 치며 회개를 했습니다. 제가 외식하지 말라는 말씀 앞에서 외식하는 자가 되어 외식에 걸렸더란 말입니다.

사실 이런 일이 제게 비일비재했습니다. 잘못하면 즉시 잘못이 뭔지 알게 하시려고 어떤 흔적들을 주심으로서 돌이킬 수 있게 하셨습니다. 혹 말의 실수가 있고 잘못하면 입안 곳곳이 즉시로 부르터버립니다. 그러면 또 고생하고 왜 그런지 깨닫게 하셔서 회개하면 또 즉시로 떠나고 하는 이런 일들로 내가 온전한 믿음이 되도록 행하여 오셨습니다. 그러니까 말씀에 위배되는 말이나 행동이 있으면 즉시로 경고의 흔적을 주십니다. 죄를 짓는 것이나, 죄가 되는 것들이나, 육으로 행하는 것들에 대하여 절대로 꼴을 못 보십니다. 아주 즉시 나타내십니다. 그렇기에 성영님께서 계속 주시는 경고와 책망의 말을 말하지 않을 수가 없게 되었습니다. 오늘도 우리 자신을 말씀에 비쳐 참으로 돌아봐야 한다는 것, 예수님을 사랑해서 믿는 것이 아니면 안 된다는 것을 분명히 말씀을 전합니다.

여러분! 솔직히 말해서 예수님 사랑해서 믿는 믿음이 되지 않으려면 교회 뭐하자고 나옵니까? 나 세상에서 잘되는 복 좀 받으려고요?

뭔가 자기 하는 일들이 막히지 않고 잘 풀리기 원해서요? 그러면 번지수를 잘못 찾은 겁니다. 하나님께서는 오히려 영적 믿음이 될 때까지 잘 풀리지 않게 막으시는 분입니다. 그러니까 세상 복을 원하려면 교회 안 나와도 됩니다. 열심히 살면서 자린고비 하세요. 나중에 가서 돈 모으고 잘살게 될 것입니다. 그리고 그런 것을 위해서라면 저절에 가도 됩니다. 불교인들이 다 가난하고 어렵게 삽니까? 미신도 사람이 좋아하고 복이라고 말하는 그런 세상 복은 갖다 줍니다. 세상은 사단이 권세 잡고, 경제 문화 사회 종교를 다 잡고 있으므로 사단에게 충성하기만 하면 사람이 복이라고 좋아하는 그 물질로 풍족하게 해준다는 말입니다. 예수님의 교회는 세상 것과는 관계없으니, 참으로 예수님을 사랑하여 따르는 믿음이 되지 않으려면, 세상에서 성공하고 잘살아야 하나님의 복을 받은 것이라고 말하는 그런 종교 교회로 가야 할 것입니다.

그러면 예수님의 교회 나오는 이유가 영혼을 위해서입니까? 자기 영혼의 문제라면 예수님을 사랑해서 믿는 믿음이 돼야지요? 예수님을 사랑해서 믿는 것이 아니면 예수님과 관계없습니다. 참으로 예수님 사랑해서 믿고 따르는 것 아니면 그것은 다 예수님 밖에 있는 것인데, 어떻게 자기 영혼을 위한 것이 됩니까? 아니, 이렇게 살기 힘든 세상에 뭐하려고 아까운 돈 들이고 시간 들이고 말입니다. 정말 믿음을 바로 하든지, 아니면 까짓것 목숨 사는 동안에 하고 싶은 것 실컷 하고 살다가 그냥 지옥 가겠다 하든지 둘 중에 하나 확실한 선택을 하십시오. 예수님을 믿겠다고 했으면 예수님 사랑해서 말씀을 따르는 믿음이 되든지, 아니면 아예 실컷 세상에서 한 백 년까지 살라 나! 사는 동안 세상 즐기다 지옥 가겠다 한다면 교회 나올 필요 없잖습니까.

그러니까 교회 나온 지 얼마 되지 않았어도 예수님이 믿어졌으면, 믿기로 하였으면 예수님을 사랑해서 말씀을 따르는 믿음이 되기로, 그것을 삶의 뜻으로 할 것을 아주 결단해야 합니다. 그리고 성영님께 믿음을 도와달라고 기도하면서 말씀에 관심을 둬야 됩니다. 그 길이 여러분이 사는 길입니다. 내일로 미루면 늦습니다.

저는 믿음으로 받아야 되는 침례에 대해서 제가 마음에 안타까운 것이 좀 있어서 깊이 묵상하며 생각을 좀 했습니다. 그래서 침례에 대해서도 깨달은 바가 있습니다. 어떤 분이 성전 말씀을 듣고 은혜받은 것을 교회 홈피 게시판에 글을 올려놓은 것을 보았습니다. 하도 반가워서 그를 위해 축복하고 나도 성막 뜰의 물두멍 말씀까지 제가 전한 것이지마는 다 들어보았어요. 그런데 다 듣고 나니 성영님께서 "네가 다 들었느냐?" 물으시며 물두멍을 통해서 가르치는 것에 행함이 따르지 않는 자에게 침례가 필요치 않다는 말씀을 기다렸다는 듯이 하셨습니다. 확실히 말하면 구원받기를 원하지 않는 것이기에 침례가 될 수 없다는 말입니다.

정말 구원하신 은혜의 깊이를 알고 지옥의 길로 달려가던 저주에서 건짐을 받게 된 그 감격이 있고, 그렇기에 하나님께서 더럽고 가증하게 여기시는 죄들을 삶에서 깨끗이 하고 삼위 하나님과의 관계에 흠이 없이 섬기는 자 되기 위하여 마음을 다하는 자라야, 자기가 죽고 예수님으로 다시 살았다는 표로 받게 되는 것이라 하셨습니다. 나를 구원하시고 영생하게 하신 예수님을 사랑하여 따르겠다는 침례로써, 하나님을 사랑하여 살겠다는 믿음이 있는 자에게 예수님의 이름으로 주는 것이라 하신 것입니다.

참으로 침례를 남발하고 있다는 것입니다. 침례의 자격이 되지 않는 사람들에게, 특히 군대에서 그러지요? 제가 목사들에게 직접 들었습니다. 군인들이 빵 얻어먹기 위해 침례 받고 그저 집안이 기독교에 쪼금 연관 좀 있다고 침례 받고……. '내가 오천 명 침례 주었다, 내가 팔천 명 침례 주었다.' 그것을 자랑삼아 말하는 목사들의 말을 직접 들었습니다. 그렇게 함부로 침례를 주는 일로 인하여 얼마나 많은 이들이 악한 영들의 참소감이 되게 했는지 모른다고 했습니다. 그들 영혼이 돌아올 수 없도록 악한 영들에게 훼방을 받도록 내준 역할이 돼 버렸다고 하셨습니다.

침례가 우선이 아니고 사람의 입장에서 침례를 보아서도 안 되는 것이고, 하나님께서 인정하시는 믿음이 우선인데, 믿음이 무엇인지도 모르는 사람들에게, 믿음이 되지 않은 사람들에게 침례를 준다는 것입니다. 침례는 믿음으로 들어올 수 있게 하려는 것이 아니요, 구원받은 믿음이 침례를 받는 것입니다. 침례는 예수님과 함께 옛사람은 죽었고 예수님으로 살았다는 것을 침례로써 믿음을 고백하는 것이요, 그리고 하나님께도 사단에게도 교회에도 자기 자신에게도 그것을 공표하는, 삼위이신 아버지와 아들과 성영님의 구원하시는 전역사와 그 이름이신 예수님의 이름으로 받는 거룩한 예식입니다.

그렇기에 믿음이 되었지 않았으면서도 침례를 받게 되면 악한 영들이 그들을 구원받지 못할 길로 이끌어버리고 예수님의 이름이 훼방 받게 하는 일이라 하셨습니다. 또한 사람들이 '좋은 것이니까 받으라 하겠지' 하고, 또 교회서 으레 하는 것이라 여겨 받는 것이 되어서 죄만 더 쌓는 것입니다. 제가 성영님의 이르신 이런 종교적 죄들로 인하여 깊이 회개를 하게 되었습니다. 저 자신도 물론 그동안 침례자의 생활까지 살폈어야 했는데 물두멍이 말씀하는 하나님께서 가증이 여기시고 더럽게 여기시는 것들까지 살핌이 되었어야 했는데 그러지 못한 부분도 있었습니다.

참으로 사람이 예수님을 사랑해서 믿는 것이면 물두멍이 말씀하는 가증하고 더러운 것들에서 나오지 않을 수가 없습니다. 아무짝에도 가치 없는 그런 것들 하나 정리 못 하면서 변명 늘어놓는 것들 무슨 예수님 사랑입니까? 예수님 사랑한다는 것, 믿는다는 것 거짓입니다. 거짓이 드러나는 것이니 더 말할 것 없습니다. 이것은 외식자입니다. 그런 사람들에게 침례주어서 악한 영들에게 훼방 거리가 되게 하고 예수님 이름이 모독을 받도록 해야 될 일이 뭐겠습니까? 그러면 여러분은 자기 믿음을 위해서 지금 성전의 물두멍 말씀 책을 읽고 있습니까? 예수님 안에 들어가지 못하는 더럽고 가증한 죄들이 뭔가 자신을 비추고 버리고 환경을 깨끗이 하고 돌이키는 자세인가 말입니다. 기도만 외식하지 않으면 되는 것이 아니라 삶의 모든 것에서도 외식하지 않아야 합니다.

그리고 그리스도인들이 자녀를 양육하는 것도, 그에 대해 많은 말씀을 전했고, 성경이 그렇게 말씀하고 있음에도 불구하고 사실은 여전히 세상을 따라서 세상을 배우도록, 세상과 함께 짝하도록 하고 있습니다. 생활 속에서 자녀들을 귀신에게 내주는 부모가 돼 있습니다. 부모가 귀신 노릇을 하고 있다는 말입니다. 정말 슬픈 일이 아닐 수가 없습니다. 자신이 가지고 있는 세상을 자녀들에게도 넣어주는 것에 전념하고 있습니다.

지금은 TV를 아예 안 보니까 모르겠습니다만 얼마 전에 일입니다. 기독교 채널을 열고 듣고 있자니 목사들이 하는 말이 우리나라가 자녀 낳는 것을 기피하고 있어서 인구 감소로 인해 국가에 경제 문제가 크게 발생한다. 그러니 교회에서부터 자녀 많이 낳기 운동을 해야 한다고 설교하는 것들을 듣게 되었습니다. 또 한편 자녀 많이 낳자고 목사들이 구호를 외치며 광고하는 것을 제가 보았습니다. 그 말을 듣고 볼 때 제가 '자녀 많이 낳아서 열심히 지옥 보내자' 하는 사단의 소리로 들렸습니다.

불임으로 인해 아기가 생기지 않는 사람들에게, 이것은 믿는다고 하는 사람들의 이야기입니다. 인공수정으로 애를 낳는 것, 자기에게 애가 생기지 않으면 하나님께서 막으시는 것이라는 지혜를 좀 가져야 할 텐데……, 믿지 않는 사람들이야 어차피 자기 혈통의 대를 잇겠다고 그렇게 인공수정이라도 빌려서 낳으려고 힘쓰는 것이겠지만, 믿는 사람이라면 그 혈통 때문에 자식 낳는 것이 아니지 않느냐 말입니다. 아니, 생기지 않으면 말아야지 인공수정까지 해서 자식을 낳으려고 하는 그 수고들을 하는 것을 보면 자식 낳아 지옥 보내려고 저렇게 애들을 쓰는구나. 안 주시면 안 생기면 주시지 않아야 할 이유가 있다는 영적인 것을 들여다볼 수 있어야 할 텐데. 그렇게 인위적으로 방법을 취해서 기어코 낳으려는 것, 자식 나서 지옥 보내려는 일 열심히 하고 있는 것이라 보는 겁니다.

예수님의 재림의 때가 가까워서 그런지 성영님께서 말씀 준비하는 저에게 계속적으로 이렇게 책망하는 말씀을 쏟아주셔서 그것을 말하지 않을 수가 없어 말씀을 하게 되었습니다. 믿는다는 이름을 가진 사람들이 예수님을 참으로 사랑해서 믿는 관계가 되지 않고 예수님 밖으로 돌면서 믿는다 하기 때문에 악한 영들의 참소와 함께 망할 길로 가고 있다는 것을 깨달을 자는 깨닫는 기회를 갖도록 하기 위해서 이같이 책망을 주신다고 생각합니다.

그렇기에 마음을 완강히 말고 자신을 돌아보는 기회가 되기를 바랍니다. 기회 주셨다는 것은 은혜입니다. 기회를 잃지 않아야 한다는 말입니다. 참으로 예수님 사랑하시자 말이에요. 사랑하자……, 네 목숨을 다하라 하셨잖습니까? 하나님 사랑하는 일에 목숨을 다하라 뜻을 다하라 하셨잖습니까? 오직 예수님을 사랑하는 일에 인생의 모든 것을 거는 여러분이 되기를 진심으로 예수님의 이름으로 간절히 바랍니다.

오늘 외식의 기도에 대해서, 물론 사람에게 보이려는 것은 외식임을 예수님께서 말씀하셨기에 충분히 알아듣는 것이지만 그 유형들을 좀 더 구체적으로 나누어보려고 했는데 오늘 나누지 못했습니다. 오늘은 여기서 마치고, 다음 말씀으로 가서 할 것이고요. 또한 무엇을 중언부언이라 하는가에 대해서도 함께 말씀을 드릴 것입니다.

예수님의 말씀을 우리에게 넣어주시고 믿음이 되게 하시는 사랑하는 아버지와 예수님과 성영님께 무한 감사드립니다. 아멘

제 9 장
중언부언하지 말라. 중언부언으로 판치는 기도들(2)

⁵또 너희가 기도할 때에 외식하는 자와 같이 되지 말라 저희는 사람에게 보이려고 회당과 큰 거리 어귀에 서서 기도하기를 좋아하느니라 내가 진실로 너희에게 이르노니 저희는 자기 상을 이미 받았느니라 ⁶너는 기도할 때에 네 골방에 들어가 문을 닫고 은밀한 중에 계신 네 아버지께 기도하라 은밀한 중에 보시는 네 아버지께서 갚으시리라 ⁷또 기도할 때에 이방인과 같이 중언부언하지 말라 저희는 말을 많이 하여야 들으실 줄 생각하느니라 ⁸그러므로 저희를 본받지 말라 구하기 전에 너희에게 있어야 할 것을 하나님 너희 아버지께서 아시느니라
········ 생략 ········

(마6:5-15)

지난주 말씀에 이어갑니다. 사람에게 보이려고 하는 외식의 기도에 대해서 좀 더 설명합니다. 사람에게 보이려고 하는 것이 외식이다 하는 것은 알아듣지만 그 유형들을 구체적으로 말하지 않으면 또 헤매기 때문에 외식을 많이 할 수 있는 요소들을 몇 가지 말하고자 합니다.

사람들이 자기가 열심히 기도하러 다닌다는 것을 보이기 위해 새벽 기도나 철야기도 등을 열심히 다닙니다. '권사님은 집사님은 우리 교회 기도대장이야 교회가 이만큼 안정되고 부흥되는 것은 다 권사님 집사님 기도 덕인 것 같아! 그래서 우리 교회 기둥이니 안 계시면 안 돼!' 라고 하는, 외식의 칭찬들, 속 다르고 겉 다른 인간적 칭찬의 말들을 듣게 되니까 어떻습니까? 그러니 기도 안 가면 체면이 서지 않지 않겠습니까? 그래서 체면이 자기 우상이 되어서 가슴 내밀고 열심히 다니는 것입니다. "너희들 나 봐라. 나 좀 칭찬해라. 나만큼 교회 위해서, 목사님 위해서, 나라 위해서 기도하는 사람 어디 있느냐?" 하고 스스로 자기에게 공로를 돌리며, 자기가 보는 기도, 사람이 보는 기도, 열심히 하러 다니는 것입니다. 이것이 특수 외식에 속합니다.

그리고 교회가 합심해서 믿음으로 기도해야 하는 모임은 있어야 하겠습니다만, 그런데 이런 기도 모임의 문제가 무엇인가, 사람들은 믿음이 무엇인지 아는 영적인 이해력도 없고, 성경이 말씀하고 있는 믿음에 대해서 알지 못한 가운데, 다시 말해 예수님을 만나 예수님과 인격적인 관계가 이루어지지 않았음에도 집사가 되고, 권사가 되고 직분 자들이 되어서 성영님의 믿음에 의해서가 아닌, 목사 때문에 할 수 없이 기도회 나와야 하고, 직분 때문에 할 수 없이 나오고, 그러다 보니 이제 습관에 젖어 나오게 되었고, 그러다 보니 기도 장소에 나와야만 기도하는 것 같고 하나님이 받으시는 것 같고, 분위기에 휩쓸려야만 기도하는 것 같은 것에 굳어버렸습니다.

기도 장소에 나와야만 기도가 된다고 하는 종교인들로 훈련이 되어 체질화돼 버렸습니다. 오늘날 교회 다닌다고 하는 사람들의 기도생활에 대한 의식 구조가 대부분 이렇게 되어 있습니다. 형식에 치우쳐 있고 교회 제도들에 묶여서 움직이는 겉껍데기 신앙들을 가지고 외식의 자리를 열심히 지키는 것입니다. 예배의 대표 기도도 하나님의 뜻을 같이 하는, 하나님께서 들으시는 기도가 돼야 하는데 '사람들이 내 기도를 어떻게 들을까?' 에다가 관심을 두고, 좋은 말 감동적인 말을 열심히 주워섬기고, 미사여구 수식어를 다 붙여서 해놓고, 잘한 것으로 들었을까? 못한 것으로 들었을까? 에 신경을 쓰고, 잘한 것 같으면 자기 기분이 좋고 잘못한 것 같으면 내심 기분이 언짢은, 이런 자기와 사람에게 보이는 것으로 외식 열심히 하고 있는 것입니다.

7에서 뭐라 했습니까? **이방인과 같이 중언부언하지 말라** 했습니다. 중언부언하는 것이 무엇입니까? 이 말 했다가 저 말 했다가 하는 것을 말할까요? 물론 그 말도 맞기는 합니다. 그러나 이런 소극적인 것을 말하는 것이 아닙니다. '이방인들 같이 중언부언하지 말라'는 것은 이방인들은 자기들이 기도하는 그 대상이 누구인지를 알지 못하는 가운데 귀신에게 합니다. 누군지 알지 못하는 귀신에게 염불 외우듯이 입에 붙여서 자기에게 복 달라고, 집안 좀 잘되게 해달라고, 자기가 원하는 것을 위해 정성을 들여서 절하고 빌고, 빌고 절하고 하는 것 다 대상이 누구인지도 모르고 하는 것입니다.

자기가 그냥 '신이 있을 것이다.' 생각하고, 즉 땅에든지 하늘에든지 산에든지 신이 있을 것이다 생각하고 신을 만들어서 절하고 비는 것입니다. 이 같은 인간의 자기 마음, 신심에서 나는 것은 어떤 신이든지 '내가 지성을 들이고 정성을 들이면 감동할 것이다.' 를 가지고 있습니다. 그래서 민간 무속신앙 속에 '지성이면 감천'이라는 속담도 있지 않습니까? 생소한 말 아니잖아요.

그렇기에 예수 그리스도로 말미암은 구원의 복음을 듣고 나와 하나님을 알지 못한 가운데 그같이 귀신에게 빌듯이 하는 기도하지 말라는 말씀입니다. 그렇게 기도할 때에 지성 들이듯 정성 들이듯 하여 먹는 것, 입는 것, 마실 것을 위해 빌듯이 하는 것부터 하지 말고 믿음을 도와주시기를 기도하면서 기록된 성경을 통하여 하나님을 알고 자신을 아는 것부터 배워 알고, 무엇을 기도해야 하는지 알고 하라는 것입니다. 예수님을 보내신 하나님, 그 하나님은 예수님이 십자가의 피 흘리심을 통해 죄를 사하시고 예수님의 생명으로 자기를 낳으신 아버지시라는 그 관계를 확실히 알고, 자녀로서 아버지께 기도하는 것이라는 것부터 깨닫고, 그 관계의 믿음으로 이제 아버지께 기도하라는 것입니다. 아버지의 뜻에 합당한 것을 예수님의 이름으로 구하라는 것입니다. 관계를 분명히 알고 기도하라 그 말입니다.

하나님을 알지 못하면서 기도하는 것은 이방인으로 있을 때 귀신에게 기도하던 것과 같은 것입니다. 그러므로 알지 못한 귀신에게 하듯이 하지 말라는 말입니다. 천지 만물을 지으시고 너를 지으신 그 하나님을 알지 못하던, 죄인을 구원하시는 예수 그리스도를 알지 못하던, 이방인으로 살던 때에 가졌던 그 같은 인간 자기 마음에서 나는 신심으로 기도하지 말라. 하나님은 인간이 생각하는 그런 지성과 정성 들이면 감동하는 신이 아니라 천지를 지으시고 너를 지으신 창조주 하나님이시니 알고 아버지 뜻대로 기도하라는 것입니다.

하나님은 누구이시며 또 너는 누구인지 확실히 알고 관계를 이룬 믿음이 되었으면, 이제 그 하나님 아버지께 기도할 때, 네 마음에서 나오는 이방인이 구하는, 무엇을 먹을까 마실까 입을까 하는 것들을 구하지 말고 필요를 알고 채우시는 아버지께 그 나라 그 의를 구하라고 기도를 가르치신 것입니다.

그런데 오늘날 성경을 가르치는 사람들이 예수님께서 이방인같이 중언부언하지 말라 하신 이 중언부언이 무엇을 말씀하시는 것인지를 정확하게 깨달아서 알려주고 있지를 않습니다. 결국 여기 이 이방인들과 같은 자기 생각에서 나는 답변들밖에 해주지 못하고, 구렁이 담 넘어가듯 하는 빗나간 대답들만 들려주고 있음으로써 사람들이 그렇게 자기 마음에서 나는 것으로 지성 들이는 기도하는 것에 열심히 훈련을 잘하고 있는 것입니다. 아니, 훈련이 잘되었습니다. 그래서 의식구조가 그렇게 돼 버렸다고 말하지 않았습니까? 감천하시도록 정성을 다하여 기도하는 것입니다. 밤새우며 기도하는 이유가 뭡니까? 대부분 하나님을 감동시켜 보겠다는 것 아닙니까?

그렇게 밤새도록 기도하니 하나님께서 그 정성을 보고 감동하셔서 응답해주실 것이라는 것 아닙니까? 자기 요구를 들어주시도록 하겠다는 말입니다. 자기 기도에 응답하게 하려면 새벽기도 열심히 해서 하나님이 감동하시도록 하여야 하지 않겠습니까? 그러니까 작정해서 열심히 다닙니다. 40일 작정, 100일 작정, 1년 작정, 일천번제라고 작정해서 자기 마음에서 나는 이런 신심으로 작정하여 하루라도 빠지면 그 작정 깨어지니까 깨지지 않게 하려고 온맘을 다해 목숨 다해 지키려고 정성과 힘을 다하는 것입니다.

그러면서 예수님의 날의 예배는 자기 형편대로 지킵니다. 볼일 다 보러 다니고, 애경사 있으면 교회는 '나 작정기도 열심히 하고 있으니 그것으로 하나님께 면목은 선다.'고 생각하고 예수님의 날은 '나 볼일이 좀 있으니 교회는 쉽니다.' 하고 다니는 겁니다. 자기 방식대로 열심히 기도하러 다니는 것으로 면목 세우고 애경사 쫓아다니는 겁니다. 관광 다니는 거지요. 볼일 보러 다니는 거예요. 그렇게 예수님의 날은 올 형편이 되면 오는 것이고, 못 올 사정이 되면 자기 형편에 따라 지키면서 만일에 작정이 깨지기라도 하면 그것은 속상해서 탄식하는 겁니다. '내가 이렇게 작정해서 어떤 어려움이 있어도 온힘 다해 기도하니까 하나님이 감동하셔서 응답하실 것이다.'를 자기에게 확신시키면서, 자기 신념을 키우며 기도한다고 했는데, 그것이 틀어졌으니 탄식이 절로 나 탄식합니다. 이 같은 것들이 다 이방인의 중언부언입니다. 하나님께서는 전혀 모르시는 이방인이다 그 말입니다. 자기 혼자 귀신에게 빌듯이 하고 다니는 거예요.

또 한편, '빌면 들으실 것이다.' 하는 신심의 마음을 가지고 열심히 새벽기도 다니면서 무엇을 기도하는가 하면, '우리 자식 예수님 믿게 해주시고 이렇게 저렇게 잘되게 해주세요. 우리 가족들 건강하고 잘되게 해주세요. 내 자식만 잘되게 해주신다면 나는 못 돼도 괜찮습니다. 우리 교회가 사람이 많이 몰려들어서 부흥되게 해주세요. 그래서 우리 목사님 힘이 나서 목회 잘하게 해주세요. 우리나라 경제가 살아서 잘사는 나라 되게 해주세요.' 하고 날마다 염불 외우듯이 중언부언하는 것입니다.

그러니까 여러분! 입시 철만 되면 교회들에서 보이는 것이 뭡니까? **구하라 주실 것이요, 찾으라 찾을 것이요 두드리라 열릴 것이니라**의 말씀을 적은 플래카드를 크게 걸어 놓고 수험생들 위해서 시험 잘 보게 기도해주라고 하지 않습니까? 새벽기도 작정하고 하잖아요. 자기 자식 시험 도와달라고 그런 때만 나와서 기도한다고 하는 집시(Gypsy) 같은 이들이 있잖습니까? 이것은 하나님과 관계없습니다. 하나님께서는 이런 육의 것들의 요구는 듣지 않으십니다. 다 자기 마음에서 나는 것을, 기도한다고 하는 것이요 하나님께는 다 이방인일 뿐입니다. 누구인지 알지 못하는 자기 신에게 기도하러 다니는 것일 뿐입니다. 성황당이라는 데서 빌고, 정화수라는 것 떠놓고 빌고, 부처 앞에 가서 빌던 것과 똑같은 기도를 교회라는 곳에 와서 자기의 뜻 좀 들어주라고 비는 것입니다.

예수님께서 **너희는 이렇게 기도하라**고 하신 것은 자기 자식이나 자기 육의 것들을 위해서, 세상에서 잘되게 해달라고 하는 것들을 위해서 기도하라고 하신 것 아닙니다. 교회라 이름 붙여놓고 부흥되게 해달라고, 잘사는 나라 되게 해달라고 기도하라 하신 적 없습니다. 그런 것들은 이방인들이 구하는 것이라 하셨으니 결국 하나님과는 이방인일 뿐입니다. 예수님께서 중언부언하지 말라, 다시 말해 이방인들이 구하는 것들로 기도한다고 하지 말라 말입니다. 8에서 뭐라고 했습니까? 그 이방인들을 본받지 말라 하셨습니다. 너희가 참으로 하나님이 너희 아버지시면 하나님을 알지 못하는 이방인들, 오로지 육의 것만을 위해 사는 자들이 구하는 것을 구하지 말라 하셨습니다. 구하기 전에 어떻다고요? 너희에게 있어야 할 것을 아버지께서 아신다고 하셨습니다.

그래서 믿음이 무엇인가, 무엇을 구하는 것이 믿음인가를 말씀하신 예수님께서 마6:25이하에 재차 말씀을 하셨습니다. **이는 다 이방인들이 구하는 것이라 너희 천부께서 이 모든 것이 너희에게 있어야 할 것을 다 아시느니라** 그리고 너희는 먼저 뭐하라고요? **그의 나라와 그의 의를 구하라**고 하셨어요. **그리하면 이 모든 것을 너희에게 더하시리라** 아주 백 퍼센트 약속 된 말씀입니다. 너희 아버지께서 너희의 있어야 할 것을 다 아신다. 그러므로 너희는 이방인 같이 중언부언하지 말고 '이렇게 기도하라.' 라고 기도를 가르쳐주셨습니다.

그러니 생각해보십시오. 예수님을 믿는다는 사람들이 예수님의 말씀에 얼마나 집중하고 따르고 있는 것인지 말입니다. 예수님이 '이렇게 기도하라.' 고 가르쳐주신 기도도 사실 믿은 지 오래되었어도, 중언부언하고 있는 것은 다 매한가지입니다. 그냥 달달 외워서 염불 외우듯이 하는 것입니다. 그래서 하나님께는 다 이방인입니다. 여러분이 예수님과 관계되지 않으면 죄 사함도 치료도 구원도 영생도 없습니다. 하나님이 아버지가 되실 수도 없습니다. 단지 영혼이 여전히 저주에 잡혀 있다가 지옥으로 떨어져 영원히 고통 가운데 있게 될 뿐입니다. 믿음의 초점은 오직 예수님 뿐이고 그분과 함께 있는 것, 곧 하나가 돼야 하는 것뿐입니다.

그런데 믿는다는 사람들 속에 예수님은 그림자 정도로 희미할 뿐이고, 말씀 전하는 것을 들어 봐도 예수님의 말씀을 자기 말들로 바꿔 놓고, 다 말씀 밖으로 자기 방식대로 자기 마음에서 나는 대로 생각하고 말하고 돌아다니는 것입니다. 이방인보다 더 악한 거짓 선지자, 거짓 그리스도인들이 되어 있는 겁니다. 그래서 제가 그리스도인들 속에 예수님의 말씀을 가진 능력들이 없다는 것을 너무나 보면서 말세 때가 되니 그것이 그대로 드러나고 있다는 것을 알았습니다. 믿음 생활이 자기 마음에서 나는 대로, 생각하고 말하고 행하였다는 것 그대로 드러나더라는 말입니다.

 감정에 호소하는 말에 동하여 끌려다니고, 양심적인 말, 착한 말에 감동하여 끌려다니고, 인품 적으로 훌륭하다 하여 끌려다니고, 자기 마음이 원하는 것과 맞는 말을 하니 끌려다니고, 자기 마음을 위로하는 말에 감동하여 끌려다니고, 지식수준이 높은 사람의 말이라서 끌려다니고, 화려한 이력에 매혹되어 끌려다니고, 나타나 보이는 현상들에 현혹되어 쫓아가면서 그것이 믿음인 줄로 도취하고 착각에 빠져있는 것입니다. 그러니까 사람들이 예수님을 믿는다는 이름만 바꿔 앉은 것이지 다 자기 마음에서 나는 것들을 위하고, 땅에 있는지 하늘에 있는지 알지 못하는 신들에게 빌고 섬기고 있습니다. 자신들은 다 잘 믿는 것인 줄로 알지만 말씀 앞에서는 다 아닙니다. 다 자기에게 맞추었습니다. 자기에게 맞춘 거짓 믿음입니다.

 제가 말입니다. 조○○ 목사에게 하나님이 전하라 하신 경고의 말을 보낸 것에 대해서 사람들이 듣고도 그 말뜻에 대한 이해나 분별이 없음을 확실히 알았습니다. 극히 소수의 사람들만 알아듣고 동감하는 정도지, 설사 그 말이 뭘 말하는지 이해는 되었어도 영적인 것이 무엇인지는 아는 능력들이 없으니, 다시 말해 자기 신심으로 예수님을 믿는다 하고 있으니 말씀에 대한 분별이 안 되지요. '뭐, 그 목사님이 예수님 말하고 있고, 십자가 말하고 있고, 구원, 영생, 다 말하고 있는데 그리고 신이 아닌 이상 하나님 말씀 좀 틀리게 전할 수도 있는 것이지 예수님 부인하는 것도 아닌데 뭐가 잘못됐느냐? 예수님 오셔서 하신 치료 사역도 나타내 사람들 병 낫게 하고, 사람들 복을 받아 잘살게 하려고 전심으로 말씀 전하고 좋은 일도 많이 하고 국가 발전에 이바지한 분인데, 도대체 무엇이 잘못됐다고 어떤 여자가 말도 안 되는 것 가지고 비난하고 있다.' 는 것으로 받는 것입니다.

말씀의 문자적인 것이야 문자대로 말하는 것은 맞는 것이지만 문자 속에 넣으신 뜻을 왜곡하여 하나님의 구원의 뜻을 교묘히 부인하는 것은 알 턱이 없는 것입니다. 그것은 자신들에게는 그다지 중요하지 않은 것이니, 자기 마음에서 나는 신심의 것을 기도하고 신심으로 가진 신앙이니, 그런 말이 그다지 중요하지 않는다는 말입니다. 어차피 자기 마음에서 나는 것들을 위해 믿는다 하는 것이기에 분별할 수도 관심도 없습니다. 그러나 예수님을 보내신 하나님께서는 하나님의 뜻을 왜곡하여 사람들에게 거짓을 뿌려 넣어주는 것은 절대로 용납하실 수 없는 일이시니, 이후 하나님 앞에 설 때에 핑계치 못할 증거의 말씀으로 경고를 보내신 것입니다.

그래서 사람들이 말입니다. 예수님께서 기도할 때 이방인같이 기도하지 말라 하신 이것은 무엇을 말하는 것인지, 무엇을 가지고 이방인같이 기도하지 말라는 것인지를 도무지 깨달아 보려고 하지 않는 것입니다. 그러니 어떻게 예수님을 알 수 있고 따를 수가 있겠습니까?

제가 과거에 어떤 가톨릭 신부라는 사람의 강론을 들어보게 되었어요. 여러분이 믿음이 무엇인가를 이해하는 데 좀 참고하라는 뜻에서 말합니다. 가난한 어떤 신자 집에 초청받아 가서 식사를 하려는

데, 사람은 없는데 한 사람분의 식사를 더 놓더라는 것이지요. 누가 오느냐 물으니 "우리 집에 주인으로 계신 예수님의 식사입니다. 저는 끼니때마다 예수님 식사까지 항상 준비합니다." 했다는 거지요. 그 신부가 자신이 예수님을 사랑하는 것이 그 신자보다 못한 것 같아서 부끄러웠고 이 신자가 어려운 살림에도 예수님을 사랑하는 믿음이 얼마나 좋은지 크게 감동을 하여 마음이 찡하더라고, 그 신자를 잊지 못한다고 우리가 다 예수님을 이렇게 사랑할 수 있어야 하지 않겠느냐고 했습니다.

그러면 여러분, 이것이 예수님께서 원하신 사랑입니까? 여러분도 예수님을 이런 식으로 사랑하십니까? 이 같은 짓이 바로 인간 신심이요, 자기 마음에서 나는 사랑으로 정성 들이는 행위입니다. 예수님이 밥이 필요한 분이라 끼니마다 오셔서 밥 먹는 분입니까? 이런 것이 예수님을 위해서 사랑인 것처럼 하지만, 귀신에게 하는 것입니다. 자기가 보는 것이요 자기만족입니다.

그리고 십자가 걸어 놓고 그 앞에 앉아서 하는 행위들도 다 귀신에게 하는 것입니다. 그 십자가 모양에 예수님 계시지 않습니다. 그것 걸어 놓고 그 앞에 앉는 것 우상 앞에 앉는 것입니다. 귀신이 앉아서 경배 받고 자기 정신을 지배하라고 하는 행위입니다. 예수님이라고 하는 초상화 걸어 놓고, 그것을 예수님으로 보는 것도 다 미신입니다. 그 초상화 쳐다보면서 '예수님'을 부른다면 그것은 귀신이 '내가 예수다' 하고 대답하고 나오는 것입니다. 그래서 귀신이 들려주는 음성이 하나님의 음성인 줄 알고 속으며 끌려다니는 것입니다. '우리 집의 주인은 예수님입니다.' 를 말하는 것처럼 우리 집은 예수님을 믿는 집이라는 것을 표시하는 것처럼, 초상화 걸어 놓는 행위들은 지금 자기가 예수님과 영적 관계로 맺은 믿음이 아니라는 것을 스스로 보이는 일들입니다. 예수님을 말씀으로 만나고 관계를 맺는 것이 아니라 자기 방법으로 예수님을 만나려는 것이라는 말입니다

초상화가 진짜 예수님이라면 만일에 불이 나서 그 초상화를 태웠다면 그것은 예수님을 태웠잖습니까? 관리 잘못으로 찢었거나 구겼다면 그것은 예수님을 찢었고 구겼으니 큰일 났습니다. 인간이 손으로 그린 초상화를 예수님이라고 걸어 놓거나 바라보는 것, 예수님을 우상시하는 것입니다. 물론 예수님은 눈으로 볼 수 있고 만져지는 사람으로 오셨습니다. 그런데 '너희가 나를 보고 만진 바 되었으니 내 모습 그대로 그려서 후대 사람들에게 예수님이 이렇게 생겼다는 것을 알도록 그림으로 남기라.' 하지 않으셨습니다. 또한 예수님의 모습을 조각하여 형상을 만들어 후대가 보도록 하라 하지 않으셨어요.

예수님의 오심과 행하심과 말씀을 성경에 남기시면서 그것을 성영님으로 깨달아 믿음이 되고, 생명을 얻고 예수님의 성품으로 변화 받으라 하신 것입니다. 인간이야 사진 찍었어도 어차피 육체는 흙으로 돌아가고 영은 부활하기 때문에 찢어도 상관없어요. 그러나 예수님 초상화 가지고 예수님인 것처럼 하는 것은 다 예수님을 우상화한 것이다 말입니다. 예수님은 분명히 눈으로 볼 수 있고 만질 수 있는 육체로 오셨지만 예수님의 형상이나 그림이나 어떤 것으로도 세상에 남겨 놓지 않으신 것은 물론이고 하물며 그런 초상화 같은 것들에다 예수님 자신을 맡기고 믿음인 양 그것을 쳐다보며 빌고 정성 들이라고 했겠는가 말입니다.

그다음 중언부언하지 말라 하시고 **저희는 말을 많이 하여야 들으실 줄 생각하느니라** 하셨습니다. 그러니까 예수님이 기도를 가르쳐주셨고 또 6에서 **골방에 들어가 문을 닫고 은밀한 중에 계신 네 아버지께 기도하라** 하셨습니다. 그런데 사람들이 예수님을 믿고 구원받아 하나님의 자녀가 된 믿음, 성전의 믿음이 되지 않으니 어떻게 하나님이 아버지가 될 수 있으며 어떻게 골방에 들어가 문 닫고 은밀한 중에 계시는 아버지께 기도하는 관계가 될 수가 있겠습니까? 예수님께서 영적 믿음과 삶에 대해 말씀하신 산상의 말씀이 믿는 자 속에 없는데 어떻게 은밀한 중에 계신 아버지께 기도하는 관계가 되겠는가 말입니다.

여러분! 여러분이 알고 있는 상식으로 한번 대답해 보세요. 하나님께서 기도를 들으시는 것입니까, 보시는 것입니까? 하나님께서 우리 기도를 들으신다고 말하잖아요? 여러분이 하나님께서 기도를 들으신다고 생각하고 기도하잖습니까? 그런데 왜 6에서 기도를 들으신다 하지 않고 보신다고 말씀하십니까? **은밀한 중에 보시는 네 아버지께서 갚으시리라** 말씀하셨잖아요?

여러분, 또 답해 보십시오. 우리가 기도하면 하나님께서 우리에게 어떻게 하여주신다고 말합니까? 어떻게 해주시길 바라고 기도하느냐고요? 응답해주시기를 원한다. 응답해주신다고 하잖습니까? 그런데 예수님께서는 응답해주신다 하신 것이 아니라 '네 아버지께서 갚으신다.' 하셨습니다. 아니, 하나님께서 우리에게 뭐 빚지신 것이 있습니까? 갚으신다 하시니 말입니다. 하나님이 여러분에게 빚지신 것 있어요? 뭐 빚지셨나요? 우리에게 뭘 갚으셔야 하는 건데요!

그런데 사람들이 생각하는 기도와 예수님께서 "아버지께 기도하라, 그러면 아버지께서 보시고 갚으신다."고 말씀하신 기도와는 분명히 차이가 있음에도 불구하고 도무지 사람들이 하나같이 예수님의 말씀하신 것은 그냥 뒷전이고, 또는 말씀이 보이지도 않고 그냥 자기의 원대로 기도하는 것입니다. 예수님이 말씀하신 기도의 차이에 대해서 깨달아 보는 자가 누가 있습니까? 여러분이 분명히 알고 들으십시오. 기도는 아버지께서 들으시는 것이 아니라 보시는 것이고, 응답해주시는 것이 아니라 갚으신다 하신 것을 깨닫고 그 관계로서 기도하는 것이 기도입니다. 그 외에는 다 거짓이고 이방인이고 중언부언일 뿐입니다. 그러니 사람들이 이 관계가 되지 않았으니 어떻게 골방에 들어가 문 닫는 것이 될 것이며 은밀한 중에 계시는 아버지께 하는 기도가 되겠습니까?

그러니까 아버지에게 기도하는 관계가 되지 못하니 다 누구에게 기도합니까? '주님!'에게 하는 겁니다. 예수님은 '아버지께' 라고 하셨는데 그러면 그 주님이 누구예요? 알지 못하는 가운데 하는 기도는 결국 귀신에게 하는 것입니다. 이 부분은 다음에 다루겠습니다.

아버지께 기도하는 관계가 되지 못하니까 어떻게 한다는 것입니까? 자기 마음에 길게 기도해야 그 자기 주님이 들으실 것 같은 것입니다. 기도의 말을 많이 해야 자기 주님이 좋아하고 응답해주실 것이라 생각하는 것입니다. 자기가 밥 굶고 목숨 내놓고 기도하면 자기 하나님이 그 정성을 보고 응답하실 것이라 생각이 드는 겁니다. 그래서 그 정성을 들이고 길게 기도하려고 밥 굶고 기도하는 것입니다. 밤새워 철야기도라는 것을 하는 것입니다. 어떤 사람은 철야기도를 몇 년 했네. 누구는 하루에 일고여덟 시간씩 기도한다네. 그래서 그렇게 신비한 체험들을 하고 많은 능력을 받았다네. 지옥을 다 봤네. 천국을 다 보여주셨네. 40일 금식 기도했더니 불의 말씀을 받았다네. 그러면 사람들은 감탄하고 부러워하면서 '얼마나 좋을까? 나도 그러고 싶은데' 하고 그 마음들이 거기에 끌려가는 것입니다.

여러분, 요사이 얼마나 많은 사람들이 헛된 것들에 끌려가고 있는지 아세요? 여러분은 이 말씀 안에서만 듣고 믿음을 양육 받으니 주변 상황을 몰라서 그렇지, 정말 그리스도인들이 오늘은 이곳 내일은 저곳……. 헛된 것들에 마음이 끌려다니는 것을 보는 것입니다. 어떤 영적인 것은 체험할는지는 모르지만 그런 것을 체험하다 보면 오히려 교만이 들어오게 되고 악의 영들에게 사로잡혀 이용물이 돼 버리는 것입니다. 그래서 예수님께서 그들을 본받지 말라 당부하신 것입니다.

아니, 내가 아버지와 자녀의 관계이면 밤새도록 기도 할 일이 뭐가 있습니까? 아버지께 기도하는 관계가 되었지 않으니까 그렇게 길게 기도하는 것입니다. 배후에 있는 사단과 그 악한 영들의 역사에 대한 지식들이 없으니 밤새도록 온 힘을 다해 정성을 다해 기도해야만 악의 영들을 이길 수 있는 것인 줄로 알고 능력 받는 것인 줄로 착각하는 것입니다. 그러나 자기 신심의 기도 백날 한다 한들 오히려 악한 영들에게 딱 붙잡혀서 복음의 능력을 갖지 못하게 하는 곳으로 끌려다닐 것밖에는 없습니다.

그리고 사람들이 하루의 가장 첫 시간에 먼저 나와 기도하면 하나님이 그 정성 보시고 그 기도 들어 주시지 않겠느냐 하며 자기 마음에서 나는 그 신심에 끌려 새벽에 열심히 빌러 회당으로 쫓아다닙니다. 아버지께 기도하는 관계가 되어 있지 않으니 예배당 건물에 나와 기도해야 들으시는 장소인 줄 착각하고 정성으로 기도하러 다니는 것입니다. (물론 성전이라고 속고 있으니….) 그리고 자기 형편의 것들을 위해서 열심히 기도합니다. '내 자식들 좀 잘되게 해주시고 구원해주세요. 내 몸에 병을 좀 치료해주세요. 치료해주시면 치료의 하나님 전하고 전도 많이 하겠습니다. 내게 복 주시면 전하고 전도 많이 하겠습니다. 사람들에게 하나님 살아 계신 것 전하겠습니다.' 그런데 예수님께서는 사람의 증거를 받으신다 했습니까, 안 했습니까? 받지 않으신다고 하셨습니다. 예수님과 그와는 관계없다는 말씀입니다.

'집 사게 해주세요. 집 팔리게 해주세요. 이번에 일이 성사되게 해주세요.' 이런 땅의 것들을 위해서 열심히 기도하러 새벽 첫 시간에 예배당에 쫓아다니는 것입니다. 하나님께서는 예수님의 이름으로 기도하는 것이기에 이루어 주시기도 합니다. 그러나 이 세상의 것들 가지고 예수님을 믿는다 했다면, 땅의 것들로 인하여 예수님의 이름을 들어 공력을 쌓았다면, 이것은 나무나 풀이나 짚으로 세워진 공력밖에 안 되기 때문에 그 공력이 나타나는 날에는, 고전 3장에서 뭐라 했습니까? 불타는 것이면 해를 받는다고 말했습니다.

그의 나라와 의를 구하였으므로, 그의 나라와 그 의가 그에게 있어, 그 능력을 갖춰나가면 공력이 나타나는 날에는 그것이 금이요 은으로 불타지 않으니 하나님 나라에 들어가는 영광이 되겠지만 그러나 땅의 것들로 예수님의 이름의 공력을 쌓았다면 그것은 해를 받는다고 하셨으니, 불에 타버릴 나무나 풀이나 짚이니, 불에 다 타버릴 것 아니겠습니까? 그렇기에 8에서 **그들을 본받지 말라 구하기 전에 너희에게 있어야 할 것을 하나님 너희 아버지께서 아시느니라** 하셨으니, 그러면 이방인이 귀신에게 비는 것이 뭐냐 말입니다. 이방인들의 구하는 것이 잘 먹고, 잘 입고, 병들지 않고 잘살게 해달라는 것밖에 없잖습니까?

과거에 저희 친정어머니께서 예수님을 믿기 전엔 목욕하고 정화수라고 하는 물 떠서 장독대에 올려놓고 절하고 그냥 비는 겁니다. '내 자식 내 집안 잘되게 무병장수하게 해주세요.' 하고 비는 것입니다. 이방인들이 구하는 것이 전부 이런 혈과 육의 것들인데, 그렇기에 예수님께서 너희들은 이것을 본받지 말라 하셨으니 땅의 것 목숨의 것을 구하기 위해 하나님께 나와 중언부언하지 말라 하시는 것 아닙니까? 그러니까 믿는다는 사람들이 하나님 뜻에서 빗나간, 자기 생각에 맞는 하나님을 만들어 놓고 다 불에 타버릴 것, 자기만족을 위해서 구한다는 말입니다.

그러면 철야기도도 하지 말고 새벽기도도 하지 말아야 하는 것이냐? 새벽기도든, 철야기도이든, 참으로 예수님을 알고 예수님을 사랑해서 믿고 따르기를 원한다면 그것을 위해서 구할 일이면 해야 하겠지요. 예수님의 모든 가르침을 따라서 말씀을 근거로 한······. 예수님께서 분명히 가르쳐 주었지 않습니까? 가르치시는 예수님 말씀에는 관심도 없으면서 열심히 빌면 듣는다는 자기 신심 가지고 나와서 기도하는 짓들 하지 말라는 것입니다. 진짜 예수님을 믿기 원하면 예수님의 가르침을 따라 그 믿음으로 하라는 것입니다.

지금 얼마나 예수님의 말씀이 무시당하고 외면당하고 있는지 아십니까? 예수님의 가르침이 사람들 속에 능력이 되지 못하고 이방인들과 똑같다는 말입니다. 새벽기도 철야기도 열심히 해야 하는 것이 또 모든 모임에서 하는 기도들이 참으로 그 나라와 그 의를 구하기 위해서가 아니라는 말씀입니다. 모든 행함에는 예수님의 가르침을 예수님의 뜻대로 정확히 깨달아서, 가르쳐주고 따르도록 이끌지 못하고 있다는 말입니다. 예수님의 말씀에서 벗어난 사람들의 말에 끌려다니면서 예수님이 본받지 말라 말씀하신 이런 중언부언하러 다니지 말고, 자기 체면 때문에 하지도 말고, 자기 위신 때문에 나와서 그런 짓 하지도 말고, 정말 새벽기도 철야기도에 그의 나라와 의를 구하기 위해서라면 하라는 말씀입니다.

사람들은 목사다. 하면 무조건 믿습니다. 그렇기에 사단이 그것을 이용하여 얼마나 많은 거짓 선지자(목사)들을 보내고 있는지 압니까? 거짓 그리스도와 거짓 선지자가 나오는 과정 말씀드렸지요? 알기 바랍니다. 여러분이 예수님을 따라 살기를 원하여 그 나라와 그 의를 구하며 사는 중에 혹 필요한 것이 있습니까? 그러면 아버지께 그 필요를 구하면 됩니다. 직장을 구할 수도 있고, 자식의 영혼을 위해서 그 삶을 하나님 뜻대로 살게 하여 주시라고 구할 수는 있습니다.

그러나 땅에서 잘 먹고 잘살고 훌륭한 사람 되고 명예 얻고 하는 것들을 구한다면 그것은 하나님께는 이방인입니다. 진정 믿기 원하면 영광 받으실 길로 이끌어 주시고 가난하기 때문에 영광 받으실 일이면 가난하게 하시고, 부요가 영광 받으실 일이면 부유하게 하시고 아버지 보시기에 합당한 길로 이끌어 주시기를 원하게 되어 있습니다. 여러분이 참으로 그의 나라와 그 의를 구하는 믿음이면 아버지가 필요를 아시니 채우시게 되어 있다는 것을 믿기 바랍니다. 그것은 아버지와 자녀의 깨어질 수 없는 분명한 약속입니다. 말씀을 맺습니다.

오늘도 말씀을 주시고 믿음의 길로 인도하신 아버지 하나님께 모든 영광을 돌립니다. 성영님께 감사드립니다. 아멘

제 10 장
상 갚아주시는 골방의 기도

⁶너는 기도할 때에 네 골방에 들어가 문을 닫고 은밀한 중에 계신 네 아버지께 기도하라 은밀한 중에 보시는 네 아버지께서 갚으시리라

(마6:6)

오늘 우리가 살펴볼 주요 내용은 6의 말씀입니다. 예수님께서는 예수님을 믿는 자의 기도에 대하여 너희는 이렇게 기도하라고 기도를 가르쳐 주셨습니다. 예수님을 참으로 믿으면 예수님과 뜻을 같이하는 것이기에 기도 또한 뜻에 맞는 수준의 기도가 되어야 합니다. 그래서 기도에 주의해야 할 것을 말씀하실 때 첫째는 사람에게 보이려고 하지 말라 하셨고, 둘째는 이방인과 같이 중언부언하지 말라, 즉 예수님을 믿기 전에 하던 것과 같은 기도하지 말라 그것은 자기 마음에서 나는 것으로써 귀신에게 하던 이방인 때의 기도이니, 너희가 죄인의 구주이신 예수님을 하나님 아들이시요 자기의 구주로 믿고 영접하였으면 하나님은 아버지이시니 이제 아버지께 이렇게 기도하라고 기도를 가르쳐 주셨습니다.

그래서 예수님을 믿는 사람이 예수님이 가르쳐 주신 기도의 내용을 잘 배워 앎으로써 진정한 믿음이 되고 행함의 삶으로 아버지가 보

시는 기도가 돼야 하는 것입니다. 그 기도의 뜻도 모르고 입으로만 달달 외운 것만 되었다면 그것은 이방인이요 중언부언이요 외식입니다. 중이 뜻도 모르고 주문처럼 염불 외운 것과 똑같다는 말입니다. 아직 예수님께 나온 것이 아닙니다. 하나님을 귀신 섬기듯 한 것이요 예수님 밖에 있는 이방인입니다.

예수님을 믿으려면 먼저 그의 나라와 그의 의를 구하라 하신 예수님의 가르침대로 그의 나라와 그 의를 구해야 합니다. 그것이 예수님을 믿는 것이요 믿는 일입니다. 그의 나라와 그 의가 무엇입니까? 지금까지 예수님의 모든 말씀, 산상의 모든 말씀이 바로 예수님의 나라와 예수님의 의에 대한 말씀입니다. 자기가 믿는 예수님이 가르치시는 말씀 하나하나를 잘 듣고 깨달아서 말씀을 따른 믿음이 되어야 하는 것을 말합니다.

그런데 사람들이 믿는다는 것이 그 나라 그 의를 구하였으므로 된 믿음이 아니라 자기가 자기를 이끌고 자기 방식대로 자기 마음에서 나는 자기 것들을 열심히 기도하고 행하는 이방인으로 있다고 말했지 않습니까? 여러분도 신앙생활이 십수 년, 또는 수십 년 되었다고 하지만 그동안 무엇을 가르침 받았으며 또 무엇을 가르쳤습니까? 자신이 참으로 예수님을 믿는 것이면 예수님의 말씀으로 사는 맛이 나야 그것이 예수님 믿는 것인데 너희는 이렇게 기도하라 하신 그 기도조차도 뜻도 모르고 그저 중이 염불 외듯이 외면서 얼마나 자기 육신적인 것과 세상 것들을 위해서만 예수님 이름을 사용하고 살았는가 말입니다. 그저 열심히만 하면 그것이 믿음인 줄 알고 왔지만 그러나 예수님 말씀 앞에 와보니 말씀과는 관계없는, 말씀밖에 있었던 이방인이었다는 것을 알 수 있지 않습니까?

다시 말하지만 예수님께서 이렇게 기도하라 하신 것은 외워서 입으로 암송하라는 것이 아닙니다. 기도가 바로 그 나라와 그의 '의'를 구하는 일입니다. 마7:7에서 **구하라 주실 것이요 찾으라 찾을 것이요 문을 두드리라 열릴 것이라** 하신 것은 그의 나라와 그의 의를 구하라는 것이요 찾으라는 것이요 두드리라는 것입니다. 너희는 이렇게 기도하라 하신 것이 바로 우리가 추구해야 하는 것임을 말씀한 것이란 말입니다. 예수님을 믿는 자가 구해야 하는 것, 찾아야 하는 것이 그의 나라 그의 의입니다. 이것이 기도의 뜻입니다. 예수님이 말씀하시는 기도의 의미예요.

오늘 6에 예수님께서 뭐라 하셨습니까? 아버지께서 기도를 들으신다고 하지 않고 보신다고 하셨습니다. 그리고 응답하여 주신다는 것이 아니라 갚으신다고 하셨습니다. 그렇기에 기도가 무엇이냐? 무엇을 기도하느냐에 대한 예수님의 말씀의 의미를 바르게 깨달아야 합니다. 무조건 아무것이나 기도만 하면 되는 것처럼 하는 것은 귀신에게 하는 것입니다. 중언부언하는 것이란 말입니다. 아는 것이 예수님을 아는 것이요 예수님과 수준을 같이 하는 기도가 되는 것입니다.

과거에 제가 처음 예수님을 믿을 때 세상 물질에 목말라서 하나님께 '나 좀 잘살게 해주세요. 나 물질로 풍족하여 잘살게 하시면 물질로 하나님의 일 많이 하겠습니다.' 하고 목메고 기도했었는데 성영님께서는 어느 날부터 "너는 기도로 살리라 기도하라"는 말씀을 하셨습니다. 그래도 삶의 길을 열어주시라고 기도하면 기도하라 하시며 '막은 것도 나요 여는 것도 나니라.' 고 하셨습니다. 그러니까 돈이 생기는 길목마다 계속 막히고, 막히고 하니 얼마나 마음도 몸도 지쳤지 않겠습니까? 나중엔 이래도 저래도 안 되는 것 모르겠다. 하나님께서 죽이실 일이면 죽이실 것이고 살리실 일이면 살리시겠지 하고 그렇게 마음에 붙들고 있던 나의 요구들을 다 내려놓기에 이르렀습니다.

그때는 정말 하나님께서 내가 잘사는 꼴을 못 보는 분인 줄 알았습니다. 그러니 '막은 것도 나요 여는 것도 나니라 너는 기도하라' 하셨으니 막으신 것은 사실이잖습니까? 하나님께서 내가 잘사는 꼴을 못 보는 것 같다고 생각한 것은 오해였지만 그때 당시에는 오해는 아니잖아요. 아버지께서 막으셨으니까 말입니다. 그러나 지금은 너무나 잘 압니다. 그렇게 하셔야 했던 이유를……. 그것이 아버지께서 믿음이 되게 하시는 사랑의 뜻이었다는 것을 이젠 너무나 잘 알고 있습니다.

그때는 오로지 육의 욕심과 영의 어둠만 꽉 차있고 영의 눈이 없으니, 어둠에 가려 알 수가 없었으니, 그저 이방인이 구하는 것에만 미련을 두고 목메고 있었으니 말입니다. 그런 나를 그 어둠에서와 하나님과 원수 된 육에서 나오게 하시려고 그렇게 아버지께서 간섭하셨다는 것, 영적으로 조금 철이 드니 알 수가 있었습니다. 아버지와 자녀의 관계로서 예수님과 같은 수준의 기도의 삶이 되어 천국을 소유하게 하여 아버지의 복에 거하게 하시려고 그렇게 하셔야만 했다는 것을 너무나 잘 알게 되었습니다. 저는 처음에 기도로 살리라 기도하라는 말씀만 반복하셔서 말 그대로 기도만 하라는 것인 줄로 알았습니다. 그런데 이후 성영님께서 나를 말씀 안으로 이끌어 들이시고 아버지께서 하신 구원의 역사, 구약에는 감추어져 있던 영적인 역사와 함께 베일에 싸이듯 한 예수님에 대하여 보게 하시고 깨닫도록 하시는 일을 계속하여 오셨습니다.

　그러니까 기도라는 것은 엎드려서 하나님께 아뢰기만 하는 것이 아니라는 것을 가르침 받았다는 말입니다. 다시 말해 기도는 곧 그의 나라 그의 의를 구하고 찾고 두드리며 예수님의 말씀을 깨닫고 말씀을 따라 사는 것을 말한다는 것 그래서 아버지께 보이는 삶, 아버지가 보시는 삶이 되어야 하는 것임을 가르침 받았다는 말입니다. 기도로 살리라 하신 대로 실지로 나를 그 안으로 이끄시고 깨닫게 하시면서 이루어지게 하셨습니다. 하나님 아버지께서 나와 함께 계시고 아버지의 돌보심으로 사는 삶이 되게 하신 것입니다. 제 이야기를 하는 것은 나를 가르치시고 말씀을 전하게 하신 아버지께서 먼저 말씀을 실제로 가르치시면서 삶이 되게 하신 뒤, 말씀을 말하게 하셨다는 것을 여러분이 아시라는 뜻에서입니다. 이것이 기도의 뜻이라는 것, 그의 나라와 그의 의를 구하는 것이, 이것을 말한다는 것을 알라는 말입니다.

　오늘날 우리는 '하나님이 우리의 기도를 응답해주신다.' 고 아주 응답이라는 말이 습관에 붙어서 응답의 하나님을 말하고 있습니다. 물론 저도 하나님께서 우리 기도를 응답하신다고, 응답해주신다고, 하나님이 주시는 응답이라고, 말을 하고는 있습니다만 그런데 기도에 응답하신다는 것만 안다면, 믿음의 관계가 잘못돼 있을 수 있습니다. 그러므로 우리가 응답을 말한다 하더라도 예수님의 말씀 앞에 왔으니, 참으로 자신이 하나님이 보시는 믿음이 되었는가? 자신을 비춰보라는 것입니다.

하나님께서 우리 기도를 응답해주신다. 또는 응답하시는 하나님이라고 하는 것은 구약시대 때 예수님이 오셔서 구원을 이루시기 전, 구약 백성에게 해당하는 것입니다. 렘33:3에 **너는 내게 부르짖으라 내가 네게 응답하겠고 네가 알지 못하는 크고 비밀한 일을 네게 보이리라** 하셨고 사41:17 중반에 **나 여호와가 그들에게 응답하겠고** 라고 하심으로써 구약 전체가 응답하시는 여호와 하나님을 말씀하고 있는 것입니다. 그래서 구약은 응답하시는 하나님으로 나타나고 있습니다.

그러니까 오늘날 사람들이 사업이 망해가거나 어떤 어려움을 당할 때 하나님께 나와 새벽마다 기도했더니, 밤마다 기도했더니 렘33:3의 "너는 내게 부르짖으라." 는 말씀으로 응답해주셨다는, 간증의 말을 제가 여러 번 듣게 되었습니다. 사실 저도 교회에 처음 나와 기도할 때 그 말씀을 계속 주셨는데, 그때는 내 문제 내 요구들을 기도하면 주신다는 응답인 줄로 잘못 착각을 했었습니다. 내 형편의 것들을 부르짖어 기도하면 응답해주신다는 것인 줄로 알았던 것입니다. 그래서 처음에 하나님께서 먼저 그 말씀을 주시는 사람들이 있구나 하는 생각을 했습니다. 그런데 그 사업 잘되게 그 사업 일으켜 주겠다고 내게 부르짖으라고 하신 것 아닙니다. 자기 사업 일으켜 주신다는 뜻으로 그 말씀을 주신 것이 아니라는 말입니다.

너는 내게 부르짖으라고 응답하겠다고 하신 앞뒤의 문맥을 다 살펴서 왜 부르짖으라고 응답하겠다고 하셨는지를 깨닫는 것부터 하라는 뜻입니다. 네가 누구인지 자신을 아는 것부터 하라 그 말씀입니다. 그런데 '너는 내게 부르짖으라 그리하면 내가 네게 응답하겠고.'

하신 말씀을 전부 다 자기 형편에다 결부합니다. 그래서 말씀을 처음부터 자기 형편, 자기 기분에다 연결하여 받아들이고 여전히 하나님을 알지 못하는 이방인으로 열심히 행하다. 후에는 결국 거짓 그리스도인이 되어서 세상 사람들로 하여금 하나님을 오해하게 하는 역할을 또 하는 자리에 있는 것입니다.

구약에서 '너는 내게 부르짖으라 내가 네게 응답하겠고' 하신 것은 세상에서 먹고 사는 문제 때문에 육신의 것을 위해서 구하는 기도를 말하지 않습니다. 하나님의 구원하시는 뜻을 이루시기 위하여 하나님의 백성이 그 일을 행할 때, 악한 자들로 하여금 핍박을 받고 환난을 당하고 죽임을 당하고 고통 중에 주리거나 어려움을 당하는 것에서 우리를 건지시라고 우리를 구원하시라고, 우리의 원수를 갚으시라고 하는 그 부르짖음을 응답하시는 하나님이라는 것을 말씀하는 것입니다.

원수에게 고통당하는 호소와 부르짖는 것을 들으시고 내가 구원하리라. 메시아를 보내리라. 속히 이루리라. 내가 원수 갚으라는 것을 대답하시는 것을 말씀한 것이란 말입니다. 그러니까 구약의 구하는 기도도 '내 자식 잘되게 해주세요. 우리 좀 잘살게 해주세요. 사업 좀 일으켜주세요'하는 이런 육신적인 것을 구하는 것 가지고 기도라고, 그것을 응답하시는 하나님이라고 말씀하고 있지 않습니다. 그렇기에 예수님께서 오셔서 예수님을 믿는 자들에게 육신의 것들, 세상의 것들을 구하는 것 하지 말라는 것을 말씀하시기 위해 이방인이 구하는 것 구하지 말라 이방인 같이 중언부언하지 말라 하시며 너희는 이렇게 기도하라고 기도를 가르쳐 주신 것입니다.

예수님이 세상에 오신 것은 구약 성도들이 우리를 원수의 손에서 구원하시라고 끊임없이 부르짖은 기도의 응답입니다. 여호와 하나님께서 그 부르짖음의 응답으로 독생자 예수 그리스도를 보내 십자가 위에서 원수의 사망 권세를 깨고 구약 성도들의 구하는 바를 다 이루셨습니다. 그러므로 예수님께서는 오셔서 그의 나라와 그의 의를 구하라고 하셨습니다. 바로 그의 나라와 그의 의를 구하는 것이 하나님이 보시는 기도입니다. 너희는 이렇게 기도하라 하신 기도가 삶으로 이어지는 것이 아버지께서 보시는 기도입니다. 그것을 구하는 삶이 곧 아버지가 보시고 갚으시는 것입니다. 영과 혼과 육이 아버지의 갚으시는 것으로 사는 것이라는 말입니다.

그렇기에 예수님을 믿는 것은 그의 나라와 그의 의를 구하는 것을 말하는 것이니, 지금 믿는다 하는 사람들이 얼마나 방향이 잘못되었고, 거짓 그리스도인이 되어 있는가를 여러분이 알 수 있지 않습니까? 예수님께서 가르치신 말씀이 얼마나 무시당하고 있는지를 알 수 있지 않습니까? 오늘날 가르치는 자들의 전하는 것이 그야말로 예수님의 사람으로서의 진리가 그 속에 없고 거짓만 가득한 말발임을 알 수 있지 않습니까? 그래서 여러분이 속지 않는 것은 그들이 같은 말씀을 전하는 것 같지만 그 속에 본질이 없는, 뿌리가 없는 것을 분별하는 성영님의 지혜가 있어야 합니다.

여러분이 마5장부터 가르침 받은 것이 무엇입니까? 산상말씀 전체를 통해 말씀하시는 것이 무엇입니까? 바로 예수님께서 그의 나라와 그의 의가 되는 말씀을 하신 것입니다. 예수님의 가르치시는 말씀을 벗어나서는 도무지 예수님의 나라와 의를 구할 수는 절대로 없습니다. 그렇기에 예수님을 믿는 것이면 예수님의 말씀 하나하나를 깨닫기 위해 기도하고 깨달은 말씀이 자기 삶의 능력이 되기 위해 기도할 것입니다. 예수님 믿는다는 이유로 또는 말씀으로 살려 하니 믿음에 대한 시험이 따르고 핍박이 따르고 비난이 따르지 않겠습니까? 그러므로 이것을 보시는 아버지께서 다 갚으신다고 하는 것입니다. 이것이 예수님을 믿는 자의 기도요 기도의 삶입니다.

예수님께서 요15:7에 말씀하시길 **너희가 내 안에 거하고 내 말이 너희 안에 거하면 무엇이든지 원하는 대로 구하라 그리하면 이루리라** 하셨습니다. 무엇이 너희 안에 거하면 입니까? 예수님의 말씀입니다. 말씀이 거하면 원하는 대로 구하라, 그러면 이루리라고 분명히 말씀하셨잖습니까? 요15:16에 **너희가 나를 택한 것이 아니요 내가 너희를 택하여 세웠나니 이는 너희로 가서 과실을 맺게 하고 또 너희 과실이 항상 있게 하여 내 이름으로 아버지께 무엇을 구하던지 다 받게 하려함이니라** 하셨습니다. 예수님의 말씀은 우리에게 과실을 맺게 하는 것인데 그 과실을 맺게 하는 말씀이 우리 속에 풍성히 거하여 예수님의 이름으로 무엇을 구하던지 다 받게 하려는 것이라고 하시는 것입니다.

요15:5에 **나는 포도나무요 너희는 가지니 저가 내 안에 내가 저 안에 있으면 이 사람은 과실을 많이 맺나니 나를 떠나서는 너희가 아무것도 할 수 없음이라** 그렇다면 무엇으로 내가 예수님 안에 예수님이 내 안에의 관계가 되는 것이겠습니까? 바로 예수님의 말씀입니다. 골3:16에 그리스도의 말씀이 너희 속에 풍성히 거하게 하라고 했습니다. 롬10:17에 믿음은 들음에서 나며 들음은 그리스도의 말씀으로 말미암았느니라 했습니다. 요16:23,24에 진실로 진실로 너희에게 이르노니 무엇이든지 아버지께 구하는 것을 내 이름으로 주시리라 지금까지는 너희가 내 이름으로 아무것도 구하지 아니하였으나 구하라 그리하면 받으리니 너희 기쁨이 충만하리라 하셨습니다.

그러니까 이방인인 우리가 하나님을 믿는다고 나와서 계속적으로 이방인들이 구하는 것에다만 믿음을 두고 구하는 것에 하나님께서 '그래, 알았다.' 하고 응답하시는 것이 아니라, 하나님께서는 사람을 육에서 구원하여 영생을 주시기 위한 뜻을 두신 것이니, 성경이 쓰인 이유가 그것이니 그래서 구약은 내가 너희 원수를 갚으리라. 내가 너희의 부르짖어 기도하는 것을 응답하리라 하신 것이고, 그 부르짖음을 들으신 하나님께서 육신을 입고 오셔서 십자가에서 그 원수를 갚으시고 이루셨으므로, 이제 예수님의 말씀이 너희 안에 있으면 무엇이든지 구하라고 하신 것입니다. 그러면 아버지께서 그 말씀대로 갚으신다는 것입니다. 예수님께서 말씀하셨으면 말씀 그대로 금생에서도 내생에서도 상 주신다는 말입니다. 그래서 얼마나 복 있고 능력 있고 권세 있고 음부의 권세가 이기지 못하는 것입니다. 그렇기에 예수님이 말씀하신 복이 내 안으로 들어왔으니 죽음에서 생명을 얻었으니 예수님을 생각만 해도 그 기쁨이 샘솟아 올라오는 것입니다. 알아듣습니까?

그러니까 오늘날 믿음을 가졌다고 하는 사람들 속에서 성경적인 믿음을 가진 사람을 찾아보기가 어렵습니다. 아버지와 아들과 성영님을 정확히 알아서 관계를 이룬, 성경의 뜻대로 된 믿음은 없고, 그저 응답하시는 하나님만 찾으며 혈과 육의 것들, 세상 성공들을 구하는 중언부언하는 곳에만 있으니, 참으로 예수님의 사람을 찾아보기가 어렵단 말입니다. 예수님께서 "인자가 올 때에 세상에서 믿음을 보겠느냐"는 말씀을 왜 하셨는가를 참으로 실감하는 겁니다.

　오늘 본문 6의 말씀도…, 모든 말씀을 보는 시각이 다 그렇습니다만, 응답해주신다는 하나님으로만 고정되어 중언부언에 아주 습관 붙어버렸음으로써 예수님이 말씀하는 본문 6의 가르침이 아예 눈에 보이지 않는 것입니다. 볼 눈이 없으니 보지 못하는 것입니다. 그리고 성경 읽지 않으니 아예 모릅니다. 아니면 이 말 했다가 저 말 했다가, 이랬다저랬다 하는 변덕으로 길들여지고 습관 된 자기들처럼 예수님의 말씀도 그렇게 이랬다저랬다 하는 말씀으로 여기고 흐지부지 대하는 것입니다. 책임감 없는 말들, 무익한 말들을 쏟아내고 사는 자기 말들처럼 예수님의 말씀도 그런 수준쯤으로 대하고 마는 것입니다.

　예수님의 말씀을 영혼의 생명으로 볼 능력이 없습니다. 자기를 의롭게 하는 말씀으로 받을 능력이 없습니다. 예수님의 말씀을 믿음으로 받고 삶으로 살아드리고자 하는 진정의 뜻이 없습니다. 그저 자기의 요구, 자기 필요만 구하고, 남이 듣고 본다고 하는 것 자기도 그런 영적인 것 보고 듣게 하라고 구하는 것입니다. 예수님에게 맞히고자 하는 생각들이 없습니다. 예수님으로 살게 된 좁은 문 협착한 길 가는 것이 참으로 귀중하고 행복해서 예수님을 자랑하고 싶은 것이 아니라, 참으로 예수님을 사랑하는 것이 기쁜 것이 아니라, 자기의 마음에서 나는 것들을 위해 열심히 주님께 기도했더니 응답이 떨어졌다고, 환상을 보고 꿈을 꾸고 음성을 들었다는 것들로 기쁘다 하고 자랑이 되어 있는 것입니다.

그렇기에 누구든지 하나님 앞에서 늦지 않아 기회가 허락된다면, 참으로 예수님을 바로 믿기 원하면, 속히 하나님 뜻에 합당한 신앙으로 개혁이 일어나야 합니다. 이것은 영영한 지옥이냐? 아버지 나라의 영생이냐? 하는 자기 영혼의 문제가 걸린 중대한 일입니다. 믿는 기준이 각각 자기로부터인 것을 깨끗이 돌이켜 하나님의 생각을 받아들이는 신앙 개혁이 일어나야 합니다. 육체와 정신 위에 있는 영의 것으로 돌이켜야 합니다. 인간은 죄를 지었든 안 지었든 관계없이 영혼이 구원받아야 할 존재로 지음 받았다는 것, 예수 그리스도의 부활의 생명을 얻게 하여 아버지 나라로 들이기 위하신 것이 뜻이라는 것, 그러므로 인간이 이 같은 뜻을 받아들여 이성에 이해가 되고, 이 뜻에 들어와 함께 멍에를 메는 것이 아니면, 다 예수님 밖에 있는 자로 취급된다는 것을 속히 깨달아야 할 것입니다.

자 그러면 오늘 "기도할 때에 네 골방에 들어가 문을 닫고" 또 "은밀한 중에 계시는" 하는 것은 무엇인가? 무엇 때문에 기도할 때에 꼭 네 골방에 들어가 문 닫아야 하는가 말입니다. 예수님 말씀대로라면 지금 우리가 예배하는 이 장소도 '네 골방에 들어와 문 닫은 것'은 아니잖습니까? 아버지는 은밀히 계시는 분인데 그래서 은밀한 중에 계신 아버지께서 보고 갚으시는 우리의 기도는 반드시 문을 닫은 골방의 기도임을 말씀하셨으니 그러면 문 닫고 골방에 들어가야 하지 않겠습니까? 그러면 문 닫고 골방에 들어가 은밀히 계시는 아버지께 기도하는 것이 아니면 하나님은 그에게 아버지입니까, 아닙니까? 아버지 아닙니다. 예수님 안에 들어간 것입니까, 아닙니까? 들어가지 않았습니다. 그러니까 오늘날 골방에 들어가지 않아 하나님이 아버지가 되지 않았으니 다 주에게 기도한다고 하는 것 아니겠어요?

그렇다면 구원받은 것입니까, 아닙니까? 구원받지 않았습니다.

그러면 "골방에 들어가 문 닫고" 해서 우리 집에는 골방이 없으니, 골방을 하나 따로 만들어야 하겠구나. 그런 것입니까? 물론 이것도 필요하겠지요. 방해받지 않는 공간이 있어서 말씀도 보고 기도도 할 수 있는 것 매우 좋은 환경은 됩니다. 그러나 그것을 말씀하는 것 아니고, 골방의 의미를 영적으로 깨달아야 하는 거지요. 골방은 큰 방 한쪽 벽에 작은 문 하나를 내고 만든 공간이 골방이지요? 비밀 장소 같은, 아무나 들어가는 곳이 아니라, 그 집 주인만 자기 생활에 중요한 물품들을 놓고 문 닫아 잠가 놓는 큰방에 달린 작은 방입니다. 주인에겐 은밀한 창고 같은 곳입니다. 골방으로 피할 수도 있습니다.

이같이 골방은 세상 살림살이하는 것에도 중요한 장소이듯이 바로 예수님을 믿는 것은 하나님의 골방으로 들어가 문 닫아야 하는 것임을 말씀하는 것입니다. 성전 생활이 돼야 한다는 말입니다. 구약 성전에 제사장들이 사용하던 골방이 있었습니다. 은밀히 계시는 하나님께 제사하기 위해 성전에 딸린 골방에 제사에 필요한 모든 물품들을 보관하던 곳입니다. 그렇기에 믿음은 성전 생활에 필요한 골방에 들어가 문 닫는 것임을 말씀한 것입니다.

여러분! 구약의 성전은 누구를 말한다고 했습니까? 예수님입니다. 예수 그리스도를 알게 하는 것으로 믿음을 어떻게 가져야 하고 믿어야 하는 것인가를 가르치는 것이라고 했습니다. 그러면 성전이신 예수님께서 하신 말씀은 무엇을 말씀하신 것일까요? 바로 성전에 대한 말씀이라고 몇 번 말씀드렸습니다. "내가 예수님 안에 예수님이 내 안에" 즉 "예수님이 성전 내가 성전인"이 관계를 말씀한 것입니다. 그렇기에 예수님의 모든 말씀이 믿는 자의 삶이 되지 않으면 "예수님이 성전 내가 성전"인 관계는 될 수 없습니다.

예수님의 모든 말씀은 예수님 자의의 말씀이 아니라 하늘 성전에 대한 말씀입니다. 그래서 요5장에 **아들이 아버지의 하시는 일을 보지 않고는 아무것도 스스로 할 수 없나니 아버지께서 행하시는 그것을 아들도 그와 같이 행하느니라** 바로 행하시는 모든 것도 아버지의 하신 일을 보고 행한다고 하셨습니다. 요8:26에 "아버지께 들은 그것을 세상에게 말한다" 하셨고 28에 **오직 아버지께서 가르치신 대로**라고 하셨고 38에 **나는 내 아버지에게서 본 것을 말한다**고 하셨습니다. 요12:49,50에 …… **아버지께서 나의 말할 것과 이를 것을 친히 명령하여 주셨으니** …… **내게 말씀하신 그대로 이르노라**고 하셨습니다. 요16:13-16에 성영님도 오셔서 자의로 말하지 않고 내 것을 가지고 너희에게 알리시리라 하셨습니다.

이같이 예수님께서는 아버지께서 이르신 성전을 말씀하셨습니다. 그러면 성소는 누구의 장소라고 했습니까? 예수 그리스도입니다. 그 성소에 들어가는 것은 세상과 온전한 구별입니까, 아닙니까? 구별입니다. 성막 뜰을 지나 성소이신 예수님 안에 들어가면 거기는 오직 예수님과 온전한 연합이요. 뜻과 목적도 하나로 아버지를 예배하고 영광을 돌리는 하늘의 삶입니다. 그래서 엡2:5,6에서 **허물로 죽은 우리를 그리스도와 함께 살리셨고 … 또 함께 일으키사 그리스도 예수 안에서 함께 하늘에 앉히시니** 라고…… 하늘에 앉히셨다고 했습니다. 이후에 하늘나라 가서 앉히셨다고 하는 것이 아니라 현재 성소에 들어온 믿음을 말하는 것입니다. 아셨습니까?

그렇기에 예수님의 모든 가르치시는 말씀에 세상 것을 위해서 육의 것을 위해서 말씀하신 적이 있습니까? 예수님은 세상의 것들을 채움 받게 하려고 가르치러 오신 것도 아니요 십자가를 지신 것도 아닙니다. 예수님께서 '문 닫고 네 골방에 들어가' 하신 것은 이제 예수님을 믿는 그 삶은 성전의 삶이니 육신의 정욕 안목의 정욕 이생의 자랑에 대한 육신의 것과 세상 것들을 다 문 닫아 버리고 오직 은밀히 계시는 아버지께 예배하는 성전 생활을 말씀한 것입니다.

구약의 제사장들이 골방을 두고 하나님께 제사하며 성전의 삶을 살았던 것처럼(느10:37, 대상9:33, 23:28, 에스라8:29) 예수님을 믿는 우리 또한 제사장이요 성전이니 세상에 대하여서는 문을 닫은 골방을 두고 오직 마음을 아버지의 뜻에 두고 예수님으로 말미암은 아버지 나라, 그의 나라와 그의 의를 구하는 삶을 사는 것. 그것이 골방에 들어간 것이요 그같이 골방에 들어가 문 닫는 것만이 아버지가 보시는 것이요 갚아주시는 자녀의 생활임을 말씀하는 것입니다.

아버지 나라의 신영한 모든 복을 예수님 안에서 자녀에게 내주시려고 아버지의 좋은 것 주시려고 눈과 귀와 마음을 자녀를 향해 두고 계시는 아버지를 말씀하시는 것입니다. 여러분, 아버지는 성전 안 어디에 계십니까? 성소를 지나 가장 깊은 곳, 은밀한 곳 지성소입니다. 그 지성소에 누구만 들어갔습니까? 우리 주 예수 그리스도입니다. 그래서 예수님이 성전으로 내가 예수님 안에 들어가니 어디까지 들어가게 되었습니까? 아버지의 지성소까지 들어간 것이 되었습니다.

또 예수님 안에 들어간 나도 예수님께서 내 안에 오셔서 계신 성전이니 그러면 내 안에 무엇이 들어오셨습니까? 지성소가 들어온 것입니다. 그래서 "너희가 하나님의 성전 나오스니"라고 한 것입니다. 은밀한 중에 계신 아버지가 영에 오셨습니다. 그렇기에 이제 우리의 영은 지성소입니다. 하늘 성소에 계신 아버지께서 우리 영에 오셔서 계시니 은밀한 중에 계신 아버지요 은밀한 중에 보시는 아버지십니다. 만져지지도 눈에 보이지도 드러나지도 않으시는 아버지, 그러므로 은밀한 중에 계신 아버지를 말씀하시면서 너희는 그 아버지께 기도하라 하신 것입니다.

그래서 우리의 기도라는 것은 골방에 들어가 문 닫고 아버지께 기도하는 것이라는 의미를 여러분이 이제 확실히 아셨습니다. 그러니 이 관계로서가 아닌 기도들은 진짜 하나님 아버지와 상관없습니다. 예수님과 상관없습니다. 그래서 성전의 관계를 알지 못하면 바른 믿음이 될 수 없습니다. 성전 모르면 그 믿음은 거짓이 될 수밖에 없습니다. 우리 마음도 삶도 세상의 문을 닫아버리고 오직 그의 나라와 그의 의를 구하는 것이 되어야 하는 것, 그 믿음이 되기 위한 진정의 삶이 될 때만이 아버지가 갚으시는 상급의 삶이라는 것을 알아야 할 것입니다.

저는 참으로 이 같은 아버지의 뜻에 대해서 말한다는 것이 사실은 참 난감하고 마음이 무겁기까지 할 때가 많습니다. 저의 말씀은 마음과 삶이 세상에 머물러 자기 방식대로 믿는다 하는 이들이 듣기에는 마음들이 불편할 말씀 뿐이기에 그렇습니다. 여러분이 지금까지, 앞으로도 물론이지만 여기 저의 전하는 말씀이 다른 사람들이 전하는 말씀과는 같지 않다는 것, 여러분도 귀가 있고 눈이 있으니 알 수 있으리라 생각합니다. 세상에 전해지고 있는 그 많은 설교가 예수님과 방향이 어긋나 세상을 마음에 품게 하고, 인본이 수양되도록 하는 것들이어서 그것이 듣기에 너무나 익숙한 것이 돼 있어서, 저의 전하는 말씀이 맞는다는 생각은 하면서도 듣기에 부담돼서 피하고 싶을 것이라는 말입니다.

그러나 아버지께서 마17:5에 **이는 내 사랑하는 아들이요 내 기뻐하는 자니 너희는 저의 말을 들으라**고 하셨습니다. 자기가 듣기 좋은 말, 사람들이 옳다고 하는 말들 쫓아다니며 들으라 하시지 않았습니다. 그러니 예수님 말씀의 뜻도 모르는 사람들이 어떻게 골방에 들어가 문 닫는 것이 될 것이며, 자기의 요구들을 가지고 하나님을 찾고 구하고 있으니 어떻게 그에게 오셔서 은밀히 계실 수가 있을 것이며, 아버지가 보시는 것이 될 수가 있겠습니까?

은밀한 중에 계시는 아버지, 은밀한 중에 보시는 아버지는 성전된 자에게 있는 복을 말합니다. 성전 관계가 되지 않으면 하늘이 두 쪽 난다 해도 아버지와 관계없습니다. 예수님이 가르치신 말씀의 삶이 되었다면 그는 세상과도 육의 것과도 문 닫은 것임을 말합니다. '골방에 들어가 문 닫고'의 관계가 되었을 것이라는 말입니다. 성전의 관계이면 하나님은 그의 아버지시니 은밀한 중에 보시는 아버지가 갚으시는 것을 자기 영혼에 늘 경험할 것입니다. 영혼의 기쁨이 샘솟듯 할 것입니다. 오늘 마6장 6이 말씀하는 성전의 관계가 되었으면 누구에게 보이려고 하지 않는다, 자랑이 되고 칭찬을 들으려고 하지 않는다는 말입니다. 은밀한 곳에 계신 아버지와 자녀의 관계로, 아버지가 보시는, 아버지가 계신 성전으로 아버지 집에서의 삶이니, 어떤 것도 개입이 되거나 개입에 의하여 하지 않습니다. 그 삶을 사는 것입니다.

그래서 아버지가 보시는 구제요 기도요 아버지가 보시는 온전한 금식이 됐을 것입니다. 구제나 기도나 금식은 예배당에서만 묶어놓은 것이 아니라, 예수님 안에서 삶이 되게 하신 은밀히 보시는 것이기 때문입니다. 그러므로 여러분! **너는 기도할 때에 네 골방에 들어가 문 닫고 은밀한 중에 계신 네 아버지께 기도하라 은밀한 중에 보시는 네 아버지께서 갚으시리라** 하신 이 관계가 되었으면 그 공력이 나타날 때에 불타겠습니까? 불타지 않는 빛나는 공력이므로 영원한 아버지 나라에서 그 영광으로 사는 것입니다. 아멘입니까?

오늘 예수님께서 가르쳐 이르신 이 말씀이 여러분에게 믿음으로 능력이 되었기를 바라면서 말씀을 맺습니다. 우리 아버지께 모든 영광을 돌립니다. 아멘

제 11 장
표적에 맞히지 못한 타락의 금식들

¹⁶금식할 때에 너희는 외식하는 자들과 같이 슬픈 기색을 내지 말라 저희는 금식하는 것을 사람에게 보이려고 얼굴을 흉하게 하느니라 내가 진실로 너희에게 이르노니 저희는 자기 상을 이미 받았느니라 ¹⁷너는 금식할 때에 머리에 기름을 바르고 얼굴을 씻으라 ¹⁸이는 금식하는 자로 사람에게 보이지 않고 오직 은밀한 중에 계신 아버지께 보이게 하려 함이라 은밀한 중에 보시는 네 아버지께서 갚으시리라

(마6:16-18)

죄를 헬라어로 '하말티아'라고 합니다. 즉 '목표에서 빗나갔다'라는 뜻입니다. 인간 자기의 목표가 빗나갔다는 말이 아니라 사람이 하나님의 목표에서 빗나갔다는 말입니다. 사람은 하나님 없이 살 수 없는 존재로 지으셨는데 하나님의 말씀을 어기고, 즉 하나님의 계시(가인의 제사를 말함)를 따르지 않고 자기의 주관대로 행하여 하나님에게서 떨어져 나간 존재가 되었다는 말입니다. 창세기 4장은 하나님과 사람과의 관계가 깨진 이유가 무엇인가와 또 하나님과 사람과의 관계가 깨지니 곧 사람과 사람과의 관계도 깨어지게 되었다는 것을 보여주고 있는 내용입니다. 사람이 하나님의 말씀을 무시하고 불순종하면 하나님과의 관계가 깨질 뿐만 아니라 사람과의 관계도 깨지게 되어있다는 것을 보인 것입니다. 반면 하나님과의 관계가 확실히 회복되면 사람과의 관계도 회복으로 나갈 수가 있는 것입니다.

제가 이것을 말하는 것은 오늘날 믿는다는 사람들이 예수님께서 말씀하신 기도나 구제나 금식 등에 있어서도 여전히 과녁에서 빗나간 화살이 돼 있다는 것입니다. 오늘 본문 17에서 말씀하신 것처럼 머리에 기름을 바르고 얼굴을 씻은 금식이어야 하는데 슬픈 기색을 내고 얼굴을 흉하게 하는 금식들이 돼 있다는 말입니다. 이것이 99%라고 해도 과언이 아닐 것입니다. 다 외식에 빠졌습니다. 은밀한 중에 계신 아버지께 보이게 하는 기도, 구제, 금식이 없다는 말입니다. 그러면 믿는 사람을 다 만나보아서 아는 것이냐? 영으로 압니다. 성영님께서 보이시니 보고 아는 겁니다. 하나님과 관계없는 타락의 금식들을 하고 있습니다.

여러분에게 제가 당부하고 싶은 것이 있는데 꼭 새겨듣고 명심하기 바랍니다. 여러분 믿음이라고 하는 것은 나를 철저히 내리고 하나님의 말씀에 귀 기울여 듣고 말씀을 그대로 따르는 것입니다. 예수님을 믿기 위해 교회 나오는 것은 말 그대로 하나님께서 말씀하시는 것을 듣고 예수님을 알고 사랑하여 믿는 영의 사람으로 사는 능력을 갖추기 위해서입니다. 그렇기에 믿는 것은 절대로 사람을 보는 것이 아닙니다. 사람 말 들으려고 오는 것도 아닙니다. 사람에게 배우려고 오는 것도 아닙니다. 사람은 가까운 관계라 해도, 교회 다닌 지 오랜 사람일지라도 신앙의 본이 되지 않을 수가 많습니다. 사람을 보게 되면 저렇게 하는 것인가 하고 신앙을 잘못 배우게 되는 것입니다.

또한 사람 때문에 '상처받았다' '교회 나오기 싫다' 한다면 그것은 그 사람 때문에 '교회 다닌다.' '그 사람을 믿으러 나왔다'는 얘기가 되는 것입니다. 예수님을 믿는 것이 아니라는 말입니다. 제가 예수님을 믿기 전에 갖고 있었던 생각이, 교회 다니는 것은 사람이 착해지려고 다니는 것인 줄로 알았습니다. 착해지면 하나님께서 그 사람에게 복 주시는 것인 줄로 알고 있었습니다. 그러므로 교회 나오는 것은 이런 이유에 있지 않다는 것, 분명히 알고 깨어나야 믿음이 실족당하지 않는 것입니다. 사람을 보고 자기의 믿는 것을 좌우한다면 실족하게 돼 있습니다. 사람 보면 절대로 예수님 만나지 못합니다. 너는 누구냐? 예수 그리스도로 살아야 되는 존재라는 것입니다. 예수님께서 "내가 곧 길이요 진리요 생명이니 나를 따라 오라"고 말씀하셨지 사람 따르라고 말씀하지 않으셨습니다.

그래서 여러분이 저에게서 듣는 말씀은 인본의 말이 아니요 성령님께서 가르쳐 이르신 성경의 말씀이니 받아들여 행함으로써 믿음의 능력을 갖추라고 강권하는 겁니다. 말씀이 없어 깨닫지 못하는 것도 아니요, 자기의 선택이고 책임입니다. 다른 사람 핑계하는 것도 저는 듣고 싶지 않습니다. 자기 신앙은 자기에게 있는 것입니다. 아셨습니까? 이런 초등적인 것을 지금도 말해야 한다는 것 슬픈 마음이 있지만, 말하지 않으면 안 되는 모습들이 있기 때문에 또 말하게 됐습니다. 그래서 금식도 사실은 다 초등적인 것에다 표적을 둬버렸음으로써 영적으로 예수님과 만날 수가 없게 돼 버렸어요. 사람들이 금식의 뜻을 밥 굶는 것으로만 아는 아주 무지한 데로 몰려가 버렸다는 말입니다. 그래서 물론 성경이 말하는 금식에 대해서 이미 다 말씀드린 부분이기에 알고 계시겠지만, 아직 믿음으로 돌아올 기회가 있는 사람들을 위해서 오늘 본문 말씀의 뜻과 함께 금식에 대하여 말씀을 하려고 하는 것입니다.

　사람들이 밥 굶는 금식을 많이 하고 있습니다. 자기가 정하여 육체의 배를 주리면서 기도한다고 하는 겁니다. 이것은 하나님께서 말씀하는 금식의 본질이 아닙니다. 그런데 금식이라 하니까 인간 상식으로 받아 밥 굶고 금식 기도한다고 하는 것입니다. 이 같은 것은 자기가 정해서 하는 금식입니다. 이것은 병을 치료해주시는 하나님께 병을 치료받기 위해서 또는 생활의 문제 등 절박한 일을 만났을 때, 자기가 밥 굶고 목숨 내놓다시피 하여 기도하면 하나님께서 들어주실 것이라는, 응답해주실 것이라는 인간의 계산을 가지고 금식 기도하는 것입니다. 그래서 질병이 나음을 얻기도 하고 죽을병에서 고침 받기도 하고, 문제들이 해결 받기도 하고 응답을 받기도 합니다. 이것은 예수님께서 자기 땅에 오셔서 복음을 전파하시던 때, 누구든지 어떤 병에 걸렸든지 예수님께 나오는 자는 다 고침을 받고 나음을 얻었다고 하는 것과 같은 경우입니다.(마4장, 눅6장)

　자기의 믿음일지라도 기도하는 것에 기도의 상이 따른다는 말입니다. 그러나 밥 굶고, 즉 금식했기 때문에 하나님의 역사를 체험한 것이 절대로 아닙니다. 금식은 자기의 목적을 하나님께 상달시키는 수단이 아니에요. 육체의 밥 굶는 것 하고는 하나님과 상관이 없습니다. 금식해서가 아니라 예수님의 이름으로 기도하기 때문이요 하나님의 말씀이 선포되는 곳이기에 하나님이 계신 것을 체험하게 하신 일들인 것입니다. 또한 금식하며 기도했더니 병이 고침을 받고, 기도를 들어주셨다는 것을 체험한 것은 맞는 것이지만, 그러나 구원과는 상관없습니다. 금식 기도했더니 병의 나음을 얻었다. 응답을 받았다. 하는 이것 가지고 구원받은 증거가 아닙니다. 겉으로 나타나는 이런 체험들을 했다고 해서 구원받은 것은 아니라는 것 그동안 충분히 말 했으니 더 설명은 하지 않겠습니다.

그다음 성영님께서 이끄시는 금식이 있습니다. 육체의 배를 주리게 함으로써 인간의 본질을 깨달아보게 하려는 것입니다. 하나님의 뜻 안으로 들어와 영적인 사람, 즉 육의 사람에서 거듭난 영의 사람으로 나오게 하려는 것입니다. 이것은 구약 백성이 금식한 것과 같습니다. 인간은 돈이 많고 명예 있고 학벌 좋고 잘났어도, 먹지 않으면 다 죽게 되어있는 것처럼, 하나님의 은혜가 아니면 다 멸망할 존재라는 것을 깨달아 보라는 것입니다. 자기가 잘난 줄 알고 남을 무시하고 가난한 사람 무시하고 누굴 미워하고 누굴 정죄하고 누굴 압제할 권리가 없다는 것, 하나님 앞에 서면 다 똑같은 죄인으로 형벌에 처해진 존재라는 것, 구원받아야 할 죄인일 뿐이라는 것, 그러므로 교만하고 이기적이고 잘난 척하고 큰소리치는 너 자신이 누구인가를 보라고 배를 주려보게 하시는 것입니다. 주려보니 배고픈 자의 고통을 알게 되고, 주려보니 너나 나 다 같은 처지에 있다는 것을 알게 되지 않느냐는 것입니다. 육의 것을 비우라는 것입니다. 그래서 육체의 밥을 굶었으니 능력이 되는 것이 아니라 바로 육을 금식해야 한다는 것을 가르치시는 뜻입니다. 그러므로 반드시 육의 것이 금식 되어야 합니다. 금식이 되지 않으면 예수님을 만날 길은 없습니다.

그래서 금식함으로써 이 같은 인간의 본질을 깨달아 보라고 하는 것인데 이것을 깨달은 자가 없다는 것입니다. 도무지 금식이 되지 않은 종교심으로 열심히 행하여 열매 없는 무화과나무와 같게 되었다는 것입니다. 여러분, 다시 말합니다. 육체의 배를 주리게 하시는 것은 자기의 문제들이나 구하게 하려고 하신 것이 아닙니다. 성경은 자기 문제들 놓고 금식하여 기도하라고 하신 적이 없습니다. 이것은 중언부언이요 샤머니즘(Shamanism)적인 것으로써 성경이 말하는 금식은 전혀 그런데 의미를 두신 적이 없습니다. 그럼에도 하나님께서 체험을 주시는 것은 구원으로 들어올 수 있도록 하시기 위해 존재하시는 하나님을 체험케 하신 것입니다. 체험을 했으면 이제 구약의 말씀을 통하여 금식의 참뜻을 깨달아서 금식해야 합니다. 이 금식이 되지 않으면 예수님을 만날 수 없어요. 구원받을 수 없습니다. 그래서 육체의 금식이 금식인 줄 알고 거기에 머물러 있는 것이면, 사단이 인을 쳐버리는 것입니다.

그리고 사실 신약시대의 이방인들에게는 배를 주리게 함으로써 깨달아 보라고 하시는 뜻은 없습니다. 왜냐? 이것은 예수님께서 오시기 전에 율법 아래 있던 구약 사람들이 행한 것으로써 신약의 사람들은 배 주려보라는 것이 아니라 그 금식의 뜻을 깨달아서 영적인 능력으로 서라는 것에 있기 때문입니다. 하나님께서 구약 백성에게 육체의 금식을 하게 하신 것은 그같이 예수님이 오시면 만나야 할 준비를 하는 일로 행하게 하신 것입니다. 네 본질을 깨달아 보라고 하신 것이었습니다. 그렇기에 신약의 사람들은 이제 성영님이 오셨으니 구약의 금식의 그 의미가 가진 뜻을 깨달아 자기 믿음에 적용해야 하는 것에 있습니다. 예수님을 만나 구원으로 들어가기 위해서 금식의 바른 의미를 깨달아 금식해야 하는 것임을 말한단 말입니다. 그것을 정확하게 말씀하여 주신 것이 바로 이사야 58장입니다. 여기까지의 말씀 중에서 좀 더 설명이 필요한 부분은 뒤에서 하겠습니다.

　제가 주의 종 한다고 나온 사람들에게서 하나님의 일을 하려면 능력을 받아야 하기 때문에 그 능력 받으려고 금식 기도를 했다는 이들을 많이 보았습니다. 그들의 이구동성(異口同聲)은 모세도 능력을 받으려고 사십일 금식을 두 번 했고 주님도 하나님의 일을 시작하기 전 그 능력을 입기 위해 사십 일을 금식하셨다. 하물며 인간인 우리가 금식하여 능력을 받지 않으면 어떻게 하나님의 일을 하겠느냐 하며, 무슨 능력을 말하는지는 모르겠지만, 능력 받겠다고 사십 일, 또는 이십 일 동안을 금식하거나, 했다는 이들을 많이 듣고 보았습니다. 심지어 사십 일을 두 번 했네, 이십일 일을 몇 번 했네 하며 금식으로 능력 받은 불의 종이니 능력의 종이니 하며, 문제 해결 받으러 오라는 대서특필로 기독 신문에 광고를 내고, 삐라를 돌리는 일이 허다했습니다.

　그러나 여러분, 모세가 무슨 능력 받자고 금식 기도한 것이 아닙니다. 그리고 자기가 정하고 한 것도 아닙니다. 하나님께서 모세가 태어나기 전 약 2,500여 년 전에 하나님의 창조하심과 창조 이후의 역사를 기록하게 하시려고, 자기의 백성에게 율법을 주시기 위해 모세를 시내산으로 친히 불러올리셨어요. 그리고 사십 일 사십 야를 산에 있으니라 했지, 금식하며 기도했다고 하지 않았습니다.(출24:18) 물론 떡도 먹지 아니하였고 물도 마시지 아니하였다고 해서 먹지 않고 마시지 않았지만 모세가 금식 기도를 하려고 스스로 정해서 한 것이 아니란 말입니다. 여호와 하나님과 함께 그 산에 있으면서 말씀을 기록하도록 이르시는 것을 듣고 기록하기에 사십 일 사십 야 동안 있었다는 말입니다.(출34장) 그래서 창세기에서 신명기까지 기록한 것이 아닙니까? 그것을 모세오경이라고 말하고 있습니다. 그러므로 모세가 능력을 받으려고 금식하며 기도한 것이 절대로 아닙니다. 능력이라면 이미 애굽에서 하나님의 손에 붙잡혀 열 가지의 이적을 나타냈고 가나안으로 가는 도중에도 이적으로 능력을 나타냈습니다. 그렇기에 성경의 인물들을 들어 금식하여 능력 받겠다고 하는 것은 다 귀신에게 가르침을 받아 흉내 내는 것들이라는 것 알기 바랍니다.

예수님께서도 금식하며 기도하려고 광야로 가신 것 아닙니다. 누구에게 이끌려 누구에게 시험을 받으러 광야로 가셨습니까? 성영님께 이끌려 마귀에게 시험을 받으러 광야로 가셨습니다. 기도가 아니에요. 광야는 마귀에게 속박당한 인간의 영적인 처참함을 의미합니다. 예수님께서 인간의 그 저주를 속량하시기 위해서는 저주의 그 짐을 지고 먼저 마귀에게 시험을 받는 고통을 겪으셔야 했습니다. 히4:15에 말씀하시기를 **우리에게 있는 대제사장은 우리 연약함을 체휼하지 아니하는 자가 아니요 모든 일에 우리와 한결같이 시험을 받은 자로되 죄는 없으시니라** 했습니다. 죄 없으신 예수님께서 죄 있는 사람 편에 서서 죄인이 겪는 것을 똑같이 겪으셨다는 말입니다. 그렇기에 마귀로부터 시험을 받으시기 위해 먼저 사십 일 동안 주리지 않으면 안 되었습니다. 그것은 아담이 먹는 것 때문에 마귀의 시험에 넘어졌음으로써 예수님께서도 그 시험을 받으셔야 했고 아담이 넘어진 수치를 회복하셔야 했습니다.

그렇기에 모세를 흉내 내서도 안 될 것이요. 예수님을 흉내 내어 사십 일을 금식하겠다고 하는 것도 안될 것입니다. 이것은 다 하나님의 뜻을 깨닫지 못한 무지의 소치에서 나는 것입니다. 하나님(예수님)은 너희가 능력 받으려면 금식하여 기도하라고 하신 적 없습니다. 그런 의미로 말씀하신 것도 없습니다. 그리고 금식 기도한다고 능력 받는 것 절대 아닙니다. 능력은 성영님으로부터 말씀을 가르침 받고 깨달아서 속사람이 예수님과 한 몸 됨이 능력입니다. 예수님의 생명으로 충만케 되는 것이 모든 능력입니다. 그래서 사람들이 자기 문제들을 해결 받기 위해 금식 기도를 했든, 능력 받아 하나님의 일하겠다고 사십 일, 이십 일을 했든 간에 그것은 다 자기의 기분으로 한 것이요 자기에게 맞춘 아주 힘든 자기 고행을 한 것이요 사람에게 보인 것으로 외식한 것입니다.

외식의 뜻이 뭐라고 했습니까? "척하다, 가장하다, 속이다, 가면 쓰다, 겉과 속이 다르다." 입니다. 자기 뜻에 맞추어 자기가 행한 사람(자신)이 보는 금식으로 바로 오늘 예수님께서 말씀하신 슬픈 기색을 내며 얼굴을 흉하게 하는 것에 해당하는 것입니다. 금식의 참뜻도 알지 못하면서 밥을 굶고 목숨 내걸다시피 하여 기도하면 하나님이 기도를 더 빨리 들어주실 것이라는 자기 계산으로 기도한다고 하는 것입니다. 그렇게 자기가 금식하면서 뭐합니까? 배가 고프니 얼굴에 배고픈 내색 다 드러내고, 힘들고 고통스럽다는 모습을 드러내고, 배가 주리니 도무지 힘이 빠져 서 있을 기력도 없으니 작정한 날짜 채우려고 자리 깔고 누워서 날 가기를 기다리고, 사람들과 며칠 남았다, 도저히 힘들어 못 하겠다, 나는 이십 일 했다, 사십 일 했다 이런 등등으로 대화를 벌이고 그것을 자랑삼는, 자기 고행을 한 이런 것이 곧 오늘 예수님께서 말씀하신 본문 16의 말씀에 해당하는 것입니다.

오직 은밀한 중에 계신 아버지께서 아시고 보는, 머리에 기름을 바르고 얼굴을 씻은 금식이 돼야 하나님의 상이 있습니다. 예수 그리스도께서 자기 안에 오시는 상이 있다는 말입니다. 천국이 자기의 것이 되는 상이 있습니다.

이사야 58장은 하나님께서 기뻐하는 금식에 대하여 말씀하신 내용입니다. 금식의 참뜻에서 벗어나 자기의 요구들을 위하여 금식하며 기도하던 구약 사람들에게 "나의 기뻐하는 금식은" 하시며 하나님께서 받으시는 금식은 무엇인가를 말씀하셨습니다. 금식이 무엇인가를 말씀하신 것이라는 말입니다. 그렇기에 금식의 참뜻을 깨닫지 못할 이유가 없습니다. 유대인들은 정해진 금식의 날이 있었습니다. 그 중에 온 백성이 다 금식하도록 율법으로 주신 대속죄일이 있었고, 지도 계층의 사람들이 정한 금식일이 있기도 했습니다. 율법이 명한 금식은 온 백성이 하나님 앞에 죄를 자복하고 회개하여 하나님의 용서의 은혜를 입게 하시는 것이었습니다. 이것이 금식의 참뜻입니다. 그런데 사58:3에 유대인들이 **우리가 금식하되 주께서 보지 아니하심은 어찜이오며 우리가 마음을 괴롭게 하되 주께서 알아주지 아니하심은 어찜이니이까** 라고 하나님께 묻습니다. 우리가 밥 안 먹고 배 주리면서 마음을 하나님께 향하여 두고 죄를 회개하며 괴롭게 함에도 어째서 하나님이 우리의 이 괴로움을 알아주지 않고 모른 척하시는 겁니까. 도대체 왜 그러십니까? 그 물음입니다.

그러자 하나님께서 답변하십니다. 너희가 금식하는 날에 자기를 기쁘게 하고 즐겁게 할 세상 오락이나 찾고, 손해 보지 않겠다고 다투고 싸우며 압제하며 온갖 일을 부리며 더 쌓고 더 가지려는 욕심에 치우쳐 주먹으로 치고 싸우면서, 어찌 그것이 마음을 괴롭게 하는 것이 되겠으며 여호와께 열납 될 것이라 하겠느냐 너희가 이런 죄악 됨을 깨닫고 돌이키는 것이 나의 기뻐하는 금식이라 하신 것입니다. **나의 기뻐하는 금식은 흉악의 결박을 풀어주며 멍에의 줄을 끌러주며 압제당하는 자를 자유케 하며 모든 멍에를 꺾는 것이 아니겠느냐 또 주린 자에게 네 식물을 나눠주며 유리하는 빈민을 네 집에 들이며 벗은 자를 보면 입히며 또 네 골육을 피하여 스스로 숨지 아니하는 것이 아니겠느냐고 하셨습니다.**

무슨 말입니까? 금식하면 하나님께서 나를 묶고 있는 흉악의 결박을 풀어주신다는 것이 아니라 내가 다른 사람을 마음으로든지 물질로든지 권력으로든지 결박하고 있는 그것들을 풀어주라는 말입니다. 그것은 흉악의 결박이라는 거예요. 압제당하는 것을 자유케 해주라는 것입니다. 너로 인해 고통을 당하는 자를 풀어주고, 압제하지 말고, 가난한 이웃의 것들을 빼앗았으면 돌려주고, 주리고 있으면 식물을 나눠주라 하신 것입니다. 그러면 하나님과의 관계가 회복될 것이요 치료가 급속할 것이요 하나님이 함께 하실 것이요 네가 부를 때에 나 여호와가 응답할 것이고 네가 부르짖을 때에 내가 여기 있다 할 것이라고 하셨습니다. 그 뒤에도 얼마나 큰 복, 즉 천국과 그 안식의 복이 충만할 것이라는 어마어마한 복을 말씀하셨습니다.

육체의 밥 굶은 금식 때문이 아니라, 굶는 것 가지고 금식이라고 하신 것이 아니라, 하나님께서 그것을 보시는 것이 아니라, 바로 죄인인 자기를 보고 애통해 하는 자, 하나님 앞에서 자기를 보니 누굴 압제할 권리나 억울하게 할 권리나 누구를 지배할 권리가 없는 것을 알아서 그 결박들을 풀어주고 자유케 해주는 것을 말씀하는 것입니다. 내가 아무리 잘났어도 명예 있고 학식 있고 돈이 많아도 못 배운 사람 무시하고 미워하고 정죄하고 더 잘났다는 것을 나타내려고 하던 그 더러운 죄의 정욕에서 나는 것들을 깨끗이 금식해버리라 하는 것입니다. 그렇게 사는 자에게 하나님의 모든 복이 따른다는 말씀을 하신 것입니다.

백날을 굶고 기도한다고 해도 하나님께서 말씀하시는 그 죄악들을 비우는 금식이 되지 않으면 그것은 자기만 보고 사람에게 보인 것일 뿐입니다. 자기의 문제를 해결해주시라고 밥 굶고 금식 기도 해놓고, 자기의 삶 속에서는 미워하고 시기하고 원한을 품고, 여전히 혈과 육으로 행하여 손해 보지 않으려고 싸우고 다투고 분쟁하며 사는 것이라면, 그것이 곧 흉악한 결박이요 그는 거짓으로 믿는 위선자요 외식이라는 것입니다. 육의 것들을 버리고 비우는 것이 금식의 뜻입니다. 예수님께서 십자가에 못 박히실 때, 육신의 정욕 안목의 정욕 이생의 자랑인 옛사람, 죄의 사람을 못 박아 죽음에 내줘버렸으니 이 옛사람의 것을 비워야 하는 것입니다. 마귀로부터 물려받은 마귀의 성품, 미움 원한 용서하지 못하는 것 교만 혈기(육)에서 나는 것들을 비우는 것이 금식입니다. 이것을 비우는 금식이 될 때에 예수님으로 채울 수가 있는 것입니다. 말씀의 능력이 나타나는 것입니다. 예수님께서 내가 하는 일을 너희도 하리라고 하신 능력이 나타나는 것입니다. 비우지 않으면 예수님을 입으로는 만나도 영혼으로는 만날 수 없습니다.

마17장에 예수님께서 베드로와 야고보와 요한을 데리고 산에 올라가신 뒤, 한 아버지가 간질 귀신들린 아들을 고침 받으려고 뒤에 남은 제자들에게 왔습니다. 그런데 제자들이 그 귀신을 쫓아내지 못했습니다. 그 뒤 산에서 내려오신 예수님께서 **믿음이 없고 패역한 세대**라 하시며 간질 귀신을 꾸짖으시니 아이가 나았습니다. 그러자 제자들이 예수님께 우리는 어째서 쫓아내지 못하였느냐고 물으니 **너희 믿음이 적은 연고니라 … 만일 믿음이 한 겨자씨만큼만 있으면 … 또 너희가 못할 것이 없으리라** 하시고 또 **기도와 금식이 아니면 이런 유가 나가지 아니하느니라**고 하셨습니다. 이 말씀이 마17:21인데 우리가 보는 성경은 없음이라고 표기됐지만 관주에 기록돼 있습니다.

　그러니까 기도와 금식이 아니면 이런 유가 나가지 않는다는 말씀을 단순히 밥 굶고 기도하면 귀신 쫓고 병 고치는 능력을 받는다는 것인 줄로 받아서 능력 받으려면 금식하며 기도하라고 외치고 있고, 또한 능력 받겠다고 금식하며 기도들을 열심히 하는 것입니다. 예수님께서 기도와 금식 외에는 이런 유가 나갈 수가 없다고 하셨으니, 그러므로 금식하여 기도함으로써 능력 받아야 된다는 것을 외쳐대고 있다는 말입니다. 그러나 이 말씀은 밥 굶고 기도하면 능력 받는다는 말이 아닙니다. 여러분 상식적으로 생각해보십시오. 이것은 영적인 비밀도 아니고 생각해보면 뭔가 말이 맞지 않는다는 것을 곧 알 수 있는 것입니다. 어떻게 밥 굶고 기도한다고 해서 능력 받고 귀신이 쫓겨갑니까? 어떻게 병이 낫는 것입니까. 여러분이 기도는 입으로 아뢰는 것만을 기도라고 하는 것이 아니라는 것 충분히 들어 알고 있잖습니까. 옛사람의 것들이 너희 속에서 비워졌느냐, 금식이 되었느냐, 그래서 예수님으로 살고 있느냐. 이것이 기도요 능력입니다. 네가 성전이면 너희 앞에 귀신이 소리치고 떠날 것이지만 하나님께서 기뻐하시는 금식의 능력이 되지 않으면 이런 유가 나가지 않는다는 말씀입니다.

예수님께서 믿음이 없고 패역한 세대라 하신 것이 바로 기도와 금식이 되지 않은 이것을 말씀하는 것입니다. 도무지 이 세대가 예수님을 알지 못하는 패역한 세대라는 것입니다. "너희 믿음이 적은 연고니라" 하신 것은 믿음이 적어서 쫓아내지 못했다 그 말이 아니라 너희에게 믿음이 없다, 믿음의 실체이신 예수님에 대한 믿음이 너희 속에 없다는 말입니다. 만일 믿음이 한 겨자씨만큼만 있으면 너희가 못할 것이 없으리라 하신 것, 병에 지배받을 일 없고 귀신에게 지배받을 일 없다 그 말입니다. 한 겨자씨는 눈에 띄지 않을 만큼 아주 작은 씨지만, 그 속에 생명이 있어서 심어지기만 하면 씨가 자라 나무가 되고 또 생명의 열매를 맺듯이, 그 같이 아브라함에게 독생자 예수님이 씨로 와계신 그 생명의 언약이 너희 안에 있어 자라왔다면 실체이신 예수님을 만나 함께 계시니 너희가 못할 것이 없으리라는 말씀입니다.

하나님께서 기뻐하시는 금식의 참뜻에서 빗나간 화살이 되었는데, 마귀의 것들을 품고 살면서 육체의 밥이나 굶고 기도한다고 해서, 귀신이 그거 무서워하는 줄 착각하지 마십시오. 백날을 밥 굶고 기도한다고 해도 귀신이 그런 것 전혀 무서워할 일 없습니다. 오히려 비웃고 조롱하고 덤비는 것입니다. 마귀의 것들이 금식이 되지 않았는데, 귀신이 무서워할 일 뭐겠습니까.

여러분이 육체의 밥 굶는 것으로 금식한다고 하지 말고 진짜 금식, 자기 속에 교만과 탐욕과 욕심을 금식해버리는 것을 하십시오. 먹고 먹음으로써 배불러진 그 욕심을 금식하여 비우는 것이 되십시오. 자기 속에 가진 세상을, 세상 것들을 금식하여 비워버리도록 하십시오.

먹음직하고 보암직하고 탐스럽기도 한 세상을 금식하여 깨끗이 비우도록 하십시오. 육신의 정욕 안목의 정욕 이생의 자랑을 다 비워버리는 것이 금식입니다. 그것이 하나님이 말씀하시는 금식의 뜻입니다. 그리고 예수님으로 사는데 마음과 뜻과 목숨을 다하십시오. 그것이 자기 속에 귀신을 쫓아내는 능력입니다. 영혼의 구원을 받아 예수님으로 충만해지는 능력입니다.

자 그래서 본문 17에 뭐라고 했습니까? **너는 금식할 때에 머리에 기름을 바르고 얼굴을 씻으라** 하셨습니다. 이제 이 말씀의 뜻을 충분히 이해되고 아시겠지요? 율법에 정죄당한 너희 자신의 죄를 보고 애통하며, 마음은 원이로되 육신에게 속하여 선이 없는 자신을 보고 애통하며, 죄의 법 아래 잡혀있는 그 곤고한 사망의 몸에서 건져주시기를 애통하며, 죄와 사망의 법에서 건져주실 그 메시아를 기다리며 제물로 피 흘리던 너희 앞에 진짜 피 흘려주실 그 메시아 구세주가 오셨으니 이제 마음을 괴롭게 하는 슬픔의 날이 아니라는 말씀입니다. 이제 너희가 기다린 메시아 예수님이 너희 앞에 왔으니 근심을 벗고 기뻐하라는 뜻입니다.

구약은 죄를 사해주실 예수님을 기다려야 했으므로 마음을 괴롭게 하는 날이었고, 그 모든 괴로움에서 건지실 예수님이 오셨으니 예수님이 오신 때는 기쁨의 날입니다. 그러므로 **머리에 기름을 바르라** 하는 것, 구약에 선지자나 율법이 무엇을 말하였는가? 너희에게 왜 금식을 하게 하셨는가 하는 것을 돌이켜 깨닫는 지혜를 가지라는 말씀입니다. 너희 조상 아브라함에게 오신 독생자 언약의 뜻을 너희 속에 두고, 그 율법이 말하고 선지자가 말한 그에 대하여 영과 혼과 삶으로 받아 네 앞에 오신 그 독생자를 만나는 슬기를 가지라는 말씀입니다. 그리하고 **얼굴을 씻으라** 그 모든 괴로움의 날은 끝나고 기쁨의 날이니 그 기쁨을 가져라. 이것이 **은밀한 중에 계신 네 아버지께 보이게 하려 함이라 은밀한 중에 보시는 네 아버지께서 갚으시리라**의 말씀인 것입니다.

이제 여러분이 예수님께서 말씀하신 금식의 뜻에 대하여 다 알아들으셨습니까? 물론 여러분이 금식에 대한 뜻은 이미 다 듣고 아는 것이지만 오늘 예수님의 말씀하신 것의 의미를 알아야 속지 않는 믿음이 되는 것이기에 말씀을 드렸습니다. 오늘 말씀은 여기서 맺습니다. 언제나 바른 믿음이 되도록 가르치시는 성영님께 감사드리고 모든 영광을 삼위 하나님께 예수님의 이름으로 올려드립니다. 아멘

제 12 장
너희를 위하여 보물을 하늘에 쌓아 두라

[19]너희를 위하여 보물을 땅에 쌓아 두지 말라 거기는 좀과 동록이 해하며 도적이 구멍을 뚫고 도적질하느니라 [20]오직 너희를 위하여 보물을 하늘에 쌓아 두라 거기는 좀이나 동록이 해하지 못하며 도적이 구멍을 뚫지도 못하고 도적질도 못하느니라 [21]네 보물 있는 그 곳에는 네 마음도 있느니라 [22]눈은 몸의 등불이니 그러므로 네 눈이 성하면 온몸이 밝을 것이요 [23]눈이 나쁘면 온몸이 어두울 것이니 그러므로 네게 있는 빛이 어두우면 그 어두움이 얼마나 하겠느뇨 [24]한 사람이 두 주인을 섬기지 못할 것이니 혹 이를 미워하며 저를 사랑하거나 혹 이를 중히 여기며 저를 경히 여김이라 너희가 하나님과 재물을 겸하여 섬기지 못하느니라 …… 중략…… [31]그러므로 염려하여 이르기를 무엇을 먹을까 무엇을 마실까 무엇을 입을까 하지 말라 [32]이는 다 이방인들이 구하는 것이라 너희 천부께서 이 모든 것이 너희에게 있어야 할 줄을 아시느니라 [33]너희는 먼저 그의 나라와 그의 의를 구하라 그리하면 이 모든 것을 너희에게 더하시리라 [34]그러므로 내일 일을 위하여 염려하지 말라 내일 일은 내일 염려할 것이요 한 날 괴로움은 그 날에 족하니라

(마6:19-34)

요1:3에 만물이 그로 말미암아 지은바 되었으니 지은 것이 하나도 그가 없이는 된 것이 없느니라 하셨고 골1:16에 만물이 그에게 창조 되되 했는데 여기서 그는 누구를 말합니까? 예수님입니다. 그러면 오늘 말씀은 누구의 말씀입니까? 예수님 말씀입니다. 그렇다면 예수님의 말씀이면서 또 누구의 말씀이 됩니까? 창조주의 말씀입니다. 물질을 창조하시고 우리를 지으신 창조주의 말씀입니다. 창조주 하나님의 생각에서 나온 생명의 법칙입니다. 그러면 여러분이 예수님의 말씀이 창조주의 말씀이라는 것 분명히 인정하고 그 권위를 두고 말씀을 듣습니까? 그분에게 창조된 우리가 그분의 말씀대로 행하는 것이 복이라는 것을 알고 진정 그 복안에 있는 여러분이기를 소망합니다.

오늘 본문 19에서 34까지는 한 문단입니다. 한 주제를 다룬 말씀인데 말씀을 시작하실 때 "너희를 위하여 보물을 땅에 쌓아 두지 말라"고 하셨습니다. 그러면 너희를 위한 보물은 무엇인가? 할 때 24의 말씀에서 재물을 말한다는 것을 곧 알 수가 있습니다. 재물을 너희 보물이라 하시고 하나님과 재물을 겸하여 섬기지 못한다고 하셨습니다. 예수님께서 재물을 '보물'이라고 하신 것은 인간은 재물(물질)을 가장 귀한 것으로 여기고 믿는 것이 돼 있기 때문입니다. 재물이 있으면 자기의 생명을 지켜줄 것처럼 믿고, 삶의 평안과 행복이 보장될 것이라 믿고, 의지하고, 사랑하기 때문에 그렇습니다. 그래서 땅에다 쌓으려고 하는 것이 아니냐는 것입니다.

눅12:16-21에 비유 말씀에서 땅에다 재물을 왜 쌓느냐? 바로 하나님께 대하여 부요치 못한 자가 자기를 위하여 재물을 쌓는다고 하셨습니다. 그렇기에 "너희를 위하여 보물을 땅에 쌓아 두지 말라 거기는 좀과 동록이 해하며 도적이 구멍을 뚫고 도적질한다. 오직 너희를 위하여 보물을 하늘에 쌓아 두라 거기는 좀이나 동록이 해하지 못하며 도적이 구멍을 뚫지도 못하고 도적질도 못 한다."고 하신 것입니다. '돈 없이 어떻게 사느냐? 돈 있어야 산다.' 하고 목숨 걸고 돈을 벌어 모으고 재물을 땅에다 쌓고 쌓는 인간에게, 그것이 행복이고 복을 받은 것이고 자기의 의지할 가장 귀한 것으로 알고 있는 인간에게, 예수님께서는 지금 재물을 너희를 위하여 땅에다 쌓지 말고 하늘에 쌓아 두라고 하신 것입니다.

그러니까 믿는 사람들이라도 돈이 최고라고 생각하는 것은 변함없고 오히려 그 재물을 얻기 위하여 마음이 쫓아가고 있기에 예수님의 이 같은 말씀 앞에 오면 재물 다 하나님을 위하여 사용하고 가난하게 살라는 말씀으로 보고 자기 계산과는 맞지 않다는 것으로 여겨버립니다. 자기와는 관계없는 것으로 돌려버립니다. 그래서 다 예수님 말씀을 피해 돌고 있다고 하는 것 아닙니까?

그러나 믿기 원하면 분명히 아십시오. 인간 생각은 육이요 땅이요 죽음입니다. 100% 하나님과 원수입니다. 원수! 하나님의 생각은 영이요 하늘이요 생명입니다. 이것을 절대로 알라는 말입니다. 그러므로 창조주 하나님의 생각을 받아들여 믿음이 되고 뜻대로 행함이 되지 않으면 마7:21에 천국에 들어가지 못한다 하셨고 마7:23에 불법을 행하는 자로 예수님께서 떠나가라 하신다 하셨고 마7:26,27에 자기의 집을 모래 위에 지은 어리석은 사람으로 무너짐이 심할 것이라 하셨습니다. 참으로 믿기 원하면 예수님의 생각 안으로 들어가서 함께 행함으로 나가야 하는 것입니다.

만일 예수님을 믿노라 하면서 재물을 땅에다 쌓는 것을 믿는 자의 복인 줄로 안다면 21에서 "네 보물이 있는 그곳에 네 마음도 있느니라"하셨으니 땅에다 재물을 왜 쌓느냐? 자기 마음이 재물에 있으니 쌓는 것이요, 그 재물을 보물로 여기니 쌓는 것이요, 그 재물을 믿는 것이기에 쌓는다는 것입니다. 그러므로 그것은 복이 아니라 저주입니다. "살기 위해서 열심히 수고하여 재물 좀 쌓아 놓았다고, 재물 있는 것하고 구원받는 것하고 그것이 무슨 상관있느냐? 나는 누가 뭐래도 예수님을 분명히 믿는다. 예수님이 우리를 구원하신 구주시라는 것도 믿고, 그래서 예수님을 믿고 구원받았다." 라고 믿음을 말하는 사람에게, 예수님은 24에서 두 주인 섬기지 못한다. 하나님과 재물을 겸하여 섬기지 못한다는 것을 딱 잘라 말씀하셨습니다.

인간은 재물이 자기의 의지할 대상이 되어 있습니다. 그래서 물질을 좇아 삽니다. 물질을 좇아 산다는 것은 물질이 믿는 것이 되어 있다는 말입니다. 그러므로 물질에 노예가 되어 일생 그 물질을 좇느라고 자기의 죽음의 문제, 영혼의 문제에 대해서는 생각할 여유를 잊고 삽니다. 물질이 사모하는 것이 되어서 어찌하면 잘살까? 어떻게 하면 돈을 좀 더 벌어서 쌓아 놓는 여유를 좀 가져볼까 하는 것이 사모가 되어 그것을 이루어 보려고 좇아가는 겁니다. 물질 욕심 명예 욕심 등으로 마음을 지배받고 잡혀 살다가 어느 날 보니 몸은 늙고 병들어 있고 그렇게 의지하던 물질로도 해결할 수 없는 인생의 결국, 마음속에는 공허함이 가득하고 죽음의 두려움 가운데 인생의 허무를 부르짖다 죽음 앞에 버틸 장사 없이 다 가는 것, 우리 모두 다 보는 것입니다. 그렇게 인간은 재물을 의지할 것으로 여기고 재물을 좇아 살다 영원한 허무로 들어갑니다.

그런데 오늘 예수님께서는 예수님을 믿는다 하는 자들을 향해서 재물은 믿음의 대상이 아니요 의지할 대상도 아니요 좇아야 할 대상도 아니요, 단지 땅에 있을 동안 필요일 뿐으로 필요 이상을 쌓으려 좇아가지 말라는 뜻의 말씀을 하셨습니다. 땅에다 쌓으려는 것은 마음이 거기에 있는 것이요 그것을 믿는 것이요 섬기는 것이요 주인 되게 하는 것이니, 거기는 좀과 동록이 해하며 도적이 구멍을 뚫고 도적질한다. 다시 말해 그 배후에 있는 사단에게 마음을 점령하도록 내주는 것이라는 말입니다. 좀 벌레가 소리도 없이 옷을 갉아 놓듯이, 금속이 소리 없이 녹이 슬어 부식되어 버리듯이, 너희 마음도 그와 같게 된다는 것입니다. 재물을 보물로 여겨 땅에 쌓는 것은 마음이 하늘에 있지 않고 땅에 있기 때문이다, 그렇기에 마귀가 소리 없이 들어와 자기 것으로 하게 되었다는 것을 말씀한 것이란 말입니다.

예수님께서 이것을 말씀하신 것은 죄를 대속하여 영생을 얻게 하시려고 자기 땅 자기 백성에게 오셨는데 그 백성이 하나님께 받은 말씀과 언약이 다 좀먹듯 돼 버렸고 신앙이 금속이 녹슬어 부식되듯 돼 버렸더라는 것입니다. 세상의 재물욕 명예욕이 그들 속에 살금살금 들어와 여호와 하나님의 언약의 말씀은 도적질 당하고 하나님을 섬기는 복에서 나가 이 땅에 쌓는 것, 땅에서 잘되고 명예 얻고 존경받는 그것이 하나님이 말씀한 복인 것처럼 속이며 온 마음과 생각을 거기다 쓰는 자들이 되어 있더라는 것입니다.

그들은 스스로 하나님을 잘 섬긴다고 했고 섬기는 데 있어 율법을 범하지 않겠다고 열심을 다하여 목숨도 내놓고 순교도 했습니다. 그러나 하나님의 뜻이 되시는 여자의 후손에 대한 빛(생명)의 언약을 도적질 당하였다. 다시 말해 여호와 하나님께 대한 신앙을 가졌던 사람들이 자기가 중심이 된 인본으로 돌아가 땅의 것에다 마음을 둬버렸음으로써, 여자의 후손으로 오실 메시아의 신앙, 죄와 죽음에서 구원하시는 하나님의 언약의 뜻이 그들 속에서 부식되고 좀 먹어, 그 속에 그 언약의 빛이 없으니, 빛으로 오신 예수님을 도무지 알아보지 못했다는 말입니다.

마음이 땅에 것으로 돌아가 악의 길을 택한 그들은 백성들도 그곳으로 이끌어 들였습니다. 스스로 의인이 되어 자기의 죄를 볼 능력이 도무지 없게 되었습니다. 행위를 의로 여겨 그 의로 하나님 나라에 들어가 영생한다고 믿었습니다. 예수님께서 오셔서 그들에게 죄를 회개하라고 나는 죄인을 불러 회개시키러 왔다고 하시자 그 말이 거슬려 오히려 예수님을 죄인으로 몰아 죽이는 일을 행하였습니다. 예수님은 요8:44에 **너희는 너희 아비 마귀에게서 났다** 하셨고, 마귀의 자식들로 났다는 말입니다. 마13:28에 **알곡 밭에다 마귀가 심어놓은 가라지라** 하셨고 마13:38에 **가라지는 악한 자 마귀의 아들들이다** 하셨고 마13:40이하에 **가라지는 거두어 풀무 불에 던져 넣으리니 거기서 슬피 울며 이를 갈 것이라**고 하셨습니다.

이들의 처지를 제가 거듭 말하게 되는 것은 하나님의 백성이라 하는 이들이 왜 망하게 됐는지를 여러분이 알고 자신을 비춰보고 믿으려면 똑바로 믿어야 한다는 것을 알게 하고자 하기 위함이요. 오늘 본문에 대한 말씀의 뜻을 이해하려면 부득이 설명이 돼야 하기에 그렇습니다.

사람들은 한국에 교회가 많아서 좋다고들 말합니다. 그러나 사람이 좋다고 해서 좋은 것이 아니라 하나님께서 좋다고 하셔야 좋은 것입니다. 사실 저는 말씀에 비춰볼 때 좋은 것이 아니라 오히려 고민이 큽니다. 정작 예수님을 만나게 하는 말씀으로 들어가지 못하는 서기관과 바리새인의 종교 지도자들이 너무나 많기 때문입니다. 예수님을 영으로 만날 수 없게 하는 누룩이 넘쳐나 있기 때문입니다. 2천 년 전에 예수님께서 자기 백성에게 오셨을 때와 똑같다는 말입니다. 믿는다는 사람들 속에 예수님이 보이지 않습니다. 유대인들이 생명의 씨로 받은 언약(빛)의 말씀, 하늘로부터 오실 것임을 누누이 계시하신 말씀이 마음에 뿌리내려 자라 예수님을 영접하여 열매가 되어야 함에도 그 받은 언약의 말씀이 다 좀먹고 부식되고 도적질 당하여 영접하지 않았으므로 심판에 들어갔습니다.

예수님 앞에 나와 말씀을 듣는 무리들에게 예수님께서는 '오직 너희를 위하여……' 하시며 너희가 재물을 땅에 쌓는 것은 그것을 보물로 여기기 때문이고 너희의 마음도 그곳에 있다는 것을 말한다. 그러면 너희 마음은 좀먹고 동록이 든다, 마귀가 그 틈을 타고 들어와 도적질한다. 오직 너희를 위하여 보물을 땅에 쌓아 두지 말고 하늘에 쌓으라 하신 것입니다. 재물을 땅에 쌓아 두는 것 그것은 물질을 믿기 때문이라는 겁니다. 그것은 도적에게 자기 마음을 침범하게 하는 것이라는 것입니다. 재물은 마귀가 잡고 있는 것으로 재물에 마음을 두면 눈이 어두우니 하늘을 보지 못한다는 것입니다. 21, 22, 23의 말씀이 이것을 말하는 것입니다.

'그러면 나는 땅에 쌓아 놓을 재물도 없고 쌓아 놓은 것이 없으니 해당 사항 없다'이겠습니까? 예수님의 말씀은 네 마음을 어디에 두었느냐 입니다. 네 마음이 오직 예수님께 두었느냐 재물에 두었느냐? 오직 네게 보화는 예수님으로서 하늘의 것에다 두었다면 그 삶이 오직 예수님께 맞히어 사는 것으로 나타날 것이라는 말입니다. 죄로 타락한 인간은 사단이 잡고 있는 재물을 섬기고 쌓기 위해 일생을 그 재물을 좇아갑니다. 그리고 그 재물을 모시고 삽니다. 재물욕이 얼마나 강한지 어떤 사람들은 오로지 재물을 모아 쌓는 것을 일생 하다가 자기가 써보지도 못하고 죽는 사람도 많습니다. 수억의 돈을 가졌으면서도 돈 걱정을 끊임없이 하고 삽니다. 그래서 인간이 얼마나 무지하고 어리석은가 하는 그 타락상을 보는 것입니다.

예수님은 예수님을 믿는 자가 재물을 땅에다 쌓는 것은 그 재물을 섬기는 것이니 땅에다 쌓지 말라 하셨습니다. 하나님과 재물을 겸하여 섬길 수 없기 때문이라는 것입니다. 이것은 예수님이 오셔서 새로운 말씀을 하신 것이 아닙니다. 창조 때 에덴동산에서 이미 인간은 선이냐 악이냐, 선을 따르겠느냐 악을 따르겠느냐 선택해야 하는 인간으로 지음을 받았다는 것을 가르쳐 보이셨던 일입니다. 물질은 분명히 사람의 필요를 위해 지으신 것이지만 필요 그 이상은 욕심에서 나는 악이요 섬기는 것이요 사랑하는 것이요 사단을 따르는 것임을 가르쳐 알게 하셨습니다.

창조 때부터 하나님을 따르겠느냐? 세상을 따르겠느냐 세상은 사단이 잡고 있는 사단의 세계요 사람이 악에서 난 세상을 좇아가면 사단과 함께 사망으로 들어간다는 것을 분명히 보여 알게 하셨습니다. 그것을 이어서 오늘 예수님께서 땅에다 재물을 쌓는 것은 땅에 마음을 둔 것이니 섬기는 것이다. 그러므로 하나님과 겸하여 섬길 수 없다는 것을 분명히 갈라 말씀하신 것입니다. 재물이냐 하나님이냐 둘 중 하나라는 것입니다.

그러면 여러분은 어떻습니까? 예수님을 믿는 여러분은 마음을 세상 재물에다 두었습니까? 하늘에 쌓는 것에 두었습니까? 대답은 듣지 않겠습니다. 함부로 실없이 하는 대답 듣는 것 두렵다는 말입니다. 24에서 하나님을 사랑하면 재물을 미워한다고 했습니다. 재물을 경히 여기는 것이라고 했습니다. 재물을 사랑하면 하나님을 미워하는 것이요 하나님을 경히 여기는 것이라는 것입니다. 재물을 좇고 마음이 고정돼 있으면서 하나님을 사랑한다는 것 거짓말입니다. 그것은 하나님을 미워하는 것이지 물질도 좋고 하나님도 좋다고 할 수 없다는 것입니다.

그러니까 오늘날 재물을 얻기 위해 기도하는 것, 장사가 잘 돼서 돈 많이 벌게 해달라고 사업이 번창하게 해달라고 하는 기도들이 예수님의 이 말씀에 걸렸습니까, 걸리지 않았습니까? 걸렸습니다. 그래서 믿는다 해도 예수님 말씀 밖으로 돌면서 자기에게 맞는 말씀만 보는 것입니다. 구약에서의 말씀은 율법을 지켜 행하면, 말씀을 삼가 듣고 순종하면 땅에서 복 주시는 하나님을 말씀하고 있으니, 그 말씀을 자기 뜻으로 받아들이고 자기의 생활을 돌봐주시는 하나님, 자기를 바르게 살도록 교훈하시는 하나님을 믿는다고 열심히 교회 나와 충성 봉사 헌금하는 것입니다. 그러니까 자기에게 복 주시는 여호와 하나님만 보는 것이지 예수님은 없습니다. 오늘날 구약에 말씀하신 하나님의 복은 예수님 안에서 있게 되는 복을 말씀한 것이지 예수님 없는 복을 말씀한 것이 절대로 아닙니다.

그렇기에 예수님께서는 나를 따르려면 땅에 쌓은 재물부터 치우고 오라, 가난한 자들에게 주고 와서 나를 좇으라, 무엇 먹을까 마실까 입을까 염려하지 말라고 오히려 인간이 복이라고 말하는 것을 치우고 오라고 하셨습니다. 그러므로 재물에 마음이 고정돼 있는 것, 재물에 마음을 쓰는 것, 재물을 얻기 위해서 기도하는 것, 그것은 예수님 믿는 것이 아닙니다. 그 속에 예수님이 계시지 않습니다. 그러니 사람들이 얼마나 방향을 잘못 잡고 믿는다고 하는 것인지 알 수가 있지 않습니까.

어떤 사람이, 아니 사람들이 저에게 "목사님 왜 이렇게 엄청난 진리의 말씀을 들으면서도 사람들이 믿음이 들지 않는 것일까요? 왜 변화가 없는 것일까요? 도무지 이해가 안 돼요, 이것을 어떻게 이해해야 하나요?"라는 질문을 누차 했습니다. 물론 여러분도 같은 질문을 하지 않습니까? 말씀이 없을 땐 몰라서 그런다지만 사람들이 어떻게 그렇게 이 말씀을 거부하고 듣지 않는 것이냐? 이 말씀을 듣는 사람들도 왜 변화가 없는 것이냐? 참 안타깝다고 하지 않습니까? 이제 오늘 여기서 이해가 되십시오. 믿음이 들지 않는 이유, 변화가 되지 않는 이유, 바로 오늘 이 말씀이 해답의 가장 큰 부분을 차지하고 있습니다.

그들이 참으로 믿기 원하여 창조주 예수님의 이 말씀을 듣고 재물을 경히 여기고 미워하는 것이면 믿음이 들지 않았겠습니까? 저에게 물을 것 없이 마13장에 씨 뿌리는 비유의 말씀에서도 얼마든지 알 수 있습니다. 말씀을 받으나 그 마음이 길가와 같고 돌밭과 같고 가시밭과 같은 종류의 밭은 말씀을 듣고 마음에 뿌려지기도 하고 기쁨으로 받기도 하지만 말씀이 뿌리내려 결실은 보지 못한다고 가르쳐

주셨지 않습니까? 정확히 가르쳐 주셨잖아요.

 그러면 예수님께서 네 보물을 어디다 쌓으라 하신 겁니까? 하늘에 쌓으면 사단이 그 보물을 도적질할 수 있다는 거예요? 없다는 거예요? 도적질하지 못한다고 하셨습니다. 예수님께서 '너희들 돈 없느냐? 하나님께 돈 달라고 기도하라. 돈 많으냐? 재물 위에 재물이 더 있게 해주시고 그 재물 지켜달라고 기도하라.' '그 재물 가지고 너희들 복음 전하는 데 좀 써라' 하신 것이 아니고 '땅에 쌓아 두지 말고 하늘에 쌓아 두라고 그것은 오직 너희를 위해서' 라고 하셨습니다. 여러분이 예수님의 이 말씀을 참으로 받는 것이 복인 줄로 알기 바랍니다.

 그러면 하늘에 쌓아 두라 하시니 있는 재물 다 정리해서 하나님께 갖다 바치라는 것일까요? 물론 다른 어떤 계산 없이 예수님을 따르기 위한 믿음 때문에 행하는 것이면 그것은 믿음에서 나는 것이니 마땅합니다. 예수님께서 하늘에 쌓아 두라 하시는 것은 목숨이 영원히 살 것처럼 재물을 의지하고 자신을 지켜줄 것처럼 보물로 여기던 어리석음에서 마음을 돌이켜 하늘의 것에 두라는 것입니다. 사람은 재물이 많으면 반드시 마음이 그 재물에 있게 되고 생각과 마음을 쓰게 되고 좇아가게 되어 있습니다. 그래서 하늘의 영적인 것은 보이지 않는 것입니다. 그러니까 재물 많은 것, 복이 되지 않을 수 있다는 것을 아십시오.

 22, 23에서 말씀하시는 것이 무엇입니까? **눈은 몸의 등불이니 그러므로 네 눈이 성하면 온몸이 밝을 것이요 눈이 나쁘면 온몸이 어두울 것이니 그러므로 네게 있는 빛이 어두우면 그 어두움이 얼마나 하겠느뇨** '눈은 몸의 등불이니' 하신 것은, 눈이 밝으면 자기 몸을 다

볼 수가 있지만, 눈이 멀면 아무것도 보이지 않는 것은 물론이고 자기 몸이라 할지라도 어느 것 하나 볼 수가 없잖습니까? 자기 손톱 색은 어떤지 피부색은 어떤지 얼굴은 어떻게 생겼는지 볼 수도 알 수도 없는 겁니다. 바로 그와 같다는 말입니다. 그러니 그 어두움이 얼마나 할지 너희가 짐작하지 않느냐는 말씀입니다. 백주 대낮에 눈을 감고 길을 가는 것도 10m 정도는 짐작으로 갈 수는 있겠지만, 그 이상은 감은 눈을 뜨지 않고는 더 이상 발을 떼기가 두려운 것을 우리가 경험으로도 알 수 있으니, 말씀하신 의미를 충분히 짐작할 수 있지 않습니까?

그같이 마음이 재물에 있으면 눈멀어 있는 것이어서 하늘의 영적인 것은 보이지 않는다는 말씀입니다. 영적인 것은 어두워 감각이 없다는 말입니다. 22, 23의 말씀이 그것을 말하는 것입니다. 그렇기에 땅의 것에 마음이 붙잡혀 있으면 천국의 말을 들어도 감각이 없고 지옥의 말을 들어도 감각 없는 겁니다. 지옥의 말을 들어도 두려움이 없습니다. 천국의 말을 들어도 좋은 줄을 모릅니다. 마음이 재물과 명예욕에 있으면 영의 눈은 소경이라는 말입니다. 그래서 하늘의 일이 보이지 않는 것입니다. 21에서 "네 보물 있는 그곳에는 네 마음도 있다"고 분명히 말씀하셨지 않습니까? 그러나 예수님의 말씀대로 재물을 믿고 재물에 마음을 두고 있는 것을 돌이켜 하늘에다 쌓아 두면 그 마음 또한 하늘에 있으니 눈이 성하다, 영의 눈이 밝아진다는 말입니다. 그래서 빛이신 예수님으로 말미암아 영혼의 밝음이 되니 그곳은 사단이 구멍을 뚫지 못하는 곳이니 하나님 아버지의 온전한 복으로 산다는 말입니다.

그런데 사람들이 '나는 예수님을 믿습니다. 예수님은 내 구주가 되십니다. 나를 구원하신 것을 믿습니다. 예수님 감사합니다. 예수님 사랑합니다. 오직 예수님만 따르겠습니다.' 라고 빛을 말합니다. 입의 말은 그같이 빛이 가득한데 그 마음은 재물에 있고 세상 것에 있습니다. 입의 말이 빛인 것처럼 그 안도 빛이어야 하는데 빛이 없습니다. 마음은 재물과 세상 것에 있어 어둠이 가득하고 입만 빛이 있는 것입니다. 그것은 두 주인을 섬기겠다는 것과 같습니다. 그런데 예수님은 두 주인을 섬기지 못한다. 재물을 미워하고 하나님을 섬기든지 하나님을 미워하고 재물을 섬기든지 하는 것이지 하나님과 재물을 겸하여 섬기지 못한다고 잘라 말씀하셨습니다.

네게 있는 빛이 어두우면 그 어두움이 얼마나 하겠느뇨. 바로 입의 말로는 빛을 말하나 마음에는 빛이 없으니 빛에 대한 것은 여전히 보지 못하는 눈먼 자라는 말입니다. 그러므로 예수님과 예수님의 말씀이 그 안에 빛이 되어 있어, 나오지 않으면 예수님과 관계가 있겠는가 할 때 여러분은 무엇이라 답하겠습니까? 예수님 말씀을 벗어나서 믿는다 하는 것은 예수님의 사람이 될 수 없습니다. 예수님의 말씀이 그 속의 능력이 되어 삶으로 나타나지 않으면 그는 구원도 영생도 취할 수 없습니다. 자기는 두 주인 섬길 수 있는 것처럼 하지만 주인이 둘이 될 수 없습니다.

마19장에 한 부자 청년에 대한 이야기가 나옵니다. 재물의 부자라는 말입니다. 이 부자 청년이 예수님께 와서 내가 무슨 선한 일을 하여야 영생을 얻으리까 물었습니다. 예수님께서 "… 선한 이는 오직 한 분이시다 네가 생명에 들어가려면 계명들을 지키라" 하시니 그 청년이 "선생님이 말씀하신 것은 내가 지켰는데 아직도 내게 무엇이 부족한 것이 있습니까?" 했습니다. 청년의 말뜻은 '지금 선생님이 말씀하신 계명들은 내가 다 지키고 살았는데 왜 그런지 제 마음에 영생에 들어간다는 확신이 서질 않습니다. 제 마음에는 영생이 없습니다. 저에게 무엇이 부족한 것이 있어서 그런 것일까요?' 를 묻는 말입니다.

그러자 예수님께서 "네가 온전하고자 할진대……" 다시 말해 '네가 영생에 들어가고자 할진대' 그 말입니다. 입의 말로 영생에 들어가는 것이 아니라 온전해야 영생에 들어가는 것입니다. 그러면 예수님께서 무엇을 먼저 하고 오라 하신 것입니까? **가서 네 소유를 팔아 가난한 자들에게 주고 와서 나를 좇으라** 땅에 쌓아 놓은 네 소유를 팔아 가난한 자들에게 주라는 말씀입니다. '네 마음이 네 소유(재물)에 있고 그것이 마음을 잡고 있어 영생을 얻고자 하나 얻지 못하게 되었으니 그러므로 영생을 얻고자 하면 네 소유를 버려라. 그리할 때 하늘에서 보화가 네게 있으리라. 그리고 와서 나를 좇으라.' 하신 것입니다.

그러니 여러분! 구원이 먼저입니까? 행함이 먼저입니까? 행함이 먼저입니다. 구원의 주이신 예수님께서 믿기만 하면 구원받는 것을 말씀하고 있지 않다는 것을 분명히 알아야 합니다. 예수님을 구주로 믿고 영접하면 된다고 하는 그런 헛소리 하지 말라는 얘깁니다. 구원을 값싼 종교나 되는 것처럼 끌어내리지 말라는 말입니다.

제자들도 예수님께서 "나를 따라 오너라" 하시자 자기의 하던 생업도 버려두고 좇았다고 했습니다. 마음에서 깨끗이 버리고 좇아야 함을 말하는 것입니다. 또한 이방인은 이스라엘 속에 보화가 있음을 발견하고 자기의 소유를 다 팔아 그 밭을 샀다고 했습니다. 땅에 쌓아 두던 것을 돌이켜 하늘에 쌓아 두지 않으면 절대로 영생 얻을 수 없습니다. 그렇기에 영생 얻기 원한 부자 청년에게 땅에 쌓은 네 보물을 하늘에 쌓아 두라고 하신 것입니다. 하늘이 보이려면, 예수님을 만나 영생을 얻으려면 자기 소유라고 하는 것 다 버려야 합니다. 마음에 세상 것이 없어야 합니다. 만일에 세상 것이 자기 속에 자랑이 되어 있다면 외식이요 예수님을 아직 만나지 못했습니다. 예수님께서 부자 청년에게 네가 영생 얻기 원하면 보물처럼 여기는 네 재물부터 버려라. 그리하면 하늘에서 보화가 있다. 바로 보지 못하는 너의 눈이 열린다는 말입니다. 어두워 보지 못하는 눈이 밝아져 네 앞에 있는 그가 영생을 주시는 분인 것을 깨닫고 보게 될 것이라는 말씀입니다. "그리고 와서 나를 좇으라." 네 눈앞에 있는 영생을 주시는 분과 함께하라는 말씀입니다.

여러분! 이 청년은 영생 얻기를 갈망하여 하나님의 계명을 지켰습니다. 그렇기에 영생케 하시는 예수님 앞에까지 나오기는 했습니다. 그러나 영생이 되시는 예수님은 보지 못했습니다. 그는 하늘의 영생도 원했고 땅에 쌓은 재물도 소유하기를 원했습니다. 오늘날 믿는다는 모든 사람들의 마음에 원함도 이 부자 청년과 다 같습니다. 땅에 쌓기 원하는 계산을 늘 마음에 두고 있습니다. 하나님과 재물을 겸하여 섬길 수 없는 것을 스스로 알지 않으려고 외면하고 있습니다. 알면 마음에 괴로움만 더하니 알지 않기로 하는 것입니다. 예수님의 말씀을 말한다 해도 고작 도덕으로 방향을 잡고 가는 것입니다. 그리고 바리새인처럼 교회에 돈 좀 써주고 구제도 좀 하고 가슴 내미는 것입니다.

부자 청년이 예수님의 말씀을 듣고 하늘의 것이냐 땅의 것이냐 하는 선택 앞에 **재물이 많으므로 근심하며 가니라** 했습니다. 재물을 하나님 자리에 놓았으니 예수님의 말씀에 근심은 되나 그 재물에서 스스로 떠나기를 원치 않은 것입니다. 이것이 부자 청년의 이야기가 아니라는 말입니다. 여러분의 이야기입니다. 참으로 영생하려면 여러분 자신을 들여다보세요. **버려두고 좇으니라**가 되어 예수님과 함께 있는 것인지 말입니다. 세상인지 예수님인지 둘 중 하나일 뿐입니다. 두 주인 섬길 수 있는 것처럼 하는 것 자기에게 자기가 속는 일입니다. 여러분 속에 세상 것이 있으면 절대로 하늘은 보이지 않는다는 것, 빛의 말은 입에만 달고 다닐 뿐 구원은 없다는 것, 저는 여러분에게 분명히 말해놓고자 합니다.

예수님의 이 같은 말씀들 앞에 사람들은 근심을 합니다. 예수님이냐? 재물이냐? 할 때 예수님도 믿어서 구원받아야 하는 것은 당연하고 재물 또한 버릴 수 없다는 많은 이유가 있습니다. 그러니까 궁여지책으로 자기 근심을 덜어 보겠다는 생각에 아까운 재물을 하나님을 위해서 좀 써주는 것입니다. 그러나 말 그대로 자기 궁여지책일 뿐입니다. 이 자체가 벌써 스스로 두 주인 섬기는 일입니다.

부자 청년이 재물이 많으므로 근심하며 돌아가자 예수님께서 제자들에게 "제자들아 진실로 너희에게 말한다. 부자는 천국에 들어가기가 어려우니라. 얼마나 어려운가 하면 약대가 바늘귀로 들어가는 것이 부자가 하나님의 나라에 들어가는 것보다 더 쉽다." 하셨습니다. 오늘 본문 23의 …… **네게 있는 빛이 어두우면 그 어둠이 얼마나 하겠느뇨** 하신 말씀과 같은 뜻이 됩니다. 여러분 약대가 어떻게 바늘귀로 들어갑니까? 아니, 약대가 어떻게 바늘귀로 들어가요? 그런데 예수님은 그게 더 쉽고 하나님은 능히 하실 수 있다고 하셨습니다. 이 말씀은 바로 하나님께서 낙타가 바늘귀로 들어가게 하시는 것은 능히 하실 수 있는데, 사람이 재물을 섬기고 따르는 것은 하나님이시라도 하나님 나라에 들이시지 못하신다는 말씀입니다. 하나님이 그것은 못하신다는 거예요.

그러니까 재물에 마음을 두고 재물로 눈이 어두우면 천국에 들어가는 것이 어렵다, 천국 들어가기가 아주 가망 없다는 말씀입니다. 재물욕은 사단의 자리이기 때문입니다. 우리가 지금 오늘 말씀과 함께 부자 청년을 통해서 영생을 얻지 못하는 것에 대하여 똑똑히 보고 있는 겁니다. 마음이 재물에 있고 마음을 쓰고 재물을 믿는 것이기에 영생 얻는 길이 없다는 겁니다. 진짜 떠야 되는 눈을 뜨지 못하게 막는 것이 바로 재물이라고 말씀하신 것입니다. 그렇기에 본문 24에 너희가 하나님을 주인으로 하겠느냐, 돈을 주인으로 하겠느냐? 너희가 재물을 중히 여기면 하나님을 경히 여기는 것이요 재물을 경히 여기면 하나님을 중히 여기는 것이니, 그러므로 한 사람이 두 주인을 절대로 섬길 수 없다는 것을 분명히 이르셨습니다. 예수님께서 말씀 한절 한절을 통해서 하늘의 사람이 누구인가 그 원칙들을 하나하나 가르쳐 말씀하신 것을 알지 않거나 무시하고는 하나님의 뜻대로 믿음은 될 수 없습니다. 영생과는 거리가 멀다는 말입니다.

저는 오늘 너희가 보물로 여기는 재물을 오직 너희를 위하여 하늘에 쌓아 두라 하시는 것이 재물을 말하는 것이라서 사람들이 듣기에 부담 될 것 같으니 하지 않아야 하는 책임이 저에겐 없습니다. 이런 말씀을 듣는 사람도 부담되고 말하기도 부담되니 '에이, 이것은 빼버리자'가 아닙니다. 너의 주인이 누구냐? 물질이면 예수님과는 끝났다, 예수님이 난 너 모른다 하신다는 것이니, 영생이냐 영벌이냐가 걸려있다 하시니, 저 자신도 절대로 받은 말씀이기에 여러분에게도 분명히 말하게 되는 것입니다.

저는 세상 것에 관심 없습니다. 물질이 나에게 주인 노릇 할 수가 없어요. 물질에 마음 쓰고 사는 것 원치 않는다는 말입니다. 그러기에 이 말씀을 누가 듣느냐 듣지 않느냐 보다는 나를 살리시고 나를 복되게 하시고 나를 영생케 하신 내주 예수님의 이 가르침이 나에겐 얼마든지 아멘 아멘 아멘이기 때문에 너무 기쁘고 좋아서 오늘도 가장 먼저 저 자신에게 또 하는 말씀입니다.

예수님은 물질 따라다니지 않으셨습니다. 물론 예수님은 그러실 수 있다지만 믿음의 선진들도 물질 따라다니지 않았습니다. 자기를 위해서 물질을 앞세우고 다니지 않았습니다. 그렇기에 하나님께서 그들을 통해서 일하셨던 것이고 능력을 나타내실 수가 있었습니다. 예수님의 사람들은 재물을 의지하고 따라가는 것이 아니라 따라오게 하시는 것입니다. 필요한 것은 하나님 아버지께서 채워주신다는 말입니다.

하나님께서 믿음의 조상 아브라함에게도, 자기 생명보다 더 귀중히 여기는 아들을 번제로 드리라고 하셨습니다. 죽여서 각을 떠 불 위에 태워드리라고 하셨다는 말입니다. 아브라함은 그 말씀을 절대적으로 순종했습니다. 아브라함이 아들 이삭을 바친 것은 하나님만이 창조주 신이시며 자기의 주인이 되신다는 것을 믿었기 때문입니다. 자기 자신보다 더 사랑하는 아들일지라도 자신보다 더 귀중한 것일지라도 하나님보다 더 위에 둘 수 없다는 신앙을 하나님께 보인 것입니다.

아브라함의 마음에 그 어떤 것도 신뢰하는 것 없고 물질이 주인이 되어 있지 않다는, 오직 여호와 하나님만 주인으로 섬긴다는 그 신앙을 아들을 바칠 행위로 드러낸 것입니다. 그 믿음을 보신 하나님께서도 아브라함에게 하나님의 아들 독생자를 보내 생명을 내주시겠다는 맹세로 언약관계가 확실히 이루어지게 되어 아브라함이 믿음의 조상이 된 것입니다. 그러므로 우리의 물질관이 어떠해야 하는지 아브라함을 통해서 보는 눈을 가져야 아브라함의 영적 후손입니다. 네가 물질을 의지하고 믿는 것이냐 물질을 주인으로 하고 있느냐 그러면 하나님을 섬기는 것이 아니라 마귀를 섬기는 것이라고 분명히 말씀하는 것입니다. 그래도 50%는 물질에 두었지만 50%는 믿는 것에 두었다. 그러면 되지 않느냐? 역시 두 주인을 섬겨보겠다고 하는 것입니다.

그다음 하늘에 쌓는 것은 좀먹지 않습니다. 녹슬지 않고 도적질 당하지 않습니다. 재물을 하늘에 쌓으니 마귀가 건드리지 못합니다. 이 말은 삼위의 하나님에 대한 믿음이 있기 때문에 재물을 하늘에 쌓는 것이니, 마귀가 그 믿음은 건드릴 수가 없다는 말입니다. 예수님께서 오직 누구를 위해서 하늘에 쌓으라고요? 너희를 위해서라고 하셨습니다. 하늘에 쌓은 그것만이 내 것이라는 것입니다. 그러니까 재물을 땅에 쌓아 놓는 것은 왜냐? 재물을 좇아가는 것은 왜냐? 그것을 보물로 여기기 때문이다. 즉 예수님(하나님)을 믿지 못하기 때문이라는 말입니다. 그렇기에 믿음이면 그 재물에 마음을 두지 않았다는 것 재물을 보물로 여기지 않는다는 것, 그것은 하늘에 쌓는 것으로 곧 가난한 자들에게 주거나 그 마음이 재물을 좇아가는 것에서 온전히 돌이키는 것이라는 것입니다.

여러분, 아브라함이 이삭을 바칠 때 죽게 하셨습니까? 아브라함의 믿음을 보신 하나님께서 이삭을 죽이지 말라 하시면서 독생자 예수님까지 주시겠다는 언약을 하셨다는 것, 여러분이 하나님의 이 같은 마음을 볼 수 있다면 말씀대로 살지 못할 이유가 뭐겠습니까?

그런데 재물을 하늘에 쌓으라 하신 예수님의 말씀대로 일생 땀 흘리며 애쓰고 힘써, 온 수고 다하여 재물 좀 쌓아 놨더니 이제 그 재물가지고 편안을 누리며 살만하다 싶어 하나님 믿고 죽은 뒤에 천국이나 가려고 교회 나왔더니 이것이 무슨 청천벽력입니까? 예수님께서 그것 하늘에다 쌓아 놓고 오라고, 세상 것 다 뒤로 하고 오라 하시니 말입니다. 예수님을 믿기 원하면 물질 믿는 것 버려라, 물질 의지하고 좋아하여 따라가던 것 깨끗이 끝내는 것부터 하고 나오라 하시니 말입니다. 만일에 사람들이 예수님의 이 말씀 앞에 오면 '근심하며 가니라'가 95% 이상일 것입니다. 예수님의 말씀을 못 들은 척, 모르는 척, 자기와는 해당 사항이 아니라고 생각할 것이라는 말입니다.

아니면 돈에 쪼들려 살기가 너무나 고달프고 힘든데 하나님 믿으면 복 준다 하니 그 복 좀 받으려고 나오게 되었으니 예수님의 말씀은 보일 리가 없는 것이고, 오로지 복에 대한 구약의 말씀만 보이게 될 것입니다. 그러니 그 말씀으로 위로를 얻고 힘을 얻어 물질의 복을 얻고자 열심히 종교 생활할 것입니다. 이것은 이미 물질이 주인 되어 있는 것이요 섬기는 것이요 사모하고 좇아가는 일입니다. 그래서 종교인입니다.

혹 재물을 땅에 쌓은 사람이 예수님의 말씀을 생명으로 여겨 말씀을 따르기 위하여 행함으로 옮겼다고 가정해보겠습니다. 재물이 자기에게 보물이 아니요 믿는 것이 아니라는 것을 행함으로 나타내려고 하늘에 쌓으려 하니 마음은 씁쓸하고 힘들기는 했지만 하늘에 쌓는 것으로 순종하였더니, 하나님께서 그것은 도적이 훔쳐가지 못하는 네 것이라고 하신 것입니다.

그러니까 그 마음에 사단이 있지 않다 자기가 보물로 여겼던 재물을 하늘에 쌓았으니 그 마음이 하늘의 하나님께 있다는 것을 보인 것으로서 이제는 도적이 그에게서 하나님을 도적질할 수 없다, 믿음을 도적질할 수 없다는 말입니다. 하나님만 섬기는 것을 도적질하지 못하고 하나님만 섬김이 그 마음에 있으니 그에게 그것이 보물이라, 그 보물은 도적질하지 못하는 것이라, 그렇기에 그는 일생동안 하나님께서 공급하시고 채우시는 것으로 살게 된 자라는 것을 말씀하는 것입니다. 여러분, 이것이 얼마나 복입니까?

그러니 자기 목숨과도 같은, 보물로 여긴 재물을 믿음을 위하여 깨끗이 포기하고 그 마음이 재물에서 놓여나 하늘의 하나님을 자기의 보물로 하였으니 이제 무엇인들 순종이 안 되겠습니까? 무엇인들 두려울 것이 있겠습니까? 하나님이 자기의 보물이요 마음을 온전히 그곳에 두게 되니 눈이 밝아져 삼위 하나님에 대하여 밝히 알게 되고, 그 엄청난 복을 보는 눈이 열렸으니, 그 기쁨이 과거의 그까짓 재물에다 비하겠습니까? 손바닥의 과자 부스러기 같은 그런 재물에다 비하겠는가 말입니다.

과거에 제가 세상 것에 목말라서, 인격(정신)적인 진실한 사랑에 목말라서 고통하며, 또 말씀의 능력에 서지 못하는 나의 연약함으로 인해 애통하면서 하나님께 자복하고 눈물로 호소하며 기도하였는데 어느 날(93년 5월) 말씀하시기를 '미련한 딸아, 너는 세상 정욕 가운데 있구나. 보이는 것으로 살려 하지 말라. 육으로 살려 하지 말라. 괴로워 할 일이 아니니 밟고 올라서라. 너는 더 높은 영의 세계로 나아가라. 썩을 일에 마음을 빼앗기지 마라. 네 고통은 너의 곁 사람을 보게 하기 위함이라. 네 두 손에 움켜쥐고 있는 과자 부스러기 같은 그런 세상의 것을 놓아라. 네가 움켜잡고 있으니 너에게 하늘의 큰 것을 부어줄 수가 없다'라고 하셨습니다. 그 말씀을 하시는데 내가 양손에 과자 부스러기를 쥐고 놓지 않는 내 모습이 보인 것입니다. 세상 것을 원하고 육의 것을 원하니 하나님의 영적인 것을 내가 받을 수가 없더라는 것을 직접 말씀해주셔서 예수님의 이 말씀을 참으로 경험케 되었기에 여러분에게 참말을 하는 것입니다. 이제는 참으로 하늘나라가 우리에게 보물이 돼야 합니다. 오직 하늘의 하나님께 온 마음을 두어야 합니다. 우리의 보물은 하나님 아버지께 있습니다.

창4장에 하나님께서 그 사람과 제물을 열납하셨다. 또 그 사람과 제물을 열납하지 않으셨다 했습니다. 그 사람과 제물을 열납하지 않으셨다는 것은 그가 마음을 하나님께 두지 않고 세상 재물에 두었다. 마음을 재물에 두니, 하나님이 그에게 계시지 않으니 그와 제물을 받지 않으셨다는 것이고, 받으셨다는 것은 바로 하나님께 마음을 두고 하나님께 맞히는 삶을 살았다는 것이요 반드시 보상하신다는 뜻입니다.

오늘 말씀은 마5:38-42의 〈대적지 말라〉는 제목의 말씀과 연결하여 들어야 하는 말씀입니다. 물질에 대한 자세에 대해서 믿는다는 말만 가지고 믿음을 말하는 것이 아니라는 것을 깨달아 보라는 말씀입니다. 우리가 얼마나 믿는다는 거짓됨의 말만 무성했는지 봐야 합니다.

　그다음 25부터는 지금까지의 예수님의 말씀을 너희가 받아들여 행한 것이면 이제 너희는 하나님께서 함께 계시니 내일의 삶에 대하여 염려하지 말라는 말씀입니다. 너희는 하나님의 말씀을 들으라는 거예요. 바로 우리의 믿음이 여기에 있다는 것입니다. 필요를 다 아시는 아버지께서 너희의 있어야 할 것을 아시고 채우시는 것이니 염려하지 말고 너희가 할 일은 그의 나라와 그의 의를 구하는 것이라는 것입니다. 오늘 있다가 내일 사라질 들풀도 돌보시고 입히시거든 하물며 너희일까 보냐? 믿음이 적은 자들아! 하나님을 믿는다고 하면서도 믿지 못하는 자들아! 이방인들이 구하는 것에 마음을 쓰는 믿음 없는 자들아! 하나님께 맞히지 못하는 자들아! 육체의 것들을 더 쌓으려고 내일 것까지 끌어다 염려하는 자들아! 하는 그 말입니다.

　그러므로 재물을 경히 여기고 하나님을 사랑한다면 무엇 먹을까 입을까 마실까 하지 말라 아버지께서 다 아시고 채우신다고 분명히 말씀을 하셨습니다. 믿음을 갖게 하려고 하시는 이 말씀을 하실 때는 이같이 여러 가지의 예를 들어가며 긴 말씀을 하셔야 했습니다. 예수님께서는 믿는다는 사람들이 물질을 섬기는 것에서 나와 믿음에 있기를 원하셨기에, 이와 같이 하나님께서 아버지가 되셔서 채우신다는 것에는 말씀을 긴히 하셨다는 말입니다. 물질에 마음을 두었거나 염려 걱정에 매이면 하나님의 역사는 경험하지 못합니다.

그렇기에 하나님을 사랑하여 재물을 경히 여겨 하늘에 쌓아 두고 내일 일을 염려하지 말라는 예수님의 말씀을 믿음으로 실행하는 사람이 바로 능력 있는 사람이요 하나님의 돌보심을 경험하고 사는 자인 것입니다. 하나님이 아버지가 되신 구원받은 자녀라 할 수 있습니다. 오늘 내가 망했어도, 가진 것이 없어도, 아버지께서 채우신다는 믿음을 가질 때 열리는 것입니다. 성경은 분명히 '믿음으로 말미암아 살리라.' 하셨고 '네 믿음대로 될지어다.' 하셨고 '믿음이 낫게 하였다.'고 하셨으니 이제 예수님을 믿는 자는 그 믿음에 따라서 역사하신다는 것을 알아야 합니다. 너희가 나를 믿고 내 말을 믿는다면 내일 일은 염려하지 말고 33에서 먼저 그의 나라와 그의 의를 구하라 그리하면 너희에게 이 모든 것을, 먹고 입고 쓸 것을 더하신다고 분명히 약속하셨습니다. 하나님이 그 필요를 아시니 그의 나라와 의를 구하는 자에게 덤으로 주신다는 말씀입니다.

그 나라는 하나님의 나라요, 예수 그리스도로 주어지는 죄 없는 나라요, 마귀의 궤계가 없는 나라요, 영생복락의 나라요, 평안과 기쁨이 넘치는 행복의 나라요 자고 나면 새롭고 자고 나면 새로운 것이 가득한 나라요 그러므로 이 하나님 나라의 것을 소유토록 하라는 것입니다. 이 나라를 소유하는 것이 너희의 일이니 너희가 무엇 먹고 마실까 염려하지 말고 그 나라와 그 의를 구하라는 거예요. 그러면 그 모든 것은 다 더해주신다고 분명히 100% 약속된 말씀입니다.

그 의는 우리 주 예수 그리스도입니다. 예수님이 '의'입니다. 그러므로 예수 그리스도를 믿는 너희에게 의가 되시니 그 의를 입고 살게 되었다는 것을 말합니다. 하나님의 계명을 지켜야 하는 것은 말할 것도 없고 의이신 예수님께서 산에 올라앉으셔서 지금까지 가르치신 이 모든 말씀을 받아 사는 것이 우리가 구하여야 하는 의요. 예수님의 성품으로 변화를 받아 신영한 인격이 되어 아버지의 나라를 온전히 소유하게 되는 것이요 예수님을 따르는 것이 되는 것입니다.

더불어 예수 그리스도의 이름으로 귀신을 쫓아내고 죄 사함과 구원과 부활과 영생과 예수님의 재림을 전하는 것이 또한 그의 나라와 그의 의를 전파하는 일입니다. 우리가 그의 나라와 의를 구하여 예수님으로 살 때에 예수님께서는 우리의 완전한 보장이요 보증이 되시는 것입니다.

여러분이 참으로 여러분 자신에게 때가 늦지 않았다면 이 진리를 믿고 오늘 말씀이 여러분의 말씀이 되어 진정한 믿음이 되길 진심으로 바라면서 오늘 말씀을 맺습니다.

이 말씀을 주심으로 우리가 믿음으로 살 수 있게 하신 모든 은혜의 영광을 아버지와 예수님과 성영님께 돌립니다. 아멘

제 13 장
믿음만이 받은 십의 일의 큰 복
(성경의 계시를 따라 서야 하는 물질관)

한 사람이 두 주인을 섬기지 못할 것이니 혹 이를 미워하며 저를 사랑하거나 혹 이를 중히 여기며 저를 경히 여김이라 너희가 하나님과 재물을 겸하여 섬기지 못하느니라

(마6:24)

    그리스도인이 가져야 할 물질관에 대한 말씀입니다. 은혜로 받으시고 영도 혼도 복을 받는 믿음이 되길 바랍니다. 마28:19,20에 예수님께서 **모든 족속으로 제자를 삼아 아버지와 아들과 성영의 이름으로 침례를 주고 내가 너희에게 분부한 모든 것을 가르쳐 지키게 하라**고 제자들에게 명하셨습니다. 마11:29에는 **나의 멍에를 메고 내게 배우라** 하셨습니다.

    또한 말씀을 듣고 행하지 않는 것은 죽은 믿음이라 하셨고, 행하지 않는 것은 모래 위에 집을 지은 것과 같아 바람 불고 비 오고 홍수가 나면 무너지는 것처럼 행하지 않는 것은 어리석은 것이라고 하셨습니다. 고전4:19,20에 사도 바울은 말하기를 **내가 너희에게 속히 나아가서 교만한 자의 말을 알아 볼 것이 아니라 오직 그 능력을 알아 보겠노니 하나님의 나라는 말에 있지 아니하고 오직 능력에 있음**

이라고 했습니다. 능력을 알아보겠다는 것은 병 고치고 귀신 쫓고 방언하고 예언한다고 하는 이런 것을 말하는 것이 아니라 말씀을 많이 안다고 떠들고 은사를 받았다고 자랑하고 떠드는 너희에게, 말씀 많이 안다고 하는 만큼, 자기가 더 나은 은사 받았다고 떠들고 자랑하는 만큼, 그 능력이 있는지 알아보겠다는 말입니다. 무슨 능력입니까? 말씀대로 행하는가를 보겠다는 말입니다.

"저요? 그럼요! 십계명 다 알지요! 십계명 모르는 사람도 있나요?" 말대로 십계명을 줄줄이 외워댑니다. 그런데 다 알고 있다고 그렇게 줄줄이 외우는 사람이 자기 집구석은 귀신들이 좋아할 잡동사니들을 모시고 살고 있습니다. 자기 몸에 걸치고 들고 다니는 것도 귀신들이 좋아할 것들을 들고 걸치고 다닙니다. 입는 것 먹는 것 쓰는 것 등은 세상 유행을 따라가는 데 초점을 두고 자기의 기분, 자기의 정욕, 자기의 만족을 위해서 입고 먹고 쓰는 겁니다. 그러면 이것이 십계명을 잘 알고 있는 것입니까? 잘 외우고 있기 때문에 능력이라고 하는 것입니까? 말씀대로 지키고 행하는 것이 능력입니다.

"아! 예수님이 산에 올라앉아서 말씀하신 팔복이요? 그 유명한 팔복 저도 알지요. 잘 알지요. 심령이 가난한 자는 복이 있나니 천국이 저희 것임이요. 애통하는 자는 복이 있나니 저희가 위로를 받을 것이며 온유한 자는 복이 있나니 저희가 땅을 기업으로 얻을 것이며 ……." 하며 잘도 외웁니다. 말씀을 알아야 하는 것이지만 외워서 알고 있으라는 것이 아니에요. 그 말씀의 특성들이 행함으로 나타나야 그것이 말씀을 아는 것이요 능력이라고 하는 것입니다. 안다고 들레고 말만 있다면 그것이 교만한 자라고 했습니다.

"그럼요 일만 달란트 빚진 자가 탕감받은 그 비유 다 알고 있지요." 라고 말합니다. 그런데 안다고 하는 자에게서 자신이 빚진 자였음을 알고 탕감을 받아 탕감해주었으므로 자유가 되어 있느냐는 것입니다. 그것이 능력입니다. 하나님의 나라는 안다고 말만 있는 자에게 나타나는 것이 아니라 그 말씀을 자기에게 적용하여 행하는 것이 하나님의 나라라고, 그것이 구원받은 자의 증거요 능력이라고 하는 것입니다. 행하는 것만이 아는 것이요 능력이요 하나님의 나라라는 말입니다. 하나님의 나라가 자기에게 임하여 있다는 증거는 예수님의 가르쳐주신 그 말씀이 행함으로 나타나느냐 하는 것으로 알 수가 있습니다.

그래서 사도바울이, 말만 앞세우는 자이냐 행하는 것이냐? 그것을 보러 가겠다고 했던 겁니다. 그러므로 자기가 예수님으로 용서받은 은혜를 아는 복음의 사람이면 용서의 행함이 있는 것이요 화목의 행함이 있는 것이요 원수도 긍휼히 여길 능력이 있는 것입니다. 그러기에 우리 믿음이 뭐냐? 행함이 없으면 죽은 것이라고 하는 말, 귀가 따갑도록 듣는 것이지 않습니까? 우리 모두 행함의 믿음이 되자 예수님을 사랑하여 믿는 믿음이 되자는 겁니다. 예수님이 가신 길 우리도 가야 한다는 말입니다.

오늘도 물질을 말하면서 행함을 강조하게 되었으니 또 오해는 마십시오. 혹이라도 오해하고 들을까 싶어 말하는데 제가 어떤 목적을 위해서 돈이 필요해서 돈 좀 걷으려고 이 말을 하는 것이 아님을 분명히 해두겠습니다. 왜 이 당부 말씀을 하는가 하면 오늘날 교회들 중에서 성경이 의도하고 있지 않은, 온갖 헌금의 명목들을 세워놓고 얼마나 헌금의 가지 수가 많은지 정말 황당하다 못해 아연실색할 정도입니다. 사람들에게 헌금이란 말을 붙여, 내야 한다는 부담을 안겨줌으로써 그것으로 시험에 들게 하는 경우가 많습니다.

다시 말해 인간이 누구인가? 죄를 해결 받아야 하고 구원받아야 할 존재라는 것에 대한 중차대한 뜻을 알기도 전에 물질로 걸려 넘어지게 하는 예가 많다는 겁니다. 그래서 전도하다 보면 가장 많이 듣는 말이 교회에 나가면 돈 이야기밖에 없더라는 말입니다. 물질로 인해 구원하시는 하나님의 뜻을 오해하여 마음이 닫히고 교회를 아주 외면해버리는 안타까운 경우들이 많이 있다는 말입니다.

저는 성경에 의도한 바 없는 헌금에 대한 얘기로 여러분 마음에 부담을 주려는 마음 추호도 없으니 여러분이 혹이라도 이 말씀을 듣겠느냐 듣지 않겠느냐 하는 정도에서 그쳐야 하는 것이지 그 이상을 넘어서 교회들이 헌금 타령이나 한다고 하는 불경의 말을 반드시 삼가야 할 것입니다. 다시 말해 여기 예수님의 교회도 다른 데와 별다를 바 없이 헌금이나 내라 한다는 이런 말로 함부로 죄짓지 말라는 얘깁니다. 헌금 내라고 하기 위해 이 말씀을 하는 것이 아니라 참으로 예수님을 믿기 원하면 그 믿음에는 반드시 물질도 포함하고 있는 것이니, 믿는 자가 가져야 할 물질에 대한 믿음을 말하고자 하는 것입니다. 성경이 말씀하시는 물질에 대한 믿음을 말씀드리겠다는 말입니다.

인간은 재물을 목숨 다음으로 여기고 있습니다. 그래서 우리가 성경적인 물질관을 갖지 않으면 물질이 주인의 위치에 있게 되는 것이어서 반드시 하나님의 뜻에 대하여 깨닫고 바른 물질관을 가져야 하나님과 흠 없는 관계로 나갈 수가 있습니다. 헌금은 말씀의 계시를 따른 믿음에 의해서인 것이지 절대로 다른 이유 없습니다. 하나님께서 강제로 내라 하시지 않습니다. 저 역시도 헌금 내라 말하지 않습니다. 믿음은 내라 마라 하는 말이 필요한 것이 아니요, 말씀의 뜻대로 믿음이 되면 그 믿음이 하는 것입니다. 믿음이 되면 믿음대로 한다는 말입니다. 교회 나와서 성경이 말씀하는 헌금의 뜻을 알기도 전에 온갖 명목을 앞세워 헌금 내는 것 하나님께서 받지 않으신다는 것을 분명히 전합니다.

이 부분에 대해서는 마5:21-26의 말씀에서도 다루어 드렸으니 그 말씀에서 들으시고 헌금에 대해서 좀 알면 좋겠습니다. 누구든지 믿음이 아니면 절대로 헌금 내는 것 하지 마십시오. 내고 불평할 일이면, 또 자기 돈 내는 것이면 내지 마십시오. 하나님께서 말씀하시는 자기가 누구인지 예수님은 누구시며 자기가 왜 예수님을 믿어야 하는지 확신도 없으면서 물질 바친다고 하는 것 하지 마라는 말입니다. 억지로, 마지못해, 복채 내듯, 아까운데 교회가 헌금하라고 해서, 체면 때문에 어쩔 수 없어서 내는 것, 하나님의 표적에서 다 빗나간 일입니다. 절대 계시에 따른 믿음에 의한 것이 아니면 하지 마라는 말입니다. 하나님께서 돈이 아쉬워서, 돈이 없어서 사람들에게 돈 가져오라고 하시는 것 아닙니다. 그리고 세상의 것으로 복을 받고자 하여 헌금 낸다고 하는 것, 무엇인가 잘 되게 해달라고 헌금하는 것, 다 하지 마십시오. 이런 것은 하나님을 세상 신 정도로 여기는 종교인의 행위요 샤머니즘입니다.

물론 하나님이 계신 것이 믿어졌고 예수님을 믿기로 하였으면 먼저 하나님께서 말씀하셨으니 순종하여 행하는 것은 요구됩니다. 아직은 성경을 깨닫지 못해 하나님에 대해서도 믿음에 대해서도 헌금의 뜻에 대해서도 잘은 모르지만 교회가 세운 제도 때문이 아닌, 사람들의 여러 가지 불평불만에 기울이지 않고, 자기의 어떤 요구들을 위해서가 아니라, 하나님께서 말씀하셨으니 순종한다는 뜻에서 헌금(십의 일)을 한 것이면 그것은 말씀에 순종한 것이니 하나님께서도 받으신 것이 되고, 그로 더욱 믿음의 방향으로 이끌어 믿음과 삶에 복이 되게 하시는 것입니다. 이것은 아주 복 있는 심령이라고 할 수 있습니다.

하나님의 말씀이니 말씀을 경외하여 순종하고자 십일조를 드리는 것이면 그것은 얼마나 복이 되겠습니까? 이것은 누가 내라 해라가 아니라 다른 어떤 계산적인 것 없이 하나님의 말씀에 순종한 것을 말하는 것입니다. 자기가 아직 말씀을 깨달아서 알지는 못하지만 하나님의 말씀이니 자기 스스로가 자기 마음에 다른 것 개입됨이 없이 말씀을 순종하기 위해 행한 것이 되었을 때 하나님께서도 그의 물질과 상관 두신다는 말입니다. 이 같은 순종과 믿음이 아닌 것은 하나님과 절대로 관계없다는 것을 다시 또 강조합니다.

제가 이 강단에 설 때부터 사람이 내는 돈 쓰지 않게 해주시라고 누차 하나님께 기도를 했습니다. 사람이 내는 돈 쓰지 않게 해달라고 한 것은 하나님 아버지께서 받지 않은 물질, 하나님이 받지 않으신 것이면 저도 사용하는 것 정말 없게 해달라고 누차 기도했다는 말입니다. 아무 돈이나 쓰는 것 정말 원치 않기 때문입니다. 그런데 진짜 헌금 낸 것을 나중에 자기 것으로 찾는 이들도 있었습니다. 계산하여 찾아가더라는 말이에요. 그렇게 자기 것으로 찾아가는 이들이 있었다는 것이 오히려 저는 참 감사했습니다. 하나님 아버지께서 아버지 것이 아닌 가이사의 것을 사용하지 않도록 하셨기 때문입니다.

우리 믿음에서 물질에 대한 자세를 어떻게 가져야 하는지 오늘 저는 두 가지로 말씀을 드릴 것입니다. 여러분이 성경에서 하나님의 뜻의 큰 줄기가 되어 흐르는 대주제가 되는 것이 뭐라고 알고 있습니까? '생명'입니다. 생명!! 하나님께서 사람에게 하나님의 영생의 생명을 주시기 위하여 뜻을 세우신 것, 성경의 대주제가 되는 것이 바로 생명입니다. 여러분이 이것을 분명히 알기를 바라고 자기에게 적용하는 뜻이 되기 바랍니다.

그러면 성경에 최초로 하나님께 물질을 드린 사람이 누굽니까? 바로 아벨과 가인입니다. 아벨과 가인이 물질로 제물을 삼아 하나님께 드렸는데 하나님께서 무엇이 있는 것만 받으셨습니까? 피를 흘린 제물, 피는 생명이기에 생명이 있는 것만 받으셨습니다. 그렇다고 아무 생명이나 받으신다는 것 아닙니다. 오늘날 십일조 드린다고 해서 아무것이나 받으시는 것이 아니란 말입니다. 하나님께서 생명을 내놓으실 뜻으로 친히 피를 흘려 처음 사람에게 가죽옷을 지어 입히셨던 첫 것의 어린양의 생명이라야 합니다. 아벨이 이 계시에 의해서 양의 첫 새끼의 생명(피)을 드린 것입니다. 이 생명을 하나님께서 받으신 거예요. 여러분이 이것을 확실히 알고 받아야 자기 믿음도 분명해지는 것임을 아십시오.

그러면 하나님은 제물에 무엇이 있어야만 받으신다는 것입니까? 하나님께서 친히 흘린 일 년 된 첫 것의 양의 생명만 받으신다는 뜻입니다. 여기서 아벨이 양으로 제물을 삼은 것은 속죄 제물이 되신 예수 그리스도를 예표하는 것이지만 또 한편은 하나님께 드리는 제물에는 반드시 이 같은 생명이 있는 제물이라야 받으신다는 것을 보이신 뜻입니다. 오늘날 그리스도인이 하나님께 가져야 할 물질관, 바로 하나님께서 받으시는 물질은 하나님께서 친히 피 흘리신 생명이 있는 것만 받으시는 것임을 분명히 알라는 말입니다.

그래서 첫째, 헌금은 생명이 있어야 한다는 것이고, 그다음은 하나님께서 아벨이 바친 제물의 생명을 받으셨다는 것은 곧 누구를 받으셨다는 것입니까? 아벨을 받으신 것이라고 했습니다. 바로 아벨과 함께 제물을 받으셨다는 말입니다. 하나님을 섬기는 것에는 물질도 포함하는 것이니 지금 하나님께서 받으시는 것이 돼야 하는 것을 말씀드리는 것입니다. 그러니 여러분이 잘 알아들어야 합니다. 영적 이해가 따라야 한다는 말입니다.

물론 성경 다 깨닫지 못했어도 말씀에 순종한다는 차원에서 순종(십의 일)을 바치는 것 하나님께서 받으신다고 말했지만 그것은 초신자 때의 일입니다. 이제 계속 이 같은 뜻을 배우고 알아서 믿음으로 성장해 가야 하는 거지요. 순종은 믿음의 씨와도 같습니다. 그렇기에 구원의 뜻을 깨달아 가면서 영의 믿음으로 자라가지 않으면 변질될 수도 있습니다. 하나님의 생명의 뜻을 아는 만큼이 영적 능력이 되는 것이고 자기에게 복입니다. 그것은 영원한 복입니다. 그래서 물질을 드린다는 것에도 하나님의 뜻을 알고 드리는 믿음의 관계가 되어야 하는, 삼위 하나님과 경험의 관계가 되어야 하는 중요한 일입니다. 여러분이 삼위 하나님과의 관계를 열어드리는 이런 뜻을 어디 가서 듣겠습니까? 믿는다 해도 앞도 뒤도 없는 불분명한 것들에 붙들리고,

애매모호한 태도들이 되어서 자기가 구원받았는지 받지 않았는지도 모르고 헤매는 것 아닙니까.

그러니까 아벨이 양의 첫 새끼의 생명을 취하여 드린 제물은 곧 아벨 자신의 생명을 하나님께 바치는 것과 같은 의미로 드린 것입니다. 자기의 생명은 하나님의 것이니 하나님께로 돌아간다는 의미로 드린 것이었다는 말입니다. 물론 아벨도 양의 첫 새끼도 예수님을 상징하여 예수님께서 양처럼 제물로 드려져 하나님을 만족케 하시고 아벨처럼 기쁘게 받으시는 온전한 제물이 되어 예수님을 믿는 자는 하나님께서 받으시게 되었다는 것을 예표한 것입니다만 아벨은 자기의 생명은 하나님께 속한 하나님의 것이니 자신을 드린다는 뜻으로 양의 피를 흘려 제물을 번제로 드렸습니다. 그러므로 첫째는 생명이 있는 헌금이어야 한다. 둘째는 나는 하나님의 것이니 하나님께 나를 드린다는 믿음으로 드리는 것이어야 한다. 여기까지는 알아들으셨습니까?

그러면 어떻게 헌금에 생명이 있느냐? 어떻게 헌금 드림이 나를 드리는 것이 되느냐? 믿음으로 드린다고는 하지만 그 믿음이 어떤 것이냐? 알아야 되겠지요? 이에 대한 답은 말씀 중에서 다 듣게 되실 테니 잘 듣고 깨닫기 바랍니다. 그러니까 사람이, 즉 아벨이 최초로 하나님께 물질을 드릴 때에 자기 맘대로, 자기 기분대로 드렸습니까? 계시에 의한 것입니까? 계시를 따라 드렸습니다. 그런데 가인은 자기 기분대로 드렸습니다. 지금 우리가 가인과 아벨에게서 물질 드림에 대한 두 양상을 보는 것입니다. 자기 맘대로 자기 기분대로 하는 것은 하나님이 그와 그 제물은 받지 않으신다, 계시를 따라 드릴 때 그와 그 제물을 받으신다는 것을 분명히 보이셨습니다. 그렇다고 여러분이 헌금(십의 일)을 낼까 말까 하는 계시를 받아서 내야 한다, 계시

받아야 한다는 뜻이 아니라 성경에 계시된 대로 계약이 붙은 헌금을 그 믿음으로 드리는 것이 돼야 한다는 말입니다. '계시에 붙은 언약' 즉 하나님께서 받으신 생명이 곧 자기의 생명이 되었고, 그러므로 자기는 하나님의 것이니 하나님의 것으로 자기를 내드린다는 믿음으로 드리는 것을 말합니다.

하나님께서 아벨이 계시에 의해 바친 생명의 제물을 받으셨다는 것은 곧 '나도 너에게 나의 생명을 주겠다.' 는 것을 의미합니다. 아벨의 제사를 열납하신 것은 내 생명을 너에게 줄 것이라는 그 계시가 들어있는 것이란 말입니다.

그다음에 생명을 주시겠다는 이 계시가 드러난 것이 언제입니까? 믿음의 조상 아브라함에게 멜기세덱으로 나타나신 예수님께서 자기의 피와 살을 먹여주신다는 뜻에서 떡과 포도주를 가지고 나와 아브라함에게 주셨는데, 그러면 떡과 포도주는 한마디로 무엇이 됩니까? 죄 사함을 얻게 하는 예수님의 피와 영원한 생명을 주시는 예수님의 살을 의미합니다. 그러면 한마디로 뭐예요? 생명입니다. 예수님께서 너에게 생명을 주신다는 뜻에서 아브라함에게 떡과 포도주를 주신 것입니다.

그리고 아브라함도 '자기 목숨을 대적(사단)의 손에서 건져주셨으니 내 생명은 오직 하나님의 것입니다.' 하는 뜻에서 대적에게 도적질 당했던, 다시 찾은 물질 중에서 **좋은 것으로 십분의 일을 저에게 주었다**(히7:4) 했습니다. '좋은 것'이라고 하는 것은 그 물건들 중에서 좋은 것으로 골라드렸다, 이런 것을 말하는 것이 아니고, 사단에게 도적질 당하였던 것을 다시 찾게 하신 그것은 하나님의 것이라, 그러므로 하나님의 것으로 구별(좋은)된 것이니 하나님께 돌리는 것이라는 말입니다. 그래서 아브라함이 드린 십분의 일은 사단에게 도적질 당하였던 것 중에서, 하나님의 것은 반드시 다시 찾으신다는 것을 의미한 것으로서 생명의 계약이 붙은 것이 되었습니다. 사람이 이 생명의 언약 안에 들어오면 하나님께 찾아진바 된 것임을 의미한다는 말입니다. 그래서 믿음의 조상 아브라함 때부터 십의 일은 떼려야 뗄 수 없는 생명 얻은 뜻이 되었습니다. 하나님께서 받으시는 믿음에는 그 사람과 십의 일이 뗄 수 없는 것이 되었다는 말입니다. 여러분이 알아듣는데 어려운 말 아니지요? 알아듣는 줄 믿습니다.

성전에서 떡 상에 대해서 말씀드릴 때 이 관계를 정확히 다루어 드렸으니 거기서 반드시 참고하십시오. 반드시입니다. 그래서 아브라함과 맺은 이 생명의 계약은 이삭과 야곱에게로 그리고 이스라엘로 그대로 내려갔습니다. 그러나 하나님과 하나님의 백성 간에 맺은 이 생명의 언약은 누가 생명을 내놓아야 완성이 되는 것일까요? 바로 독생자 예수님이 오셔서 생명을 내놓아야 하는 것입니다. 그 생명(피)을 받으신 하나님께서, 이 같은 구원하시는 뜻을 깨달아 예수 그리스도를 믿고 들어온 자에게 부활의 생명을 얻게 하시는 것입니다.

그러면 예수 그리스도 안에 들어와 부활의 생명을 얻었으면 그 생명은 누구 생명입니까? 예수님의 생명입니다. 예수님의 생명으로 살게 되었으면 그는 이제 누구의 것입니까? 바로 예수님의 것입니다. 그러므로 예수님만 받으시는 하나님께서 예수님을 받으시니 누구도 받는 것이 되었습니까? 예수님의 것이 된 그도 받으시게 된 것입니다. 이것이 사단에게 도적질 당한 자 중에서 하나님의 것으로 찾아진바 구별된 자입니다.

　그러면 자기가 예수님의 생명으로 살게 된 예수님의 것이라는 것을 믿는다면 하나님께 그 믿음과 함께 무엇까지 갑니까? 자기가 그것을 믿는다는 것을 무엇으로 나타내는 것인가 말입니다. 바로 십의 일이 가야하는 것입니다. 자기에게 보물은 재물이 아니라 예수님이시라는 것을 믿음으로 보이는 것, 예수님과 아브라함이 맺은 십의 일을 드림으로써 나타내는 것입니다. 이것은 돈을 말하는 것 절대로 아니니까 새겨듣기 바랍니다. 하나님께서는 돈을 받으시는 것 아니에요. 돈을 드린다고 생각하면, 그것은 하나님과 관계없는 것으로써, 하나님이 받지 않으십니다. 하나님께서는 돈 받으시는 것이 아니에요. 자기 돈, 자기 것 받으시겠다고 하는 것 아니에요. 믿음을 보이라고 하시는 겁니다. 믿음을 받으시겠다는 것입니다. 하나님과 자기의 아까운 돈 가지고 관계를 맺으려고 하면 하나님께서 받으시는 것이 아니라 사단이 받는 것입니다.

　이 계시에 대해 모른다거나 믿음이 되지 않았다면 그것은 아직 예수님의 생명을 얻은 것이 아닙니다. 그래서 먼저 하나님께서 물으시는 것이 있습니다. 아벨의 제물이 곧 생명에 대한 계시였다는 것을 믿느냐는 것입니다. 그다음 아브라함의 십분의 일은 생명의 계약이 붙은 것이었다는 것을 100% 믿느냐는 것입니다. 또한 그의 후손 이스라엘과 맺은 언약이었다는 것을 믿느냐는 것입니다. 생명에 대한 하나님의 이 뜻과 역사를 너희가 진심으로 믿느냐는 말이에요. 예수님이 오셔서 이 모든 언약을 완성하셨다는 것을 또 확고히 믿느냐는 것입니다.

　그러면 이제 예수님이 자기의 생명이 되신다는 것을 믿는다면, 믿음으로 아벨이 제물을 드린 것처럼, 믿음으로 아브라함이 자기를 대적의 손에서 건지시고 빼앗겼던 재물을 다시 찾게 하신 하나님께 좋은 것으로 십분의 일을 드렸던 것처럼, 너희도 예수님께서 너희를 대적(사단)의 손에서 건져주시고 생명을 얻게 하신 생명의 주인이시오 예수님이 자기의 생명이 되신다는 것을 믿는다면, 계시에 따른 그 믿음이 나타나게 되어 있다는 것입니다. 바로 그것이 생명이 있는 헌금(십의 일)입니다.

그래서 첫째로 헌금에 생명이 있어야 한다는 것, 이제 알아들었지요? 하나님의 것(자신)을 하나님의 것(십의 일)으로 드리는 것이라는 말입니다. 헌금만 그렇다는 것이 아니고 헌금은 그렇게 계시(성경)에 따른 것이고 예수님으로 부활의 생명을 얻게 되어 살게 된 자신도 하나님의 것이니, 하나님의 것을 하나님의 것으로 올려드린다는 그 믿음에서, 십의 일을 드리는 것이라는 말입니다. 그러니까 하나님께서 물질 이전에 누구를 받으시는 거예요? 그를 받으시고 십의 일을 받으시는 겁니다. 그가 잘나서 하나님의 일을 많이 하기 때문에 받는 것일까요? 예수님의 부활하신 생명으로 살게 된 믿음으로 행하는 것이니 받으시는 것입니다. 그래서 하나님께서 받으시는 것이면 하늘에 들어간 것일까요? 들어가지 못한 것일까요? 들어간 것입니다. 영원히 들어간 것입니다.

그러니까 여러분이 헌금하는 것을 자기 돈 드리는 것처럼 하지 말란 말입니다. 이것은 하나님이 가증이 여기십니다. 이런 것은 가증한 것이기에 하나님께서 모르십니다. 아예 관계가 안 되는 것입니다. 예수님의 부활의 생명을 얻어 그 생명으로 살게 된 자신을 드린다는 믿음으로 드리는 것입니다. 그러니까 여러분이 돈이라는 개념을 깨끗이 버려야 하고, 자기 것 드린다는 개념도 깨끗이 버려야 합니다. 하나님께서는 돈 달라 하시고 돈을 받으시는 것이 아닙니다.

　또한 자기 것을 받으시는 것 절대로 아닙니다. 네가 예수님의 부활하신 생명을 얻어 그 생명으로 살게 된 하나님의 것이 되었으면 아브라함처럼 하나님의 것을 하나님의 것으로 드리는 것을 말하는 것입니다. 그것이 예수님으로 맺어진 생명이 있는 헌금(십의 일)입니다. 이해 됐습니까? 이것이 믿는 자의 물질관입니다. 참으로 믿는다면, 믿기 원한다면 반드시 하나님의 계시의 뜻을 따른 물질관이 세워져야 합니다. 반드시 성경대로 믿음을 가져야 한다는 말입니다. 하나님의 가르침대로 하나님의 원칙대로 믿는 것이 사람에게 주신 큰 복입니다. 믿고 아멘이 됩니까?
　인간을 지배하고 있는 것이 사단입니다. 그래서 자신이 사단의 지배하에 있지 않다는 이 자유의 믿음을 그렇게 기꺼이 하나님의 것을 바치는 것으로 나타내는 것입니다. 또 예수님 안으로 들어오지 않은 모든 인간은 자기가 알든 모르든 간에 다 사단의 지배 속에 있습니다. 또한 물질을 지배하고 있는 것도 사단입니다. 사단이 확실하게 지배하고 있는 것이 물질이기 때문에 하나님께서 네가 예수님을 믿는다면 물질을 경히 여기는 것이지 물질을 섬길 수 없다고, 하나님 섬긴다면서 재물을 겸하여 섬길 수 없다고, 재물을 믿고 있으면 재물을 섬기는 것이라고 분명히 갈라주셨습니다. 사람은 반드시 누군가를 섬기게 되어 있는데 그것이 물질을 잡고 있는 사단이냐, 하나님이냐 하는 것이지 한 사람이 두 주인을 섬길 수 없다고 하는 것입니다. 이 부분은 지난 말씀에 드렸으니 그 말씀에서 살펴보기를 바라고요.

우리 눅21:1-4까지 찾아보겠습니다. 과부의 두 렙돈의 헌금 이야기입니다. 예수께서 눈을 들어 부자들이 연보궤에 헌금 넣는 것을 보시고 또 어떤 가난한 과부의 두 렙돈 넣는 것을 보시고 가라사대 내가 참으로 너희에게 말하노니 이 가난한 과부가 모든 사람보다 많이 넣었도다 저들은 그 풍족한 중에서 헌금을 넣었거니와 이 과부는 그 구차한 중에서 자기의 있는 바 생활비 전부를 넣었느니라 하시니라

우리가 읽은 문자적인 내용에 대해서는 무슨 말인지 다 아는 것이지요? 아주 가난한 과부가 두 렙돈 헌금했다는 것은 이해할 수는 있습니다. 그러면 여기서 예수님의 관심을 받은 것은 부자의 헌금입니까? 가난한 과부의 헌금입니까? 가난한 과부가 넣은 두 렙돈의 헌금입니다. 두 렙돈은 그 당시에 가장 적은 화폐단위라고 합니다. 우리 돈으로 말하면 백 원짜리 두 개 정도, 천 원짜리 두 장 정도의 액수가 아닐까 생각을 합니다. 그런데 예수님께서는 두 렙돈 밖에 되지 않는 그 하찮은 액수를 보고 모든 사람보다 많이 넣었다고 하셨습니다. 도대체 두 렙돈, 그 일이천 원 정도가 뭐가 많다고, 돈 가치로 보면 한 끼 식사 값밖에 더 되겠습니까? 누가 많이 넣었느냐 한다면 부자들이 헌금 넣는 것을 보셨다 했으니 당연히 부자들이지 않겠습니까? 그렇기에 예수님의 말씀은 눈에 보이는 액수나 돈의 문제가 아니라는 것을 분명히 아는 것입니다.

과부라고 하는 것은 세상의 삶의 것들을 채워줄 남편이 없다는 뜻입니다. 혈과 육의 것들을 채워줄 남편이 없는 혼자된 여자라는 말입니다. 그리고 이혼한 여자를 과부라고 하는 것이 아니라 사별한 여자를 말하는데, 여기서 과부는 바로 남편처럼 붙어서 혈과 육의 것으로

만 살 수 있다고 끊임없이 속이며 괴롭히던 자에게서 떠나온 여자를 말합니다. 그러면 혈과 육의 것으로만 살라고 하는, 세상 것으로 살라고 하는 과부의 죽은 자가 누구겠습니까? 바로 사단입니다. 세상의 물질을 잡고 있는, 인간의 주인 행세하고 있는 사망 권세 잡은 죽은 자, 생명 없는 자가 누구입니까? 사단입니다. 그러니까 이 과부라 한 것은 사단의 지배 받기를 원치 않는, 사단이 잡고 있는 물질을 좇아 살지 않는, 물질을 믿는 것으로 하지 않는, 물질을 주인으로 섬기지 않는, 혈과 육으로 사는 것을 사단에게 넘겨주고 예수님께로 나와 보물(자신과 삶)을 하늘에 쌓는 신앙을 말하는 것입니다. 하나님에 대한 신앙입니다.

옛 남편 노릇을 한 율법의 속박에서 나와 복음이신 예수님께로 들어온 신앙입니다. 그러므로 사단이 율법을 들이대고 정죄하던 것은 복음이신 예수님 앞에 오니 끝났습니다. 바로 죽은 것입니다. 옛 남편은 죽은 것입니다. 두 렙돈, 자기의 생활비 전부라고 하는 것은 4에서 그 구차한 중에서라고 말씀했듯이 이제 사단이 지배하고 있는 세상의 것으로는 가난하기 짝이 없는 자라는 말입니다. 사단이 가져다준 것은 이제 깨끗이 사단에게 넘겨줘 버렸으므로 땅에 쌓은 것이 아무것도 없는, 세상 것으로는 가난한 자라는 말입니다. 오직 그의 마음은 하늘의 하나님께 두었다는 말입니다. 하늘의 것이 그에게는 보물이요 그렇기에 세상 것으로는 가난케 되고 하늘의 것, 하나님을 섬기는 것으로 부요하기를 원하였다는 것을 말씀하는 것입니다.

'자기의 있는 바 생활비 전부를 넣었다.'고 했으니 그의 마음은 지금 어디에 있다는 것입니까? 바로 하늘에 쌓았으니 하늘에 있다는 말입니다. 자기의 삶은 온전히 하나님만을 바라고 하나님의 도우심으로만 산다는 신앙을 나타낸 것입니다. 예수님께서 **이 가난한 과부가 모든 사람보다 많이 넣었도다 …… 이 과부는 그 구차한 중에서 자기의 생활비 전부를 넣었느니라** 하시며 이 과부의 헌금을 보셨다는 것은 하늘에서 그 과부와 헌금을 받으셨다는 말씀입니다. 바로 이 과부를 통해서 믿는 자의 가져야 할 물질관을 드러내 주셨습니다. 세상으로는 가난해야 한다. 마음이 가난해야 한다. 세상 것에 집착하지 않고 세상 것에 끌려다니지 않아야 한다. 오직 예수님께 우리의 마음을 두고 예수님을 따르는 것이 돼야 하는 것임을 말하는 것입니다. 이 과부가 바로 세상을 초월하여 물질에 매이지 않은 자유를 보인 것입니다.

지난번 말씀에서 마19장의 부자 청년에 대해 살펴보았듯이 예수님께서는 그 부자 청년과 이 과부를 모델로 하여 하늘에 들어가는 자와 들어가지 못하는 자의 두 모습을 보게 하셨습니다. 부자 청년에게 네가 영생에 들어가려면 네가 보물로 여겨 땅에 쌓은 재물을 하늘에 쌓으라는 뜻을 말씀하셨습니다. 너희가 보물로 여기는 재물이 너희의 믿는 것(주인)이 돼 있지 않다는 그 믿음을 보이라는 것입니다. 네가 보물로 여기는 그곳에는 네 마음이 있지 않느냐? 너희를 위하여 보물을 땅에 쌓았던 그것을 하늘에 쌓는 것으로 마음을 하늘의 것에 두라고 하신 것입니다. 보물은 바로 하늘의 것, 예수님에게 있다는 말씀입니다. 그런데 부자 청년은 재물이 많은 고로 근심하며 가니라 했습니다. 재물 때문에 자기 앞에 있는 영생을 버렸습니다.

그러면 성경에서 하나님의 계약이 붙은 하나님의 계시에 의해 구별된 물질이 무엇입니까? 십일조입니다. 앞에서 말했듯이 하나님께서 구별하신 것이 바로 십일조입니다. 우리 신앙의 물질 면에서 가장 기본이 되고 중심이 되는 것이 이 십분의 일입니다. 만일에 물질 드림에 있어 계시에 따른 십의 일에 대한 이 기본이 서 있지 않으면 다른 헌금은 절대로 관계가 되지 않습니다. 이 기본이 서 있지 않으면 다른 물질 아무리 많이 드린다 해도 관계되지 않는다는 말입니다. 십의 일은 하나님과 자기와 어떤 관계의 의미인지 이미 충분히 수차례 말씀드렸습니다. 하나님과의 관계에서 십분의 일에 대해 믿음이 서지 않고 다른 명목의 헌금만 열심히 드린다고 하는 그것은 종교인의 자리일 뿐입니다.

하나님께서 선악과 사건을 통해서 우리에게 가르치시는 것은, 하나님의 말씀을 범하는 죄는 반드시 대가가 따른다는 것입니다. 물론 선악과를 먹은 불순종의 죄는, 혈과 육으로 하나님께 들어갈 수 없는 사람의 약점을 완전케 하시려는 하나님의 방법이요 구속의 뜻이 담겨 있는 것으로써, 예수님께서 오셔서 그 죄를 갚으시는 것이 되었지만 그러나 죄의 값으로 예수님께서 생명을 내놓아 죽으셔야 한 것처럼, 죄는 그같이 대가가 따른다는 것을 보이신 것이라는 말입니다. 죄는 대가를 치른다는 것을 알게 하셨습니다.

그렇기에 믿는다는 사람이 하나님께서 구별하신 것을 범할 시는 하나님과 관계가 되지 않습니다. 아무리 예수님을 위해서 목숨 내놓는다 해도 그것은 가인의 충성이요 가인의 제물이기 때문에, 하나님의 계시에 따른 뜻대로 맺은 믿음이 아니면, 하나님께서는 그 어떤 것도 받지 않으십니다. 그러므로 예수님을 믿는다는 사람이 십의 일은 안 드려도 감사 헌금은 한다 하는 것 하나님과 관계없습니다. 그런 것은 하나님께서 모르시는 것이라는 것 분명히 말해두겠습니다.

 이 같은 것은 지금 하나님과 자기와의 관계를 어떻게 맺어야 하는 것인지는 전혀 관심 없거나, 또는 외면하고 그저 하나님께 복 받겠다는, 복 주실 것이라는, 아니면 내게 복 주신 것에 감사하니까 헌금한다는 그런 인간 신심에 의한 일입니다. 그 마음이 하나님과 하나님의 말씀, 곧 하늘의 것에 있는 것이 아니라 자기 자신에게 있는 것이요 물질에 있다는 것이 드러나는 일입니다. 믿음이 아니라는 말입니다.

 뿌리를 땅속 깊이 내린 나무는 튼튼하여 열매를 풍성히 낼 수 있듯이 예수님을 믿는 우리 믿음도 물질에 대한 신앙이 하나님의 계시에 따른 신앙으로 뿌리가 튼튼하게 내렸느냐? 아벨이 계시에 따른 생명을 드렸음으로써, 하나님께서 받으셨던 것처럼 그같이 생명의 제물이 되시고 생명의 속전이 되신 예수 그리스도의 생명으로 살게 되었으니, 자신은 이제 예수님의 것이라는 그 믿음에서 십의 일을 바치는 것이냐? 그것이 바로 나를 받으시는 뜻이 되어 영혼도 삶도 풍성한 열매를 얻게 되는 일인 것입니다. 이 땅에 사는 동안 어려움 당하지 않는, 끊임없이 공급하시는 생명력이 있다는 말입니다. 그래서 예수님께서 마23:23에, 믿는다는 것은 성경적인 물질관이 되어야 하늘의 영적인 능력이 확실히 서는 것이기에 의와 인과 신으로 하라고 정확히 말씀해주셨습니다.

 지금 우리가 사는 이때를 말세지말 이라고 합니다. 예수님의 재림이 가까운 종말의 때라고 말합니다. 그래서 종말의 때가 가까워오는 타락의 징조가 어떻게 나타나는가 하면 딤후 3:1,2에 **말세에 고통하**

는 때가 이르리니 사람들은 **자기를 사랑하며 돈을 사랑하며** 자기를 기쁘게 하려면 돈이 있어야 되겠지요. 그래서 자기 사랑하는 것이 곧 돈 사랑하는 것으로 나타난다는 것입니다. 돈이 있으면 자기를 위해 세상의 것을 누릴 수가 있으니 돈이 좋지 않겠습니까? 그래서 돈 사랑은 자기 사랑이요 자기 사랑은 돈 사랑이라고 했습니다.

그러므로 딤전 6:10에서 **돈을 사랑함이 일만 악의 뿌리가 되나니** 라고 분명히 말하고 있습니다. 돈을 사랑하는 것은 사단을 섬기고 사랑하는 것이니, 그러므로 돈이 목적이면 그것은 일만 악의 뿌리요 죄악이라고 말한 것입니다. 돈으로 자기를 사랑하려고 돈을 **사모하는 자들이 미혹을 받아 믿음에서 떠나 많은 근심으로써 자기를 찔렀도다** 라고 말했습니다. 여러분 믿는다는 사람이 돈의 미혹 받아 좇아가야 하니 얼마나 근심이 됩니까? 말씀대로 살지 않는 것을 자기 양심은 알고 있으니 한편으론 지옥 가는 것은 너무 두렵고, 또 돈이 세상 살기는 너무 좋고, 마음도 든든하고, 그러니 돈도 포기할 수는 없는 것이고, 구십 마지기에서 딱 열 마지기만 채우면 백 마지기로 그것만 채우면 걱정 없이 살 수 있으니, 채워놓고 그때 열심히 믿자고 자신을 위로하며 백 마지기에 미혹되어 끌려가는 것입니다. 그것은 이미 자기를 찔렀도다 했으니 자기가 스스로 미혹을 받아 지옥으로 들어갔다는 말입니다. 돌이키려야 돌이킬 수가 없습니다.

그래서 말세의 타락이 어떻게 나타나느냐 자기를 사랑하고 돈을 사랑하는 데 있고 돈을 목적으로 하는 데 있다 **자긍하며 교만하며 훼방하며 부모를 거역하는** 모습들로 나타난다. 이것은 믿지 않는 세상 사람들 이야기가 아니에요. 믿는다는 사람들에게서 나타난다는 말입니다. 감사치 아니하며 거룩하지 아니하며 무정하며 원통함을 풀지 아니하며 모함하며 절제하지 못하며 사나우며 선한 것을 좋아하지 아니하며 배신하여 팔며 조급하며 자만하며 쾌락을 사랑하기를 하나님 사랑하는 것보다 더한다고 했습니다.

그러니까 말세는 믿는 이들에게 돈을 사랑하게 하여 믿음에서 떠나게 한다는 것입니다. 사단이 돈이 권력이 되게 하는 것에 미혹을 받아 그 앞에 굴복하고 돈을 따라간다는 말입니다. 이 말은 교회 나오지 않는다는 말이 아니에요. 교회는 나오되 성경의 계시에 따른 믿음과는 전혀 관계없는, 신심으로 믿는다고 하는 자들로 넘쳐날 것임을 말합니다. 잘살게 해주시는 하나님, 세상에서 성공하게 해주시는 하나님을 찾고 믿는 것으로 다 유혹당한다는 말입니다. 다 각기 자기 뜻대로 믿는다, 그 말입니다.

말세를 사는 세상 사람들이야 오로지 돈이 목적이 돼 있습니다. 자기 사랑을 위해 돈을 좇아가는 것에 온 마음을 두고 있으니 복음을 받아들일 수가 없습니다. 절대로 복음이 받아들여지지 않습니다. 복음을 듣고 믿는다고 나와도 그것은 자기가 혹 잘되는 복을 받지 않을까, 뭔가 자기가 좀 위로를 받을 수 있지 않을까, 힘든 삶 사는 것에 마음이 지치고 고달프니 교회 나오면 위로도 되고 힘이 좀 될까 하여 하나님을 그런 쪽으로 의지해보겠다는 마음으로 나오는 것이지 실제로는 믿음이 아닌 것입니다. 믿기 위해서는 참으로 하나님을 주인으로 하겠느냐 물질을 주인으로 하겠느냐 하는 분명한 태도가 마음에서부터 삶으로까지 확실하게 서야 하는 것이지 물질도 좋고 하나님도 좋다고 할 수 없습니다.

딤전4:1에 **성영이 밝히 말씀하시기를 후일에 어떤 사람들이 믿음에서 떠나 미혹케 하는 영과 귀신의 가르침을 좇으리라** 종말의 때가 다가올수록 사람들이 믿음에서 떠나 미혹하는 영과 귀신의 가르침을 따라간다는 것을 성영님이 밝히 말씀하셨다는 말입니다. 그러니까 번영을 펼치는 신학들을 좇아가고 축복을 외치는 설교들을 좇아가서, 그것이 미혹케 하는 영과 귀신의 가르침인 줄은 절대로 모르고 다 멸망 받는 곳으로 미혹되어 따라가는 것입니다. 물론 스스로도 그것을 원하고 믿는다 하는 것이기에 소경이 소경을 인도하는 것을 따르는 것이고, 같이 멸망하는 곳으로 들어가는 것입니다. 지금 미혹하는 거짓과 가라지를 단으로 묶는 시대라고 말씀드리잖습니까? 속속히 드러나는 때라고 말입니다.

축복, 번영 성공을 주시는 하나님이라는 달콤한 미끼를 던져 사람들 마음을 미혹하여 영혼들을 낚아 망할 길로 함께 끌고 들어가는 것입니다. 그 대상이 사람들이 큰 교회라고 말하는 그 교회들입니다. 큰 교회가 되었다는 것은 그와 같이 인간의 본능이 원하는 축복, 번영, 성공, 건강 등을 주시는 하나님을 전하니, 그것을 원하는 인간의 마음에 맞춰주니 말입니다. 당연히 자기를 맞춰주는 곳으로 모여드는 것입니다. 그것이 인지상정이요. 사단은 또한 교회라는 탈을 쓴 그런 거짓 교회가 그렇게 큰 성장을 이루도록 열심히 도와 사람들이 모여들게 하는 것입니다.

진리에는 절대로 그렇게 모여들지 않습니다. 성경의 역사 이래 그렇게 진리를 찾는 자가 그리 있지 않았습니다. 그래서 진리 앞에 인간이 모여들지 않는다는 것 분명히 알기 바랍니다. 눈을 뜨라는 말입니다. 마24:12에 **불법이 성하므로 많은 사람의 사랑이 식어지리라** 하셨습니다. 많은 사람의 사랑이 식어진다 하니까 인간과 인간끼리의 사랑이 식어진다는 말이라고 했습니까? 예수님에 대한 사랑이 식어진다는 말이에요.

그래서 사라질 것에다가 믿음 두고 있으면 이와 같은 말씀들에 다 걸려있게 되는 것입니다. 믿음이 아니라는 말입니다. 그리스도인들이 세상을 따르고 사람들의 삶의 방식을 따라 산다면 그것이 믿음일 수는 없습니다. 이웃이 물질로 누리고 산다고 해서 자신도 그것을 부러워하여 그렇게 살려는 데다 목표를 두는 것이면 믿음은 없습니다. 이것은 그 마음이 세상에 있습니다. 돈은 사는 것에 필요만 있으면 되는 것이지 그 이상은 다 세상입니다.

오늘 본문이 한 사람이 두 주인을 섬길 수 없다고 하셨듯이 돈이 목적이 되어 있으면 하나님을 사랑할 수가 없는 것이고 하나님을 주인으로 알고 섬긴다면 물질이 목적이 될 수가 없습니다. '한 사람이 두 주인을'하는 것은 사람의 주인은 하나님이신데 물질도 인간의 주인 노릇을 한다는 겁니다. 그렇기에 물질이 너의 주인이 돼 있느냐? 하나님이 너의 주인이 되어 있느냐? 둘 중의 하나인 것이지 절대로 두 주인 섬길 수 없다는 것을 분명히 잘라 말씀을 하셨으니 여러분이 정신 차려 듣는 말씀이 되기를 바랍니다. 참으로 늦지 않았기를 바랄 뿐입니다.

19에 너희를 위하여 보물을 땅에 쌓아 두지 말라 하신 이 "쌓는다"는 말씀의 뜻이 땅에다 습관들이지 말라는 말입니다. 다시 말하면 말세에는 사람들이 돈을 믿는 것에 습관을 들인다는 거예요. 돈을 사랑하는 데 습관을 들인다는 말입니다. 땅에다 쌓는 것에 열심히 습관을 들인다는 말입니다. 그래서 참으로 예수님을 믿는 것이면 땅에다 습관들이지 말고 어디에다 습관들이라고요? 하늘에다 습관을 들이라 하신 것입니다.

보물을 하늘에 쌓아 두라는 것이 헌금을 하나님께 많이 내라 너희에게 있는 재물을 다 내놓으라 하는 그런 말씀이 아니고 우리의 삶을 온전히 하나님께 맞히는 습관을 들이라는 우리 신앙의 자세를 말씀하신 것입니다. 오직 하나님만이 주인이시오, 우리가 섬겨야 하는 분으로서 물질이 믿는 것이 될 수 없고 주인이 될 수 없다는, 물질관을 확실히 하라는 것을 말씀하는 것입니다.

우리가 하나님께만 습관을 드릴 때 그것이 행복이요 기쁨이요 평안이요 능력이요 또한 삶을 책임져 주시는 것을 경험하게 되니, 물질에서 확실히 자유하게 되는 것입니다. 예수님께서는 물질은 사람의 주인이 아니라는 것, 사람이 물질을 의지하는 것이 아니라는 것, 오늘 말씀으로 분명히 우리에게 가르쳐 주셨으니 이것이 아멘이 되어 삶에 깨끗이 적용하면 얼마나 좋겠습니까? 혹이나 또 십의 일을 바치면 영생의 생명을 얻게 된다고 하는 말 아니니 오해의 말씀으로 받지 않기를 바랍니다. 분명히 그 믿음이 하나님의 뜻대로 되어서 믿음으로 드리는 것이어야 한다는 것 강조하고 강조합니다.

우리를 말씀으로 깨쳐 믿음이 되게 하시는 삼위의 하나님께 큰 감사를 올려드리며 말씀을 맺습니다. 아멘

제 14 장
비판(하나님께 심판)을 받지 아니하려거든

¹비판을 받지 아니하려거든 비판하지 말라 ²너희의 비판하는 그 비판으로 너희가 비판을 받을 것이요 너희의 헤아리는 그 헤아림으로 너희가 헤아림을 받을 것이니라 ³어찌하여 형제의 눈 속에 있는 티는 보고 네 눈 속에 있는 들보는 깨닫지 못하느냐 ⁴보라 네 눈 속에 들보가 있는데 어찌하여 형제에게 말하기를 나로 네 눈 속에 있는 티를 빼게 하라 하겠느냐 ⁵외식하는 자여 먼저 네 눈 속에서 들보를 빼어라 그 후에야 밝히 보고 형제의 눈 속에서 티를 빼리라 ⁶거룩한 것을 개에게 주지 말며 너희 진주를 돼지 앞에 던지지 말라 저희가 그것을 발로 밟고 돌이켜 너희를 찢어 상할까 염려하라

(마7:1-6)

　성경을 많이 아는 것만이 능력은 아니라는 것, 다 잘 아시지요? 성경을 많이 안다고 해서 그것만이 능력 아닙니다. 성경을 알고자 하는 것이 그래도 자기가 남보다는, 내가 너보다는 성경을 더 많이 안다는 것을 내세우고 자기 자랑이 되기 위해서 성경을 알려고 하는 것은 겸손이 아닌 교만입니다. 그 같은 생각으로 성경을 아는 것이 되어서도 안 되고 알려는 것이 돼서도 안 됩니다. 성경 많이 아는 것만이 능사

가 아니에요. 이 같은 모습들은 다 자기 마음에서 나는 욕심입니다. 죄의 소욕인 인본에서 나는 것이라는 말입니다. 남보다 성경을 더 잘 아는 것으로 자기만족이 되고 우쭐하는 것이면 그것은 자기에게 속는 지식에 불과한 것이요, 교만에 속합니다. 성경은, 믿음이 되려 하면 지식으로 알아야 하는 부분은 있습니다. 그러나 실제적 삶이 되어야 함을 말씀하시는 하나님의 뜻입니다.

그러므로 성경을 알려는 것은 곧 삼위 하나님을 더욱 깊이 알고 관계를 이루기 위한 뜻이 되어야 합니다. 하나님의 말씀을 깨달아 말씀하신 바대로 적용하는 삶을 살기 위해서 성경을 알려는 것이 되어야 한다는 말입니다. 이것을 인격적이라고 하는 것입니다. 제가 여러분에게 말씀을 가르치는 것도 성경 잘 알라고, 아는 것에 머물라고 하는 것에 있지 않습니다. 듣고 깨달아서 자기 믿음을 살피고 적용함으로써 바른 믿음의 능력을 갖추자는 데 있다는 것, 여러분이 다 아는 것이지만 다시 당부하며 이 말씀을 시작합니다.

오늘 우리가 마7:1-5까지 말씀을 읽었습니다만, 여러분이 반드시 아실 것은 지금 이 말씀을 누가 하셨습니까? 예수님이지요? 그러면 예수님은 우리의 구주이시지만 그분은 또 누구십니까? 천지 만물을 창조하신 창조주 하나님입니다. 그러면 예수님의 이 말씀은 누구의 말씀이 됩니까? 창조주 하나님의 말씀입니다. 우리 믿음은 육의 것을 말합니까? 영의 것을 말합니까? 영의 것입니다. 그래서 예수님을 믿는 사람들은 예수님의 말씀이 반드시 믿음의 원칙이 되어야 합니다. 그러므로 믿음에 대한 원칙을 무시하면, 믿음이 될 수도 없고 믿음이라 할 수도 없습니다. 인정되지 않는다는 말입니다. 믿음의 원칙이 되어야 하는 예수님의 말씀을 무시하고는 믿는다 할 수 없습니다. 가르침의 말씀들을 받아 영혼으로 행하는 말씀이 되지 않는다면 그 믿음은 영의 믿음이 아닙니다.

예수님이 산으로 올라가 가르쳐 이르신 것, 마태복음 5장에서 7장까지의 말씀, 그 마지막이 **누구든지 나의 이 말을 듣고 행하는 자는 반석 위에 지은 지혜로운 사람 같으리니 비가 내리고 창수가 나고 바람이 불고 그 집에 부딪히되 무너지지 아니하나니 이는 주초를 반석 위에 놓은 연고** 라고 하셨습니다.

마태복음 5장, 6장, 7장의 예수님의 이 말씀을 듣고 행하는 자는 바로 반석 위에 집을 지은 지혜로운 사람 같다 그러나 **나의 이 말을 듣고 행치 아니하는 자는 그 집을 모래 위에 지은 어리석은 사람 같으리니 비가 내리고 창수가 나고 바람이 불어 그 집에 부딪히매 무너져 그 무너짐이 심하니라**는 말씀을 하셨다는 것 여러분이 심각히 들어야 할 것입니다. 예수님의 이 말씀, 귀에 못이 박일 만큼, 머리에 새겨질 만큼 들은 것이지만 들은 것으로 끝나지 말고 자신의 믿음을 비추어 상고해보자는 말입니다. 예수님이 산에 올라 말씀하신 이 산상의 말씀을 영, 혼, 육, 전인으로 받아 그 삶이 되고자 하는 인격적 관계가 되어야 한다는 말입니다.

저는 누구든지 믿음의 집을 반석 위에 지은 지혜로운 사람이 되기를 참으로 원하기에 예수님의 이 모든 말씀을 깨달아 나의 말씀으로 받고 또 전하는 데 힘써 왔습니다. 물론 산상의 말씀과 그 외에 모든 말씀도 사실은 2009년까지 일차 다 선포한 것입니다. 처음부터 저와 함께하신 성도님들은 다 들은 것이지만 다시 또 재차 다루는 내용이 있게 되는 것은 되새김 차원에서입니다.

오늘 본문 1에서 '비판을 받지 아니하려거든 비판하지 말라' 하셨는데 그러면 여러분! 예수님께서 당부하신 말씀의 초점이 '비판을 받지 아니하려거든'이겠습니까? '비판하지 말라'이겠습니까? 여러분의 답변은 '비판하지 말라'에 있다고 했지만 예수님의 입장에서는 '비판하지 말라'는 것이 초점이 아니라 '비판을 받지 아니하려거든' 입니다.

그런데 여러분이 비판하지 말라는 것에다 초점을 두고 답했듯이 모든 사람들도 똑같이 비판하지 말라는 것에다 두고 있습니다. 그래서 말씀하시는 표적에 맞히지 못하는 무지함으로 인해 믿음에 대한 질서도 없고 분별이 없는 요상한 그리스도인들이 돼 있는 겁니다. 그러면 말씀을 전하는 사람은 아닙니까? 다 하나같이 비판하지 말라는 것에다 초점을 두고 있다는 것은 같습니다. 지금 예수님이 어떤 의도로 비판을 말씀하셨는지 볼 눈도, 들을 귀도 없으니 다 자기 머리가 알고 있는 인간상식의 말로 바꿔서 비판하지 말라는 것을 말하고 있는 겁니다. '비판을 받지 않으려면 너희가 비판하지 말라' 하신 이 비판을 예수님의 의도, 예수님의 생각과는 맞지 않는 사람의 계명으로 삼아 열심히 말하고 있다는 말입니다. 그래서 예수님을 만나지 못한 바리새인이요 서기관입니다.

그러니까 '비판을 받지 아니하려거든 비판하지 말라' 하신 이 말씀을 인간이 인간을 비판하면 안 된다고 하는 것으로 맞추어서 사람의 계명으로 만들어 놓고 있다는 말입니다. 예수님의 의도와는 상관없는 인간 윤리적인 도덕률로 끌어내려서 가르쳐주고 있어요. 그러니 그 말을 듣고 배운 사람들이 나도 성경 안다는 머리 내세우면서 그걸 어디다 갖다 써먹어요? '주님이 비판하지 말라 했는데 왜 비판합니까?' 하는 겁니다.

제가 전한 말씀 앞에도 성영님께서 보내신 경고라고 분명히 출처를 밝혔음에도 불구하고 성경에 비판하지 말라 했는데 왜 비판하느냐고 아는 척하고 나오는 사람 많습니다. 나는 이런 사람 보면 우리 속담 있지요? "하룻강아지 범 무서운 줄 모른다"는 그 속담 말입니다. 그 생각이 절로 납니다. 물론 나 외에 다른 사람을 내 기준과 맞지 않는다고 해서 함부로 비판은 하지 않아야지요. 어떤 확증도 없이 분별됨이 없이 비판하는 것은 죄의 속성이기 때문에 절대 삼가야 하는 것은 맞습니다. 이것은 인간 기본 양심의 일이에요. 그래서 이런 인간 양심에서 난 도덕은 공자도 말했어요. 부처도 말했어요. 교육계에서도 층층이 가르칩니다. 그러나 예수님은 인간관계에서 있는 이런 도덕률을 교훈하신 말씀이 아닙니다.

신약에서 비판을 두 가지로 말하고 있습니다. 하나는 오늘 예수님이 말씀하신 비판입니다. 이것은 원어로 '크리노'라 하는데 '정죄하다.' '심판하다.' '원수 갚다.' 는 뜻입니다. 그래서 오늘 마7:1의 "비판을 받지 아니하려거든"하는 것은 "정죄되어 심판을 받지 아니하려거든" 그 말입니다.

그리고 또 하나는 롬14:1에서 비판이라는 단어가 나오는데 여기서는 헬라어로 '디아크리시스'라 합니다. 이것은 '분별'의 뜻을 가졌습니다. 내용을 보면 **믿음이 연약한 자를 너희가 받되 그의 의심하는 바**

를 비판하지 말라 했습니다. 무슨 말인가 하면, 믿음이 연약해서 의심하는 것인지를 분별하라, 그런 경우면 비판하지 말라는 말입니다. 이 로마서가 기록될 그때 상황적인 배경을 예로 들어 여러분의 이해를 돕습니다. 율법을 지키던 사람이 예수님을 구주로 믿고 교회로 나옵니다. 와서 보니 어떤 사람이 율법에는 부정하니 먹지 말라 한 돼지고기를 먹는 겁니다. 그러니까 우리 율법에는 먹지 말라 했는데 왜 그 부정한 고기를 먹느냐? 하나님의 법을 어기는 것 아니냐고 의심한다는 말입니다. 예수님께서 십자가에서 부정을 벗기셨으니 이제 먹어도 되지만 그것을 알지 못하여 의심하는 그에게, 믿음으로 먹는 사람이, 그것도 모르는 자가 어떻게 예수님을 믿겠느냐고 판단하고 비판하는 겁니다.

그러나 하나님은 아직 그 지식을 갖지 못한 연약한 자니 의심하는 그를 받으시는데 만일에 믿음 있다 하는 자가 분별없이 판단하고 비난하면 모두가 다 하나님의 심판대 앞에 설 것이니 비판하지 말라는 말입니다. 오늘날로 말하면 복음을 듣고 나와 아직 성경을 알지 못하여 의심하는 것이 있을 때 아직 연약한 자인지 분별하여 비판하지 말고 받으라, 믿음을 도우라는 그 뜻입니다.

그리고 '디아크리시스'는 분별의 비판입니다. '그 말이 아니지 않느냐? 저 말이 성경의 말씀과 예수님의 말씀과 맞는 것인가?' '저 말은 말씀의 의도와는 다르다.' 하는 분별의 비판입니다. 말씀의 뜻에 조명하여 그와 그 말이 맞는 것이냐를 분별하기 위한 비판은 있지만 정죄하는 것은 하지 말라는 말이에요. 정죄는 절대로 우리에게 주신 권한이 아니니 정죄의 판단은 하지 말라는 말입니다. 그렇기에 제가 늘 말하는 것은 듣는 것을 분별할 수 있어야 한다는 것 아닙니까? 말씀 분별 못하면 자기가 죽는 겁니다. 분별의 능력 갖추지 못하면 구원 받지 못할 수도 있습니다. 말씀에 대해 분별해야 할 책임은 자신에게 있습니다. 그렇기에 너무나 중요하니 성영님을 의지하여 분별하라고 늘 권면하는 겁니다. 분별을 위해서 하는 비판은 있다는 것. 분별하는 비판에 대해서 이해됐습니까?

그러면 오늘 예수님이 말씀하신 '크리노'의 뜻이 뭐라고 했습니까? 정죄하다 심판하다 또는 보복하다. 이것은 법정 용어입니다. 법정 용어! 다시 말해 이것은 '하나님께 비판을 받지 아니하려거든 하나님께로 보냄을 받은 자를 비판하지 말라.' 는 말씀이에요. 너희의 비판하는 그 비판으로, 즉 너희의 정죄하는 그 정죄로 너희가 정죄를 받고 너희가 심판자처럼 판단한 것으로 너희가 판단을 받고 심판을 받을 것이라는 말씀이에요. 누구를 비판하지 말라고요? 하나님께 보냄을 받은 자를 자기 머리로 헤아려 비판하여 정죄하면 하나님께서도 헤아리시고 정죄하여 심판하신다는 말씀입니다.

그러면 5에서 "외식하는 자여" 하셨으니 예수님께서 외식하는 자라고 하신 대상이 구체적으로 누구일까요? 바리새인, 서기관, 사두개인, 대제사장 등 유대교의 지도자들입니다. 예수님께서 비판에 대해 말씀하신 대상은 바로 유대교의 지도자들과 바리새 서기관 사두개입니다. 바리새인이 누구며, 사두개인이 누구며, 서기관이 누구인지 이들의 특성에 대해서 그동안 낱낱이 말했기 때문에 여러분이 다 아는 것이니 더 설명하지 않습니다. 오늘날의 바리새 서기관 사두개 같은 지도자들도 다 해당합니다.

이들은 하나님께서 세우시지 않았습니다. 그러나 자신들만이 여호와 하나님이 번영의 복을 주셔서 풍요를 누리고 백성들을 지도하는 위치에서 율법을 가르치는 선생이 되게 하셨다고, 그리고 율법을 지키는 그 의로 인하여 영생에 들어가는 복을 얻게 되었다고 자부한 자들입니다. 자신들은 죄인과는 상관없는 의인이요, 하나님의 율법을 잘 지키므로 영생에 들어가게 된 하나님의 복을 받은 자들임을 자랑하고 과시하는 자들이었습니다. 거리를 다니면서 가난한 자들에게 돈 몇 푼씩 주는 것으로 구제하며 백성들의 환심을 사 존경을 얻기 원하였고, 회당이나 거리에서 큰 소리로 기도하고 경문을 읽으며 백성들로 하여금 율법에 박식하고 기도 많이 하는 선생이라는 존경과 칭찬과 자랑을 얻고자 했습니다. 이것은 다 거짓이요 외식입니다.

율법을 지키려 하나 지킬 수 없어서 무거운 율법의 짐에 눌려 지키지 못한 죄 때문에 고통하며 감히 하나님께 얼굴을 들지 못한 사람들을 죄인이라고 비난하고 정죄했습니다. 가난한 사람들을 비천하게 여기고 하나님께 저주받아서 가난을 면치 못하는 죄인들이요 민족의 골칫덩이요 천박한 자들이라고 여겼습니다. 한 형제인 사마리아인들을 이방인의 더러운 개라 여기며 죄인으로 취급하여 상종하지 않았습니다. 또한 그들 앞에 오셔서 복음을 전파하시고 하늘로부터 오신 표적을 행하시는 메시아 예수님을 보면서 사마리아인으로 취급하며 이단의 괴수로 정죄했습니다.

그렇기에 예수님께서 이들을 향해 오늘 본문 3-5까지 **어찌하여 형제의 눈 속에 있는 티는 보고 네 눈 속에 있는 들보는 깨닫지 못하느**

냐 보라 네 눈 속에 들보가 있는데 어찌하여 형제에게 말하기를 나로 네 눈 속에 있는 티를 빼게 하라 하겠느냐 외식하는 자여 먼저 네 눈 속에서 들보를 빼어라 그 후에야 밝히 보고 형제의 눈 속에서 티를 빼리라 하신 것입니다. 예수님께서 보실 땐 죄인이라 정죄하며 비난받는 그들은 오히려 율법을 범한 죄인임을 스스로 알고 고통 하니 곧 용서받을 수 있게 되어 그들의 죄는 티 정도밖에 되지 않지만 그러나 자기는 죄 없다는 듯 죄를 보고 정죄하는 그들은 오히려 들보가 되어 하나님의 진노의 심판을 면할 길이 없게 되었다는 말씀을 하신 것입니다.

자신이 죄인임을 아는 자의 눈에 티는 뺄 수 있지만(용서받게 되었다는 뜻) 자신들의 죄는 보지 못하고 스스로 죄 없다고 하는 이들의 죄는 들보라, 너희 눈 속에 들보가 있다, 그러니 들보를 빼라고 하셨습니다.(자신의 들보를 스스로 빼지 않으면 용서받을 길은 없다는 뜻) 그러므로 백성의 지도자로 자부하던 이들이 율법의 뜻에서 벗어나 하나님을 섬긴다 했다는 것 여러분이 심사숙고해보아야 할 것입니다. 오늘날도 하나님의 뜻에 맞지 않는 거짓 신앙이 다라고 해도 과언이 아니라는 말입니다.

예수님께서 눅 11장에 **화 있을진저 너희 율법사여 너희가 지식의 열쇠를 가져가고** …… 이 율법사들이 스스로 선생 자리에 앉아서 모세 오경을 풀어 백성에게 가르쳤다는 말입니다. 그렇기에 선생 노릇 하는 이 율법사들이 하나님보다 더 높은 위치가 돼 있었다는 거예요. 이들이 스스로 선생이 돼 있으니 성경을 잘못 풀어 가르치는 것이야 당연한 일입니다. 하나님의 의도를 거짓으로 말할 수밖에는 없습니다. 그래서 자기들도 들어가지 못하고 또 들어가고자 하는 자도 막았다고 했습니다.

예수님께서 이렇게 말씀하셨어도……, 오늘날 이런 자기 계산, 자기심사들 다 갖고 있잖아요? '몰라서 그랬으니 이후에 깨달을 날이 있겠지' 하지 않습니까? '그래도 하나님을 믿고 섬긴다 하는 것이니 몰라서 그랬으니 언제든지 믿음을 바로 할 기회는 있겠지' 하지 않습니까? 그러나 이런 여지를 가진 것 아닙니다. 스스로 나와 선생이 되어 말씀의 의도에서 벗어난 것들을 가르친 자들에게 내린 여지없는 선고예요. 그러니 오늘날 스스로 나와 선생 된 자들이 너무나 많은 것을 볼 때에 참으로 두려운 일이 아닐 수 없습니다. 스스로 나온 선생들이 하나님이 자기를 종으로 불렀다고만 생각하지 자신을 알고 회개하여 돌이키는 자가 없었다는 것, 예수님의 때에 보이신 것을 볼 때 오늘날도 다르지 않다는 것을 알아야 할 것입니다. 바리새인 서기관 사두개인 유대교 지도자들이 예수님과 예수님의 말씀을 절대로 받지 않았다는 것 분명히 아십시오. 마찬가지로 이 부류들은 저의 전한 말씀들을 듣지 않을 것이라는 것도 분명히 아십시오. 왜냐? 종자가 다르기 때문입니다. 그렇기에 분별의 책임이 여러분 자신에게 있음을 알라는 말입니다.

여러분! 눈 속에 티는 마음에 고통은 좀 있지만 빼면 됩니다. 티야 빼 버리면 되는 거예요. 그런데 예수님은 네 눈 속에 들보를 빼라 하셨는데 들보가 뭐에요? 집에 균형을 잡고 지붕이 올라갈 수 있도록 양쪽 기둥과 기둥 사이를 걸쳐 놓아주는 버팀목과 같은 역할이지 않습니까? 벽과 지붕의 중심 부분이 되는 것, 지붕이 올라갈 수 있도록 하는 중심이잖아요. 그러니 들보를 빼면 집이 무너지는 것입니다. 가정에서도 가장 기대를 가지고 있는 자식에게 너는 우리 집안의 무엇이라? 우리 집 대들보다 그러잖아요. 너 무너지면 우리 집 다 무너진다 하잖습니까?

예수님이 이들에게 "들보 빼라" 한 것은 집의 균형을 잘 잡고 있는 그 들보 같은 인본주의를 말합니다. 자기중심, 그 인본을 빼라는 말입니다. 봐야 할 것이 보이지 않고 만나지 못하게 하는 인본주의, 하늘의 일을 보지 못하게 덮고 있는 그 인본을 빼라는 것입니다. 네 보는 것 네 생각, 너 중심인 너를 허물어라. 너희가 지도자라 하니 먼저 그 들보부터 빼라. 그러면 네 형제의 눈 속에 티를 볼 것이다. 그들과 다른 것이 아니라 똑같은 죄인이라는 것을 보게 될 것이라는 말입니다. 예수 그리스도의 죄 용서가 아니면 죄인으로 하나님께 심판받는 것을 알게 되고 하나님의 집에 거하는 한 형제임을 알게 되고 그 형제들의 눈 속에 있는 티를 보고 빼리라 하신 것입니다.

사람은 나를 보는 눈과 또 누구 보는 눈이 있을까요? 남 보는 눈, 나 보는 눈, 두 눈입니다. 믿음은 나를 보는 것입니다. 자기중심은 자기 보는 눈은 없고 두 눈으로 남만 봅니다. 그래서 예수님께서 율법의 잣대 가지고 남의 죄 보지 말고 남을 보는 눈은 닫고 너를 봐라. 네가 누구인지 율법으로 너를 보라고 하신 겁니다. 또한 예수님의 말씀으로 영의 눈을 뜨라는 것입니다. 예수님을 믿는다는 것은 그 죄를 용서받은 자라는 것이요, 용서받았다는 것은 진리로 산다는 것을 말합니다. 진리로 산다는 것은 남 정죄하지 않는다는 말입니다. 남의 죄를 보지 않습니다. 예수님의 모든 말씀을 헤아리지 않고 받아 따르는 것입니다. 남을 비난하고 정죄하고 조롱하고 비웃고 말로 심판하는 것들은 사단이요, 그 사단의 것이 입으로 나오는 것은 그 마음에 있기 때문이요. 구원 얻지 못했음의 증거입니다. 사단의 것들이 입으로 나오지 않는 것이 구원의 증거요. 예수님의 사람입니다.

그런데 자기 보는 눈은 없고 남을 보는 눈은 밝습니다. 남의 눈의 티는 잘 보는데 자신의 눈 속에 들보는 보지 못합니다. 인본 중심이 들보이기 때문입니다. 자기 속의 들보는 보지 못하면서 비난하고 비웃고 정죄하게 되면 그것은 이미 자기가 심판자나 되는 것처럼 행세한 것이 되었으므로 그 정죄의 심판이 자기에게 다시 돌아오는 것입니다.

예수님께서 **비판을 받지 아니하려거든 비판하지 말라** 하신 것은 '하나님께 심판을 받지 아니하려거든 하나님께로 보냄을 받은 자를 비판하지 말라'라는 말씀이라고 했습니다. 그러면 5에 "외식하는 자여" 하신 이 바리새인, 서기관, 사두개인, 유대교의 지도자들이 비판한 대상이 누구라는 것입니까? 예수님입니다. 하나님에게서 나오신 예수님을 눈 속에 있는 들보로 인하여 보지 못하고 죄인으로 취급하며 정죄하고 심판했습니다. 예수님의 행하시는 모든 이적과 표적을 보면서도 헤아리고 비판했습니다. 예수님이 전하시는 말씀을 헤아리고 책잡았습니다. 자신들의 사상과 맞지 않는다고 이단으로 몰았습니다.

병을 고치시고 귀신을 쫓아내시고 죽은 자를 살리심으로 표적을 나타내 죄사하는 권세를 가진 분이요, 생명의 주인이시오. 영생을 얻게 하시는 하나님이신 것을 보면서도 저것은 안식일을 범한 죄다, 돌로 쳐 죽여야 한다. 일개 목수의 아들이 자기가 하나님의 아들로 하나님과 동등이라고 하니 그것은 하나님을 모독하는 참람한 행위다 죽여야 한다. 사람들을 선동하고 다니는 이단의 괴수다 죽여야 한다는 이 같은 죄목들을 만들어 십자가에 달아 못 박아 죽임으로써 심판자 행세를 했습니다.

또한, 예수님의 보냄을 받은 제자들을 향해서도 크리노의 비판을 계속적으로 행하며 핍박했습니다. 예수님은 자기의 택한 사람들의 받는 핍박도 비판도 예수님 자신이 받는 것으로 여기십니다. 예수님의 말씀을 비판하는 것도 예수님을 비판하는 것으로 여기십니다. 그렇기에 **비판을 받지 아니하려거든 비판하지 말라** 하신 것입니다. **너희의 비판하는 그 비판으로 너희가 비판을 받을 것이요 너희의 헤아리는 그 헤아림으로 너희가 헤아림을 받을 것이라**고 하셨습니다. 수천 년에 걸쳐 언약하신 메시아가 백성 앞에 오셨는데 영접지 않고 스스로 판단하고 정죄하니 하나님의 심판이 너희에게 그대로 돌아가게 되었다고 하는 것입니다.

그런데 오늘날 인간들이 예수님의 말씀이신 이 비판에 대해서 참으로 무안(無顔)하게도 예수님의 의도와 관계없는 인간 자기들의 말로 바꾸어서, 인간을 그 인간의 말을 비판하지 말라는 뜻의 인간 윤리와 도덕이 되게 하여 아주 그것으로 굳어버리게 하였습니다. 하나님의 말씀 앞에 있는 인간의 어리석음이라는 것이 얼마나 오만을 부르는지 참으로 말로 다할 수 없습니다. 그러니까 하나님 입장에서가 아닌 인간 자기 입장에 서서 '주님이 비판하지 말라 했는데 왜 비판하느냐?' 고 무지한 말 하는 것입니다.

그런 인간들이 나에게도 말입니다. '주님이 비판하지 말라 했는데 왜 다른 목사들의 말씀을 비판하고 나오느냐.' 하며 나를 비난하고 나오는 자들이 있다고 했지 않습니까? 예수님 말씀하신 비판의 의미도 모르면서, 그렇게 덤비는 것입니다. 당신이 알면 얼마나 안다고 그 잘나가는 유명한 목사들을 비판하느냐는 것이겠지요. 다른 목사들은 다 바보고 자기만 혼자 다 깨달은 것처럼 하느냐 하는 것이겠지요. 하나님이 당신만 불러 세운 것이냐? 하는 것이겠지요.

그러면 그들이 말한 대로라면 나에게 왜 비판하느냐고 비난하는 것 그것도 비판입니까, 아닙니까? 비판입니다. 그 말을 하는 그 자신도 자기 말대로라면 그 비판에 걸렸습니다. 나야 성영님이 보내셨다고 분명히 밝혀 말하였으니 내 말에 내가 책임을 지는 것이지만 그런 그들은 보냄을 받은 것에 스스로의 확증도 없으면서 나를 비판한다고 하면 그것부터 옳지 않음을 나타내는 것이지 않습니까. 인본이라는 것을 드러내는 것입니다. 그 자신들 말대로라면 판단은 하나님께서 하실 일인 것이지 자기들이 비판하고 비난할 수 없다는 것까지 알아야 하는 것이겠지요.

또한 성영님께서 영혼들을 거짓으로부터 건져내려고 보내신 하나님의 뜻을 분별해볼 줄 모르고 거짓의 말과 행위들을 드러내 주는 것을 비판한다는 것으로 듣는 것이면, 그 자신이 거짓에 속했다는 말일 것이고, 성영님을 거역하는 것에 걸리는 것입니다. 그야말로 거짓 선지자들을 삼가라 하셨으니 삼가 자신을 잘 살펴서 성영님을 훼방하는 죄에 걸리지는 말아야지요. 오늘 비판받지 아니하려거든 하신 이 비판에는 절대로 걸리지 말아야 한다는 말입니다. 예수님을 비판한 바리새인 서기관 사두개인의 받을 심판에 참여하지 않으려면 아무라도 할 수 있지 않은 이 일을 하면서 이것이 하나님께서 보내신 경고라고 한다면, 삼가 스스로 입 벌리는 것들 조심해야 하는 것이겠지요.

제가 예수님께서 비판받지 아니하려거든 하신 말씀, 여기 이 두려운 말씀을 깨닫지 못해 의미도 모르면서 그같이 비판을 하고 있는 것인지, 그것도 생각을 좀 해봐야 할 것이라는 말입니다. 참으로 자기가 하나님의 의도에 맞게 성경을 깨달은, 확증이 있음으로써, 성경의 확실한 증거를 가지고 나의 전한 말씀과 경고의 말씀을 거짓이라고 비판한다면 모를까, 성경에는 없지만 모든 사람들이 가진 공통된 생각이라고, 객관적인 것이라고 비난하고 나오는 그것이 어찌 하나님에게서 나온 것이 되겠느냐는 말입니다.

예수님께서는 예수님을 비판한 유대교의 지도자들 바리새인 서기관 사두개인들에게 엄중한 심판의 선고를 하셨습니다. 누가복음 11장에 **화 있을진저 외식하는 너희 바리새인들아 화 있을진저 너희 율법사여** 마 23장에 **화 있을진저 외식하는 소경된 인도자여 뱀들아 독사의 새끼들아 너희가 어떻게 지옥의 판결을 피하겠느냐 창세 이후로 아벨의 피로부터 제단과 성전 사이에서 죽임을 당한 사가랴의 피까지 땅 위에서 흘린 의로운 피가 다 너희에게 돌아가리라 내가 진실로 너희에게 이르노니 이것이 다 이 세대에게 돌아가리라** 말씀하심으로써, 유대교의 성전 역사와 예루살렘 역사가 필하리라고, 그때 그 환란이 얼마나 클지 이 유대인들에게 가장 큰 재난이 되리라고 예언하셨습니다.

눅 21장에 너희가 예루살렘이 군대들에게 에워싸이는 것을 보거든 그 멸망이 가까운 줄을 알라 했습니다. 그때에 유대에 있는 자들은 산으로 도망할지며 성 내에 있는 자들은 나갈지며 촌에 있는 자들은 그리로 들어가지 말지어다 했습니다. 이날들은 기록된 모든 것을 이루는 형벌의 날이라 그날에는 아이 밴 자들과 젖먹이는 자들에게 화가 있으리니 이는 땅에 큰 환난과 이 백성에게 진노가 있겠음이라고 하셨습니다. 저희가 칼날에 죽임을 당하며 모든 이방에 사로잡혀 가겠고 예루살렘은 이방인의 때가 차기까지 이방인들에게 밟히리라 하셨습니다.

제가 이것을 읽는 것은 오늘날 이 말씀을 가지고 7년 환란 때에 있을 일처럼 결부하고 있어서 여러분이 참고로 알도록 하기 위해서입니다. 이것은 그때 당시 유대인들의 예루살렘과 성전의 멸망당할 것을 예언하신 것입니다. 유대교의 역사를 필하시겠다는 말씀입니다. 말씀하셨잖아요? **이날들은 기록된 모든 것을 이루는 형벌의 날이니라**고 말입니다. 유대 백성들에게 진노가 있겠음이라, 창세 때부터 기록된 모든 것을 이루는 형벌의 날이라 하셨습니다.

예수님이 세상에 오셨을 때를 말세라 합니다. 그런데 말세라 하던 그 세월이 그동안 2천여 년이 흘렀습니다. 말세가 2천여 년이 넘어오게 된 것은 이것은 확실한 것은 아니고 저의 생각인데, 아마도 하나님께서 채우기 원하시는 이방인의 수가 차기까지, 기다리신 것이 아닌가 하는 생각을 해보았습니다. 그러나 예수님이 오신 그때를 성경은 말세라고 했습니다. 예수님께서 구약의 모든 뜻을 다 이루셨습니다. 창세 때부터 기록된 하나님의 뜻을 십자가에서 죽으시고 부활하심으로 다 이루셨기 때문에 그래서 예수님이 멸망을 예언하신 그때가 바로 형벌의 날이라고 말하는 것입니다. 예루살렘이 성전과 함께 멸망할 그때가 바로 유대교를 끝내시는 형벌의 날입니다. 그것을 말씀한 거예요. 그래서 유대인들은 칼날에 죽임을 당하기도 하였고 피신하여 살아남은 자는 이방으로 흩어졌습니다. 말씀대로 예루살렘은 오늘날까지 이방인들에게 밟히고 있는 것입니다.

그러니까 여러분이 눅 21: 20-24까지의 말씀을 가지고 7년 환란 때와 연관 지어 주거들랑 속지 말라는 말입니다. 예수님이 말씀하신 그 일이 언제 이루어졌어요? A D, 70년에 로마가 순식간에 예루살렘을 포위하고 성을 장악하여 기를 꽂고 성전의 돌 위에 돌 하나도 남지 않게 다 허물었어요. 그리고 보이는 대로 칼날로 죽였고, 그때는 아이 밴 자들과 젖 먹이는 자들이 화 있다고……. 왜 화가 있겠습니까? 임신 상태고 아이가 있으면 행동이 부자유스럽잖아요? 순식간에 벌어질 일이니 더딜 수밖에는 없지 않겠어요? 밭에서 일하다가 그 일을 보거든 즉시 산으로 도망하라 유대에 있는 자들, 밖에 있는 자들 성 내로 들어가지 말고 집으로 돌아오지 말고 산으로 도망하라. 그리고 지붕 위에 있는 자들은 집 안으로 내려가지 마라. 제자들의 기도처를 마가의 다락방이라고 했듯이 유대인들은 집 옥상에 다락방 같은 것이 있었던 것 같습니다. 너희가 지붕에 있거든 내려오지 마라. 내려오면 죽임을 당한다는 말입니다.

그때에 많은 유대인들이 죽임을 당했고 또 피하여 살아남은 사람들은 '디아스포라'라고 그러지요? 삶의 터전을 잃어버리고 이곳저곳 떠돌아다니면서 살아야 했던 유대인의 2천 년 역사입니다. 1948년에 유대인들이 땅을 극적으로 찾기는 했습니다. 그것이 지금 성경에 예언된 종말의 징조라고 말하고 있습니다.

스스로 지도자라 자칭한 바리새인 서기관 사두개인 유대교의 지도자들이 예수님과 예수님의 사람들을 비판하고 심판자처럼 행한 교만은 곧 자신들도 영생으로 들어가지 못하면서 들어가고자 하는 자도 들어가지 못하도록 막은 것뿐만 아니라 유대인들의 이런 엄청난 살육을 당하는 처참한 2천 년 역사가 되게 했던 것입니다. 그러므로 오늘날이라고 다르지 않다는 것을 여러분이 알아야 합니다. 가르치는 자들이 자기도 들어가지 못하면서 또 들어갈 자도 막는 일이 있다는 것 알아야 한다는 말입니다. 참으로 두렵고 두려운 일이라는 것 알아야 할 것입니다.

예수님께서 비판을 받지 아니하려거든, 하나님의 심판을 받지 아니하려거든 하신 것은 이같이 성영님께서 보내시는 말씀을 삼가 조심하여 살펴보지 않고 성경에 말씀하고 있지 않음에도 자기의 행한 것과 같지 않다고 자기의 생각과 자기의 아는 것과 맞지 않는다고 하여 판단하고 비판한다면, 뜨지 못한 눈 가지고 여자라고 무시하는 것이면 하나님을 비판하는 것에 걸리게 된다는 점을 잊지 말아야 할 것입니다.

또한, 마 5장에서 7장까지 가르쳐 이르신 말씀과 그 외 모든 말씀을 머리로 듣고 판단하고 헤아리지 말라고 하시는 겁니다. 너를 지으신 창조주 하나님께서 삶이요 길이요 복이요 생명이 되는 하나님 나라의 원칙을 말씀하신 것이니 믿고 받아들이고 따르는 것이지, 거기에 이 말씀은 너무 어렵고 저 말씀은 나와 상관없고 저 말씀대로 살다간 내가 망할 것 같고 못살 것 같고 이런저런 핑계들로 판단하고 잘라내면 이미 그것은 사단의 자식이라 하신 것입니다. 너희가 헤아리면 그 헤아림 그대로 헤아림을 받는 것이니 말씀을 헤아림으로 대하지 말라는 것입니다. 헤아리는 것은 바리새인이요 서기관이요 사두개인이요 유대교 지도자들입니다.

여러분은 예수님을 왜 믿습니까? 예수님을 믿는 믿음의 목적을 어디에 두었습니까. 하늘의 것입니까? 땅의 것입니까? 만일에 땅의 것이면 믿음이 잘못되었습니다. 예수님께서는 하늘의 것을 주시기 위해서 하늘에서 오신 하나님이십니다. 그러므로 하늘의 믿음이 되어야 합니다. 예수님 믿는 것을 땅의 것에다 둔다면 하늘의 것은 받을 수가 없습니다. 그러나 하늘의 것에 둔 믿음이면 하늘의 것을 얻고 땅의 것도 따라오는 것입니다.

사람이 믿는다 할 때 땅의 것 때문이면 예수님의 말씀을 스스로 잘라 내는 자가 되고 예수님의 말씀을 판단하고 헤아리게 돼 있습니다. 예수님의 말씀이 들리지 않는 것입니다. 그러나 하늘의 것 예수님께 믿음을 두었으면 예수님의 말씀을 사랑하여 따르게 돼 있습니다. 어려움 중에서라도 사모하여 사랑하고 기어코 따라가게 돼 있습니다. 그래서 복 중의 복은 오늘 말씀 하나님께 비판받지 않는 성영님으로 믿는 믿음입니다. 아멘입니까?

오늘 **비판을 받지 아니하려거든 비판하지 말라** 하신 말씀의 뜻을 아셨습니까? '비판하지 말라'가 핵심이 아니라 '비판을 받지 않아야' 하는 것이 핵심이라는 것도 이해됐습니까? 인간 간의 관계에 대하여 말씀하신 것이 아니라는 것도 아셨습니다. 사람이 이 크리노의 비판을 하게 되면 하나님께 이 크리노의 심판을 받게 됩니다. 만일에 하나님께 이 크리노의 비판을 받게 되면 그건 길이 없습니다. 오늘날은 예수님이 말씀하신 이 크리노의 비판에 걸리는 것은 뭐겠습니까? 믿음을 바로 하라고 성영님이 보내신 말씀을 거부하고 판단하여 비판하는 것이면 걸려드는 것입니다.

비판에는 하나님께 받는 크리노의 비판이 있지만, 또 한편은 우리의 믿음은 반드시 분별을 해야 할 책임이 있으니, 그에 대한 분별의 비판은 있어야 하는 것임은 충분히 이해되었으리라 생각합니다. 사람에게 비판받는 것이 아니라 하나님께 비판받지 않아야 하는 것이 오늘 말씀이 말하는 핵심이라는 것을 끝으로 하고 말씀을 맺습니다. 우리 주 예수 그리스도의 은혜를 감사드립니다. 아멘

제 15 장
예수님께 대접을 받고자 하면 너도 그같이 대접하라

⁶거룩한 것을 개에게 주지 말며 너희 진주를 돼지 앞에 던지지 말라 저희가 그것을 발로 밟고 돌이켜 너희를 찢어 상할까 염려하라 ⁷구하라 그러면 너희에게 주실 것이요 찾으라 그러면 찾을 것이요 문을 두드리라 그러면 너희에게 열릴 것이니 ⁸구하는 이마다 얻을 것이요 찾는 이가 찾을 것이요 두드리는 이에게 열릴 것이니라 ⁹너희 중에 누가 아들이 떡을 달라 하면 돌을 주며 ¹⁰생선을 달라 하면 뱀을 줄 사람이 있겠느냐 ¹¹너희가 악한 자라도 좋은 것으로 자식에게 줄 줄 알거든 하물며 하늘에 계신 너희 아버지께서 구하는 자에게 좋은 것으로 주시지 않겠느냐 ¹²그러므로 무엇이든지 남에게 대접을 받고자 하는 대로 너희도 남을 대접하라 이것이 율법이요 선지자니라

(마7:6-12)

　오늘 말씀은 지난 말씀과 그대로 연결 돼야 합니다. 마 5장에서 7장까지의 예수님의 이 말씀은 예수님을 믿는 자가 예수님의 형상을 이루는 영적 덕목이요 천국의 속성(능력)이므로 어느 것 하나도 소홀해서는 안 됩니다. 예수님의 말씀으로 사는 능력이 되지 않으면 그것은 예수님을 바로 믿는 것 아니요 믿음이 아닙니다. 예수님을 믿

는 사람이라는 것은 '예수님을 자기의 구주로 믿고 영접하여 구원받아 영생의 생명을 얻어 예수님과 함께 산다.'라는 것을 말합니다. 함께 산다는 것은 내 중심이었던 것은 예수님께서 십자가에 못 박혀 죽으실 때 함께 못 박혀 죽었고 예수님이 부활하심으로 함께 부활하여 예수님과 예수님의 말씀으로 사는 것을 말합니다. 자기는 예수님과 함께 죽었음을 알고, 철저히 죽음에 내려놓고 예수님 말씀으로 사는 것을 말한다는 말입니다. 그것을 믿음으로 사는 예수님의 사람이라고 하는 것입니다.

 그렇기에 예수님을 믿는다 하면서 예수님의 말씀에 관심 없으면 분명히 말하지만 그것은 예수님 믿는 것 아닙니다. 예수님을 믿기 원하면 명심해야 합니다. 제가 말씀을 말할 때마다 이 말을 거듭하는 것은 잘못된 믿음으로 굳어버린 지각을 깨치기 위해서입니다. 믿음을 잘못 인식하고 있는 것에서 늦지 않았다면 깨어나기를 원해서 계속 두드리는 것이란 말입니다.

 누구나 자기도 예수님 믿는다고 말할 수는 있습니다. 그러나 믿음은 입의 말로 믿는 것이 아니고 예수님의 말씀이 삶이 되어 나타나는 것에 있습니다. 예수님을 믿기로 했으면 예수님의 가르침을 깨달아 삶이 돼야 합니다. 믿음이 진짜냐 가짜냐 하는 것, 누구에게 물어봐서 아는 것이 아니라 예수님과 함께 죽고자 하고, 예수님의 말씀으로 사느냐에 있습니다. 예수님의 말씀이 삶의 뜻이 되어 예수님과 생각도 뜻도 같아야 한단 말입니다. 예수님의 인격으로 변화를 받아, 예수님과 하나가 되는 믿음의 법이기에 그렇습니다. 그것이 성전의 관계로 온전한 구원이 되고 생명이 충만케 되는 것이기에 그렇습니다. 그러므로 믿는다는 사람이 예수님의 말씀으로 사는 능력이 되고자 하는 사모함이 없으면 무슨 복이 있을 것이며, 믿음이 설 수가 있겠습니까?

롬10:17에 분명히 말했습니다. 믿음은 어디에서 난다고요? 들음에서 나며 들음은 누구의 말씀이요? 그리스도의 말씀, 바로 예수 그리스도의 말씀으로 말미암는다고 했습니다. 믿음이 나는 것은 예수님의 말씀이라고, 말씀을 들음에 있다고 했다는 말입니다. 들음에서 믿음이 난다는 것은, 행함까지를 말합니다. 말씀을 들었으면 그대로 복종이 일어나는 것을 말해요. 그대로 따른다는 뜻이에요. 그렇기에 예수님의 말씀에 행함이 일어나면 구원받지 못할 이유 없는 것이고, 믿음의 능력을 갖추지 못할 이유가 없습니다. 그 삶을 하나님 아버지가 책임져 주시지 않을 이유가 없는 것입니다.

그런데 사람들의 지도자가 되고, 말씀을 가르치는 사람들이 예수님과 친구 되지 않았음에도, 예수님의 생각과 의도를 전혀 알지 못하는 무지함 가운데, 말씀을 다루어 예수님께 큰 무례를 범하고 있습니다. 예수님의 이 모든 말씀에서 예수님의 생각, 예수님의 마음을 보지 못하면 절대로 그 위치에 선다는 것 있을 수 없습니다. 말씀의 의도를 깨닫지 못하고 예수님의 생각과 같은 말을 할 수 없다고 하면, 그건 절대로 말씀 전할 수 없습니다. 아니, 어떻게! 예수님의 것을 가지고 예수님의 뜻과 같지 않다면 무엇을 전한다는 말입니까? 하늘의 소리를 땅의 소리로 바꾸고 인간의 도덕률이 되게 할 것밖에는 없습니다. 자기도 거짓이요 사람들을 거짓으로 끌어들이는 것입니다.

자기를 모르면서, 하기야 자기는 믿음이 된 줄로 생각하고 하나님께서 자기를 부르셨다고 생각하는 것이니, 자신이 잘못하고 있다는 것 절대 모르는 것이니 말해 뭘 하겠습니까. 그것이 큰 문제입니다. 그렇기에 성경을 깨닫지 못한 무지에서 돌이킬 기회를 주시기 위해 예수님의 교회에게 말씀을 보내신 것입니다. 보내신 말씀이 사람에게 믿음의 척도가 될 것이니 이후에 핑계치 못할 것이라고 하셨습니다. 그러니 사람들을 거짓 믿음이요 종교인 되게 하는 것이니, 거짓 선지자라 하는 겁니다. 예수님의 말씀을 예수님의 생각에 맞게 전하지 않는 것은 그 말이 그럴듯해도 다 거짓임을 알아야 합니다.

그런데 그것이 거짓인지 아닌지 사실은 또 분별할 능력들이 없습니다. 그래서 성영님을 의지하라고 하는 것입니다. 진심으로 믿기 원하면 하나님의 모든 깊은 사정까지 다 아시는 성영님께서 지혜가 돼 주시기를, 참인지 거짓인지 분별의 능력이 돼 주시기를 구하면 자기 안에 계신 성영님께서 또는 옆에 와계신 성영님께서 분별의 능력이 돼 주십니다. 성영님으로 분별하는 것입니다. 자기는 못하는 거예요. 우리 머리로는 할 수 없습니다. 땅에 것만 가진 인간 머리가 어떻게 하늘의 것을 깨달을 수 있습니까? 사람으로는 100% 분별할 능력 없습니다. 그러기에 성영님을 의지하라고 항상 강조하여 당부하는 것입니다. 이 말은 말씀에 관심을 두고 바르게 깨달아 진짜 믿기를 원하는 자에게 하는 말입니다. 말씀에 관심 없으면 전혀 해당 없습니다.

예수님의 말씀은 예수님의 성품이요 인격이요 생명입니다. 생명의 말씀이 사람 안에 와계시면 예수님께서 와계신 것입니다. 그렇기에 하나님의 종이라고 하는 것은 하나님의 영적인 전 뜻을 성영님의 눈으로 보고 깨달은 자라는 것이요. 예수님의 생각과 마음을 가졌다는 말입니다. 그래서 예수님의 마음과 생각에 맞추어진 영이요 생명의 말씀이 나와야 하고 성품이 나와야 합니다. 그렇지 않으면 절대로 종이 아닙니다.

말씀을 예수님의 생각과 마음에 맞히지 못하면 오늘 구하라 주실 것이요 찾으라 찾을 것이요 하는 이 말씀, 우리 너무 잘 아는 말씀 아닙니까? 귀에 못이 박이도록 듣고 읽고 아는 말씀이잖아요. 그런데 이 말씀도 세상 삶의 것들을 구하면 주신다 하는 것에다 맞추는 것입니다. 구하라는 것으로 시작해서 11하반에 구하는 이마다 좋은 것으로 주시지 않겠느냐, 하나님께서 분명히 구하는 자에게 좋은 것 주신다고 하셨으니 생활의 문제, 자녀의 문제 가지고 나와서 작정해서 기도하라고 하는 겁니다.

기도하지 않으니까 문제들을 해결 받지 못하는 것 아니냐? 사십 일 작정 기도 하고, 이십 일 작정 기도하고, 십 일 작정 기도하여 이런 생활의 문제들, 자녀의 문제들 해결 받으라고 하는 것으로 연결해 주는 것입니다. 그러니까 교회들이 육체의 것들을 구하게 하는 말씀으로 맞추어 전하며 외치고 있습니다. '구하면 주신다고 하셨으니까 내가 지금 하는 사업 하나님이 도와주셔서 잘되게 해주세요. 내 자식 잘되게 해주세요. 우리나라 경제 잘되게 해주십시오. 잘 먹고 잘 사는 나라 되게 해주십시오. 지금 아파트 파는 것이 손해인지 손해 입지 않는 것인지 알게 해주세요.' 예수님의 의도와는 전혀 맞지 않는 이 같은 것들에다 맞추고 교회를 예수님의 이름 사용하여 세상 것이나 빌러 다니도록 하는 것입니다.

한 예로 여러분, 입시철만 돼 보십시오. '수험생을 위한 기도회'라는 제목 달고 **구하라 주실 것이요 찾으라 찾을 것이요 문을 두드리라 그러면 열릴 것이니**의 이 성경 구절을 크게 쓴 현수막 걸어 놓고 구하면 응답하신다 하셨으니 수험생 자녀들 위해서 기도하라고 하잖습니까? 평상시에는 기도 못 할 이유가 많아 기도하지 않다가도, 자기 자식 시험 잘 치를 수 있게, 어느 대학 붙게 해달라고 하는 그 작정에는 열심히 빌러 나오는 겁니다. 새벽 기도 제일 많이 나오는 때가 언제냐? 통계적으로 보니까 수험생을 위한 기도회 때가 제일 많다는 소리를 제가 들었습니다. 자기 자식의 문제니 그때는 이유들이 어디로 다 가버리고 없는 겁니다.

그러니 이것이 뭡니까? 이것이 하나님의 믿음인가 말입니다. 바로 샤머니즘(Shamanism)이란 말입니다. 샤머니즘! 기도해서 정말 세상이 원하는 좋은 학교에 붙는다면 지금 좋은 학교에는 예수님 믿는 자녀들이 가 있지 않겠어요? 그렇게 기도해서 붙을 것 같으면 지금 좋은 학교에는 예수님 믿는 자녀들이 다 가서 있어야 되지 않습니까? 그래요, 안 그래요? 기도한다고 해서 붙고, 기도 안 한다고 해서 떨어지는 것은 아니지요. 최선을 다했느냐 안 했느냐 하는 것이지, 하나님이 네 자식 잘되게 해주겠으니 구하라 하신 것이 아니다는 말입니다.

아니, 그러면 그런 기도는 하지 말라는 것인가? 사는 데 필요한 것들은 구하지 말라고 하면 무엇을 구하라는 거냐? 땅에서 사는 것은 중요하지 않고 보이지도 않는 하늘의 것만 중요하냐? 지금 저의 이 말씀에 해당하는 이가 있다면 벌써 마음에서 이런 반박이 일지 않겠습니까? 그러나 땅에서 사는 데 필요한 것을 구하는 것은 마땅하니다만 세상 지식인이 되기 위해, 세상에서 잘돼 보려고 그런 육이 사는 것을 위해 예수님의 이름으로 구하는 짓 하지 말라는 말입니다. '구하라 그러면 좋은 것으로 주시지 않겠느냐' 하신 말씀을 그 같은 세상의 것, 육체의 삶에 필요한 것들을 구하라 하신 것처럼 맞추어 놓으니 그렇습니다. 구하라 하신 것은 세상의 것, 세상에서 잘되는 것을 위해 구하라고 하신 말씀이 아닙니다. 제가 간혹 말씀드렸듯이 믿는 목적이 세상 육의 것 잘되기 위해서라면 예수님 믿는다고 할 필요가 없습니다.

세상 물질 부자들이 다 예수님 믿고 부자 되었습니까? 안 믿어도 얼마든지 부자들 많습니다. 믿는 사람들보다 더 잘살고 출세하고 명예 얻고 이름 날리는 인간적으로 훌륭한 사람들 많습니다. 우상 섬겨도 잘사는 사람 많습니다. 그러니 이런 세상의 복을 구하기 위해서 믿는다 한다면 오히려 믿지 않는 사람들보다 더 큰 심판에 들어가는 것인데 교회 나올 필요가 뭐 있습니까? 마귀도 얼마든지 세상 것으로 잘되게 하면서 '잘살아라! 잘살아! 땅에서 잘 먹고 잘 입고 취해 살다가 너 지옥에 가자' 하고 세상 것으로 미끼를 삼아 갖다 안겨주는데 말입니다.

"아! 그러고 보니 교회 나오는 것이 세상 복도 받고, 천국도 가는 것이니, 두 가지를 가질 수 있어서입니까?" 맞습니다. 두 주인 섬길 수 있다면 천국 들어갑니다. 인간의 지식을 쌓는 대학이라는 것은 하나님과 전혀 관계없습니다. 만일에 믿는다는 사람이 자기의 세상 목적을 위해 그런 인본의 것들을 구한다고 하면 그것은 외식이요 소경이요 종교인입니다. 혹이라도 오늘 말씀 앞에 세상의 것을 구하라는 것인 줄로 알고 있었다면 그 고정관념을 다 깨고 예수님의 생각 안으로 들어가기를 힘쓰기 바랍니다. 그렇지 않거들랑 제 말씀을 들을 이유 절대 없습니다.

　다시 강조합니다. 예수님의 말씀 가지고 세상 것으로 맞춰주면 거짓 선지자임을 아십시오. 또한 인간의 도덕으로 연결하면 그것도 거짓 것임을 아십시오. 마귀는 기도하는 것을 무서워합니다. 성도가 기도하는 것을 아주 싫어합니다. 그런데 기도한다고 해서 다 무서워하고 싫어하는 것 아닙니다. 바로 하늘의 것, 예수님께서 이 땅에 오신 뜻을 아는 자, 하나님의 뜻을 구하는 자의 기도는 영적인 권세가 있게 되니 무서워하고 싫어합니다. 그러나 물질이나 세상 명예나 이런 세상적인 복을 구하면 이것은 마귀가 아주 좋아합니다. 왜입니까? 땅의 것을 바라고 마음을 고정하도록 하는 것이 마귀의 작전이요 마귀의 하는 일이라서 그렇습니다. 그래서 계속 마귀는 그것을 구하라고 그것을 전하라고 힘을 돕는 것입니다.

　예수님께서는 세상적인 삶의 것을 구하라고 하신 것 아닙니다. 예수님을 믿는 하나님의 자녀이면 자녀에게 필요한 것은 있어야 하는 것을 다 알고 계시니 마 6:33에 뭐라고 했습니까? "그런즉" 하셨습니다. 필요를 알고 채우시는 것이니 **그런즉 너희는 먼저 그의 나라와 그의 의를 구하라 그리하면 이 모든 것을 너희에게 더하시리라**고 선언하셨습니다. 염려 말란 말입니다. 염려 마라. 하나님이 주시는 것이니, 주시기로 작정된 것이니 너희가 할 일은 그의 나라 그의 의를 구하는 것이라는 말입니다.

현재 종사하는 일이 있다면 물질 욕심 깨끗이 버리고 성실을 다하여 열심히 일은 하되, 오직 그의 나라와 그의 의를 구하는 데 마음과 뜻을 다하면 영적으로 부유해진 만큼 환경적인 것도 잘되게 하시는 것입니다. 그렇기에 하나님이 주시는 복으로 살 것이라 아주 결단을 해야 합니다. 먹고 입고 마시는 육체의 것은 하나님이 없는 이방인이나 구하는 것이라고 하셨으니, 그러니 하나님께서 하나님의 뜻을 외면하고 세상적인 것들을 구하는 것에 들으실 일 없는 것입니다. 야고보에서도 **너희가 얻지 못함은 구하지 아니함이요 구하여도 받지 못함은 정욕으로 쓰려고 잘못 구함이니라**고 분명히 말했습니다.

마6:25-34에서 **그러므로 내가 너희에게 이르노니 목숨을 위하여 무엇을 먹을까 무엇을 마실까 몸을 위하여 무엇을 입을까 염려하지 말라 목숨이 음식보다 중하지 아니하며 몸이 의복보다 중하지 아니하냐 공중의 새를 보라 심지도 않고 창고에 모아들이지도 아니하되 너희 천부께서 기르시나니 너희는 이것들보다 귀하지 아니하냐, 너희 중에 누가 염려함으로 그 키를 한 자나 더할 수 있느냐 또 너희가 어찌 의복을 위하여 염려하느냐 들의 백합화가 어떻게 자라는가 생각하여 보라 수고도 아니하고 길쌈도 아니하느니라. 그러나 내가 너희에게 말하노니 솔로몬의 모든 영광으로도 입은 것이 이 꽃 하나만 같지 못하였느니라**

솔로몬이 육체의 삶을 사는 것에 전무후무한 부귀를 누리는 영광을 가졌지만 그러나 그 영광이라는 것은 들의 백합화 하나만 같지 못하였다고 예수님께서 친히 말씀하셨습니다. 예수님의 이 말씀을 깊이 새겨들으십시오. 사람이 땅에서 누리는 그런 것들이 영광이 아니라는 것을 말씀한 것입니다.

오늘 있다가 내일 아궁이에 던지 우는 들풀도 하나님이 이렇게 입히시거든 하물며 너희일까 보냐 믿음이 적은 자들아 그러므로 염려하여 이르기를 무엇을 먹을까 무엇을 마실까 무엇을 입을까 하지 말라 이는 다 이방인들이 구하는 것이라 너희 천부께서 이 모든 것이 너희에게 있어야 할 줄을 아시느니라 너희는 먼저 그의 나라와 그의 의를 구하라 그리하면 이 모든 것을 너희에게 더하시리라 라고 하셨는데 여러분! 이같이 말씀하신 예수님께서 곧이어서 마7:7-11에 가서는 '너희들 세상에서 사는 것, 먹을 것, 입을 것, 성공하는 것 구해라. 너희의 좋은 것 주시리라 하셨으니, 그런 것 구하면 다 주실 것이다.' 라고 하셨겠는가 좀 생각해 볼 수 있잖습니까?

6장에서 육체가 사는 세상 것 구하지 말라 말씀해놓고, 말씀하신 지 단 몇 분도 채 되지 않은 7장에 와서는 너희가 세상 것 구하라 세상 명예, 세상 성공 구하라. 라고 하셨겠는가 말입니다. 어떻게 거기에 끌어다 붙일 수가 있는 것입니까? 그러니 얼마나 많은 사람들이 세상 것을 구하는 데 전념하고, 세상 것 구하는 기도 하라고 미혹하고 있으니 그것을 내다보신 예수님께서 7:15이하에 거짓 선지자라고, 거짓 그리스도인이라고 말씀하신 것 아닙니까?

7:15에 뭐라 하셨어요? **거짓 선지자들을 삼가라 양의 옷을 입고 너희에게 나아오나 속에는 노략질하는 이리라** 양의 옷을 입고 즉 예수님을 열심히 전해주기는 한다는 말입니다. 항상 말하는 것이지만 이렇게 양의 옷을 입고 너희에게 나아오는데 그 속에다 세상 것으로 복을 받아야 그것이 예수님 잘 믿는 증거지 않느냐! 사업이 잘되고 자녀들이 잘되어 성공하고 말이지, 훌륭한 사람 되고 그런 큰 인물들

이 되어 사회 곳곳에 들어가 이름을 날리고 하는 그것이 예수님 잘 믿는 증거라고, 세상에서 잘되는 것이 하나님이 주시는 복인 것처럼 전한다는 말입니다. 이같이 양의 탈을 쓴 그 속에는 노략질하는 이리다 하신 것입니다. "속에는 노략질하는 이리라" 믿는 것을 세상 것 잘되는 것에다 목적을 두게 하는 것, 세상 것에다 마음을 두게 하는 것, 그것이 속에는 영혼을 노략질하는 이리라는 것입니다.

그리고 교회들이 '구하라 주실 것이요 찾으라 찾을 것이요 두드리라 열릴 것이니' 하신 이 구절이 단순히 기도만 말하는 것인 줄 알고 특별히 기도할 일이 있다 생각되면 표어로 내걸지만 그러나 엎드려서 입으로 하는 기도만 말하는 것 아니라는 것, 분명히 알기 바랍니다. 표어로 내걸고 예수님의 의도대로 그의 나라를 구하고 그의 의를 구하는 것이라면 얼마나 좋겠습니까?

예수님께서 오늘 구하라 주실 것이요 찾으라 찾을 것이요 하신 것은 그의 나라와 그의 의를 구하고 찾고 두드려서라도 소유하라는 것을 말씀한 것입니다. 구하면 주실 것이고, 찾으면 찾을 것이고, 두드리면 열릴 것이니, 하늘에 계신 너희 아버지께서 좋은 것으로 주시지 않겠느냐 땅에서 너희의 사는 것은 아버지가 필요를 다 아시는 것으로 주실 것이니, 너희는 하늘나라를 유업으로 받을 수 있는 것을 구하라는 것입니다. 창조 사건에서도 구하고 찾고 두드리고, 아브라함과 모든 사건 속에서도 구하고 찾고 두드리고, 율법에서도, 성전에서도 구하고 찾고 두드려야 하는 것, 바로 그의 나라와 그의 의가 되시는 예수 그리스도라 그것이 좋은 것이라는 것입니다.

좋은 것 주시지 않겠느냐 하신 좋은 것, 바로 예수님과 예수님으로 말미암아 주어지는 하늘의 것입니다. 예수님과 예수님의 모든 것을 가지고 오신 성영님입니다. 좋은 것 하니까 땅에서 너무나 갖고 싶었던 자기의 좋은 것, 갖고 싶지만 자기 힘으로는 도저히 이루어 볼 수 없는, 그것을 주신다는 줄로 알고 있었지 않습니까? 자기 힘으로는, 자기 형편으로는 해볼 수 없지만 하나님께서 그것을 주신다는 줄로 착각하고 그러면서 좋은 것 주신다는 말씀을 생각하면서 기도하잖습니까?

과거에 저도 그랬습니다. 말씀 전하는 사람들이 그렇게 맞춰 전해 주니 당연히 그 상상하고 기도하는 것이지 않습니까? '구하는 자에게 좋은 것 주시지 않겠느냐' 하신 좋은 것, 너희가 거룩한 것, 곧 복음을 듣고 받아들였으면 복음의 본체이신 예수님과 예수님의 나라와 의를 구해야 한다. 주실 것을 믿는다는 것만으로 되는 것이 아니라 성경 속에서 구하는 자가 구하게 되고, 찾는 자가 찾게 되고, 두드리는 자에게 열리는 것이라고 하는 것입니다. 예수님을 알고 예수님의 평안과 의와 희락의 천국을 성영님으로 경험하고 충만하기 위해서는 힘써 구하고 찾고 두드리라고 하는 것입니다. 적극적이 되라, 적극적인 자세가 돼야 하는 것임을 말하는 것입니다.

거룩하신 복음이신 예수님, 그 예수님에 대한 복음을 듣고 믿는다고 한다면 세상의 것들에서 나오라고, 재물을 섬기지 말고 하늘에 쌓으라고, 재물을 경히 여기면 하나님을 중히 여김이요 하나님을 경히 여기면 재물을 중히 여김이니, 두 주인 섬길 수 없다고 하시는 말씀 앞에 혹이나 자기 재물 뺏는 것인 줄 알고, 자기 주인을 돌이켜 물려고 덤비는 개와 같은 자가 되지 말고, 더러운 똥과 같은 세상의 것에 빠져서 분별도 없고 감각 없는 돼지와 같은 자가 되지 말고, 돌이켜 하늘의 것을 구하라고 하는 것입니다. 예수님 믿는 것을 육체를 위해서, 혈과 육의 것을 위해서 믿는다 했다면, 속히 돌이켜 그의 나라와 그의 의를 구하라 찾으라 두드려서라도 소유하라고 하는 것입니다.

네가 무엇을 구해야 하는지 무엇을 찾아야 하는지를 깨달으라는 것입니다. 여러분은 예수님의 가르쳐 이르신 5장에서 7장까지의 말씀을 어떻게 듣고 어떻게 받았습니까? 어떻게 받았어요? 예수 그리스도로 말미암아 주시는 하늘의 엄청난 부요의 복, 영적인 복과 삶으로 따르는 상을 얻고자, 은밀한 중에 보시는 아버지께서 갚으시는 것을 얻고자 하여 그 간절함으로 받으셨습니까? 예수님께 맞히는 믿음의 삶이 되고자 소원하여 듣고 받으셨습니까? 그런 자에게 찾아지는 것이고, 열리는 것이라고 하셨습니다. 참으로 우리가 이 어마어마한 복 안으로 들어오기를 너무나 원하시는 예수님의 이 간절하심이, 여러분의 영혼에 천지가 뒤흔들리듯 들려지고 깨달아지기를 간절히 바랍니다.

예수님께서는 거룩한 것, 예수님 자신을 개에게 주러 오지 않으셨다고 하셨습니다. 예수님을 구하지도 찾지도 않는, 예수님에 대하여 관심이 없는, 영생의 나라 하늘의 것을 가치 없게 여겨, 세상의 것을 마음에 두고 좇는 그런 자에게 거룩한 복음을 주러 오신 것이 아니라고 분명히 말씀했습니다. 누구든지 개가 아니면, 누구든지 돼지와 같은 짐승이 아니면, 그 거룩한 복음을 깨달았을 것이요 구하고 찾아야 하는 것이 영생하는 하늘의 것에 있는 줄을 알고 구하고 찾고 두드리는 그 열심을 행하였을 것이라 하는 것입니다. 진주 장사가 값진 진주를 찾기 위해 온 마음과 힘을 다하여 찾아다니듯이 바로 귀하신 그 예수님, 죽음에 처한 사람을 영벌에서 구원하시려고, 수천 년 동안 구주로 보내신다고 언약하셨던 그분을 말씀 속에서 발견하고 그 예수님을 구하고 찾고 두드려 마침내 자기 안으로 모셔 천국을 소유한다고 하는 것입니다.

그래서 예수 그리스도를 만나기 원하고 교제하기를 원하고 예수님을 통해서 주어지는 하늘의 것을 구하고 안 되면 찾고 두드리기까지 하는 것이라는 것 아닙니까? 그래서 예수님께서는 이 땅에 자기의 사람들을 찾아서 모든 것을 내주시려고 오셨습니다. 자기의 사람들을 찾아오셨어요. 자기의 모든 것 하늘의 것을 내주시기 위해서 오셨다는 말입니다. 여러분! 예수님께서 뭐라고 하십니까? 분명히 구하라는 것 아닙니까? 찾으라는 것 아니에요? 적극적이 되라는 것 아닙니까? 참으로 그것이 보물인 줄 알았으면 두드려서라도 열리게 하라는 것 아닙니까?

주실 줄 믿습니다가 아니라 구하는 이가 받고, 찾는 이가 찾고, 또 두드리는 자마다 열린다고 하셨습니다. 그래서 찾고 두드리는 그 수고를 하는 자만이 비로소 찾았을 때 아주 귀한 보화를 얻은 것처럼 그 기쁨이 크다고 하는 것입니다. 하늘의 것인 행복과 기쁨을 경험하면 그것은 경험한 자만이 알 수 있습니다. 예수님이 자기에게 얼마나 귀하신 분인지 아는 자만이 예수님을 소유하기 위해, 성경 말씀 안에서 찾고 찾는다는 겁니다. 예수님이 자기 목숨보다 더 중하신 고귀한 분인 것을 아는 것입니다.

그런데 예수님은 하나님이 사람으로 오신 것이기에 사람의 눈으로만 보면 똑같은 사람으로밖에 보이지 않습니다. 그래서 구하라 찾으라 두드리라 하신 말씀도 사람의 눈으로 보고 사람의 생각으로 받고 세상 것을 구하라는 것으로만 듣고 보는 것입니다. 인간의 눈으로 예수님을 보고 인간의 생각으로 말씀을 받으면 그것이 개와 같게 되고 돼지와 같게 됩니다. 예수님을 하나님으로 보고 하나님의 말씀으로 들어야 그 말씀이 영적인 것이라는 것을 알 수 있습니다. 처음에 말씀을 읽고 들음으로 예수님이 하나님이신 것을 알게 된 것은 자기 의지가 가진 지식입니다.

그러나 예수님이 하나님이신 것을 영혼으로 깨달아 알고 경험의 관계가 되는 것은 성영님으로 말미암아서입니다. 성영님으로 말미암은 것만이 영혼의 온전한 구원입니다. 그러므로 성영님으로 말씀을 보고 성영님으로 예수님을 믿고 성영님으로 부활의 생명을 얻게 하시려고 성영님이 오셔서 믿는 자 안으로 오셨습니다. 영의 것은 영으로 알고, 보고, 듣는 것이기에 성영님으로 말미암아 예수님은 하나님이시오, 하나님 안에 신성과 인성으로 계셨던 독생자요, 창조 때부터 여자의 후손으로 오실 것을 언약하신 분이요. 그분 안에 하늘의 영생하는 생명이 있고, 하늘의 온갖 보화가 있다는 것을 보고 아는 것입니다.

그렇기에 오늘 11에서 …… **너희 아버지께서 좋은 것으로 주시지 않겠느냐** 하신 그 좋은 것은 바로 예수 그리스도와 예수 그리스도 안에 있는 하늘의 모든 것을 말씀하는 것이고, 눅11:13에서는 **너희가 악할지라도 좋은 것을 자식에게 줄줄 알거든 하물며 너희 아버지께**

서 구하는 자에게 성영을 주시지 않겠느냐 라고 하신 것은 곧 예수님께서 십자가에서 다 이루었다 하신 아버지의 뜻을 성영님께서 가지고 오셔서 이루어지게 하시는 그 성영님을 주시지 않겠느냐 하는 말씀입니다. 같은 말씀을 한 것이지만 마태는 좋은 것이라 하였고, 누가는 성영을 주시지 않겠느냐고 했습니다. 거룩한 것을 거룩한 것으로 알고 소유하기를 사모하는 자에게 성영님을 주시지 않겠느냐 하셨습니다. 아버지의 좋은 것을 자녀에게 주시려고 예비하였으니 다 내어 주시겠다는 것입니다. 그러니까 구하란 말이지요, 찾으라는 것입니다. 그러면 반드시 구하는 것을 얻게 되고 찾아짐으로써 열린다고, 열어 놓으셨다고 하셨잖습니까? 천국은 침노당하기로 하였으니 너희가 침노해서 소유하라는 것 아닙니까?

결국은 침노하는 자만이 천국을 소유한다고 마11:12에 분명히 말씀하셨습니다. 천국을 침노하라 침노를 당하겠다. 침노당할 것이니, 아예 열어 놓았으니 너희가 이제 침노해서 너희 소유가 되게 하라는 말입니다. 오늘 본문 말씀도 "악한 자라도 자식에게 좋은 것을 줄줄 알거든 하물며" 하셨습니다. "악한 자라도 자기 자식에게는 좋은 것을 줄줄 아는데 하물며 너희 아버지께서 좋은 것 주시지 않겠느냐" 그러니 침노하란 말입니다. 여러분! 참으로 이 말씀이 여러분에게 레마가 되길 바랍니다.

천국은 침노를 당하나니 침노하는 자는 빼앗느니라 아주 침노하는 자는 빼앗는다고 하셨습니다. 아니, 좋게 달라고 하지 왜 빼앗는다는 것입니까? 다른 모든 것은 다 양보할 수는 있어도 오직 양보할 수 없는 것이 바로 예수님으로 말미암은 영생이기에 그렇습니다. 이것은 영원 영원히 천국이냐 지옥이냐가 걸린 영혼의 중대한 문제이기에 그렇습니다. 이 영혼의 문제만큼은 양보할 수도 빼앗겨서도 안 된다는 것을 시사해주는 것입니다. 전투하여 가지라, 빼앗다시피 하라는 것입니다. 천국을 소유하는 일에는 적극적으로 투쟁하여 소유해야 하는 것임을, 천국은 침노를 당하나니 침노하는 자는 빼앗는다는 이 같은 전사들의 용어를 사용함으로써 힘써 전투하여 쟁취하라는 뜻을 말씀한 것입니다.

그래서 우리에게 예수님으로 말미암은 평안과 기쁨과 지혜가 주장하면, 어려운 문제들이 닥친다 해도, 문제로 보지 않을 수 있는 것입니다. 염려로 붙들고 있는 것이 아니라 오히려 믿음을 세우고 경험하는 도구로 삼아 승리로 이끌어내는 것입니다.

그러므로 이처럼 수천 년 동안 죄인을 구원하실 구주를 보내시겠다고 언약하셨던 대로 세상의 구주로 오신 예수님을 믿어 구원의 은혜를 입은 너는, 예수님의 말씀으로 살고 따르고자 하는 너는, 땅에 사는 동안에 무엇 먹고 마시고 살까 하는 염려하지 말라고 당부하신 것입니다. 독생자까지 아끼지 않으시고 내어 주셨는데 그 귀함을 알고 감사를 아는 너에게, 그까짓 사는 데 필요한 것은 채우지 않으시겠느냐, 채우시는 것이라 하신 것입니다. 그렇기에 예수님의 이름은 죄 용서와 구원과 생명 얻게 하시는 하나님의 거룩한 이름이니 개와 같은 자, 돼지와 같은 자들을 위한답시고 '문제 해결해주세요' '복주세요' '병을 치료해주세요' 하는 데 함부로 예수님 이름을 사용하지 말라고 하신 것입니다. 그것은 돼지 앞에 진주를 던져주는 것과 같다는 것입니다.

저는 예수님의 이 말씀을 확실히 경험한 사람입니다. 과거에 예수님을 믿게 하려고, 구원받게 하려고 그 귀하신 예수님의 이름 사용해서 기도해주고, 함께 눈물 흘리며 아파해주고, 예수님 이름 사용해서 귀신 쫓아내 주고 병이 낫게 해주면, 처음에는 예수님 잘 믿는 것처럼 했지만 나중에 보면 예수님이 말씀하신 대로 개, 돼지와 같더라는 말입니다. 병이 치유되면, 문제가 해결이 되면, 그 경험으로 예수님을 구주로 믿어 구원받지 않겠는가 하여, 그 부풀은 기대를 가지고 그 수고를 했습니다만. 그때는 예수님을 정말 잘 믿을 것처럼 잘 따라 주는데 세월이 흐르고 난 뒤에는, 하나님을 비웃는 것과 같은 행동들로 돌아서버린 모습들을 보더라는 말입니다.

그래서 사람을 구원받게 하려는 것이었지만 그것은 예수님의 이름을 가치 없게 하는 사람의 계산이요 열심이었다는 것을 알게 되었습니다. 그렇기에 죄의 문제, 구원의 문제, 생명의 문제, 이 영적인 문제를 제쳐놓고 병을 고침 받으려고, 세상의 것을 해결 받아 보려고 하는 것이면, 예수님 이름 사용하는 것 신중해야 하는 것입니다. 먼저 사람을 구원으로 들어올 수 있도록 인간이 왜 예수님을 믿어야 하는지, 죄의 문제, 구원의 문제를 다루어야 합니다. 그것을 정확히 전하여 주었음으로써 예수님을 믿겠다고 하면, 그때 하나님께서 믿음을 주시라고 기도해줄 수는 있는 것입니다.

과거에 너는 주의 일을 하라는 음성이 제 마음에서 자꾸 들렸습니다. 무시하려고 해도 소용이 없었습니다. 나는 나 자신을 너무 잘 알고 있기에 주의 길을 간다는 것은 꿈에도 생각해본 적이 없고 감히 언감생심이었습니다. 그런데 자꾸만 음성이 들려 재촉을 하니 그 명을 순종해야 되는 것은 알겠는데 순종하려고 하니 앞이 캄캄했습니다. 뭘 어찌해야 할지를 모르겠는 거예요. 그래서 하나님께 항의하듯 "아버지께서 망령나신 것이 아니시면 나에게 주의 길을 가라고 할 수 없다. 뭘 잘못 아셨다, 아버지가 잘못 아셨다. 목회자들이 얼마나 부지런하여(나는 게으른 편이라) 열심히 뛰어다니고 똑똑하고 말 잘하고 배운 것 많고, 참말로 만능과도 같은데, 나는 아무것도 갖추어진 것이 없으니 그러지 마시라"고 사정을 했습니다. "뭘 잘못 아셨다고, 나를 아버지가 잘못 보셨다고 나는 나를 아는데 아버지는 잘못 아신다"고 사정했습니다.

어느 때는 별수 없이 순종해야지, 아무것도 생각하지 말고 가보자 했다가도 순간 나를 보면, 너무나 두렵고 고민이 되어 죽을 것 같았습니다. 앞이 캄캄하고 그러니 또 사정하는 겁니다. 그런데 어느 날 성영님께서 "네가 사람들에게 예수님을 믿으라고 예수님을 전해라. 그러면 그 사람이 듣고 믿겠다고 하면 내가 그를 고쳐 주리라" 하셨습니다. 그래서 "아! 내가 예수님 믿으라고 전하면 그 사람이 혹시 병이 들었는데 믿는다고 하면 병을 고쳐주신다"는 것인 줄로 생각을 했습니다. 그래서 하나님께서 함께하셔서 병든 것을 고쳐주신다니까 그러면 순종해보자 맘을 먹었습니다. 맘을 먹은 것에는 조용기 목사도 교회가 부흥된 이유가 뭐에요? 병이 낫는 것으로, 보이는 표적이 있었기에 교회가 커지고 유명해진 것이 아니겠어요? 병 나음의 능력을 많이 행했기에 교회가 그렇게 커진 것이니, 내게도 그렇게 하시려는가 생각한 겁니다.

그런데 교회가 사람이 왔다 가도 그냥 가버립니다. 제가 고민에 빠졌습니다. 이것은 저의 사명에 대해서 확실히 제가 알지 못했을 때, 교회 처음 시작했을 때의 이야기입니다. 지금이야 너무나 잘 알지요. 그러나 중간 이야기는 생략합니다만 후에 성영님께서 깨닫게 하신 것은, 육체의 병든 것을 고침 받겠다고 오는 것을 치료하신다는 뜻이 아니라 예수님이 누구시며 사람이 왜 예수님을 믿어야 하는지의 복음을 정확히 전해주면 그 복음을 받아 들여서 예수님을 믿겠다고 자기의 의지를 예수님께 두고, 말씀을 듣고 깨닫기 원하는 진심된 자를 하나님께서 영을 고치고 구원을 주겠다는 것이었습니다.

제가 전하는 말씀이 사람이 구원을 얻는 말씀을 전하고 있다는 것을 말씀하신 뜻이었다는 것 여러분이 새겨들어져야 할 것입니다. 구원이 임하면 병의 치료는 자연히 따라 나타나는 것으로서 하나님께서 보실 때는 질병이 문제가 아니라 구원이 문제이므로 구원으로 이끄시겠다는 것을 말씀한 것이라는 말입니다. 나와 함께 계셔서 나의 입을 통해 나가는 모든 말씀이 사람을 구원으로 이끄시고, 치료가 나타나게 하시고 온전한 구원에 들게 하시는 생명의 말씀을 말하는 것이라는 것을 깨닫게 하셨다는 말입니다.

그래서 제가 이 6의 말씀을 경험하게 되었을 뿐만 아니라 예수님 이름을 사용해서 믿지 않는 자들을 위해 혹시나 예수님을 믿게 해보려고 그 가정에, 또는 사람의 문제들을 놓고 함부로 기도해주어서는 안 된다는 것을 확실히 알게 되었습니다. 내 가까운 사람일지라도 예수님을 믿고 구원받아야 되는 복음은 전해줄지언정, 그가 예수님을 믿을 수 있도록 도와주시라고 따로 기도는 할지언정, 병 낫게 해달라

거나 가정이 잘되게 해달라거나 자녀가 잘되게 해달라고 하는 것은 절대 합당한 것이 아니라는 말입니다. 예수님의 이름은 예수 그리스도를 영접한 자에게 내주신 이름이요 예수님을 사랑하고 말씀을 따라 살기를 원하는 자에게만 주신 것이라고 하셨습니다.

그다음 12에 **그러므로 무엇이든지 남에게 대접을 받고자 하는 대로 너희도 남을 대접하라 이것이 율법이요 선지자니라** 했습니다. 오늘날 선생 된 자들이 예수님의 이 말씀도, 말씀의 의도와는 다 다른 말을 하고 있습니다. 틀린 말을 하고 있다는 말입니다. 백 프로라고 해도 과언 아닙니다. 구원 얻지 못할 인간의 교훈으로 삼아 열심히 그 교훈 베풀어 주고 있습니다. 참으로 한심스럽고 두렵습니다.

대접하라는 이것이 이 산상 말씀의 황금률이라고, 주님의 가르침 중에 가장 큰 교훈이라고, 주님도 그렇게 자신을 십자가에 내주는 사랑으로 그렇게 사셨다고, 남을 대접하는 것이 곧 사랑인데 그것은 자신을 헌신하는 것이다. 모든 것 다 내주는 것으로 대접하라. 이해 타산적이어서는 안 되고, 이타적인 사랑 무조건적인 사랑으로 베푸는 그것이 남을 대접하는 것이라고 가르치고 있습니다. 남을 대접하되 아낌없이 사랑으로 대접하는 것이라고, 이같이 인간끼리의 관계를 말하고 있다는 말입니다.

여러분! 좀 생각을 해보십시오. 인간끼리 서로 사랑하여 대접하는 이것이 율법이요 선지자입니까? 분명히 이것이 **율법이요 선지자니라** 라고 답까지 말씀해주셨음에도 스스로 눈감고 열심히 인간끼리 대접하는 것으로 갖다 대주는 것입니다. 그런 무지한 거짓말로 말씀의 의도를 겁 없이 흐려놓고, 사람을 또 거짓되도록 만들고 있는 것입니다. 사람이 실천하기는 부담되는 인간의 율법을 또 열심히 만들어 주고 있다는 말입니다.

그러니까 사람들이 다 내주는 이타적인 그런 사랑으로 대접하는 것은 부담되니 무슨 대접합니까? 음식 만들어서 저 집사에게 들고 가고, 내일은 저기 독거노인들에게 들고 가고, 그것을 받아먹은 그 집사는 또 받아먹었으니 마음에 부담되어 나도 갚아야지 하고 음식 만들어서 갚으러 오고 그런 식으로 인간끼리 음식 대접하러 다니는 겁니다. 예수님께서 대접을 받고자 하면 대접하라는 것은 그것을 말하는 것이 아닙니다. 사람이 연합하여 사는 곳에서는 자연스럽게 서로 나누면서 사는 것이지 예수님께서 그런 나눔이 부족할까 봐서 너 대접받고 싶으면 너도 대접하라 하신 것입니까?

대접을 받고자 하면 대접하라고 하는 말씀을 그렇게 내주는 이타적인 사랑이라고 그것이 대접하는 것이라고 전하는 자기들은 사실 그렇게 살지 않습니다. 자기의 모든 것을 다 내주는 것을 말씀하는 것이라고 전해주려면 자기부터 자기의 모든 것 다 내주고 빈손이 돼야 마땅합니다. 말씀 전하는 자가 자기의 전한대로 살아야 하는 것이 마땅한 것이라는 말입니다. 그런데 그런 사랑으로 대접받아야 할 대상이 없어서 그런 것인지는 모르겠으나 자신들은 그렇게 살지 않습니다. 예수님의 말씀을 그런 뜻으로 가르치는 자기들은 실제로 등 따시고 배부르고 잘 입고 살고 있는데 이렇게 가르치는 자들이 만든 인간 율법을 전해들은 사람들은 그 마음에 무거운 짐으로 안고 결국은 외식하는 것입니다. 거짓의 믿음을 나타내고 다니는 것입니다. 그래서 죄인이라는 것을 영혼으로 깨달을 수도 없을 뿐만 아니라 예수님을 만날 수도 없고 구원을 얻지도 못하고 생명을 노략질당하는 것입니다.

무엇이든지 남에게 대접을 받고자 하는 대로 너희도 남을 대접하라 하신 이것은 바로 생명의 주이신 예수님이 자기 땅 자기 백성에게 오셨는데 유대인과 지도자들이 도무지 영접도 하지 않고, 맞이해드리지 않은 일로 인하여 이 말씀을 하셨습니다. 죄에서, 사망의 형벌에서, 마귀에게서 구원하여 영생을 주시기 위해 오신 예수님을 알아보지 못하고 오히려 배척하고 율법을 어기고 폐하기 위해 왔다고 혈안이 되어 죽이려고 쫓아다녔습니다.

그래서 너희가 참으로 죄 용서받기를 원하느냐, 참으로 죄의 속박에서 놓여나기를 원하느냐? 죽음의 두려움에서 놓여나기를 원하느냐? 영원한 영생복락 얻기를 원하느냐? 천국에 들어가기를 원하느냐? 행복하기를 원하느냐? 평안 얻기를 원하느냐? 삶의 복이 있기를 원하느냐? 참으로 질병에서 놓여나기를 원하느냐? 이 모든 것으로 너희가 하나님께 대접받기를 원하느냐는 말입니다. 그러면 지금 너희 앞에 와계신 예수님을 너희의 하나님으로 너희의 구주로 인정하여 대접하라고 하는 말씀입니다.

너희가 무엇이든지 하나님께 얻기를 원하면, 하나님의 대접을 받고자 하면, 너희에게 와계신 예수님이 이 모든 것으로 너희에게 대접하실 것이니, 얻게 하시는 것이니, 하나님이 사람으로 오신 구주이시니 믿는 것으로 대접하라는 말씀입니다. 그러면 너희가 얻고자 하는 이 모든 것을 주시는 것으로 대접해주실 것이라. 제 주인도 몰라보고 물고 찢고 덤비는 개와 같은 바리새인 서기관, 모든 유대교의 지도자들에겐 긍휼 없는 심판만이 기다리고 있다고, 그러므로 너희가 무엇이든지 대접을 받고자 하는 대로 너희도 남을 대접하라고, 너희가 섬기는 하나님이 너희를 대접하려고 사람으로 오셨으니 그 예수님을 맞아들여 하나님으로, 구주로 대접하라 하시는 것입니다. 그것이 율법이요 선지자라고 분명히 말씀하신 것입니다.

여러분, 율법이 무엇입니까? 율법, 죄를 용서받게 하려고 죄를 모르는 흠 없는 소나 양에게 죄를 전가하여 죽여서 피 흘리게 하심으로써 그같이 진짜 피 흘리러 구주가 이 세상에 오신다는 것을 알게 하신 거잖아요? 율법이 그것을 알려준 거잖아요? 피 흘려 우리 죄를 단번에 속하실 분이 오실 것이라는 것을 알려준 거잖습니까? 그러면 선지자는 또 무엇을 했습니까? 선지자가 인간끼리 네가 대접받고 싶으면 네가 먼저 대접하라고 외쳤습니까? 바로 그 구주로 세상에 나시는 분은 하나님의 아들이요 그분은 하나님이시요 평강의 왕이시며 하나님의 종으로 오시는 분이라고 하나님께 말씀을 받아 외치며 전했지 않습니까?

그분이 오시면 영접할 수 있도록 예비하라 그의 첩경을 평탄케 하라고 외쳤습니다. 선지자가 외치며 미리 알려주던 그분이 오셨음에도 영접으로 대접하지 않는 그들에게, 너희가 하나님께 대접받고자 하면 너도 그같이 대접하라고, 예수님이 사람으로 오셨을 때는 그들이 보기에는 남이니 그렇게 남을 대접하라 하신 것입니다. 너희 눈앞에 와 계신 예수님이 바로 너희가 기다린 메시아, 율법이 말하고 선지자가 말한 그분이니 너희가 기쁘게 모셔 들여 대접하라는 말입니다. 율법이 그것을 말했고 선지자가 그것을 말했다는 것입니다.

　이방인으로 예수님을 믿기 원하는 자들은, 예수님의 모든 것을 받기 원하면 너도 예수님을 인정하여 모셔 들여 말씀을 배우고 따르는 것으로 대접하라. 예수님을 너희의 왕으로 모셔 들이라는 겁니다. 너희를 죄에서 건져 영원한 아들의 나라로 들이시기 위하여 십자가로 올라가 생명을 드려 피 흘려 죄를 갚아주셨으니, 그 은혜를 알고 영접하여 감사로 대접하라는 것입니다. 말씀 안에서 예수님을 아는 일에 마음과 뜻과 목숨을 다하여 힘쓰고 예수님과 한 몸을 이루라는 것입니다. 너희가 대접하는 만큼 예수님께서도 그대로 대접하신다는 말씀입니다. 여기는 예수님의 열두 제자들도, 말씀 전파를 위해 성영님으로부터 친히 보냄을 받은 자들도 다 포함하는 것입니다. 여러분이 이같이 말씀하시는 뜻에 대해서 이해가 되고 알아듣습니까?

　오늘 본문의 7-12까지는 한 문장인데 11에서 "구하는 자에게 좋은 것으로 주시지 않겠느냐" 하신 그 좋은 것이 바로 예수 그리스도와 예수 그리스도 안에 있는 하늘의 모든 신영한 복을 말씀하는 것입니다. 그러므로 12에 너희가 그 좋은 것을 받고자 하는 대로, 예수 그리스도 안에 있는 그 모든 것, 지금까지 말씀드린 이 모든 좋은 것, 그것을 너희가 받고자 하는 대로 대접하라 하신 것입니다. 예수님을 예수님으로 대접해드려야 하는 우리의 신앙의 문제를 말씀하신 것입니다. 예수님을 예수님으로 대접하면 너도 그 대접을 받는다는 말입니다. 그러면 예수님을 믿는다고 하는 여러분은 어떻습니까? 예수님을 어떻게 대접해드려야 하는지 알기 위해 성경 알기를 힘썼습니까?

예수님을 주인으로, 창조주 하나님으로, 하나님 나라의 왕으로, 더럽고 교만하고 이기적인 죄인인 자기를 위해 피 흘리고 몸 찢으신 구세주로, 예수님을 두려움 가운데 경외하고 공경함으로써 대접하는 것입니까? 여러분이 참으로 대접해드리는지 산상의 말씀을 한편 한편 검토해보면서 자신을 들여다보십시오. 자기의 사는 현장을 한번 둘러보십시오. 사람 관계에 대해서 돌아다보십시오.

예수님의 입에서 나온 말씀 한절 한절이 여러분 자신을 사랑하여 살리고 생명을 얻게 하기 위하여, 복 주시기 위하여 주신 말씀임을 알고, 그 말씀을 사랑해서 따름으로 대접하는가 말입니다. 거룩하신 이름 예수님, 그 이름을 얼마나 존귀하게 대접하는가 말입니다. 내가 대접하면 하는 만큼 예수님께서도 대접하신다는 거잖아요. 그러므로 예수님을 참으로 대접하는 것으로 삶의 목적이 되고, 예수님을 대접하는 것이 자기의 기쁨이 되었다고 한다면, 자기 안에 곤고함이 왜 있겠습니까? 자기 몸에 병이 왜 들어오겠습니까? 근심 염려 불안 왜 하겠습니까? 예수님을 대접하는 것은 곧 또 하늘의 아버지를 대접하는 것임을 예수님의 말씀을 통해서 알 수 있습니다. 예수님을 대접하는 것이 곧 하나님 아버지를 대접해드리는 것이라는 말입니다.

그다음에 성경은 또 형제를 대접하고 나그네를 대접하고 서로 대접하라고 말씀하고 있으니 인간관계에서도 대접하는 것이 되어야 합니다. 오늘 "무엇이든지 남에게 대접을 받고자 하는 대로 너희도 남을 대접하라" 하신 이 말씀 때문에 대접하는 것이 아니라 바로 이 말씀은 예수님을 말씀하시면서 또한 예수 그리스도로 말미암아 대접을 받은 우리는, 또 남을 그렇게 대접하는 것입니다. 예수님으로부터 받은 그 대접을 또한 남에게 대접하는 것으로 예수님을 나타내는 것입니다. 그래서 남에게 사랑을 받고자 하면, 인정을 받고자 하면, 존경을 받고자 하면, 그 수준으로 대접하는 것입니다. 내가 하나님의 사랑을 받았으니 이제 그 받은 사랑을 이웃에게로 향하는 것입니다. 우리가 하나님의 죄 용서를 받았잖아요. 하늘을 소유했잖아요. 이같이 사랑을 받은 우리가 이웃을 향해서 그 사랑으로 나가는 것입니다.

내가 용서받았으니 남을 용서하는 것입니다. 내가 구원받았으니 저들도 구원으로 들어올 수 있게 하는 것입니다. 하나님의 용서를 받았으니 이웃을 용서하는 것으로 대접하고 예수 그리스도로 말미암아 하나님과 화목 되었으니 저들도 예수 그리스도로 말미암아 하나님과 화목하게 하는 것으로 나가는 것, 이것이 대접입니다. 내가 물질이 넉넉하면 땅에다 쌓으려 할 것이 아니라 함께 믿음 안에 있는 가난한 형제나 나그네를 대접하는 것입니다. 그것이 곧 또 예수님을 대접하는 것이라는 것을 오늘 말씀이 가르쳐주시는 것입니다.

저는 오늘도 예수님의 이름으로 이 말씀을 전하면서 여러분의 믿음의 능력이 되기를 간절히 소망하고 또 들어야 할 모든 이들에게도 들려질 수 있는 기회가 있게 되기를 너무나 소망하면서 이 말씀을 여기서 맺습니다. 말씀을 깨우쳐 주신 삼위의 하나님께 모든 영광을 돌립니다. 아멘

제 16 장
찾는 이가 적은 좁은 문 협착한 길의 복

¹³좁은 문으로 들어가라 멸망으로 인도하는 문은 크고 그 길이 넓어 그리로 들어가는 자가 많고 ¹⁴생명으로 인도하는 문은 좁고 길이 협착하여 찾는 이가 적음이니라

(마7:13,14)

여러분! 찾는 이가 적은 이 좁은 문, 협착한 길을 가는 이것이 저는 얼마나 기쁘고 좋은지 말로 할 수가 없습니다. 저는 오늘 이 기쁘고 행복한 좁고 협착한 길에 대해서 말씀을 전하게 된 것도 또한 큰 행복이라 어찌 내가 이 복을 가졌을까 생각하면 기쁘기가 한량없습니다. 그래서 저는 말씀 제목도 〈찾는 이가 적은 좁은 문 협착한 길의 복〉이라고 붙였어요. 내겐 이것이 너무나 큰 복이니 숨길 수가 없더란 얘깁니다.

예수님은 참으로 예수님을 믿고 따르기 원하면 좁은 문으로 들어가라 하십니다. 예수님을 믿고 예수님을 따르고 예수님 안에서의 삶이라는 것은 바로 좁은 문으로 들어가 그 길을 가는 것입니다. 좁은 문은 들어가도 되고 들어가지 않아도 되는 것이 절대로 아닙니다. 반

드시 좁은 문으로 들어가야만 예수님의 생명을 얻고 그 길을 갈 수 있습니다.

그러면 무엇이 좁은 문입니까? '좁은 문'은, '좁다'와 '문'이라는 두 단어로 되어 있습니다. 그러면 왜 좁으냐? 14에서 협착하기에 그렇다고 말씀합니다. 협착하다는 것은? 그만큼 가는 길이 험하고 아주 불편하고 힘든 방해물이 있다. 괴롭히는 것들이 있다는 의미입니다. 그러나 그 길만이 지름길이라는 뜻을 가졌습니다.

그다음 문은 무엇일까요? 요10:9에서 예수님 자신이 문이라고 말씀합니다. 오늘 본문 14에서는 생명으로 인도하는 문이라고 말합니다. 그러니까 예수님 자신이 생명이시고, 그 생명으로 인도하는 문이라는 것입니다. 예수님께서는 좁은 문이 무엇을 말하는지 쉽게 알도록 요10:9에서 내가 문이다 하셨고 오직 예수님으로만 구원 얻고 영생을 얻는다는 것을 알게 하셨습니다. 예수님께서는 예수님을 믿는다는 이들에게 좁은 문으로 들어가라 하시고, 그 좁은 문은 생명으로 인도하는 문이라 그 문으로 들어와 가는 길은 방해가 있고 많은 방해물이 있지마는 그 길만이 생명으로 가는 유일한 길이라는 것을 구체화해서 설명해주셨습니다.

요14:6에 **내가 곧 길이요 진리요 생명이니** 라고 예수님 자신이 생명의 문이고 생명으로 인도하는 길이라고 하셨습니다. 그런데 예수님의 길은 아주 협착하다는 것을 알고 가야 할 것임을 분명히 제시하셨습니다. 예수님을 믿는 것은 편안한 길이 아니고 그저 사람이 생각하는 무슨 복 받는 것을 말하는 것이 아니라, 협착한 길이니 그러므로 누구든지 따라오려면 그것을 마땅히 받을 것으로 알고 오도록 하셨습니다. 방해가 있고 괴롭히는 것이 있고 고난이 있고 자신과의 싸움이 있는 그 길은 아주 협착하다는 것입니다. 그래서 생명으로 인도하는 문은 좁고 길이 아주 협착하여 찾는 이가 적다고 이미 확실히 말씀을 하셨으니, 찾는 이가 적은 것 기정사실입니다. 그러므로 찾는 이가 적다는 것 예수님의 말씀으로 이미 아는 것이니 왜 그렇게 사람들이 이 믿음 안에, 이 말씀 안에 들어오지 않는 것이냐? 의문을 가질 필요가 전혀 없습니다.

정말 찾는 사람이 없습니다. 오늘 좁은 문으로 들어가라 하신 예수님의 이 말씀에서도 좁은 문이 무엇이냐? 했을 때 도대체 좁은 문이 무엇인지 여러분도 모르고 있잖아요? 대답 못 하잖아요? 수 번을 말했음에도 말입니다. 그러니 어떻게 좁은 문으로 들어갈 것이며 협착한 길을 갈 수 있는 것이겠습니까? 자기 안에 예수님의 말씀이 없는데 어떻게 모르는 길을 가겠는가 말입니다. 물론 예수님이 문이라는 것을 안다고 해서 가는 것은 아니지요. 지식으로 아는 것이야 얼마든지 있는 것이니까요.

그런데 멸망으로 인도하는 문이 또 있는데 그 문은 크고 그 길이 넓어서 그리로 들어가는 자가 많다고 하십니다. 멸망으로 들어가는 문은 불신자들도 해당이 되지마는 그러나 예수님을 믿는다고 하는 이들을 말씀합니다. 믿는다 해도 협착한 길에 대하여 도무지 관심이 없습니다. 자유로운, 자기에게 맞는 길을 자기가 선택해서 가는 거지요. 인간은 누구나 안일한 길 편안한 길 쉬운 길 넓은 길을 원합니다. 그렇기에 믿는다 해도 결국은 인간이 가진 육체의 소욕대로, 육신이 좋아하는 대로, 자기가 원하는 안일한 길을 가는 것입니다. 예수님께서 넓은 길로 들어가는 자가 많다고 분명히 답을 말씀하셨으니, 오늘날 협착한 생명의 길로 가는 이는 아주 적은 수일 것이고, 어마어마한 많은 수가 분명히 멸망으로 들어가는 넓은 길에 있지 않겠습니까? 이미 답은 말씀하셨으니 말입니다.

요10:8에 **나는 양의 문이라** 9에 **내가 문이니** 오직 예수님만이 하나님께 들어가는 문이라 하셨습니다. 그렇기에 이 길을 택한 자는 육신적으로도 정신적으로도 편안한 길이 아니어서 핍박을 받고 괴로움이 따른다고 말씀하셨습니다. 예수님을 믿으면 그때부터 어떤 복이 그냥 올 것이라고 생각하지만 예수님은 오히려 고난이 따른다고 하십니다. 예수님께서 가신 고난의 길을 우리도 따라가야 하기 때문에 그 길이 협착한 것입니다. 그 길은 죄악 된 자신을 깨트리는 고통이 따릅니다. 그 길은 육체의 소욕대로 자기 맘대로 방종하며 살던 것들에서 돌이켜야 하고 버려야 됩니다. 세상에서 온전히 나와야 합니다. 그래서 협착한 길입니다.

눅13:23-27에 어떤 사람이 예수님께 질문을 합니다. **주여 구원을 얻는 자가 적으니이까** 하니 예수님께서 적다 많다 하지 않으시고 **저희에게 이르시되 좁은 문으로 들어가기를 힘쓰라** 하셨습니다. 내가 너희에게 이르노니 들어가기를 구하여도 못하는 자가 많으리라 한번 문을 닫은 후에는 너희가 밖에 서서 문을 두드리며 열어 주소서 하면 나는 너희가 어디로서 온 자인지 알지 못하노라 하리니 그때에 너희가 말하되 우리는 주 앞에서 먹고 마셨으며 지금 여러분 다 먹고 마신다고 예수님 앞에 있잖아요. 그러니까 교회 와서 먹고 마셨으며,

말씀 듣고 예배드렸으며, 내 아까운 헌금도 내고 기도도 했으며, 찬송으로 영광 돌렸으며 가르친 말씀 좋다고 잘 들었으며, 주님이 우리를 가르치셨잖습니까? 그런데 왜 모르십니까 하지 않겠습니까? 이같이 내세우며 아는 척 하려 하지마는 **저가 너희에게 일러 가로되 나는 너희가 어디로서 왔는지 알지 못하노라 행악하는 모든 자들아 나를 떠나가라 하리라 …… 너희가 밖에 쫓겨났다는 것을 알았을 때는 거기서 슬피 울며 이를 갈이 있으리라**고 말씀했습니다.

우리는 주 앞에서 먹고 마셨으며 주는 우리를 가르치셨다 그러니 문 두드리며 열어달라고 하는 것, 오늘날로 말하면 '나도 열심히 교회 다녔습니다. 말씀대로 주일 빠지지 않고 지켰습니다. 나도 성경 말씀 다 들어서 알고 있습니다.' 라는 것 아닙니까? 그러나 예수님은 모른다 하십니다. 교회 열심히 다녔든, 성경 말씀 다 알든, 나는 너희를 도무지 모르겠고, 내가 아는 것은 내 안에 들어와 찾는 이가 적은 좁고 협착한 길을 온 자, 생명을 얻고 나와 함께 하는 자라고 하십니다. 예수님과 함께 있는 자!

예수님을 믿는 것, 오늘날 믿는다 하는 이들의 가는 그 길이 지금 예수님께서 난 너희가 어디로서 왔는지 알지 못하노라 하실 곳으로 열심히 같이 휩쓸려서 따라가고 있다는 것 아십시오. 사람들이, 멸망으로 인도하는 그 문이 워낙에 장대한 세력이 되니 그 기세와 힘에 '야, 여기가 진짜구나!' 하고 거기에 자기 믿음이 가는 겁니다. 그것이 믿는 힘이 되고 그 기운을 받게 되니, 하나님의 심판에 대한 두려움도 감각도 없습니다. 그저 편안한 길 세상이 가져다주는 온갖 것들, 온갖 문화 다 누리고 싶고, 다 취하고 싶고, 다 보고 싶고, 다 가지고 싶고, 성공하고 싶고, 이름 내고 싶은 그 넓은 길을 좋다고 따라가는 겁니다. 그러니 손에 가진 것 없으면 슬프고 괴롭고 힘들고, 세상일에 쫓기며 일에 중독되다시피 하며 따라가는 그런 것이 좁고 협착한 길이겠습니까? 하나님과의 관계가 열리지 않는다. 영적으로 가증이고 하나님께서 미워하시는 것이다. 함에도 그것들에 집착하고 아끼듯 하는 것이 좁고 협착한 길이냐는 말입니다.

참으로 예수님을 믿기 원하면 예수님의 말씀을 한 구절 한 구절 새겨들어보는 진정이 좀 있고, 그 말씀을 행하며 사는 믿음이 되고자 힘써야 하지 않습니까? 협착한 길이라는 것을, 아주 갈 것으로 하고 가야 하는 것 아니냐는 말입니다. 문 닫히면 들어가기를 구하여도 못 들어가는 자 많다하시고 좁은 문으로 들어가기를 힘쓰라고 하셨으니 힘써야 하지 않겠습니까? 이 말씀은 명령입니다. '힘쓰라' 즉 싸우라 전투하라는 말이에요. 전력을 기울이라는 말입니다. 여러분! 우리가 구원받는 것은 힘쓰고 전력을 기울여야 하는 것은 아니에요. 구원은 예수님으로 말미암은 것입니다. 예수님이 주시는 것이지 내가 힘쓰고 애써서 얻는 것이 아닙니다. 그러나 구원받을 합당한 자가 돼야 합니다. 구원받을 자격이 되려면 말씀을 따라 살고 능력이 되고자 힘쓰고 전력해야 합니다. 그것이 없이는 구원받을 수 없습니다.

자기가 성경 말씀을 통하여 하나님께서 말씀하시는 죄인임을 진정으로 알아 인정하고, 예수님이 자기의 구주시라는 것 진실로 믿고 '예수님은 내 구주십니다 예수님만이 나의 구주가 되십니다. 그 외는 다 절도요 강도입니다 오직 예수님만이 나의 구주십니다' 모셔 들이고 믿음을 고백하여 시인하면 구원이 씨와 같이 마음에 들어온 겁니다. 그러나 씨로 있어서는 절대로 구원의 완성이 아닙니다. 씨가 싹터서 자라 열매 맺듯이 그 같은 과정으로 나아가야지, 그 마음에 씨로만 있으면 마귀가 빼앗아 가버립니다. 예수님께서 마24:24에서 택하신 자들도 미혹하게 하리라 하신 말씀이 여기에 해당됩니다. 믿고 시인한 것으로 인해 구원이 씨로 임했는데 자기 방법대로 자기 생각대로 믿는 것이면 그 구원은 이루어질 수가 없습니다. 크고 넓은 길을 가면 마귀에게 구원의 씨를 빼앗겨 버립니다.

예수님이 내 죄 때문에 십자가에 못 박혔는데 내가 죄인입니다 고백하고 영접했다면 이제 육체의 정욕에서 나는 것으로 죄 짓고 불의하고 가증하고 부정한 죄들을 짓지 않은 것이 돼야 하는 것입니다. 죄 된 삶의 습관들을 버리고 고치고, 육의 소욕을 좇아 행하던 모든 것들을 버려야 하고, 육신이 즐거워하던 것을 버리고 떠나 나와야 하겠지 않습니까? 좁고 협착한 길이라고 분명히 말씀하셨으니 말입니다. 자기는 깨어져야 하고 예수님 믿는 것 때문에 핍박도 받고 말입니다. 이렇게 예수님 가신 길을 나도 따라가야 하는, 오직 예수님으로만 살아야 하는 그것은 곧 마음을 다해 힘써야만 되는 것이니 그래서 좁고 협착하다고 한 것입니다.

저의 이런 말씀에 무슨 협박하는 말로 들려질까 싶습니다만 그러나 우리가 이 땅에 온 이유 목적이 무엇인지 성영님의 감동으로 안다면 충분히 이해가 될 것입니다. 예수님의 말씀을 참으로 사랑하여 따르고 싶어 하실 것입니다. 우리가 이 땅에 무엇 때문에 와서 왜 있고 또 어디로 가야 되는 것입니까? 이것을 안다면 좁고 협착한 길이라 해도 이 협착을 기꺼이 기쁘게 갈 것입니다. 우리 사람은 예수님을 만나야 사는 존재로 지음을 받았습니다. 예수님을 만나야만 영생의 생명을 얻고 영원히 사는 몸으로 부활하는 것입니다. 그것이 사람을 지으신 하나님의 뜻이요 사람이 창조된 이유입니다.

우리가 소소한 문제들이 있잖습니까. 직장인들은 예수님의 날은 쉬는 날이니 모든 부담감 좀 다 잊고 쉬고 싶을 것이고, 그동안 충분치 못한 잠도 자고 싶을 것인데, 일찍 일어나서 예배드리러 나와야 하잖아요. 오히려 직장에 가는 것보다 마음을 더 써야 하고, 전날부터 예배의 정신을 가지고 마음도 몸도 준비하면서, 예배 날에 일찍 일어나 나와야 하니 얼마나 힘듭니까? 육체적으로 힘들잖아요. 또 모든 상업에 종사하는 이들은 오히려 주일이 더 영업이 잘되었는데, 예수님을 믿고 보니 예배의 날은 하나님께서 구별해 놓은 하나님의 날이라, 자기의 유익이나 오락을 금해야 하니 물질적인 손해가 따를 수도 있는 것이잖아요? 친구들하고 어울려서 다니는 그것이 즐거운 일이었는데, 예수님을 믿고 보니 그런 것도 하나님께서 기뻐하지 않으신다고 하니 돌이키고 버려야 하니 다 협착한 길이 되지 않습니까? 그러나 좁은 문의 길 그 길만이 구원이요 생명의 길이기 때문에 힘써 싸우며 협착한 길 가야 하는 것입니다.

또 부부가 함께 예수님을 믿지 않으면 핍박은 물론이지만 대화가 통하지 않으니 믿는 아내는 그까짓 세상 이야기는 정말 듣기도 싫은데, 남편은 그냥 세상 이야기만 하자고 하니 괴롭지 않겠어요. 그래서 벧전 2:19-21에 권고하기를 **오직 선을 행함으로 고난을 받고 참으면 이는 하나님 앞에 아름다우니라 이를 위하여 너희가 부르심을 입었으니 그리스도도 너희를 위하여 고난을 받으사 너희에게 본을 끼**

쳐 그 자취를 따라오게 하려 하셨느니라 우리가 하나님께 부르심을 왜 입었다고 합니까? 그리스도께서 고난받으시며 가신 그 길을 그 자취를 따라오게 하려 하심이었다고 합니다. 그래서 고난이 있어도 참고 따라가야 합니다. 좁고 협착하지만 예수님 따라가야 한다는 말입니다. 이 땅에서 영원히 머물 것처럼 착각하면 안 됩니다. 잠시 잠깐 후에 다 떠난다는 것 잊지 말아야 합니다.

인간이 똑똑한 척 별말들을 다 하지만 그러나 생각해보십시오. 어머니 배 속에 열 달 동안 잉태됐을 때 열 달 후에 나가면 이런 세상이 있다는 것을 알고 나온 이가 있습니까? 아무도 없습니다. 사람들은 "하나님이 계신 것 보여주면 믿지" "천국이 있으면 왜 안 보여준대?" "지옥이 정말 있으면 보여주면 믿을 것 아냐?" 라고 말합니다. 그러나 자연 만물을 통해서도 하나님의 신성을 보여 안다고 했습니다. 하나님이 눈에 보인다는 것이 아니라 누군가 지은이가 있다는 것을 느낄 수 있다는 말입니다. 사람이 하나님을 볼 수는 없습니다. 어떻게 육의 눈으로 하나님을 보겠습니까? 오직 믿음으로만 볼 수 있는 것입니다.

어머니 배 속에 있을 때 아기가 이 자연 우주 만물을 보고, 있는 것을 알고 나온 것이 아니듯, 천국과 지옥 또한 보이지 않지만 분명히 존재하는 것입니다. 모든 것을 다 보고 아는 어머니가 배 속에 아기에게 "이제 네가 열 달이 차면 세상에 나올 텐데, 그 세상에는 너무나 밝은 태양 빛이 있다. 아름다운 꽃과 새들이 있고. 온 자연의 아름다움이 있다"라고 말해줄 때에, 아기는 "나는 보이지 않는데 어떻게 믿어요. 정말 있다면 내게 보여주세요." "지금은 네가 볼 수는 없지만 분명 존재하니 열 달 차면 보게 될 것이다." 예를 든 것이지만 오늘날 사람들이 다 이와 같다는 말입니다. 그러나 세상은 어머니가 말한 대로 존재합니다.

천국과 지옥도 하나님께서 말씀하신 대로 참으로 존재합니다. 그러므로 그 영광의 천국을 가겠느냐? 어마어마한 고통의 장소, 영원 영원히 겪어야 하는 그 지옥불로 가겠느냐? 천국도 영원, 지옥도 영원한 것이라는 말이지요. 좀 여러분! 생각 좀 해보시잔 말이에요. 안 믿으니까 이렇게 살고 있는 것 아닙니까? 믿지 못하겠으니까? 지금 "내가 육체의 소욕, 즐거운 것들 다 버리고 예수님 위해 협착한 길 살다가 만일에 천국 없으면 억울해서 어떻게 해" 그런 생각하고 있기 때문에 협착한 길 가기를 그렇게 외면하는 거잖아요!

한번 잉태된 생명은 내가 나갈까 말까 하는 선택이 없습니다. 그때는 선택의 여지 없이 존재하는 세상에 나왔습니다. 그러나 존재하는 천국과 지옥은 하나님께서 성경에다 일일이 다 계시해 놓았습니다. 이제는 너희가 믿고 받겠느냐? 믿지 않겠느냐? 선택하라고 ……. 예수님께서 분명히 말씀하시길 "내가 좁은 문이다 좁은 문으로 들어가라 그 길은 협착하다 찾는 이가 적다"고 하셨습니다. 그런데 믿는다는 여러분이 찾는 이가 적다 하신 그 적은 수에 드는 것을 원치 않고 그렇게 피하시는 이유가 무엇입니까? 멸망으로 인도하는 넓은 문의 말씀을 응하려고 그렇게 협착한 길을 피하십니까? 좁고 협착한 길만이 생명으로 인도하는 문이고 길이라고 하셨는데, 그럼에도 가지 않는 것은 그 적은 수에 들지 않을 자라는 것이 나타나 보이는 것이지 않습니까? 그렇다면 참으로 할 수 없는 일이지만 여러분, 분명히 아십시오. 좁고 협착한 길만이 생명으로 가는 길입니다. 찾는 이가 적은 이 길만이 생명의 길입니다. 그러므로 성영님의 도우심을 입으며 가자는 말입니다.

인간은 육체에서 떠나면 가야 할 다음 세상이 있다는 것 분명히 명심하십시오. 처음은 우리가 다 한세상에 왔지만, 다음 세상은 한세상이 아니라 두 곳으로 나누어져 있습니다. 한 곳은 말할 수 없는 고통만이 있는 곳이요. 한 곳은 말로 표현할 수 없는 행복한 일만 있는 곳입니다. 그 두 곳 중에서 선택하는 것은 이 세상에서 있을 때의 일입니다. 어머니가 배 속의 아이에게 네가 나올 세상은 이러이러하다고 일러주는 말에 '보여주면 믿지' 했어도 그러나 정한 때가 되니 나오게 되었고, 어머니가 일러주던 그 세상이 분명히 있는 것처럼, 하나님께서도 그같이 우리가 육체에서 떠나면 이러이러한 곳으로 들어간다고, 좁고 협착한 예수님의 길과 넓고 쉬운 사단의 길인 이 두 길이 있다고 너무나 자세하고 자명하고 분명하게 알려주신 것입니다. 이 세상에서 어떻게 살았느냐에 따라 갈 곳이 정해지는 것임을 말씀했습니다.

한 길은 하나님께로 다시 나서 들어가는 천국의 문이고, 한 길은 세상의 길로 사단이 이끌어 가는 지옥의 문이라 하셨습니다. 하나님께서 사람에게 자유 의지를 주셨으니 그 선택은 각자의 몫임을 알게 하셨습니다. 오늘도 좁은 문으로 들어가라고 예수님 말씀하셨지만, 선택은 각자에게 있다는 말입니다. 그러므로 선택 잘하십시오. 이 땅에서 각자 남은 날이 그까짓 이십 년, 삼십 년, 오십 년, 칠십 년, 팔십 년인 동안 자신의 육을 위해 살자고, 거기에 무슨 행복이 있다고 그렇게 생명 얻는 길을 외면하는 그것이 진짜 자신을 위한 것이겠습니까?

사는 동안은 편한 길이였을지는 혹 몰라도 그러나 목숨 끝나면 그 영혼은 고통의 장소인 지옥(불못)으로 떨어져 영원히 거해야 하는 것이니, 여러분이 참으로 믿기 원하면 좁고 협착한 길 하나님 나라 영광에 들어가는 그 길을 가십시오. 하나님께서 성경을 통해 수없이 말씀하셨고, 또한 하나님의 구원하시는 뜻을 수없이 전함에도 불구하고 지금 이 길도 아니고 저 길도 아니고, 이 길을 가자니 힘들고 손해 보는 것 같고, 양다리 걸치는 신앙생활 하면서 천국에 들어가는 것을 바라는 것은 아닐 것이라 생각합니다. 깨끗이 과감히 돌아서야 합니다.

사람들이 나를 핍박하든 말든 손가락질하든 말든, 내가 하나님과 바른 관계가 되는데 있어서 손해 볼 일이면 손해 보고, 사람들이 욕하겠으면 하란 말입니다. 손가락질하란 말이지요. 그러나 우리는 영광의 그날을 바라보면서, 하나님 나라에 가서 받을 상급을 바라보면서 그 길을 가는 것입니다. 그것은 이제 우리의 선택에 있습니다. 우리가 예수님을 믿고 좁은 문을 들어가 협착한 길을 가면 하나님께서 확실히 천국으로 보장해주시는 것이지마는 사단을 따라 넓은 문의 길을 가면 그것은 사단이 확실히 지옥을 보장해줄 것입니다. 그러므로 여러분 예수님 따라가야 합니다. 예수님 따라가기를 예수 그리스도의 이름으로 간절히 바랍니다.

예수님의 모든 말씀이 바로 협착한 길에 대한 말씀입니다. 또한 자기를 부인하고 자기 십자가를 지고 나를 따르라. 죽고자 하는 자는 살 것이요 살고자 하는 자는 죽을 것이라고 하셨으니, 자기를 부인하는 것이 뭡니까? 자기는 예수님과 함께 십자가에 못 박혀 죽었다는 것을 믿는 것이요. 그러므로 이 믿음이 분명하다면 예수님의 길을 따라가는 것이 결코 힘든 것만이 아니라 성영님께서 도와주시기 때문에 기꺼이 기쁘게 따라갈 수가 있는 것입니다. 예수님을 따르는 길은 고난이 있음을 전제로 하고 가야 되는 것입니다. "아휴, 예수님을 믿으러 나왔더니 무슨 저런 협박 같은 말이나 하고 괜히 예수님을 믿었나! 나 잘되자고 예수님을 믿었는데 도대체 뭔 소리야! 고난은 또 웬 고난!" 할지는 모르겠으나 그러나 그런 분 없기를 바랍니다.

좁은 문이요 협착하다니까 거기에는 아무 낙이 없고 고통만 있는 것으로 오해는 마십시오. 도리어 세상이 가져다줄 수 없는 하늘의 참 기쁨이 있어요. 영의 기쁨 생명 안에서 나오는 천국의 기쁨이 있으니 기쁘게 갈 수 있는 것입니다. 만나를 먹는 참된 희락이 있고 생명이 있게 되니 기쁨이 있습니다. 이 기쁨은 세상의 그 무엇과도 비교할 수없는 것이요 세상의 어떤 고난도 다 이겨낼 수 있는 능력입니다. 좁은 문에 들어와 협착한 길을 가는 우리에게는 현재의 수고와는 족히 비교할 수 없는 엄청난 복과 영광이 기다리고 있는 것입니다. 그러나 넓은 문 넓은 길을 가는 것은 현재는 편하다 할지라도 오직 멸망만이 기다리고 있습니다.

하나님께서 **뜻이 하늘에서 이루어진 것같이 땅에서도 이루어지이다** 하신 그 뜻을 사람이 깨닫고 보고 알 수 있도록 해주신 것이 바로 구약 성전입니다. 구약 성전을 모르면 하나님의 뜻이 무엇인지도 모르는 것이요 예수님을 바로 알 수도 없고 바른 믿음이 될 수도 없습니다. 구약 성전은 하늘 지성소를 모형으로 한 것이요 하나님께서 임재하여 계신 곳으로 사람이 하나님을 만나러 들어가는 길을 알려주신 것입니다. 그러나 죄인인 인간이 지성소에 계신 하나님을 만나려면 몇 개의 관문을 통과해야만 합니다.

첫 번째 성막 문을 들어서면 번제단이 있는데 그곳에서 흠 없는 소나 양을 잡아 피 흘리고 번제로 제물을 드려야 다음 단계로 나아갔습니다. 두 번째 물두멍이 있는데 그곳에서 수족을 깨끗이 씻어야 안으로 들어가게 되는데 그곳을 성소라고 합니다. 세 번째 성소 안에는 등잔이 있고 떡 상이 있고 분향단(향로)이 있습니다. 성소에 들어온 것은 예수님 안에 들어온 것이 된다고 했습니다. 번제단과 물두멍을 통과해야만 예수님 안에 들어갈 수가 있습니다. 네 번째 성소에서 안쪽으로 들어가면 지성소라고 하는데 성소와 지성소 사이에 휘장이 쳐있습니다. 지성소는 하나님이 임재하시는 장소로서 어느 누구도 들어갈 수 없는 하나님의 위엄의 처소이기에 휘장으로 쳐 놓았습니다.

그곳은 오직 하나님께 선택된 대제사장만 일 년에 한 번 엄격한 규례로 자신을 정결케 하고 휘장 안(지성소)에 들어가서 피 뿌리는 제사를 드립니다. 만일에 하나님께서 명하신 정결의 규례를 한 가지라도 범할 시 들어가자마자 그 자리에서 죽임을 당합니다. 그렇기에 대제사장이 일 년에 한번 휘장 안에 들어가서 하나님을 만나는 것은 그림자이고 모형일 뿐입니다. 이것은 인간 중에는 지성소 하나님께 들어갈 자가, 하나님을 만날 자가 아무도 없는데 오직 한 사람 대제사장만 하나님께 들어갈 수 있다는 것을 의미합니다. 구약성전 지성소에 인간 대제사장이 들어간 것은 바로 하늘의 지성소 하나님께 들어가는 것은 죄가 전혀 없는 사람으로 하늘의 대제사장만 들어간다는 예표요 상징입니다.

인간 중에는 지성소의 문, 휘장을 열 수 있는 죄 없는 의인은 없나니 하나도 없습니다. 그렇기에 하나님께서 사람을 창조하시기 전에 계획하신 뜻은 하나님이 친히 사람으로 오셔서 자신의 몸을 찢으심으로 휘장을 여시는 것입니다. 그 뜻대로 오직 죄도 점도 흠도 없는 하나님의 아들 예수님께서 육체로 오셔서 십자가에 달려 피를 흘리시고 몸 찢어 하나님께 자신을 드리심으로 그 휘장을 둘로 갈라 지성소의 문을 열어버리시고 하늘 성소의 대제사장으로 하나님께로 들어가셨습니다. 그러므로 예수님이 하나님께 나아가는 문입니다. "내가 문이다."고 말씀하신 것이 바로 그것을 말합니다.

하나님과 인간의 사이를 막고 있는 이 휘장은 예수님의 육체를 의미합니다. 육체로 오신 예수님께서 십자가 위에서 자신의 육체를 찢으심으로 하나님을 만날 수 있는 문을 여셨습니다. 육체를 찢었다는 것은 마27:51에 성소 휘장이 위로부터 아래까지 찢어져 둘이 되었다고 하신 말씀이 그 증거입니다. 이같이 예수님께서 자신을 문이라고 하신 것은 사람은 누구든지 문이신 예수님을 통하지 않고는 하늘의 하나님을 만날 수 없다는 것을 말합니다. 예수님이 아니고는 살길이 없습니다. 이 문을 통하지 않고는 복을 받을 길도 없고 영원한 생명으로 갈 길도 없고 평안한 길도 없고 감사할 길도 없고 용서할 능력도 없고 사랑할 능력도 없습니다. 그래서 예수님께서는 내 몸을 찢어 열어놓은 그 문은 좁은 문이요 좁은 길이지만 그것은 생명의 문이며 길이니 그 문으로 들어와야 된다고 하신 것입니다.

무엇이든지 종교 중에 믿고 싶은 것 하나 택해서 믿으면 살길이라고 하는 것은 속이는 것이기도 하지만, 기독교 안에서도 요10:1에 말씀하시길 내가 진실로 진실로 너희에게 이르노니 양의 우리에 문으로 들어가지 아니하고 다른 데로 넘어가는 자는 절도며 강도요 라고 했습니다. 왜 다른 데로 넘어갑니까? 목자가 아니기 때문입니다. 바로 사단이 다른 데로 넘어간 절도요 강도입니다. 그러므로 사단에게 속한 자는 목자(예수님께 속한 자)인 척은 하나 예수님께 집중하지 못하도록 누룩을 섞어주는 것입니다. 그것이 다른 데로 넘어가는 절도요 강도인 사단의 것입니다. 하나님께 가는 문은 오직 예수님 한 분이니 예수님이 찢어져서 열렸습니다. 생명을 바친 희생이 없이는 문이 될 수 없습니다. 그 외는 누구도 문이 될 수 없는데 문이라고 자처하는 것은 절도요 강도요 속이는 것입니다. 속이는 문은 넓은 문이니 사람들이 쉽게 그리로 넘어가지만 생명을 도적질 당하고 강도질 당하는 것입니다.

인간 속에서 자연적 발생한 신심은 미신이요 그 미신에 교리를 붙이면 종교가 됩니다. 예수님을 믿는 것은 인간 속에서 발생한 신심에 의하여가 아니라 하나님께서 성경에 계시하신 말씀을 받아들여 믿는 것이므로 종교라고 하는 것이 아닙니다. 세상은 넓은 길입니다. 그런데 교회들도 넓은 길로 가라고 그것이 믿는 자의 복이라고 말하고 있습니다. 그러나 그 길은 멸망의 길이니 속지 마라 하십니다. 죄인 된 우리가 죄 사함 받고 하나님을 만나고 구원을 얻고 생명을 얻게 된 이것은 문이신 예수님 안에 들어와 협착한 길을 가기 때문인 것이요 그 소속은 천국이 되었으니 들어가며 나오며 꼴을 얻는다고 하셨습니다. 바로 하늘의 생명책에 기록되었다는 것입니다. 하나님 보좌 우편에 계신 예수님이 계신 그곳에 우리의 영에 오신 성령님으로 들어가며 나오며 꼴을 얻는 것입니다. 천국의 것을 공급받는 능력이 있게 되는 것입니다.

굳게 닫혀있던 하늘의 문이 처음 열린 것은 예수님께서 침례 요한에게 침례를 받으시고 올라오실 때, 성영님이 하늘로부터 비둘기같이 임하시는 그때였습니다. 예수님께서 복음을 전하실 사역의 문을 여시기 위해 성영님이 내려오셨을 때입니다. 이때는 예수님께만 열린 하늘입니다. 그다음 완전히 열린 것은 예수님이 십자가에서 다 이루시고 부활하여 하늘로 가신 뒤 성영님께서 오순절 날에 오셨을 때입니다. 성영님이 오신 사건은 이제 누구든지 예수님을 믿고 구원 얻은 자는 열린 하늘이 되었으므로 지성소 하나님 아버지를 만나게 되었고, 성영님으로 들어가며 나오며 꼴을 얻게 된 것입니다.

그렇기에 사람들이 기도하면서 '하늘 문을 열어주시옵소서!' 하는 것은 뜻도 모르고 하는 잘못된 기도요 삼위 하나님과 전혀 관계없는 기도입니다. 아니, 이미 열린 하늘 문을 또 열어달라고 하면 그것이 하나님을 아는 기도이겠습니까? 그래서 좁은 문은 하늘 들어가는 생명의 문이라고 말씀하신 것이요 이제 열린 문이 되어서 하늘지성소에 들어가신 예수님께 들어가며 나오며 꼴을 얻으니 이것이 복이요 하늘의 생명책에 자기의 이름이 기록된 것이요 그러므로 예수님을 믿는 것의 고통이 따른다 할지라도 오직 저 하늘 본향을 바라보며 나아가는 것입니다.

예수님 당시의 사람들은 율법학자인 서기관들의 말이 문인 줄 알고 '랍비여' 하며 따라다니며 들었습니다. 그런데 예수님의 말씀도 서기관보다 더 나은 것 같다는 생각으로 선생이여 하며 따라다녔습니다. 메시아로 따른 것이 아니고 성경 해석을 잘하는 선생으로밖에 보지 못했습니다. 오늘날도 마찬가지입니다. 교회가 많아도 참으로 예수 그리스도와 연합을 이루어 성전의 관계가 된 자가 없다는 것입니다. 어느 목사는 말씀을 잘 쪼개서 잘 전해준다고 말합니다. 그것이 얼마나 위험천만한 말인지도 모르는 것입니다. 잘 쪼갠다. 마음을 사로잡는다는 등등의 말은 지금 자기가 무슨 말을 하는지도 모르면서 자기 영혼을 말씀 쪼개놓는 목사에게 맡기고 죽을 말인지 살 말인지 알지 못하고 쫓아다니는 것입니다. 말씀은 기차가 목적을 향해가듯이 하나의 목적을 향해서 가는 것이기에, 쪼개서 분산해놓는 것이 아닙니다.

사람들은 이 교회 가면 복을 받는다. 저 교회 가면 복을 받는다 말하고 또 복 받을 교회가 어딜까, 사는 것에 복을 좀 받았으면 좋겠는데 어떤 교회 가면 복을 받을까 하고 찾습니다. 그러니까 사람의 관점에서 볼 때 복을 많이 받은 교회, 세상에서 명예 얻고 돈 많고 세상으로 성공하고 하는 쪽으로 몰려드는 것입니다. 참으로 예수 그리스도를 아는 데 힘쓰고 예수님을 사랑하는 능력을 갖추게 해주고 협착한 길을 따라갈 수 있도록 인도해주기를 원하여 찾는 자는 극히 적다는 말입니다.

그러니 하나님께서 믿음 있는 자를 천 명 중에서 한 명 찾기가 어렵다고 하신 말씀이 맞는다는 생각을 하지 않을 수가 없습니다. 그러나 이것은 하나님의 저울에 올라가지 않습니다. 하늘나라에 들일 가치가 없기 때문입니다. 참으로 믿기 원하는 사람은 어떤 교회가 어떤 목사가 하나님의 뜻에 합치된 말씀을 전하는 것인가를 찾아야 하는 것입니다. 만일에 자신이 몸담으면 세속의 복을 받을지를 찾는 것은 저주입니다. 삶의 복은 하나님의 뜻대로 살아갈 때 따르는 것이지만,

성경의 뜻을 바르게 전해주는 생명의 말씀은 아무 곳이나 있지 않기에 그렇습니다.

여러분에게 누차 말씀을 한 귀로 듣고 한 귀로 흘려버리지 말라고 당부하는 것은 믿음이 무엇인지 깨어나게 하기 위해서요, 하나님께서 말씀하는 복을 물질에다, 세속적인 것에다가 둘까 염려해서입니다. 오랜 세월 교회에 다니면서도 하나님의 뜻이 무엇인지 알지 못하고 잘못 믿고 있는 것에서 벗어나게 하기 위해서입니다. 하나님의 말씀을 배우려면 신학교를 가야 하나 하지마는 신학교라는 곳은 하나님의 영적인 것은 없습니다. 그러나 여기서 말씀을 다 듣고 배워 자기에게 적용하기만 한다면 신학교를 몇 번 나온다 해도 얻지 못할 영적인 복을 크게 얻게 될 것입니다. 지옥과 천국으로 나뉜다는 말입니다.

오늘 말씀은 여기서 맺습니다. 좁은 문으로 들어가라 멸망으로 인도하는 문은 크고 그 길이 넓어 그리로 들어가는 자가 많고 생명으로 인도하는 문은 좁고 길이 협착하여 찾는 이가 적음이라고 말씀하여 우리로 좁고 협착한 길임을 알고 기꺼이 기쁘게 갈 수 있도록 은혜 베푸신 예수님께 무한 감사 올립니다. 아멘

제 17 장
거짓 선지자들을 삼가라(1)

¹⁵거짓 선지자들을 삼가라 양의 옷을 입고 너희에게 나아오나 속에는 노략질하는 이리라 ¹⁶그의 열매로 그들을 알지니 가시나무에서 포도를, 또는 엉겅퀴에서 무화과를 따겠느냐 ¹⁷이와 같이 좋은 나무마다 아름다운 열매를 맺고 못된 나무가 나쁜 열매를 맺나니 ¹⁸좋은 나무가 나쁜 열매를 맺을 수 없고 못된 나무가 아름다운 열매를 맺을 수 없느니라 ¹⁹아름다운 열매를 맺지 아니하는 나무마다 찍혀 불에 던지우느니라 ²⁰이러므로 그의 열매로 그들을 알리라 ²¹나더러 주여 주여 하는 자마다 천국에 다 들어갈 것이 아니요 다만 하늘에 계신 내 아버지의 뜻대로 행하는 자라야 들어가리라 ²²그날에 많은 사람이 나더러 이르되 주여 주여 우리가 주의 이름으로 선지자 노릇하며 주의 이름으로 귀신을 쫓아내며 주의 이름으로 많은 권능을 행치 아니하였나이까 하리니 ²³그때에 내가 저희에게 밝히 말하되 내가 너희를 도무지 알지 못하니 불법을 행하는 자들아 내게서 떠나가라 하리라

(마7:15-23)

예수님께서 15의 말씀 서두에 무엇을 삼가라 하십니까? 거짓 선지자들을 삼가라는 것이 예수님의 분명한 당부입니다. 오늘 본문 마

7:15-23의 말씀은 거짓 선지자들에 대한 말씀입니다. 사람이 하나님의 뜻대로 믿는 믿음이 되면, 그 믿음은 거짓 선지자들을 구별하고 분별할 수 있는 영적 지각이 있는 것이기에, 거짓 선지자들을 삼가라는 말씀을 하시고, 그다음 23까지 거짓 선지자에게서 나타나는 특징들을 들어서 이런 자가 바로 거짓 선지자라는 것을 가르쳐 주셨습니다.

그동안 여러분에게 오늘날의 거짓 선지자가 누구인지는 계속 다루어 말씀드려왔기에 이제 더 말하지 않아도, 자기가 같은 거짓이면 들을 귀가 없으니 감각 없이 듣고 말았을 것이겠으나, 참으로 믿는 것이면 거짓을 삼갈 수 있는 지각의 능력을 갖추었으리라 생각합니다. 그럼에도 또다시 거짓 선지자들에 대한 말씀을 드리게 되니, 자기의 영생이 걸린 중대한 문제임을 심각히 아시고, 되새김 차원으로 듣고 분명한 분별의 능력을 갖추는 기회로 삼기를 바랍니다.

먼저 선지자라는 것은 무엇인가? 히브리어로 선지자를 '나비' '나바'라고 합니다. 그리고 '예언자'도 똑같이 나비라고 합니다. 신약에서도 선지자를 헬라어로 '프로페테스' 라고 하고 예언자도 똑같이 프로페테스 라고 합니다. 구약이나 신약이나 '선지자' 하면 예언자요 '예언자' 하면 선지자입니다. 선지자가 예언자요 예언자가 선지자라는 말입니다. 선지자 또는 예언자라 하는 것은 하나님께로부터 말씀을 받아 그대로 선포하는 자, 전파하는 자라는 말입니다. 바로 하나님의 말씀을 받아 전파하고 선포하는 것, 이것이 예언입니다. 또 다른 말로는 '길 안내자'라는 뜻입니다.

그러니까 선지자가 무엇인지 여러분이 이해를 잘해야 합니다. 하나님의 말씀을 받아서 그대로 선포하는 자라는 말인데 구약 때는 하나님께서 선지자들을 통해서 말씀하셨습니다. 왕에게, 지도자들에게, 거짓 선지자들에게, 백성들에게 예언하도록 하셨습니다. 바로 이것이 성경이 말씀하는 예언이에요. 그런데 예수님이 오신 이후로는 구약의 선지자는 끝났습니다. 눅16:16에 **율법과 선지자는 요한의 때까지요** 해서 침례 요한이 구약의 마지막 선지자였는데, 선지자들이나 율법이 예언한 것이 침례 요한까지 와서 끝났다는 말입니다. 죄를 담당하여 피 흘리실 메시아 그리스도가 오신다는 것을 예언했는데 그 예언대로 예수님이 오셨음으로써 구약의 선지자와 율법의 예언이 끝나게 되었습니다. 그래서 구약의 예언이라고 하는 것은 미리 말한다는 뜻입니다. 그리스도 메시아가 오신다는 것을 미리 전파하여 말한다는 말입니다.

그런데 예수님은 오늘 말씀에서 거짓 선지자들을 삼가라고 하셨습니다. 이미 선지자들의 시대는 침례 요한으로 끝났는데 거짓 선지자들을 삼가라 하신 겁니다. 그러면 왜 거짓 선지자들을 삼가라고 하셨을까요? 이제 구약 선지자는 끝났지만, 신약 시대의 선지자가 있다는 의미입니다. 바로 구약의 선지자가 하나님의 뜻이 되시는 그리스도가 오실 것을 대언했다면, 이제 신약은 구약 선지자가 예언한 일들이 이루어졌으므로 그 복음을 듣고 돌아오는 이방시대 사람들로 하여금, 하나님의 뜻이 되시는 예수 그리스도께로 들어올 수 있도록, 구약과 신약을 잘 연결하여 하나님의 뜻을 가르치며 예수님의 재림과 심판을 예언하는 선지자가 있다는 것을 의미하는 것입니다.

21에 "나더러"하신 것은 곧 예수님 자신을 말씀하는 것이요. 22, 23은 예수 그리스도의 복음이 전파되는 시대, 바로 기록된 성경이 온 땅에 보급되는 이 신약시대도 성경의 말씀을 가르쳐 선포하는 선지자가 있게 됨을 말씀하시는 것과 함께 이제 이 신약시대를 마치고 마지막 심판 때에는 하나님의 말씀을 하나님의 의도대로 전하지 않은 거짓 선지자들에게 임할 일에 대한 말씀을 하신 것입니다. 구약에도 거짓 선지자가 많이 나타났습니다. 특히 예수님이 오실 당시에는 거짓 선지자들의 시대였습니다. 그래서 400여 년간을 '암흑시대다, 말씀이 없는 시대다'라고 말합니다. 유대교 지도자들이 다 거짓이요 바리새인 서기관들 또 성전 제사의 지도자들이 다 거짓 선지자였습니다. 그런데 예수님은 그 같은 거짓 선지자들의 출현은 그대로 끝나는 것이 아니라 엄청난 세력으로 나타날 것이라는 예고의 말씀을 전제하여 분명히 '거짓 선지자들을 삼가라'고 하셨습니다.

마24:11에 **거짓 선지자가 많이 일어나 많은 사람을 미혹하게 하겠으며** 라고 하셨고, 마24:24에 **거짓 그리스도들과 거짓 선지자들이 일어나 큰 표적과 기사를 보이어 할 수만 있으면 택하신 자들도 미혹하게 하리라** 여기서 "택하신 자들도 미혹하게 하리라" 하셨는데 아니, 택하신 자들을 왜 미혹하게 합니까? 하나님이 택했으면 하나님의 것이 아닙니까? 그런데 왜 택하신 자들도 미혹하게 하리라 입니까? 여러분, 하나님께서 사람을 지으시기 전 창조 이전에 누구를 택하기로 예정하셨습니까? 누구를 택하기로 하셨어요? 여러분이 예정론에 대해서 여러 설을 들었을 것이나 지금 기독교계에서 말하는 예정론 다 잘못 말하고 있습니다. 하나님께서 예정하신 그 예정론에 대해서 다 틀린 말들 하고 있다는 말입니다.

그러면 창조 전 하나님께서 사람을 짓기 전에 누구를 택하기로 예정하셨을까요? 죄인을 택하기로 하셨잖아요? 죄인을! 예수님이 십자가에 달려 죽으신 이유가 뭐에요? 죄 때문에, 죄인들을 위해서 죽으신 거잖아요? 바로 창조 이전에 죄인들을 택하기로 하신 그것이 예정이에요. 누구를 택하기로 하셨어요? 죄인들입니다. 그러니까 죄인만 예수님을 만나는 겁니다. 죄인이 아니면 예수님 만나요? 못 만나요? 죄인이 아니면 예수님은 어떤 방법으로도 만날 길은 없습니다. 그래서 죄인이 아닌 자들이 예수님을 믿는다고 하니까 다 바리새인 되고 서기관이 되고 사두개인이 되는 것 아닙니까? 죄인이 아닌 자들이 예수님을 믿는다고 하니까 다 주여 주님만 찾는 것 아닙니까?

성경에 보니까 바리새인, 사두개인 서기관이 다 예언자 선지자들입니다. 그들이 "메시아가 오신다. 왕국을 건설할 나라의 왕이 되실 분이 오신다." 라고 예언한 자들인데 실제로 예언하던 그들은 메시아 그리스도 예수님이 오시니 만나지 못했습니다. 예수님 거절하고 '저 요셉의 아들, 나사렛에서 태어난 저가 어떻게 메시아냐?' 그들은 지금 메시아가 왕궁 유명한 곳에서 사람이 보기에 존귀한 자로 오실 줄 알았는데, 또 베들레헴에서 나왔다면 혹 모를까 그 작은 나사렛동네 촌구석에서 가난한 목수의 아들로 난 자인데, 하고 무시했습니다.

하나님께서 천지 창조 전에, 사람을 짓기 전에 죄인을 택하기로 예정하셨습니다. 그렇기에 죄인을 구하려고, 죄인을 불러 회개케 하려고 오신 예수 그리스도의 이 복음을 듣고 "아 나는 죄인이구나! 죄인만 예수님과 관계있구나! 그러면 내가 죄인이라 하니 죄인인 것을 인정합니다. 내 스스로가 하나님이 되어 산 죄인인 것 인정합니다. 예수님을 구주로 영접합니다. 예수님은 나의 구주십니다"라고 고백하는 이들을 구원하시기로 하신 이것을 예정이라 하는 것입니다. 그런데 자신이 죄인임을 아는 자들을 구원을 받지 못하도록 거짓 선지자들이 미혹한다는 말입니다. 목사로 나와서 말씀을 말하는 것이 선지자 역할과 같습니다. 말씀을 가르쳐 선포하는 것이 목사의 일이므로 그 직임이 바로 선지자라고 할 수가 있다는 말입니다. 그러므로 실제 참 선지자냐 거짓 선지자냐 하는 삼가야 할 중대한 일이 있음을 예수님께서 분명하게 이르셨습니다. 거짓의 특징이 뭐냐 그들에게서 열매를 보면 안다고 분명히 말씀하셨어요. 여러분! 열매를 보면 안다 하셨습니까? 안 하셨습니까? 분명히 말씀하셨지요?

예수님이 주님이신 것을 알고 주여 주여 한다고 예수님과 관계되는 것이 아니라 다만 하늘에 계신 내 아버지의 뜻대로 행하는 자라야 하는데 거짓은 불법을 행하는 것으로 나타난다고 하셨습니다. 뜻대로 행하지 않는 것으로 나타나고 가르치지 않는 것으로 나타난다. 그것은 열매로 보여 안다는 것입니다. 애초에는 가시나무였는데, 나중에 가서는 포도를 딴 것이 아니고 말입니다. 참으로 오늘날 믿는 사람들의 말씀을 대하는 인식 구조가 말이지요. 얼마나 자기 사고의 틀에서 벗어나지 못하고 있는지 아마 백이면 백 다 그럴 것 같습니다. "그 사람 처음에 보기에 참 착했는데, 그 사람 목회 참 진실하게 잘했는데 교회가 부흥되니까 변질됐어!" 라고들 하는데 이거 맞는 말입니까? 거짓말입니까? 이건 거짓말입니다. 거짓말! 이것은 자기가 아는, 자기 말이에요. 자기 생각이 알고 있는 말이에요. 예수님은 그렇게 말씀하지 않았어요. 애초에는 가시나무였는데 나중에는 포도 열매를 낸 것이 아니고, 애초에는 포도나무였는데 나중에는 엉겅퀴가 된 것이 아니고 처음부터 가시나무이니 자라서 그 열매가 나온 것이다. 열매를 보면 그가 어떤 나무였는지를 안다고 하신 것입니다.

처음부터 나쁜 나무면 열매 때에 가서, 나쁜 열매가 나오는 것이고 애초에 좋은 나무이면 좋은 열매를 맺는 것이지, 좋은 나무가 나중에 가서 나쁜 열매를 맺더라가 아니에요. 나쁜 나무가 나중에 가서는 좋은 열매를 맺더라 하는 이런 논리가 있을 수 없음을 분명히 말씀하셨습니다. 예수님을 믿는다는 사람들도 다 마찬가지로 해당이 되는 겁니다. 이런 논리를 편다면 그도 역시 거짓임을 스스로 드러내는 것입니다. 자신에게 성영님의 지혜가 없음을 스스로 드러내는 거예요. 성영님의 밝음, 그 빛이 없음을 드러내는 것이라는 말입니다. 이 부분에 있어서는 여러분에게 말씀 전하여온 지금까지 누누이 다루어 드렸으니 더 열거하지 않겠습니다.

21에서 **나더러 주여 주여 하는 자마다 천국에 다 들어갈 것이 아니요 다만 하늘에 계신 내 아버지의 뜻대로 행하는 자라야 들어가리라** 그러니까 예수님을 믿는다고 말들은 열심히 하는데, 그래서 주여 주여는 열심히 하고 다니는데 얼마나 '주'가 입에 붙었는지, 배불러도 주여, 배고파도 주여, 돌부리에 채여도 주여, 싸우다가도 주여, 물 한 모금 마시고도 주여, 자기 맘에 안 드는 것 봐도 주여, 화가 나도 주여, 아무튼 매사에 주여 주여 주님은 열심히 부르기는 하는데 아버지의 뜻대로 행하는 것이 무엇인지는 모르면서 그저 무조건 주여 주여만 하고 다니는 것입니다. 그러니까 이것은 절대로 인격적이지 않을뿐더러 자기가 섬기는 귀신을 부르는 것일 뿐입니다.

또 '행하는 자라야' 하니 '동사'잖아요. 그러니 교회 행사에 열심히 쫓아다니고 전도 봉사 구제 등 이런 쪽으로 연결하여 열심히 행하자 하고 다니는 것 아닙니까? 또 한편으로는 하나님 말씀대로 살지 않으면 천국갈 수 없다는 것을 말씀하는 것이라고, 하나님의 말씀대로 사는 것이 하나님의 뜻대로 행하는 것이다 라고 말하고 있습니다. 물론 말씀대로 살아야 구원이 보장이 됩니다. 그것이 하나님의 뜻인 것은 맞습니다. 예수님을 믿음으로 구원을 얻는 것은 맞지만, 말씀대로 사는 것으로 나타나야 구원의 확증이요 보장이 됩니다. 그러나 예수님께서 "하늘에 계신 내 아버지의 뜻대로 행하는 자라야 천국에 들어간다."고 하신 것은 지금 이와 같은 것을 말씀하신 뜻이 아니에요. 이같이 정확한 답변이 되지 않는 막연하고 어정쩡한 것을 말씀하신 것이 아니란 말입니다.

그런데 그 같은 말은 사람이 듣기에는 아주 틀린 말은 아닙니다. "아니 하나님의 뜻이 교회에 열심히 나와 예배드려라, 기도하라, 모이기에 힘써라, 봉사해라, 사랑해라, 기뻐하라 하신 것이라"고 하는데 여러분 아니라고 말할 수 있습니까? 사람이 듣기에는 100% 맞는 말이지 아닐 수가 없습니다. 하나님 말씀대로 살아야 한다는데, 그것이 아버지의 뜻대로 행하는 것이다 하는데 성경 벗어난 말은 아니니 틀린 말로 들리지 않는다 말입니다. 그래요, 안 그래요? 다 그렇게 듣는 겁니다. 그러니까 "우리 목사님은 성경 벗어난 말은 안 해, 성경대로 말한다."는 말이 나오는 것입니다. 오늘날 설교가 다 이런 방향이에요. 이런 방향으로 비스듬하게 흘러갔어요.

그래서 "우리 목사님 성경대로 말해, 성경 벗어난 말 안 해, 세상 이야기 같은 것 안 해" 이렇게 비스듬하게 흘러서 성경대로 말한다는 것으로 방향이 흘러갔단 말이에요. 그러니까 "성경 벗어난 말은 아니던데요. 내가 들어보니 성경대로 말하는 것이 맞던데요." 하고 나옵니다. 우리 목사님은 성경대로 말한다. 세상 이야기 안 한다고 하지만 지금 그 말씀이 하나님이 말씀하시고자 하는, 예수님이 말씀하시고자 하는 의도에 맞게 말씀을 풀어주고 있는 것인가 하는 것은 절대로 알지 못하는 것입니다. 하나님과 예수님의 생각을 바로 알아서 바른 뜻을 전하여 그 뜻으로 사람이 믿음의 능력을 갖추고 생명이 되게 하는 것이냐 하는 것은 전혀 모르는 거예요.

물론 사람이 성경을 처음 읽을 때는, 어느 정도의 시간이 가야 성영께서도 눈을 열어주시고, 자꾸 읽고 또 읽다보면 눈을 열어 속뜻을 알게 하시는데 처음부터 성경의 뜻을 확실히 아는 것은 아니지요. 처음 읽을 때는 오늘 본문 같은 경우에도 하늘에 계신 내 아버지의 뜻대로 행하는 자라야 하니까 그냥 그런 뜻으로 생각해볼 수는 있습니다. 그러나 말씀을 가르치는 정도의 위치에 있는 사람들은 절대로 아닙니다. 예수님께서 직접 말씀하신 것, 무엇을 말씀하시는 것인지 예수님께 직접 듣고, 성영님의 가르치심에 의하여 바른 뜻을 말하지 않으면 다 거짓 선지자예요. 말씀에 대한 뜻과 방향에 대해서 성영님의 가르침을 받은 가르침이 아니면, 그것은 성경을 벗어난 말이 아니라 해도 사람들의 영혼을 생명 얻지 못할 다른 방향으로 이끌어버리는 것이 되는 것입니다. 다시 말해 성영님에 의해 가르침 받지 않은 다른 열매를 내는 거짓 선지자라는 말입니다.

참 선지자는 성영님에 의해 예수님의 말씀의 의도를 정확히 가르침을 받아 나오는 것입니다. 두려워서 감히 자기가 못 나오는 거예요. 어떻게 이 두려운 일에 자기가 주의 종 되겠다고 나옵니까! 어떻게? 이것은 자기가 말이지 지옥에 제일 아랫목, 제일 깊은데 가서 고통받겠다고 아주 작정하고 나온 짓거리예요. 짓거리라고 해서 죄송하긴 하나 아무리 생각해 보아도 자기 기분에 끌려 나온 인본이 하는 짓거리는 짓거리입니다.

여러분! 제자들이 예수님께 비유의 말씀을 알아듣도록 설명해주시길 원했어요. 예수님께서는 그때마다 설명을 해주셨습니다. 그리고 제자들에게 …… **너희를 친구라 하였노니 내가 내 아버지께 들은 것을 다 너희에게 알게 하였음이니라**(요15장) 하셨듯이 예수님과 바로 이 관계가 돼야 하는 겁니다. 이 관계라야만 예수님의 것을 성영님으로 받아서 또 사람들에게 성영님으로 말할 수 있는 것입니다. 진리의 성영님이 오시면 너희를 모든 진리 가운데로 인도하고 장래일도 알리실 것이요. 예수님의 것을 가지고 알려주신다 하셨어요. 그러므로 성영님과 교제를 통해서 듣고 배우고 가르침을 받아야만 그가 성영님이 부르신 참 선지자인 것입니다.

그러면 '내 아버지의 뜻대로 행하는' 것에 대해 말씀드리기 전에 먼저 오늘날 잘못된 예언, 잘못 알고 있는 예언들에 대해서 말씀을 좀 하고 가겠습니다. 오늘날 사람들이 선지자와 예언자의 일이 무엇인지 무엇을 말하는 것인지 이해도 없고 분별도 없는 가운데 자기가 예언의 은사를 받았다고 하여 개인을 앞에 앉혀놓고 예언을 하는 일이 일반화되어 있음을 볼 수 있습니다. 그러나 성경은 개인을 앞에 앉혀

놓고 예언한다고 하는 일을 엄격히 금하고 있습니다. 여러분이 에스겔 13장을 정확히 읽어보세요. 하나님께서 에스겔 선지자에게 말씀하신 것이 무엇인지 스스로 읽어보고 좀 알라는 말입니다.

사람들이 성경을 바르게 깨달아 아버지 하나님의 뜻을 알기도 전에 잘못 이해된 은사들에 치우쳐서 그렇게 은사 받았다고 사람들에게 예언해 준다고 또 예언 받는다고 예수님의 이름 사용하여 행하는 일들이 되어 있습니다. 그것은 하나님이 엄히 금하는 것으로써 거짓 선지자, 거짓 예언자들이 받는 심판에 함께 들어가는 것이 되는 것입니다. 여러분이 예언 은사 받았다 하는 사람에게 예언 기도 받았다 한다면 그것은 성경대로 말한다면 '선지자에게 기도 받았다'는 말이 됩니다. 그런데 하나님께서 세운 선지자는 개인 앞혀놓고 그렇게 예언 기도나 해주는 것을 말하는 것 아닙니다. 그것은 점쟁이에게 갔다 왔다는 것과 똑같습니다. 성경은 개인을 점쳐주듯 하는 점쟁이와 같은 자들을 저주하고 있습니다.

고전 12장에 성영님이 각 사람에게 나눠주시는 것이 있는데 그것을 은사라고 했습니다. 그중에 "성영으로 예언함을 주신다." 는 말씀이 있습니다. 그런데 고전14:1에서 **사랑을 따라 구하라 신영한 것을 사모하되 특별히 예언을 하려고 하라** 했습니다. 이 말씀 여러분 다 알지요? 저는 이런 말씀을 사람들이 잘못 알고 있는 것들에 대해서 참 할 말이 많은데 제가 말씀을 정리해서 전하는 작업이 힘들어서 그만두자 하는 것이지, 참으로 얼마나 스스로 속아서 말입니다. 자기가 예언 은사 받았다고 개인 앞혀놓고 예언해주는 것들로 연결하여 말씀에 해를 끼치고 있는 것입니다.

사랑을 따라 구하라는 이 말은 예수 그리스도를 사랑하여 구하라는 말입니다. 뭘 구해야 합니까? 성영님으로 주시는 은사를 사모하되 특별히 예언을 하려고 하라는 말입니다. 여기서 예언이라고 하는 것은 개인 앉혀놓고 그 사람에 대해서 예언을 해주라는 말이 아니에요. 성경에 기록된 말씀에 대하여 성영님으로 아는 영의 통찰력을 가지라는 말입니다. 성영님으로 말미암아 말씀의 뜻을 아는 영적 통찰력으로 말씀을 말하라는 뜻입니다. 이것이 성영님이 주시는 예언입니다. 그래서 **예언하는 자는 사람에게 말하여 덕을 세우며 권면하며 안위하는 것이요** 했습니다. 예수님을 잘 믿도록 말씀을 깨우쳐주며 믿음을 도와주는 겁니다. 권면하고 안위하는 것이 다 그것을 말하는 것입니다. 신영한 것을 사모하되 특별히 예언을 하려고 하라 하는 것, 다시 또 강조합니다. 성영님의 도우심을 힘입어 성경 말씀을 깨달으라는 말입니다.

성영님으로 성경의 전 뜻을 깨달아 알도록 사모하되, 전 뜻이 되시는 분이 누구입니까? 예수님이신데 구약과 신약에서 말씀하는 예수 그리스도를 아는 것, 재림과 영생에 대하여 사람들에게 알게 하라 즉 사람들에게 예수님을 믿고 아는 일에 하나가 되도록 알려주는 일을 하라 그 말입니다. 이것이 예언이에요. 알아듣습니까? 그래서 사랑을 따라 구하되 즉 예수님을 사랑하여 구하되 성영으로 알기를 구하라 하는 것입니다. 오늘날 성영님께서 교회 중에다가 사도로 선지자로 목사로 교사로 세우신 것은 바로 이 예언의 일을 하게 하시려고 세우셨어요.

여러분! 사도 바울은 구약에 정통한 사람이에요. 그런데 개인에게 점치는 예언하라고 했겠습니까? 구약에서 금했으면 신약도 금하는 것이요 신약은 더 엄격히 금합니다. 그런데 사람들이 사도 바울이 '예언을 하려고 하라' 한 말을 깨달아 볼 능력이 되지 못하니까 어디다 연결시킵니까? 자기가 알고 있는 상식, 인간 중심에 가진 지식으로 받아들여서 그렇게 개인을 예언해준다고 제단이라고 차려놓고 자기 마음에서 나는 것으로 예언해주고, 성경은 읽었으니 문자적인 것이야 꿰듯 아는 것이잖아요. 또 사단도 성경을 꿰뚫어 알고 있으니 귀신들과 합작하는 것입니다. 사람들을 망할 길로 끌어들이는 일을 한다는 말입니다. 물론 다 망할 자들이기에 분별없이 따라다니는 거지요. 똑같다는 말입니다.

예수님을 믿는 것이 무엇인지 왜 믿어야 하는지 듣기는 듣지만 자기 속은 지금 그것이 중요한 것이 아니라, 생활도 풀리지 않고 남편 따로 자식 따로 집안이 엉망이니 늘 탄식하고 있는데, 누가 '거기 가서 예언 기도 받아봐' 하는 말에 어렵게 돈 봉투 준비해서 답답한 속 좀 뚫어 보겠다고 쫓아가는 겁니다. 예언이랍시고 '당신 사명 있는데 신학 해야 되겠네 신학하지 않으면 가정에 어려움이 떠나가지 않아' 하니 '아! 그래서 날 깨달으라고 날 종으로 부르시려고 그런 고난이 있었나?' 하고 반신반의하며 마음에 부담을 안고 오는 겁니다. 그 뒤부터는 그 말이 뇌리에 붙어서 떠나지 않고 '사명 감당, 사명 감당'이 늘 따라다닙니다. 작은 일이 생겨도, 큰일이 생겨도 '아이고, 내가 사명을 감당하지 않아서 이런 일이 생기는가 보다' 하는 대로 생각이 들고 두려운 마음이 항상 있게 됩니다. 두려움이 마음을 늘 주장하니 기어코 종 되려고 신학을 하고 또 거짓 선지자가 탄생이 되는 겁니다. 거짓 예언자 또 생기는 거예요.

사람 앞에 놓고 한참 방언하고 기도하고 나서 "환상이 보이는데 지금 집 팔고 이사하는 것이 좋아" 또 저사람 붙들고 "당신 하나님께 헌금 크게 해야 되겠어. 너무 인색해서 하나님께 복을 받지 못해요. 그렇게 인색하면 당신 남편 직장 해고당한다고 하네!" 이따위를 예언한다고 하는 겁니다. 그 소리 듣고 큰돈이 없어 헌금하러 못 갔더니 정말 남편이 해고를 당한 겁니다. 자기 생각 속에 그 말을 받아들이고 늘 되새기고 있으니 당연히 직장에서 해고 당할 수밖엔 없는 것이지요. 그 거짓된 미혹의 소리 듣고 '큰돈 헌금 안 하면 해고된다는데' 입으로 되뇌이니, 귀신들이 '그래, 네 말대로 해고 되게 해주마.' 하는 것 아닙니까?

그래서 그 신통방통한 예언자는 소문이 나고 '야 족집게다' 하고 유명해지는 거지요. 여러분! 한번 솔직히 말해봅시다. 그런데 가는 것 예수님 알기 위해서 가겠습니까? 정말 성경을 깨달아 알기 위해서 가겠습니까? 아니잖아요. 솔직히 점치러 가는 거잖아요? 하나님이 자기에게 뭐라고 그러나…. 제단이라고 차려놓고… 지금 신약에는 제단 없어요. 제단 하려면 구약으로 가야 됩니다. 제단이라는 말조차도 지금 얼마나 자기가 성경의 뜻에 대해 무지 가운데 있는 것을 드러내는 일임에도 제단이라고 차려놓고 제단제단 합니다. 흉내 내는 귀신 세계에는 제단이라는 것이 있습니다. 그렇기에 제단이라고 하는데 있거든 쳐다보지도 말아야지요. 지금 어디 그런 말을 사용하느냐 말입니다. 구약 때나 해당되는 것이지 지금은 제단이라는 것 없습니다.

제단이라고 차려놓고 예언한다고 하는 사람들, 참으로 그들 중에 사도 바울이 말한 '사랑을 따라 구하라 신영한 것을 구하되 특별히 예언을 하려고 하라.'는 속뜻을 깨달아서 그 예언으로 사람들을 예수 그리스도에게로 인도하고 연결해주는 자가 몇이나 있겠습니까? 하나도 없다는 말입니다. 전부 자기의 신비한 체험들이나 드러내고 '내가 꿈에 보았다. 내가 환상으로 보았다. 내가 기도하면 이렇게 된다. 병 낫는다.' 하고 다 자기에게로 관심을 끌게 하고, 관심을 두게 하는 것입니다. 또 사람들은 얼마나 이상한 말들을 하고 다니는지 모릅니다. "그 교회로 다녀봐. 요즘 그 교회로 많이 몰려든대, 목사가 능력이 많대. 아주 말씀을 세밀하게 쪼개서 잘 가르친대, 그 목사는 원고도 없고 원고보지 않고 설교한대" 그만큼 능력 있다는 말이겠지요.

"어디 목사에게 가봐. 목사에게서 불의 능력이 나가고 귀신이 쫓겨나고 병이 낫고 생활의 문제가 해결된대" 하는 겁니다. 참으로 사람을 예수 그리스도께로 인도하는 자는 없습니다. 열심히 훼방하는 일을 하고 다니는 거예요. 이런 거짓들이 실제로 판을 쳐서 정말 예수님의 사람을 보기가 어렵습니다. 여러분에게 참고로 말씀드립니다만 저는 말이 매우 둔한 사람이라서 성영님의 가르침을 따라 말씀 원고를 작성합니다. 그리고 설사 말이 유창하다 할지라도 저는 원고 없이 말씀을 말하는 것 원치 않는 사람입니다. 그것이 하나님께 대한 제가 취할 자세라 여기기 때문입니다.

제가 처음 교회에 나가게 되었을 때, 교회에서 귀신 쫓는 일이 다반사였습니다. 재밌기는 했어요. 귀신이 '네 속에는 십자가도 없어!' 한다든지, 꾸짖는 사람을 향해 '에구 너나 잘해!' 하며 사람들 속을 다 들여다보고 비웃거나 비난을 하는 겁니다. 목사에게도 '네가 목사냐!' 어떻게 목사에게 저렇게 하나 했는데 후에 생각해보니 귀신에게 비난받아 마땅했다는 것을 이해가 됐었어요. 그중에서도 '오지 마! 무서워 너는 무서워!' 하는 이도 있었습니다. 그렇게 귀신 쫓고 예언하는 일들이 아주 성행했었습니다. 제가 신앙생활 한지 지금 30년 넘었습니다. 지난 뒤에, 대개 사람들이 그쪽에 다 쏠려있었다는 생각이 들었습니다. 사람들이 저에게 예언 좀 받아보라고 했습니다. 교회 처음 나왔으니 성경도 모르고 예수님에 대해서 감각도 없고, 그런데 예배 중에 얼마나 울어대는지 예배 가서 앉기만 하면, 왜 우는지 몇 달을 울었습니다. 영의 어떤 고통, 하나님과 나와의 어떤 영적인 것이 있었던 것인지 …… 그것은 있었어요.

성경을 전혀 몰랐어도 예언이 무엇을 해주는지 짐작은 됐습니다. 그래서 맘먹고 하루에 두 사람에게 예언이라는 것을 받아봤습니다. 그런데 나이가 지긋한 권사라는 이에게와 처녀 전도사에게 받았는데 두 사람 말이 일치가 되지 않고 달랐습니다. 그래서 사람의 예언은 신뢰할 것이 되지 못한다는 것을 일찌감치 알게 되었기에 그 뒤로는 접하지 않게 되었습니다. 그런데 세월이 많이 지난 뒤에 제가 여러 가지 문제로 얽히고설키듯 하여 어떻게 방향을 잡지 못하고, 맘과 생각이 엉클어져 너무나 마음이 힘들고 답답했는데, 누가 말해주기를 예언의 은사를 크게 받은 사람이 있는데, 기도하면 잘 알려준다고 하니 한번 거기 가서 기도해보라고 소개를 받았습니다. 세월도 지났고 예언이라는 것은 신뢰할 수 없다는 것 잊고 있던 터라 그래서 그곳에 가서 예언이라는 것을 받게 되었어요.

다른 것은 다 두고 제가 가장 알기 원했던 것은, 저의 남편이 목회 길을 가는 것이 하나님의 뜻인가 하는 거였습니다. 내 마음에는 아닌 것으로만 오는데, 남편은 하나님의 사명을 받은 것이라고 가야 한다 하니 "만일 하나님의 뜻이면 내 뜻을 꺾고 남편의 뜻을 존중하겠으니 나에게 확신을 주시라"고 했지만 나는 아니라는 것으로만 마음이 들었던 것이지요. 그래서 이로 인해 크게 고민하고 있을 때, 소개를 받아 가서 기도를 하게 되었는데, 그 사람이 하는 말이 '남편이 사명이 아니라 당신이 사명인데요.' 하는 거였습니다. 그래서 뭔 헛소리냐 싶어 여기도 틀렸구나 하는 생각이 들어 그 뒤 다시는 제가 지금까지 예언이라는 것을 접하지 않았습니다. 그러고 보니 '당신이 사명 있네.' 한 말은 맞은 것 같기는 합니다. 그러나 이렇게 맞히기도 합니다. 처음엔 미끼를 주는 겁니다. 그러나 궁극적으로 결과적으로는 망할 길로 끌어들이는 것이 사단의 작전입니다. 그래서 제가 오랜 세월 동안 옆에서 다 보았고, 들었고, 직접 경험을 한 바이기에 이것을 말할 수가 있는 것입니다.

그러나 정말 불행하게도 에스겔 13장에 거짓 선지자가 허탄한 묵시를 보고 말한다고 했어요. 그러니까 꿈을 꾸고 환상도 본다는 말입니다. 허탄한 묵시를 보고 말하는 이들, 자기 마음에서 나는 대로 예언하는 부녀들은 다 악한 것이요. 그러므로 엄하고 중하게 심판하시겠다고 말씀하셨어요.

제가 생물학적으로는 여자 맞습니다. 나이가 든 할머니일지라도 여자는 여자지요. 제가 여자이면서도 사실은 여자들이 목사 되는 것 정말 원치 않아요. 왜냐면 복음을 어지럽히는 이런 예언한다는 것이나 들었다, 보았다 하는 것들이 대부분이 여자들입니다. 그래서 아주 보기가 싫습니다. 그러면 여자인 당신은 왜 여기 서 있느냐? 그것은 여러분이 성영님께 물어보세요. 성영님의 사람이면 답을 해주실 것입니다. 저는 그런 육체를 말하는 여자가 아닙니다. 분명히 말합니다. 저는 하나님의 아들입니다. 성경은 영적인 것을 말합니다. 하나님도 영이시고 그러므로 우리를 영으로 낳으셨고 영적인 것을 말씀하는 것이요 예수 그리스도께서 십자가에서 피 흘려, 그 피 흘리심의 산고의 고통을 통해서 영으로 낳아주신 아들이라고 분명히 말씀하셨습니다.

'사람들이 저더러 여자라고 시비할 텐데요' 개의치 말라 하셨습니다. '너는 내가 피 흘려 값 주고 성영으로 낳은 아들이다' 그렇기에 예수 그리스도로 말미암은 아들로 섰습니다. 여러분도 예수 그리스도로 말미암아 하나님의 아들이 되었습니다.

오늘은 여기까지 말씀드리고 '하늘에 계신 내 아버지의 뜻대로 행하는 자라야 들어가리라'는 다음 주에 말씀드리는 것으로 하겠습니다. 모든 영광을 말씀으로 우리를 깨우치며 양육해주시는 우리 아버지와 예수님과 성영님께 올립니다. 아멘

제 18 장
거짓 선지자들을 삼가라(2)

¹⁵거짓 선지자들을 삼가라 양의 옷을 입고 너희에게 나아오나 속에는 노략질하는 이리라 ¹⁶그의 열매로 그들을 알지니 가시나무에서 포도를, 또는 엉겅퀴에서 무화과를 따겠느냐 ¹⁷이와 같이 좋은 나무마다 아름다운 열매를 맺고 못된 나무가 나쁜 열매를 맺나니 ¹⁸좋은 나무가 나쁜 열매를 맺을 수 없고 못된 나무가 아름다운 열매를 맺을 수 없느니라 ¹⁹아름다운 열매를 맺지 아니하는 나무마다 찍혀 불에 던지우느니라 ²⁰이러므로 그의 열매로 그들을 알리라 ²¹나더러 주여 주여 하는 자마다 천국에 다 들어갈 것이 아니요 다만 하늘에 계신 내 아버지의 뜻대로 행하는 자라야 들어가리라 ²²그날에 많은 사람이 나더러 이르되 주여 주여 우리가 주의 이름으로 선지자 노릇하며 주의 이름으로 귀신을 쫓아내며 주의 이름으로 많은 권능을 행치 아니하였나이까 하리니 ²³그때에 내가 저희에게 밝히 말하되 내가 너희를 도무지 알지 못하니 불법을 행하는 자들아 내게서 떠나가라 하리라

(마7:15-23)

1부 말씀을 마치면서 제가 "주여 주여 하는 자마다 다 천국에 들어가는 것이 아니라 다만 하늘에 계신 내 아버지의 뜻대로 행하는 자

라야 들어가리라"에서 행하는 것에 대하여 말씀을 드릴 것이라 했습니다. 그러면 아버지의 뜻대로 행하는 것은 무엇인가? 사실 여러분은 무엇을 말하는 것인지 지금까지 이미 다 밝혀 말하여왔으니 다 아십니다. 예수님의 모든 말씀은 "내가 내 자의로 말하는 것이 아니고, 아버지께서 이르신 것을 그대로 이르는 것이라"(요12장)고, 예수님께서 친히 말씀하셨다는 것도 여러분이 다 아십니다. 그렇기에 예수님께서 오셔서 딴 말씀하시지 않았습니다. 아버지께서 계속 말씀하여 주셨고, 또 창조와 아브라함과 성전과 율법이 말씀하는, 예수님 자신에 대한 말씀을 하셨습니다.

오늘 예수님께서 말씀하신 본문도 아버지께서 이르신 말씀을 하신 것이니, 저도 구절 하나하나 들어가 예수님의 말씀하신 뜻, 아버지 것을 살펴봄으로써, 구체적으로 말씀을 드릴 것으로 하겠습니다. 16에 **그의 열매로 그들을 알지니 가시나무에서 포도를, 또는 엉겅퀴에서 무화과를 따겠느냐** 하셨습니다. 그러면 가시나무와 엉겅퀴는 무엇을 말합니까? 어떻게 가시나무에서 포도를 따고, 엉겅퀴에서 무화과를 따겠습니까? 딸 수 없다는 것을 말씀하신 것이지만, 도무지 상식적이지 않은 말씀을 하셨습니다.

여러분! 가시와 엉겅퀴의 이야기가 어느 때부터 있었습니까? 여러분이 창1, 2, 3장에서 가시와 엉겅퀴에 대한 말씀을 들었고, 창조 때부터 가시와 엉겅퀴가 나게 되었음을 보았습니다. 아담이 선악과를 먹은 후 하나님께서 아담에게, …… **땅은 너로 인하여 저주를 받고** …… **땅이 네게 가시와 엉겅퀴를 낼 것이라** 말씀하셨습니다(창3장). 이 말씀은 사단이 땅에 해 끼치는 존재라는 것을 예고하시는 말씀이면서 또한 하나님을 버리고 떠나 나간 사람 안에 사단으로부터 들어온 저주요, 그 저주가 임한 육의 속성이 되었다는 의미입니다. 그리고 가시와 엉겅퀴는 하나님의 사람이 하나님으로 즉, 영으로 살게 하시기 위해, 육을 깨뜨리시기 위한 도구의 역할도 한다는 것을 의미합니다.

그러면 하나님께 직접 흑암(지옥)의 선고를 받아 사망의 저주를 가진 자가 누구입니까? 사단과 그의 영들입니다. 하나님께 직접 저주를 선고받은 자는 사단입니다. 그래서 사단은 저주받은 영이에요. 그런데 "땅이 저주를 받아"했습니다. 이것은 하나님께서 땅을 직접 저주하신 것이 아니에요. 아담이 먹지 말라는 선악과를 먹었으므로 땅을 다스리며 지켜야 할 권리, 그 통치의 권한을 사단에게 넘겨준 것이 되어서 사단이 자기의 권한으로 삼아 땅의 주인처럼 행세하게 되었다는 말입니다. 자연계와 사람에게 가시와 엉겅퀴를 가져다주는 존재로 역사한다는 것을 의미하는 겁니다. 가시와 엉겅퀴는 사단의 저주를 말한다는 것 사단으로 말미암는다는 것, 그러므로 육으로 사는 자들을 지배할 수 있는 권리를 가졌다는 것, 이제 여러분이 충분히 아는 거잖습니까?

그래서 구약의 성전에 번제단(그 외의 성전안의 모든 기물)을 만들 때도 먼저 뭐로 만들라고 했어요? 조각목인데 아카시아 나무입니다. 아카시아 나무가 바로 아무짝에도 쓸모없는 가시나무에요. 그 아카시아 나무로 즉 가시나무로 만들라 하셨고 겉을 놋으로 싸라 하셨잖습니까? 놋은 무엇의 상징이라고 했나요? 심판입니다. 쓸모없는 가시나무와 같은 육은 하나님께 심판을 받을 자로, 저주 아래 있게 되었는데 예수님께서 육체로 오셔서 대신 심판을 받아주심으로 저주에서 놓여나게 하신다는 것을 상징하여 보이신 것이라는 것, 여러분 다 알고 자기를 보셨지 않습니까? 성전 말씀에서 말입니다.

그러니까 하나님의 백성이라도, 오늘날 예수님을 믿는다고 주여 주여 부르는 자라도, 창조 속에서 즉, 처음 사람에게서 또 성전을 통해 보이신 하나님의 이 같은 뜻을 알지 못하고, 자기가 여전히 중심이 되어 있으면, 이것은 쓸모없는 가시나무요 저주받은 육이라는 것을 말합니다. 하나님의 말씀을 육의 머리로 받아, 육에서 나는 자기 사상을 말씀 앞에서 높이고 말씀을 육의 것으로, 또는 세상 것으로 대주는 것, 육의 것이 뭡니까? "성경 벗어나서 말하지 않던데요!" 해도 하나님의 의도에서 벗어나 다른 것들을 말하여 하나님의 뜻을 어지럽히는 이것이 육의 것입니다. 이것이 누룩입니다. 예수님께서도 '거짓 선지자들을 삼가라 누룩을 주의하라' 하셨는데 바로 성경 벗어나지 않는 말이라도 삼위일체 하나님의 생각과 뜻에서 벗어나 왜곡되게 말하는 것 다 누룩입니다. 그러므로 하나님의 뜻과 의도에서 벗어난 것을 말하는 자는 사단이 그의 주인입니다.

그러니 거기에서 무슨 포도를 따겠으며 어떻게 무화과를 따겠습니까? 여러분! 예수님께서 웬 뜬금없는 포도를, 무화과를 따겠느냐 하신 겁니까? 무화과는 바로 하나님의 영적인 뜻(독생자 언약)을 받은 이스라엘을 상징합니다. 포도나무는 예수님을 상징하고, 포도 열매는 예수님께 붙은 가지에서 나는 예수님의 피와 살로 살게 된 예수님의 사람을 상징합니다. 하나님이 사람을 지으신 목적은 열매를 거두시기 위해서예요. 그러면 열매가 누구실까요? 바로 예수 그리스도십니다. 처음 지음 받은 사람이 죄를 안 지었다고 해도 그 사람은 하나님의 열매가 될 수가 없습니다. 바로 예수 그리스도만이 하나님이 거두기 원하신 열매요 예수님의 피와 살을 받아먹고 예수님에게서 난 자만이 열매입니다. 하나님의 열매예요. 하나님은 열매를 거두시기 위해 아브라함과 그 후손 이스라엘을 세우셨습니다. 아브라함을 불러 그 속에 독생자의 언약으로 생명의 씨를 넣으셨습니다. 넣으신 그 씨로 말미암아 열매를 얻기 원하셨습니다.

그런데 이스라엘을 상징하는 무화과는 꽃 없이 열매가 열립니다. 꽃은 열매 속에 있다고 하는데 제가 보지는 않았고 들은 이야깁니다. 모든 나무는 꽃을 피우고 열매를 내는데 무화과는 꽃 없이 열매를 내는 나무입니다. 그래서 무화과입니다. 하나님의 창조에는 뜻 없는 것이 없습니다. 제가, 무화과는 하나님께서 애초부터 이스라엘을 상징코자 있게 하신 나무였구나 하는 생각을 해보았습니다. 꽃은 열매가 아니니 땅에 떨어지면 그냥 말라버립니다. 그래서 하나님의 생명을 상징하는 것은 꽃으로 시작하지 않고 열매로 시작하셨습니다. 열매는 익으면 땅에 떨어져 그 속에 있는 생명의 씨가 흙에 뿌리를 박고 또 열매 맺는 나무로 자랍니다. 이같이 하나님께서는 이스라엘 속에 생명의 씨를 심으셨다는 것, 아브라함 속에 하나님의 독생자의 씨를 심으시고 열매를 얻기 원하셨음을 바로 꽃 없이 열매를 내는 무화과나무를 상징으로 하여 알도록 하셨습니다.

그런데 그 생명의 씨가 이스라엘 사람들 속에 심어져 뿌리를 내리고 열매를 내야 하는데, 예수님이 열매를 거두러 오셔서 보니 열매가 없는 겁니다. 예수님을 영접해 맞아주는 자가 없더라는 말입니다. 예수님은 시장하셨습니다. 예수님께서 열매를 거둬 배부름의 만족함을 얻으셔야 하는데 여기도 저기도 열매가 보이지 않고, 하늘로부터 온 표적을 보이고, 하나님의 백성이라면 누구라도 알아들을 수 있는 비유로써 예수님 자신을 드러내셨음에도 알아봐 주는 자도 영접하는 자도 없는 겁니다. 지나시는 그 길에 시장함을 면해야 하실 텐데 도대체 여기에도 저기에도 잎사귀만 무성할 뿐 드셔야 할 열매가 없는 겁니다. 다시 말해 이 백성이 하나님을 섬기는 일로는 무성하긴 하나 그 일의 핵심을 벗어난 열심이었으므로 열매를 맺지 못하더라, 예수님을 맞아들이지 않더라는 말입니다.

마21장에 예수님께서 시장하여 무화과 열매를 얻으려고 했는데 얻지 못했다고 했습니다. 무화과는 지나가는 나그네에게 시장한 배를 달래주는 식사대용입니다. 바로 예수님이 지나가실 때 시장을 면케 하실 양식임을 상징한 것입니다. 그런데 예수님께서 지나가시는 그 길에, 다시 말해 예수님께서 십자가의 구원을 이루시기까지 지나시는 그 길에 드셔야 할 열매가 없는 겁니다. 사실 그때는 아직 무화과 열매 때가 아니라서 열매를 얻을 수는 없습니다. 그럼에도 예수님께서 열매를 얻고자 하나 없으니 …… **무화과나무에게 이르시되 이제부터 영원토록 네게 열매가 맺지 못하리라 하시니 무화과나무가 곧 마른지라** 했다고 했습니다.

예수님께서 자기 백성에게 오셨으니 가시는 곳마다 메시아로 영접해드려야 할 텐데, 그것으로 예수님의 양식이 되어야 할 텐데, 어느 곳도 예수님을 메시아로 맞이하는 자가 없는 겁니다. 하나님이 언약하신 그분이 오셨다는 표적을 나타내시고, 말씀을 전하셨으나 알아보는 자도 없고 알아듣는 자도 없었습니다. 그래서 예수님은 예수님을 맞아 영접해주는 무화과의 열매가 없어 영혼의 시장함을 겪으셔야 했습니다. 영혼의 배고픔을 채워드릴 양식이 없어 주리셨다는 것을 "시장하신지라"라고 하셨고 무화과 때도 아닌 무화과나무에게 영원토록 네게 열매가 맺지 못하리라 하심으로 그 이스라엘이 예수님과 관계없는 저주(사단)에 속한 자들이 되었음을 드러내셨던 것입니다.

또한 하나님께서는 이스라엘이라는 포도원 동산을 세우셨습니다. 예수님을 상징하는 포도나무를 심으셨다는 말입니다. 이스라엘은 포도나무에 붙은 가지로 포도 열매를 내야 하는데 예수님이 오셔서 보니 포도열매가 없는 겁니다. 하나님께서 심지 않으신 가시나무와 엉겅퀴가 나서 포도원을 덮어버렸습니다. 그러니 거기서 어떻게 포도를 따고 무화과를 따겠느냐 하신 것입니다. 아브라함부터 뿌려진 생명의 씨, 또한 에덴동산 가운데 있는 생명나무를 상징하는 포도나무의 동산을 두셨는데 **네 씨로 말미암아 천하 만민이 복을 얻으리니** '예수 그리스도로 말미암아 구원 얻으리니' 하신 이 언약에 붙은 가지가 되어서 열매로 포도를 맺어야 하는데 이스라엘의 그 유대인 속에 열매가 없는 겁니다. 언약하신 생명의 씨가 심겨진 포도나무의 가지가 되어 열매를 내야 하는데, 예수님을 즉시로 알아보고 맞아들여 열매가 돼야 할 텐데, 열매가 없는 것입니다. 그렇기에 예수님께서 포도가 없고 무화과가 없는 것은 왜냐, 가시나무이기 때문이지 않으냐? 엉겅퀴이기 때문이지 않으냐? 하나님의 언약의 말씀을 버리고 육으로 나간 자들, 가시나무요 엉겅퀴의 저주를 가진 사단에게로 돌아간 자들이기 때문이지 않겠느냐 하는 말씀을 하신 것입니다. 그들 열매를 보니 처음부터 사단이 뿌린 가라지로 드러났음을 말하는 것입니다.

그러면 예수님께서 왜 처음 사람 때에 들어온 가시나무와 엉겅퀴와 성전에서 번제단으로 쓰인 가시나무를 들어 오늘 이 말씀을 하신 것입니까? 바로 하나님 아버지의 뜻대로 행하는 것을 말씀하시기 위해서입니다. 아버지의 뜻의 총체가 바로 예수 그리스도입니다. 그러므로 창조 때에 배필을 지으시고 연합의 뜻을 두신 것을 통해서, 선악과 사건을 통해서, 아브라함에게 넣으신 독생자의 언약을 통해서, 율법과 성전을 통해서 아주 구체적으로 보이신 이 하나님 아버지의 뜻, 처음 사람의 죄와 함께 죽으시기 위해 십자가로 올라가실 때까지 걸어오신 하나님 아버지의 이 뜻을, 창조 때부터 예수 그리스도의 오시기까지 보이신 이 아버지의 뜻을 알고 행하는 것이 아니면, 천국에 들어간다는 것입니까? 들어가지 못한다는 것입니까? 들어가지 못한다는 것입니다. 천국이신 예수 그리스도와 만남이 되지 못하는데 어떻게 천국에 들어갑니까? 하나님 아버지의 전 뜻이 되시는 분이 누구세요? 예수님입니다.

성경 전체 속에서 알리신바 된 하나님 아버지의 전 뜻이 되시는 예수 그리스도를 창조 속에서도, 처음 사람을 통해서도, 아브라함을 통해서도, 율법과 성전을 통해서도 알고 만나는 예수님이 되고 그 예수님으로 열매가 될 행함이 따르는 믿음이 아니면, 그 믿음에서 하나님의 열매이신 예수님이 없으면, 예수 그리스도가 뿌리가 되고, 예수 그리스도가 줄기가 되고, 예수 그리스도가 열매가 되지 않으면 하나님이 거두실 수가 없는 것이니 천국에 들어가지 못한다는 것입니다. 그래서 이 같은 아버지 하나님의 뜻에서 벗어난 것들은 다 가시나무에서 엉겅퀴에서 나는 나쁜 열매요 나쁜 열매를 맺는 것이니 쓸모없으니 찍혀 불에 던져진다 하신 것입니다.

아무리 예수님을 주여 주여 불러도 '내가 예수님 믿습니다.' 하고 주여 주여 불러도 천국에 들어가지 못한다. 나는 너 모른다 하신다는 것입니다. 언젠가도 말했습니다만. 뿌리 없는 나무가 열매를 맺을 수 있다고 하면 오늘날 예수님 믿는다고 말하면서 예수님 밖에서 도는 일반적인 믿음들도 다 구원받는다고요. 주여 주님! 하고 쫓아다닌다 해도 구원받을 수 있다고요. 여러분! 천국은 누구를 말한다고 했습니까? 바로 예수님입니다. 그러니까 예수님 안에 들어가지 못한다는 것을 말씀하는 것입니다.

그러면 구약 성전을 통해 하나님의 뜻이 되시는 성소이신 예수 그리스도 안에 누가 들어가게 되는가? 하나님 아버지의 뜻대로 행하지 않으면 들어가지 못한다는 것 성전을 통해서 아주 구체적으로 보이시고 가르쳐 주신 것이지 않습니까? 그래서 예수님이 "아버지께서 내게 이끌지 않으면 아무라도 내게 올 수 없다"는 말씀을 분명히 하셨잖습니까? 바로 창조 때부터 아버지께서 이끌어주시는 뜻을 좇아 행하는 것이 아니면 예수님께 올 수 없다는 말씀으로써 오늘 말씀과 연결되는 것입니다. 그리고 마태복음 5:17-19의 말씀과도 연결되는 것입니다. 그러면 본문 16의 말씀 이해됐습니까?

그다음에 하늘에 계신 내 아버지의 뜻대로 행하는 것이 무엇인지 17, 18을 읽겠습니다. **이와 같이 좋은 나무마다 아름다운 열매를 맺고 못된 나무가 나쁜 열매를 맺나니 좋은 나무가 나쁜 열매를 맺을 수 없고 못된 나무가 아름다운 열매를 맺을 수 없느니라** 못된 나무 나쁜 열매는 더 설명하지 않아도 다 아시리라 생각하고요. 좋은 나무와 아름다운 열매에 대해서 살펴보겠습니다. 좋은 나무 아름다운 열매는 예수님을 말한다는 것은 여러분이 짐작하여 아시는 바겠으나 그러나 그렇게 아는 것은 하나님의 뜻대로 믿는 것도, 행하는 것도 되지 못합니다. '아! 좋은 나무라고 했으니 당연히 예수님을 의미하는 것이겠지' 라는 추측이나 한다면 하나님의 뜻대로 행하는 것과는 거리가 멀다는 말입니다.

정확히 알고 행하는 것이 아니면 예수님 안에 들어갈 수 없습니다. 예수님이 좋은 나무이면 열매도 좋은 열매라고 하셔야 하는데 아름다운 열매라고 하셨습니다. "좋다" 하는 것과 "아름답다" 하는 것은 비슷한 말이기는 하나, 같은 말은 아니잖습니까? 그러나 분명히 좋은 나무라야만 아름다운 열매를 맺습니다. 그러면 '좋은 것, 좋다' 또 '아름답다' 하는 것은 무엇을 말하는 것일까요? 성경의 표현은 우리가 아는 상식의 말로 풀면 결국 인간 말이 되고 거짓말이 됩니다. 그렇기에 하나님의 생각을 알고 하나님의 입장에서 봐야 합니다. 그것은 반드시 성영님에 의해서 알 수 있고 볼 수 있다는 것 여러분이 이제 다 아십니다.

여기서 '좋은 나무'는 예수님을 믿는 사람을 말하고 '아름다운 열매'는 예수님을 말합니다. 다시 말해 좋은 나무는 믿음이 예수님으로 뿌리를 내려 예수님으로 자란 하나님의 뜻대로 행한 믿음을 말합니다. 여러분이 성경의 '좋은, 좋다' 하는 것은 무엇을 말씀하는 것인지 우리 상식으로 해석하면 안 된다고 분명히 말씀드렸으니 지금 이것을 확실히 이해를 해야 합니다. 그러니까 '좋다, 좋은' 하는 것은, 자신이 참으로 예수님이 아니면 영원히 영벌에 처해질 가시와 엉겅퀴의 저주를 가진 자요. 하나님께 죄 범하고 하나님을 떠난 죄인임을 절감하여 오직 예수님만을 필요로 하는 자, 이것이 하나님이 보시기에 좋은 마음이요 좋은 밭입니다. 하나님이 사람을 지으신 목적이, 예수님을 만나 연합되어야 살도록 지으셨다는 것 그러므로 예수님으로 살게 하기 위함이셨다는 것을 믿는 이것이 좋은 마음입니다.

하나님께서 구약의 성전을 통해서 보이신 대로 번제단과 물두멍에서 말씀하시는 모든 죄들에서 나와 자신을 깨끗케 하는 자가 예수님 안에 들어갈 수 있는 하나님 보시기에 좋은 마음입니다. 이 같은 신앙의 뿌리를 가지고 예수님을 영접하여 모셔 들인 자가 예수 그리스도로 뿌리를 내린 좋은 나무인 것입니다. 그러므로 성소의 예수님과 즉 등불이신, 떡 상의 떡이신, 유향이신 예수님을 인격적으로 만나 교제와 사귐의 관계로 한 몸을 이룬 것이 바로 좋은 나무입니다. 세마포 옳은 행실과 팔복의 말씀이 삶이 되어 나타나는 것이 바로 아름다운 열매입니다. 지금 예수님께서 팔복의 말씀을 하고 계시는 거 잖아요? 이 말씀의 능력이 나타나는 것을 말한다는 말입니다. 이것이 아름다운 열매를 맺은 것입니다. 그래서 예수님으로 열매가 맺어진 것이요 예수님을 드러내고 예수님을 비추는 것입니다.

아름다운 것은 마찬가지로 우리가 생각하는 보기 좋다. 예쁘다. 등의 이 같은 것을 말하는 것이 아닙니다. '아름답다'의 성경적 의미는 '유일하다'입니다.

여러분 모세의 어머니 이름이 뭐예요? 출1장은 모세의 어머니 요게벳이 모세를 낳아 '아기의 준수함'을 보고 했습니다. 히11장은 이것을 그 부모가 '아름다운 아이'임을 보고 했습니다. 아기를 보니까 '참 훤칠하게 외모가 잘 생겼다. 예쁘고 잘나고 보기 좋게 생겼다. 아름다워 보였다. 그래서 그 아이를 죽이라고 명령한 임금을 무서워하지 않고 숨겼다.' 이런 말이 아닙니다. 아이를 보는 요게벳의 마음에 하나님의 신이 감동하시기를 '아! 이 아이는 이때를 위해 유일하게 하나님의 택함을 받은 아이구나' 라는 것을 알았다는 말입니다. 그래서 요게벳이 죽이라 명한 그 임금을 두려워하지 않았던 것입니다. 그 임금보다 더 위에 계신 하나님의 유일하게 택함을 받은 아이라는 것을 알았기 때문입니다. '아름다운' 하는 것은 '유일하다'는 것을 말한다는 것 기억하기 바랍니다. 성경에서 다 그렇다는 것이 아니고 하나님의 입장에서 말씀하실 때 '아름다운'은 '유일하게'라는 뜻이라는 말입니다. 그러니까 좋은 나무에서 맺은 열매는 오직 예수 그리스도입니다.

그러므로 예수님을 믿는 여러분 자신이, 지금 좋은 나무로 오직 예수님으로 믿음이 되고, 예수님의 말씀으로 지어져 예수님이 여러분에게 열매가 되었는지 각자 자신을 보라는 것입니다. 그다음, 아름다운 열매는 또한 유일하신 구주의 이름, 예수님의 이름을 알고 믿는 관계를 말합니다. 성경은 고후6:8에 약2:7에 예수님의 이름을 아름다운 이름이라고 했습니다. 그러므로 독생자의 이름, 왜 독생자인지 의미를 알고 그 독생자의 이름이 자기에게 열매가 되었다면 그것은 좋은 나무이니 맺은 것이고, 맺는 것입니다.

그렇기에 사람들이 하나님의 뜻을 아는 지식에 의해, 이름으로 맺은 열매가 없으니, 아니 열매가 없는 것은 뭐예요? 좋은 나무가 아니니 열매가 없는 것 아닙니까? 그렇게 이름으로 맺은 열매가 자기 안에서 없으니 하나님의 뜻에는 없는 '주여 주님'으로 다 나간 것 아니겠어요? 자기 안에 이름이 없으니 이름으로 맺은 관계가 되지 않으니다 '주여 주님'으로 나간다는 말입니다. 예수님께서 너희는 이렇게 기도하라고 가르쳐주신 그 기도 말에는 분명히 **이름이 거룩히 여김을 받으시오며** 하셨는데, 그러면 주가 이름입니까? 우리의 주인이시다. 우리를 지으신 분, 창조주시다 하는 그런 뜻으로 관계는 되지만, 이름은 아닙니다. 거룩히 여김을 받으시오며 하셨으니, 이름에 영광을 돌려야 하고, 이름을 높여드려야 하고, 이름을 찬송해야 할 텐데 그런데 이름을 알아야 영광을 돌리든지 높여드리든지 할 것 아니겠습니까?

그런데 자기 속에 이름으로 맺은 열매(성영님이 가지고 오신 이름)가 없으니 어떻게 예수님 그 이름에 영광을 돌리겠어요. 어떻게 그 입의 열매가 되겠습니까? 자기 안에 없으니 어떻게 입의 열매로 나오겠느냐는 말입니다. 이름은 또한 예수님 자신입니다. 그래서 '이름이 거룩히 여김을 받으시오며'에서 그 이름이 얼마나 어마어마한 이름인지 그 기도의 말씀에서 다루었으니 다 알지 않습니까? 앞에 모든 말씀도 사실은 다 이것을 말씀하고 있는 것입니다. "내 아버지의 뜻대로 행하는 자라야 들어가리라" 하신 이 결론도 예수님을 믿는다고 말해도 그의 안에 예수님이 계시지 않으면, 연합된 관계가 아니면 예수님은 그를 '모른다.' 입니다.

예수님을 '주여 주님'하며 열심히 말씀 전파사역으로 선지자 노릇 했고, 열심히 예수님 이름 사용하여 귀신도 쫓아냈고, 예수님 이름 사용하여 은사들을 발휘해 병도 치료하고, 구름아 멈춰라! 비는 그쳐라! 광풍은 그쳐라! 하여 권능을 행사했어도 예수님은 내가 너희를 도무지 알지 못하니 불법을 행하는 자들아 내게서 떠나가라 한다고 하셨습니다. 지금 실로 아버지의 뜻대로 행하는 자도 없고, 참으로 예수님을 보내신 아버지를 아는 바도 없는데, 하나님이 자기에게 능력을 주셨다고, 은사를 받았다는 것으로 거짓 선지자 노릇 하는 사람들로 넘쳐나고 있습니다. 바글 바글 넘쳐나고 있다는 말입니다.

예수님을 '주님'이라고 부른다 해도 아버지의 뜻에 관심이 없으면, 모두 거짓 선지자요 거짓 믿음입니다. 예수님은 이같이 거짓 선지자들에 대해 너무나 분명하고 구체적인 말씀을 해주셨습니다. 다시 말해 거짓 선지자를 삼가라는 이 세 단어 속에, 창조 때부터 예수님 오실 때까지의 기록된 말씀에서 하나님의 뜻을 확실히 깨달아 거짓 선지자를 삼가야 하는 것임을 알게 하셨습니다. 그래서 우리는 이것을 풀어서 배워야 할 책임이 있고, 의무가 있습니다. 예수님이 내게 와서 배우라 하셨잖아요. 이것이 우리의 사명이기에 성영님께로부터 이같이 배우는 것입니다.

창조 때부터 땅이 저주를 받아 가시와 엉겅퀴가 나고, 가시는 나무로 자라 번식하여 땅을 덮고, 엉겅퀴는 줄기가 자라 뻗어 곡식을 휘감아 덤불을 이루고, 이것은 곧 하나님을 버리고 떠나간 인본이요. 그 인본은 사단이 주인이 된 사단의 처소요. 그러므로 인본으로 말씀을 대하여 전하는 자는 거짓말하는 거짓 선지자입니다. 창조 때부터 말씀하신 예수님, 그 예수님을 알고 관계를 이루고 예수님을 구세주로 보내신 아버지의 뜻대로 행하지 않으면, 율법을 통해서 죄를 보게 하시고 십계명으로 범한 죄를 보게 하셨으니, 그 죄들에서 돌이켜 뜻대로 행하여, 예수님이 성전 내가 성전인 이 관계로서의 믿음이 되었지 않으면, 구원받지 못한다 하는 것을 지금 분명히 말씀해주신 것입니다.

그런데 거짓 선지자들을 스스로 분별하여 삼가는 사람들이 참 없다는 것입니다. 오히려 거짓 선지자들을 추앙하고 따르고 있는 것이 오늘날 믿는다고 하는 사람들의 현주소입니다. 왭니까? 그도 거짓에 속하였으니 ……, 도대체 하늘에 계신 내 아버지의 뜻대로 행하는 것이 무엇인지도 모르고, 그냥 '주여 주님'만 하고 다니는데 어떻게 알 수가 있습니까? 그러니 악한 영들이 꿈이나 환상을 좇게 하고, 예언이나 은사들을 쫓아가게 하고, 예수님을 알기도 전에 예수님을 잘 믿으려면, 잘 믿는 것은 '착하게 사는 것이다.' '헌금에 인색하지 마라' '사랑하라' '구제하라' '헌신으로 봉사하라' '사랑으로 긍휼을 베풀어라.'라는 것들을 강조하고 이끌어 거짓 행함이 되게 한 것입니다. 그래서 거짓 선생, 거짓 믿음만 쏟아져 나왔습니다. 어떤 신비한 현상들이 나타나야 하는 것이 믿는 초점인 줄 알고 있는 때가 되어서 사람들 속에 하나님 아버지의 뜻대로 행하는 믿음은 아주 찾아보기가 어렵습니다.

막9:38, 39에 보면 요한이 예수님께 말하길 "우리를 따르지 않는 어떤 자가 주님의 이름으로 즉, 예수님의 이름으로 귀신을 내쫓는 것을 보고 그는 우리를 따르지 않는 자이니, 하지 말라고 제가 말하고 왔습니다." 하니 예수님께서 "금하지 말라"고 하셨습니다. "내 이름을 의탁하여 능한 일을 행한 자가 즉시로 나를 비방할 일은 없으니 우리를 반대하지 않는 자는 우리를 위하는 자니 금하지는 말라" 하셨어요. 예수님을 따르지 않는 자라는 것은 예수님과 함께 하지 않는 자란 말입니다. 예수님을 따르지 않기에 요한이 금했다고 했는데, 예수님이 그냥 둬라 지금 저들이 내 이름 가지고 행한다면 즉시로는 날 비방하지는 않을 것이니 그냥 두라고 했다는 말입니다. 예수님이 누구신지 아는 바도 없고 예수님과 함께 하지 않는 이 사람들이 예수님의 이름으로 귀신이 쫓겨나가는 것을 보고 자기들도 예수님 이름 사용해서 귀신을 쫓고 있더란 말입니다.

오늘날도 다 이와 같다는 것을 지금 말씀드리는 거예요. 이와 같다! 말뜻 이해됩니까? 다 예수님 밖에서 대부분 은사에 치우쳐 은사놀음 하고 있습니다. 예수님의 이름 사용해서 귀신 쫓고 병 고치는 일로, 꿈이나 환상을 쫓고 귀신이 들려주는 음성들에 끌려다니고 속으면서 그것이 믿음인 줄 착각하고 있습니다. 요한이 말한 이들도 예수님과 함께 하지 않아도 귀신도 쫓았다 하잖아요? 여러분! 이들이 예수님을 비방합니까? 예수님의 이름 비방해요? 아니, 예수님의 이름으로 나타나는 표적들이 있는데 비방할 일 절대 없습니다. 예수님께서 **내 이름을 의탁하여 능한 일을 행하고 즉시로 나를 비방할 자가 없느니라** 하셨잖아요?

그러니까 이들이 또 예수님 믿으라고 전도해서 자기와 같은 예수님 밖에 사는 거짓을 만들어 내는 것입니다. 그러나 예수님 안에 들어와 예수님과 함께 있지 않으면, 예수님과 연합된 신랑과 신부의 관계가 아니면 예수님은 '난 너 모른다.' 입니다. 그런데 자신들이 신부라고 말합니다. 자기도 모르는 말을 함으로써 자기가 자기를 속이는 겁니다. 그러나 예수님께서 **난 너를 도무지 알지 못하니 불법을 행한 자들아 내게서 떠나가라 하리라** 하셨다는 것 반드시 알아야 할 것입니다.

그의 열매로 그들을 알리라 하셨으니 참으로 사람을 예수님께로 인도하여 예수님을 따르는 사람이 되게 하는 것이면 그가 참 선지자요 예언자입니다. 그러나 예수님을 믿어야 한다고 강조하고 전하면서 또 한편으론 세상 것에 관심을 두도록 넣어준다면 거짓 선지자입니다. 아무리 예수님을 믿어야 한다고 강조하고 강조해도, 예수님이 구주다 우리 하나님이다 강조하고 강조해주어도, 그 속에 세상을 집어넣어 주고 있고, 정신 수양이 본질이나 되는 것처럼 윤리 도덕적인 좋은 말들을 집어넣어 주고 있다면 거짓 선지자라는 말입니다. 복음에다 누룩을 잘 섞어서 넣어주는 것입니다. 하나님의 뜻을 전부 예수님께로 맞히어 말씀을 열어 전해주는 자가 참 선지자입니다. 무조건 맞히는 것이 아니라 성영님의 기름 부음의 참된 가르침에 의해서입니다.

그다음 삼위일체 하나님을 믿는 것이 신앙입니다. 여러분이 참으로 믿고자 하면 말씀을 들을 때 자기 신앙의 일이니 정신을 집중하고 들으세요. 믿음이 되고 그 믿음의 삶을 살아야 하잖아요? 삼위일체를 믿는 것이 아니면 그 믿음은 허탕이에요. 허탕! 삼위일체는 절대로 교리를 가르치는 것이 아니에요. 바로 우리의 믿음이요 관계를 말하는 것입니다. 믿음과 관계! 하나님을 아버지와 아들과 성영으로 구분하면서 동시에 이 셋은 한 하나님이라고 하는 것, 이것을 믿는 것이 성경적인 믿음입니다. 성경 전체 속에서, 하나님은 삼위로 계시고 또한 한 분 하나님이신 것을 얼마든지 알 수가 있습니다.

그래서 삼위일체를 부인하는 것도 거짓 선지자요, 그리고 삼위일체 중 아버지는 모르는데 오직 예수님만 안다든지, 오직 예수, 오직 예수 하는 것, 하나님은 제쳐놓고 성영님도 모르면서 오직 예수 오직 예수 하는 것도 거짓 선지자요 거짓 믿음이에요. 구원파가 '오직 예수'라고 하잖아요. 구원파가! 우리도 물론 오직 예수님이라고 말하고 있지만, 우리 믿음의 초점은 예수님이지만, 그러나 아버지와 아들과 성영님의 삼위 되시는 하나님이 동시에 한 하나님이라는 것을 믿고 아는 것을 말합니다. 그래서 하나님 아버지는 모르는데 오직 예수님만 안다든지, 성영님은 모르면서 오직 예수님만 안다든지, 하나님은 아는데 예수님은 모른다든지 하는 것은 다 거짓 선지자요 거짓 믿음입니다.

히1:3에 **이는 하나님의 영광의 광채시요 그 본체의 형상이시라** 했습니다. 누구를 말할까요? 예수님입니다. '본체'라고 하는 것은 '존재'라는 뜻입니다. 하나님은 분명히 존재시다, 그 하나님이 창조주인데 실제 존재시라는 것을 증명하기 위해 사람으로 오셔서 보이시고, 너희가 하나님이 사람이 되어 오신 예수님을 이같이 눈으로 보는 것처럼 바로 하나님은 실제 존재이시라는 것, 예수님이 그 본체의 형상이시라는 것을 말씀하는 뜻입니다.

요일 1:1에 **태초부터 있는 생명의 말씀에 관하여는 우리가 들은 바요** 구약 때는 들었다는 말입니다. **눈으로 본 바요 주목하고 우리 손으로 만진 바라** 했습니다. 창조주이신 하나님이 실제 존재시라는 것을 예수님이 오셔서 나타나 보이시고 사람이 손으로 만지기도 했다는 말입니다.

하나님은 영이신데 그 영이신 하나님이 사람 안에 오셨을 때는 성영이라 하고, 또 하나님은 우리를 지으신 창조주요 진리로 낳으셨으니 아버지라 하고, 하나님은 존재이시니 구주 예수님이라고 하는 것입니다. 창조주 하나님, 눈으로 보고 만질 수 있었던 하나님, 지금 또 우리에게 오셔서 믿음을 도우시는 직접 경험할 수 있는 하나님, 사람이 생각할 때는 이렇게 세 분인 것처럼 나타나고 있지만 절대 세 분이 아니라 삼위로 계시는 한 하나님이신 것입니다.

우리 영에 영이신 하나님을 모셨으니, 아버지와 아들과 성영님이 동시에 우리 안에 와계신 성전이 되었으니 그래서 큰 복을 받은 것입니다. 우리 안에 성영님을 모셨으니 복이 있고 또 복이 있고 아주 복을 가진 것입니다. 그런데 어디 가서 무슨 복을 찾는 겁니까? 우리 안에 성영님이, 삼위일체의 하나님이 들어와 버리셨는데 이것이 복인데 어디 가서 무슨 복을 찾느냐는 말입니다. 우리가 하나님의 뜻으로 된 믿음이 분명하다면 이 믿음으로 얼마든지 세상을 이기는 능력이고 행복인데 도대체 어디서 뭔 복을 찾느냐는 말입니다.

세상 사람들은 경제 위기에 대해 떨지라도 우리는 경제에 대한 불안 가질 필요 없어요. 뭔 경제 운운합니까? 예수님을 믿는다는 사람들이 말입니다. 지난 말씀에도 이런 부분에 대해 말했습니다만 무슨 경제 운운하고 불안에 떨고 고민하고 내일을 염려하고 삽니까? 우리가 오직 하늘에 계신 내 아버지의 뜻대로 행하는 믿음이면, 아버지께서는 공중의 새도 기르시는데 하물며 아버지의 자녀를 책임지시게 되어 있습니다. 늦은 비 이른 비를 내려서 푸른 채소, 먹을 곡식, 다 때에 맞게 주시고, 우리가 아버지께 가는 그날까지는 삶을 책임지시게 되어있다는 말입니다. 참으로 아버지의 자녀이면 아들이면 불안이 왜 있습니까? 불안을 가진다면 이것이 믿음입니까? 이것은 하나님의 뜻대로 행하는 믿음이 아니라는 것이 열매로 드러나는 것입니다.

예수님께서 처음에 뭐라 하셨어요? "뭐 먹을까 입을까 마실까 염려하지 말라 그것은 하나님 없는 저 이방인들이 하는 것이다" 그러니까 네가 뭐 먹을까 입을까 마실까 염려하면 너는 이방인이라는 말이지 않습니까? 삼위일체이신 하나님을 바르게 알고 관계가 되는 것, 예수님이 흘려주신 피가 내 죄를 씻어주신 피요 예수님을 구주로 영접하여 모셔 들이면 성영님께서 내 안에 오셔서 영원히 거하시는 것을 믿는 믿음으로 예수님을 사랑하고 예수님의 말씀과 계명을 행할 때 성영님께서 신앙을 도와주시고 삶을 승리케 하시는 것입니다.

필요할 땐 환상이나 꿈이나 음성으로 또 말씀이나 믿음으로 인도해주십니다. 그런데 무슨 예언이라는 그런 헛소리들을 쫓아다니고, 꿈꾸는 것이나 환상 본다는 그런 거짓 예언들을 따라다니겠습니까? 영이신 하나님께서 예수님의 부활의 생명을 가지고 우리 안에 직접 들어와 계신 데 환상으로 예수님을 본다는 것과 어디 비교나 됩니까? 내 안에 들어와 계신다면 눈앞에 환상으로 보았다고 하는 사람과 비교가 되는가 말입니다. 환상으로 보는 것은 깨면 그대로 끝입니다. 그러나 내 안에 오셔 계시면 영원한 것입니다. 알겠습니까? 여러분에게 에스겔 13장을 읽어보라고 말씀드렸는데 어때요 읽어 봤습니까? 거기 개인을 예언해주는 것 등을 허락하던가요? 방석 깔고 앉아서 너 어떻고 저렇고 예언해준다고 하는 부녀들은 악한 날, 심판의 날에 저주가 크다고 말씀했습니다.

그래서 좋은 나무가 아름다운 열매를 맺는다는 말씀에 대해서 이해됐습니까? 열매이신 예수님의 은혜로 죄 용서받고 구원을 받아 하나님께 나아가게 되어 하나님이 아버지이심을 보게 된 것입니다. 예수님 때문에 하나님이 나를 사랑하는 것이요, 내게 복을 주시는 것이요, 나를 만나주시는 것이요, 영원히 아버지 나라에서 복락을 누리며 살게 된 것입니다. 성영님으로 말미암아서 믿음이 된 우리는 이미 아버지 나라 예수님 보좌 우편에 앉아 있는 것이라고 했잖습니까? 그것이 바로 생명록, 생명책에 기록된 것이라고 말씀드렸잖아요? 그러므로 성영님을 모르는 것은 예수님을 모르는 것이고, 예수님을 모르는 것은 아버지 하나님을 모르는 것입니다. 예수 그리스도와 하나님을 따로 떼어놓고 말하면 거짓 선지자입니다. 우리 믿음은 절대로 삼위일체 하나님을 알고 믿어 관계를 이루는 것입니다.

그리고 율법과 복음을 떼어놓으면 거짓 선지자입니다. 오늘날 사람들이 그러지요? 이제 율법은 폐했으니 하면서, 물론 폐한 것은 있습니다. 성전 제사도, 절기들도, 정결 규례들도 다 폐해졌습니다. 그것은 예수 그리스도를 예표하는 것이었고 우리 죄를 사하여 용서하신다는 것을 예표로 행한 것이었기에 폐해졌습니다. 그런데 율법은 십자가에서 폐하여졌으니 이제 복음이면 된다고 하는 것은 절대 거짓입니다. 절대입니다! 율법은 즉 십계명은 우리가 하나님 나라에 갈 때까지 지키는, 거룩케 하는 법입니다.

아니, 율법이 폐했으니 복음이면 된다고 하면 하나님께서 하나님의 사람들을 거룩케 하는 법으로 주신 십계명, 그 계명들도 버려야 된다는 얘기인데, 그러면 예수님께서 죽음에서 부활하신 안식일, 즉 생명의 이날을 범해도 되고, 예배드리지 않아도 되고, 우상을 섬겨도 되고 예수님의 이름을 망령되이 일컬어도 된다는 거잖아요? 물론 복음 안에 들어오면, 예수님으로 구원을 받아 성영님이 와계시면 자연스럽게 계명을 범하지 않게 되는 것은 맞습니다만 그러나 십계명은 믿는 자가 가져야 하는 경계의 기본법입니다. 십계명을 무시하면 예수님을 무시하는 것입니다. 왭니까? 십계명은 바로 예수님의 의를 말하는 것이기에 그렇습니다. 그래서 하나님의 양심이라고 하는 것입니다. 우리를 거룩케 하는 법이라는 말입니다. 율법은 끝났다 하는 것은 아버지의 뜻대로 행하지 못하도록 막는 이리의 말입니다. 이리의 말!

여러분, 예수님께서 분명히 율법을 폐하러 온 것이 아니라 완전케 하려 함이라 하셨지 언제 폐하러 왔다고 하셨습니까? 그래서 '완전케 하다'는 완전히 이루셨으므로 폐하는 것도 있지마는, 강화 하다는 뜻도 가졌다고 했잖습니까? 그래서 **누구든지 이 계명 중에 지극히 작은 것 하나라도 버리고 또 그같이 사람을 가르치는 자는 천국에서 지극히 작다 일컬음을 받을 것이요** 즉 천국에서는 미달 되어 들어갈 수 없다고 분명히 말씀하셨어요. 그렇기에 율법은 끝났다. 이제 필요 없다. 복음이면 된다고 하는 것은 예수님을 우롱하는 자들의 망령된 말이라는 것을 아십시오.

저는 여러분의 영혼의 문제, 즉 구원에 대해서는 책임을 질 수가 없어요. 지금 저에게서 나간 말씀들을 집중하여 듣고 성영님께 도우심을 받아 말씀으로 자기 믿음을 세우기에 열심을 품지 않는다면 여러분의 믿음은 보장받을 수 없습니다. 지금 현재 예수님의 교회에 함께 있는 분들이라도 이것에는 자유 할 수 없습니다. **다만 하늘에 계신 내 아버지의 뜻대로 행하는 자라야** 하신 뜻대로 행하는 그것이 무엇을 말하는지 지금까지 세세히 열어 말씀드린 여기의 말씀으로, 아버지의 뜻대로 행하는 믿음이 되지 않으면서, 온갖 잡다한 다른 말 듣고 마음이 분산되어 다니는 것, 절대로 바른 믿음은 될 수도 없지마는 그런 사람은 저 자신도 진짜 상대하고 싶지 않습니다. 귀신에게

농락당하는 것인 줄도 모르고 인본의 속이는 말을 듣고 다니는 것 그것은 거짓 믿음이라는 것 더 말할 필요가 없는데 무슨 상대가 되겠습니까.

미혹과 속임은요 점점 고도의 단수를 가지고 얼마나 훌륭하게, 얼마나 부드럽게, 얼마나 능력 있게, 얼마나 비슷하게 합리성을 가지고 말이죠. 얼마나 달콤하게, 얼마나 힘 있게 들어오고 있습니까? 지금. 다 자기 머리로 열심히 배운 성경 지식 가지고, 자기 말이 옳다고 큰 소리치고 주장하고 나오는 때입니다. 참으로 성영님께 가르침을 받아 성영님으로 전하는 이 말씀도, 지금 하도 자기들이 다 옳다고 주장하고 나오는 때가 되어서 똑같이 취급해 버릴까 봐 "진리요 생명을 말한다." 라고 말하기도 참 그렇습니다. 거짓을 말하면서도 자기 말이 다 옳은 것처럼 하여 어마어마한 미혹으로 쏟아져 나오는 때이기 때문에 이제 여러분 스스로가 분별하는 능력이 없으면 안 되는 때라는 것을 분명히 말씀을 드립니다.

자기 영혼은 누가 지켜주는 것 아닙니다. 목사가 지켜줄 수 없어요. 목사가 구원시킬 수 없어요. 아내가, 남편이, 누가 지켜줄 수 없어요. 또 지켜주는 것도 아니고요. 구원은 누구의 것이에요? 자기의 것이니 자기영혼을 자기가 지킬 수 있어야 하는 것이지, 자기가 분별하는 능력이 있어야지 누가 지켜줄 수 없다는 말입니다. 하나님과 나와의 관계도, 또 구원을 받는 것도 일대일이지, 어디 단체가 아닌 것입니다. 어디 예배 분위기도 아닌 것입니다.

하나님의 말씀도 다 자기에게 하신 것이지, 저 사람에게 하신 것 아니에요. 참으로 예배드리는 것도 하나님과 자기와의 관계로서의 맺은 예배가 돼야 합니다. 하나님과 자기와 맺은 관계로서의 예배! 사람이 많으냐? 적으냐? 절대 그런 것이 이유가 될 수 없습니다. 사람이 많으니 예배도 힘 있고 예배드리는 것 같고, 사람이 적으니 예배에 힘이 없고 예배드리는 것 같지 않다고 하는 이런 것은 그 자신이 아직 믿음에 성숙하지 못한 데서 오는 자기 생각입니다. 속는 생각이에요. 자기중심이 오직 예수님만 사랑하고 오직 예수님이 자기의 모든 것이 돼 있다면 다른 모든 것은 문제 될 수가 없습니다. 알아듣습니까?

오늘 거짓 선지자에 대한 것과 또 오직 내 아버지의 뜻대로 행하는 자라야 하신 것에 대해서 두 번에 걸쳐 말씀을 드렸습니다.

창조 때부터 또 아브라함에게와 율법과 성전 속에 넣으신 뜻을 깨닫고 그 믿음과 행함이 돼야 한다는 것, 창조 때에 선악과를 통해서, 또 연합이라고 말씀하시잖아요? 연합. 여자 남자 만나서 결혼하라 그런 것이 아니고 바로 삼위 되신 하나님과 나와 연합하라는 것을 말씀한 뜻이라는 것. 그 가르침을 통해서 우리가 행해야 되는 믿음의 일을 예수님이 오늘 이 짧은 내용 속에 말씀해주셨기 때문에 여러분께 이것을 말씀드린 것이니 여러분의 믿음이 크게 되기를 바랍니다.

우리 믿음을 도와주시는 성영님께 무한 감사드리고 예수님의 이름에 모든 영광을 돌립니다. 아멘

제 19 장
반석 위에 지은 지혜의 집과 어리석은 집

²⁴그러므로 누구든지 나의 이 말을 듣고 행하는 자는 그 집을 반석 위에 지은 지혜로운 사람 같으리니 ²⁵비가 내리고 창수가 나고 바람이 불어 그 집에 부딪히되 무너지지 아니하나니 이는 주초를 반석 위에 놓은 연고요 ²⁶나의 이 말을 듣고 행치 아니하는 자는 그 집을 모래 위에 지은 어리석은 사람 같으리니 ²⁷비가 내리고 창수가 나고 바람이 불어 그 집에 부딪히매 무너져 그 무너짐이 심하니라

(마7:24-27)

저는 오늘도 이 말씀을 예수 그리스도의 이름으로 전하면서 여러분의 믿음이 되기를 원하고 또한 이 자리에 계신 여러분뿐만 아니라 예수님을 믿어야 할 모든 이들에게도 들려질 수 있는 기회가 있기를 간절히 바랍니다. 이 시대가 인터넷 세상이 되었는데 인터넷이 한편으론 참 편리한 수단이라는 생각은 합니다. 옳게 사용된다면 유익한 점은 있는 것은 맞습니다.

제가, 요즘은 목사들이 말씀에 대해서 좀 깨어났을까, 하나님의 뜻대로 깨달아서 말하는 것일까 하는 궁금한 생각이 들어서 다른 것은

들을 필요 없고. 예수님의 산상에서 하신 말씀을 좀 들어보려고 인터넷을 들어가 보았습니다. 산상에서 하신 말씀을 잘못 전하면 다른 말씀도 다 잘못 전하게 돼 있습니다. 예수님의 생각에 맞힌 말씀의 뜻이 아니면 다른 것도 다 매한가지 잘못 맞힌 것입니다. 또한 창세기의 창조 사건들이 열리지 않았으면 산상의 말씀도 열리지 않는 겁니다. 창세기가 열리지 않은 것은 첫 단추를 잘못 끼운 것과 같은 것인데, 밑에 단추가 맞는 자리에 끼워질 수는 절대 없는 것과 같습니다. 그렇지요?

　이 산상의 말씀이 예수님과 같은 방향, 같은 목적이 되지 않았으면 다 거짓 증거입니다. 그래서 몇 사람의 것을 일부러 들어보았는데 참으로 탄식이 절로 나왔습니다. 끝까지 들어볼 수는 없었고 왜냐면, 서두부터 본문의 뜻에서 빗나간 말들을 하니, 더 들어볼 필요가 없어서 그런 식으로 몇 사람의 것을 들어보았습니다. 도대체…, 어떻게 그렇게 … 예수님의 마음을 그렇게도 모를까? 사실 왜 그러는지 너무나 잘 알면서도 그냥 탄식이 절로 난 것이지요. 왜 그러냐? 삼위일체이신 하나님 아버지와 아들과 성영님에 대해서 바르게 알지 못하고 관계가 되지 못하기 때문입니다. 그러니 다 무엇으로 나갔어요? 주여 주님으로 나간 거지요. 주여 주님으로 관계되어서 나갔으니, 아버지와도 예수님과도 성영님과도 관계가 되지 않으니, 그 주여 주님은 아무 신들과 관계를 맺을 수 있으니 거기에서 무슨 예수님의 생각을 알 수 있고 성영님과 교제가 되겠습니까?

　아버지를 알면서 아버지의 마음을 알 수 있는 것이고, 예수님을 알면서 예수님 마음을 알 수 있는 것이고, 성영님을 알면서 교제가 되게 되는 것이고, 말씀을 깨닫고 예수님을 알고 아버지를 아는 것인데 이 삼위의 하나님과 관계를 맺지 못하니 예수님의 말씀의 뜻은 죽었다 깨어나도 알 턱이 없는 것입니다. 그래서 자기도 죽고, 남도 죽을 길로 열심히 끌어다 영혼들을 도적질 당하도록 만드는 것입니다. 창조의 말씀이 열리지 않으면, 산상의 말씀도 열리지 않는 것이니, 말씀에 대하여 여기에 걸려있으면 누구든지 절대로 목회자 되어서는 안 되는 것입니다. 그것은 아주 교만 중의 교만입니다.

　일반 신자들은 본인이 말씀을 깨달을 수 없으니 강단에서 전해지는 말씀만을 기대하면서 깨닫기를 원하고, 목을 늘이고 목사를 바라보는 경우가 대부분인데, 목회자 돼서 말씀 잘못 전해서 그들의 영혼을 죽음으로 끌고 간다면, 그 형벌의 강도가 어떨지 생각도 해봐야 할 것이라는 말입니다. 그런데 왜 그렇게 목사 되어 나오는 사람들이 많습니까? 왜 그런지 알면서도 또 답답한 소리를 제가 해봅니다. 하나님께서는 절대로 신학교를 통해서 하나님의 말씀을 맡길 자를 길러내지 않으신다는 것을 알기 바랍니다. 이것은 성영님의 말씀입니다.

　이스라엘에 다녀온 사람들의 말에 의하면 그 땅을 보니까 예수님께서 반석 위에 집을 지은 것과 모래 위에 집을 지은 것에 대한 비유로 말씀하신 이유를 알 수 있었다는 이야기를 제가 들었습니다. 우리는 모래 위에 집을 짓지 않아도, 돌 위에 집을 지어 보지 않았어도 어린아이라 할지라도 예수님의 비유에 대해서 말씀하신 뜻을 알아듣지 못할 자 없습니다. 그렇기에 영적인 것도 이와 똑같다는 것을 쉽게 이해할 수가 있습니다.

오늘 24, 27에 **누구든지 나의 이 말을 듣고 행하는 사람은 반석 위에 집을 짓는 사람 같다**고 하셨는데 '나의 이 말을 듣고' 하신 이 말은 어떤 것을 말할까요? 산상의 말씀 전부를 말합니다. 5장 3부터 7장까지의 하신 말씀을 듣고 행하는 자는 반석 위에 집을 짓는 것과 같고, 행치 아니하는 자는 그 집을 모래 위에 지은 어리석은 사람 같다고 하는 말씀입니다. 반석 위에 집을 짓게 되면 무너질 일 없습니다. 그러나 모래 위에 집을 짓는다면 비가 내리고 창수가 나고 바람이 불면 곧 무너지되 그 무너짐이 심하다는 것 우리는 충분히 알아듣고도 남습니다. 이것을 알아듣지 못하는 분 있습니까? 절대로 없을 것입니다.

오늘 본문이 산상말씀의 결론인데 말씀을 듣고 행하는 자가 돼야 함을 다시 강조하신 말씀입니다. 강조를 반복하셨다는 말입니다. 예수님께서 지금까지 가르쳐 이르신 말씀을 듣고 그렇게 삶을 사는 자는 마치 반석 위에다 집을 지은 자와 똑같아서 그가 지혜로운 자라는 말씀입니다. 그래서 5장 3부터 예수님의 이 모든 말씀을 듣고 행하는 자에게는 믿음의 집이 튼튼하게 되었다는 뜻입니다. 예수님의 이 산상의 말씀은, 집의 기초를 튼튼히 해놓은 그 위에다가 집을 짓는 말씀입니다. 집의 주초를 반석 위에다 놓고 그 위에 견고하게 세워지는 집(믿음)이 되게 하는 말씀이므로 그래서 이 말씀을 듣고 행하는 자가 지혜로운 자라고 하는 것입니다.

그러면 집의 주초를 반석 위에다 놓았다 하는 것은 여러분이 무엇을 말하는지 이제 다 알지 않습니까? 반석은 바로 구약에서 예수님을 말씀하는 것이니 창조와 구약의 말씀에서 삼위 하나님과 그 일하심의 뜻과 율법과 성전이신 예수님을 알고 관계를 이루는 믿음이 돼야 그것이 반석에 주초를 놓는 일이라는 것 말씀 다 들으셨으니 여러분이 그 믿음이 되었느냐 일뿐이지 모르지 않는다는 말입니다. 이것이 하나님의 뜻대로 행하는 믿음이고, 좋은 나무로 열매를 맺는 것을 말한다는 것도 다 들었지 않습니까? 반석이나 주초에 대해서는 더 설명하지 않아도 충분히 아는 것이니 생략합니다.

그러면 하나님의 지혜가 되시는 분이 누구십니까? 바로 예수님입니다. 성영님은 예수 그리스도의 영, 지혜의 영이십니다. 그러므로 "지혜로운 사람"은 예수님이 필요한 자기 자신을 아는 자요, 자기의 죄를 대속하신 은혜를 아는 자요, 그러므로 예수님을 영접하여 성영님으로 거듭나 예수님의 모든 말씀을 듣고 행하는 자요, 예수 그리스도를 사랑하는 자요, 예수님의 성품으로 변화를 받아 천국의 속성을 나타내는 예수님의 사람임을 말씀합니다. 예수님으로 세워진 예수님의 사람, 성영님이 와계신 사람이란 말입니다.

그러나 예수님의 말씀을 듣고도 행치 않는 자는 집을 모래 위에 지은 어리석은 사람과 같으리니 하셨습니다. 주초를 반석 위에 놓은 것이 아니면 그 위에 집(믿음)은 모래 위에 짓는 것이니…, 행할 수가 없는 것이니… 그냥 무너집니다. 그러니까 여러분! '나 예수 믿습니다.' 하는 말 가지고 구원받는 줄로 착각하지 말란 말입니다. 예수님의 말씀으로 속사람의 살이 되고 피가 되어 세워지지 않으면, 말씀으로 사는 능력이 되지 않으면 구원은 없습니다. 예수님의 것이 없는데 무슨 구원입니까? 정상적인 사고를 가졌다면 모래 위에 집 짓지 않습니다. 마찬가지로 믿음의 정신이 똑바른 사람이면 어떻게 모래 위에다 믿음의 집을 짓습니까? 결국은 그가 어리석은 사람이라서 모래 위에다 짓는 것이지 않느냐는 결론이 나는 것입니다. 말씀을 듣고도 행치 않는 자는 예수님을 믿지 않는 자라는 것으로 결론이 난 것이라는 말입니다.

시14:1에, 시53:1에 **어리석은 자는 그 마음에 이르기를 하나님이 없다 하도다 저희는 부패하고 소행이 가증하여 선을 행하는 자가 없도다** 하셨습니다. 어리석은 자는 하나님이 없다고 한다, 하나님을 믿지 않는다는 말입니다. 선을 행하지 않는다는 것은, 하나님의 말씀을 외면하고, 말씀을 듣지 않은 것처럼 하며, 여전히 자기의 하고 싶은 대로, 자기의 정욕대로 행하며, 애써 하나님이 계신 것을 부인한다는 것입니다. 죄 가운데 행하며 가증한 행실에서 돌이키지 않는 자기의 소행을 좋게 여기려고, 애써 하나님이 없다고 부인한다는 것입니다. 그렇기에 예수님을 믿는다 하며 말씀을 듣고도 행하지 않는 것이나, 하나님이 없다고 하는 것이나, 어리석음의 비중이 같다는 것을 말씀하는 것입니다. 말씀을 듣고도 왜 행치 않느냐? 그것은 자기 마음에 하나님이 없다고 생각하기 때문이지 않겠느냐 하는 것입니다.

참으로 자기를 지으신 하나님이 계신 것과 자기의 존재 이유가 예수님을 알고 만나 살게 하려고 지어졌다는 것을 안다면, 그래서 예수님이 아니면 불구덩이에 들어갈 죄인으로, 그 형벌에서 건져주신 분이 예수님이시라는 것을 믿는다면, 예수님의 말씀을 듣고 행치 않을 이유가 없지 않겠느냐는 것입니다. 그것이 하나님의 아들이 되고 그 신분의 삶으로 신영한 복안에 거하는 천국의 말씀이니, 예수님을 참으로 믿으면 행하기를 원한다는 것입니다.

사람이 하나님이 계신 것과 예수님이 구주시라는 확신한 믿음에 서지 못하면 교회 나와 말씀을 들을 땐 하나님이 존재하는 것 같고, 또 교회 밖으로 나가 세상 속에 들어가면 '하나님이 정말 있을까? 아니야! 세상에 예수님을 안 믿는 사람들이 얼마나 많으냐! 하나님이 없으니까 안 믿는 거 아니겠느냐! 안 믿는 사람들도 다 잘살고 있는데, 하나님이 계시면 어떻게 저렇게 안 믿는 사람들을 버려두는 거냐! 믿는다는 내가 오히려 바보짓 하는 것은 아닐까?' 하고 자기 생각을 동원하여 자꾸 저울질하게 되는 것입니다. 그렇기에 말씀을 절대로 행할 능력 없습니다. 행하자니 왠지 손해 입는 것 같고, 왠지 억울할 것 같은 겁니다.

성질대로 했고, 지지 않으려고 했고, 양보하지 않으려 했고, 이해하지도 용서하지도 않으려고 살아왔는데, 예수님의 말씀을 듣고 따르려 하니 얼마나 큰 손해가 따릅니다. 왠지 억울할 것 같고, 왠지 망할 것 같고, 구속받는 것 같고 미련한 짓 하는 것 같으니 아예 자기와 상관없는 말씀으로 돌려버리는 겁니다. 그러나 이같이 자신을 구원할 수 없는 부패한 자기 생각을 따라 예수님의 말씀을 대한다면 그것은 스스로 자기 자신을 속이면서 망할 길로 이끌어 간다는 것을 알아야 합니다. 예수님께서 무너짐이 심하다고 말씀하신 것 분명히 명심해야 합니다. 예수님의 말씀 안에 거하고 말씀을 따라서 살려고 노력해야 합니다. 성영님께서 그렇게 살 수 있는 힘을 주시려고 와계시니 성영님의 도우심을 구해야 합니다.

그래 하나님이 계시다 하니 믿어보자 하는 것 아닙니다. 그것은 자기 신념일 뿐이요, 신념 키우는 것밖에 되지 않는다고 말씀드렸습니다. 참으로 믿기 원하면 성영님께서 깨닫게 하심을 따라 순종하기를 원하니 믿음을 도와달라고 기도해야 하는 것입니다. 예수님께서는 의심 많은 도마도 사랑하셔서 손과 발의 못 자국과 옆구리의 창 자국을 보이시므로 도마의 믿음을 도와주셨습니다. 그러므로 자기의 믿음 없음을 도와주셔서 믿는 자가 되게 해달라고 간절히 도움을 구하면 반드시 성영님께서 믿음을 주시고 믿음 있는 자가 되게 도와주실 것입니다.

여러분은 오늘 본문에서 말씀하는 대로 지혜로운 사람과 같습니까? 아니면 어리석은 사람과 같습니까? 예수님의 산상의 말씀을 듣고 행하는 믿음이 되었다면 반석 위에 주초를 놓은 지혜로운 사람이라는 믿음이 되었으니 오늘 이 말씀이 자기 심영에 얼마나 기쁘고 행복한 말씀으로 듣지 않겠습니까? 저는 여러분 모두가 말씀을 잘 듣고 깨달아서 자기 믿음을 잘 세운 지혜로운 건축자가 되었기를 진심으로 소원합니다.

오늘 본문은 산상의 결론을 말씀하시면서 5, 6, 7장의 말씀을 다시 반복하여 강조하신 것이라고 했잖습니까? 거슬러보면, 5장 3부터 12까지는 복 있는 자의 조건과 특성을 말씀하시고, 5:13에서 **너희는 세상의 소금이니 소금이 만일 그 맛을 잃으면 무엇으로 짜게 하리요 후에는 아무 쓸데없어 다만 밖에 버리워 사람에게 밟힐 뿐**이라고 하셨습니다. 여러분, 소금이 만일 맛이 나지 않으면 그것 어디다 쓰겠어요? 아무짝에도 쓸모없으니 내다 버릴 수밖에요. 그런데 소금은 맛 잃은 적 없습니다. 그같이 자기 안에 예수님이 계시면, 팔복의 말씀으로 사는 능력이 되었으면 그 능력이 그대로 나타나게 돼 있는 것입니다. 변하지 않는 소금 언약(독생자 언약)을 받은 유대인들이 맛 잃은 소금이 되어 밖에 버려져 밟히게 되었다는 말씀입니다만, 이방인으로 예수님을 믿는 자도 다 마찬가지입니다.

이제 예수님을 믿는 자는 세상의 소금인데, 세상 속에서 그리스도인의 맛이 나지 않으면, 쓸모없으니 버려진다는 것입니다. '복이 있나니' 하신 그 행복의 조건들로 맛이 나지 않으면 버려진다는 말입니다. 소금이 맛을 내듯 참으로 자신이 누구인지를 알면서 예수님을 믿어 이 여덟 가지의 소금의 맛을 가진 행복한 자면, 핍박을 받아도 개의치 않고 그것을 기뻐하고 삶의 현장 속에서 그 맛을 내는 자로 살게 되어 있다고 하는 겁니다. 산 위에 있는 동네가 숨기지 못하는 것처럼 감추어질 수 없는 것이니 맛이 나는 것으로 드러난다는 말입니다. 그래서 예수님을 믿는 자가 일 년이 가고, 이년이 가고, 오 년이 가도 그에게서 팔복의 맛이 나지 않으면 그것은 맛 잃은 소금과 같아서 버려진다고 하셨으니 오늘 말씀이 그것을 다시 반복하여 강조하신 것입니다.

그러므로 말씀 앞에서 참으로 자기가 심령이 가난한 자이기에 예수 그리스도가 아니면 살 수 없고, 오직 하나님의 도우심이 아니면 살 수 없기에 하나님의 도우심으로만 살기를 원하고 있는지, 하나님의 뜻대로 살지 못하는 자신의 약함 때문에 애통하며 살고 있는지, 산상의 모든 말씀을 행하고 살기 위해 마음을 다하나 행하지 못하는 점이 있어 애통하는지, 온유한 자로 살고 있는지, 예수님으로 살고자 하는 그 간절함이 있는지, 긍휼히 여기는 자가 되었는지, 마음이 청결한 자인지, 화평케 하는 자인지, 그러므로 핍박을 받고 예수님 때문에 핍박을 받는지 자신을 보아야 합니다. 예수님의 이 산상의 말씀을 무시하고서는 믿음을 말할 수 없습니다. '나도 예수님 믿습니다.' 하는 그 믿음만 있으면 된다고 생각하지 마십시오. 말씀은 몰라도 기도만 하면 된다고 착각하지 마십시오. 그런 정도를 믿음이라 말한다면 하나님을 귀신 섬기듯 하는 것이라고 분명히 말씀하셨습니다.

사람이 자기의 추구하는 것을 얻기 위해서도 노력과 수고를 밤낮으로 아끼지 않습니다. 그 목적한 바를 성공하기 위해서는 온 힘과 맘을 쏟지 않으면 결과를 얻을 수가 없다는 것 우리는 잘 압니다. 무슨 박사가 되겠다고 목적을 세웠다면 매일 생각만 하고, 말만 한다고 박사 되지 않습니다. 뜻을 정했으면 의지와 신념과 인내로 오직 그 길을 위해서 학문을 닦고 인격을 기르고 시간과 물질과 고생을 투자하고 그런 각고의 노력 끝에 결과를 얻게 되는 것이지 않습니까? 잠시 잠깐 사는 이 세상의 것도 이와 같은 노력이 필요한데 하물며 우리에게 영원한 것, 구원의 주이신 예수님께서 주시는 영원한 생명의 나라에 들어가는 자로 마땅히 갖추어야 할 말씀들을 소홀히 하고 무관심할 수는 없는 것입니다. 예수님의 소원은 예수님의 말씀에 귀 기울여 듣고 적용하고 그 말씀을 사랑해서 따르고 나타내기를 원하시는 겁니다. 그런 자만이 '행복하여라 복에 복이 또 있으라.' 하신 복이 있는 자요 바로 예수님과 함께 하는 예수님의 사람인 것입니다.

또한 6:14, 15에서 "너희가 사람의 과실을, 그러니까 사람이 잘못한 것을 용서하면 너희 하늘 아버지께서도 너희 잘못을 용서하시려니와 너희가 사람의 잘못을 용서하지 아니하면 너희 아버지께서도 너희 잘못을 용서하지 아니하시리라" 하셨잖습니까? 예수님의 피 흘리심으로 죄 용서 받은 것이 증명되는 것은 다른 사람을 용서하는 것으로 나타납니다. 자신이 용서받았기에 또한 모든 사람이 자기에게 잘못한 것을 다 용서해야 하는데 만일에 자기가 하나님께 용서받았다는 것은 알면서도 남을 용서하는 것으로 나타나지 않으면 그것은 용서의 은혜를 알지 못한 감각 없는 자임으로써 하나님께 용서받기를 원치 않는 것으로 아신다는 말씀입니다. 결국은 하나님께 자기를 용서하지 않아도 된다는 뜻이 되어서 하나님과 관계없다는 것이라는 말입니다.

믿는다고 하는 사람들이 어제는 하나님 앞에서 감동이 충천해 이제 제가 이렇게 하겠습니다. 저렇게 하겠습니다. 하고는 오늘은 또 언제 그런 말 했느냐는 듯이 다른 사람이 돼 있는 것을 봅니다. 그러니까 하나님을 대하는 것도 그런 오만하고 줏대 없는 자기처럼 대합니다. 그러나 하나님은 어제 하신 말씀을 오늘은 아닌 것처럼 하시는 분이 아닙니다. 한번 입으로 내셨으면 기록된 그 말씀을 일점 일획도 변치 않고 그대로 이루십니다. 너희가 사람의 잘못을 용서하지 아니하면 하나님께서도 너희 잘못을 용서하지 아니하시리라 하신 말씀대로 하신다는 말입니다. 용서하지 않은 것은 원수 맺고 있다는 것으로써, 하나님과도 원수 맺기를 원한다는 뜻이 되어서 여전히 원수관계입니다. 예수님의 피 흘리심의 은혜를 모르는 어리석은 자다. 즉, 예수님의 말씀을 듣고도 행치 않으니 오늘 말씀, 모래 위에 집지은 것과 같다는 것을 말합니다.

그러므로 용서 못 하고 원수 맺고 있는 것들이 있다면, 남을 쉽게 정죄한다면 철저히 회개가 돼야 할 것입니다. 진짜 믿음이 돼야지요.

믿음은 세상 방법을 따르는 것도, 내 생각 내 성품을 따르는 것도, 자기 상식이 가진 육하원칙의 합리성을 따르는 것도 아니요, 말씀을 따라야 합니다. 그것이 믿음입니다. 참으로 믿음이 되려면 우리 자신이 얼마나 철저히 이기적이고 욕망의 노예가 되어 있는지 봐야 합니다. 예수님을 믿는다는 것이 솔직히 예수님 때문에 예수님을 믿는 것이 아니라 자기의 어떤 목적을 위해서 믿는 것이 되어 있다는 것입니다. 예수님 때문에 핍박받지 않으려고 합니다. 핍박은커녕 오히려 예수님을 싫어하는 자들, 예수님을 벌레 대하듯 하는 자들과 함께 먹고 마시면서 거기서 즐거움을 찾습니다.

누군가는 말씀을 듣다 보면 왠지 책망 듣는 것 같아서 기분 나쁘다고 할지 모르겠습니다. 제가 여러분을 책망할 자격은 없습니다. 그러나 성영님께서 저를 여기에 세우신 것은 말씀을 말하게 하시려는 것이요, 도구로 쓰시는 것이니 말하게 하시는 것을 거역할 수가 없습니다. 그렇기에 목사의 책망의 소리로만 듣는다면 거기에 성영님의 기름 부음은 없습니다. 과거에 제가 이 강단에 서기 전부터 성영님께서 내게 무엇을 보이시고 말씀하셨는가 하면 예수님을 믿는다는 사람들이 성영님의 기름 부음으로 된 믿음은 없고 겉치레만 요란스럽게 치우쳐 있어서 싫증이 난다. 그리고 보기가 싫다고 하셨습니다. 그래서 예수님의 교회는 그런 겉치레들을 다 벗어야 한다는 것을 경고하심과 함께 말씀을 전하라고 세워주신 교회입니다. 세상에 교회라는 것이 없을까 봐 거기에 더 보태려고 세운 것 아니라는 말입니다. 이것을 분명히 일러두겠습니다. 그러므로 여기서 말씀을 듣고도 믿음이 되지 못하면 그것은 너무나 불행한 일이지 않겠습니까?

예수님의 교회는 여러분에게 당부하고 원하는 것이 두 가지입니다. 첫째 진짜 믿음이 되십시오. 둘째 그 믿음이 되어 예수님을 드러내십시오. 제가 지금까지 알고 있는 바로는 지도자들이나 교인들이나 다 한가지로 치우쳐서 예배당 건물을 '성전, 성전' 하며 신성시한다는 것입니다. 이점에 있어서는 다 미쳤고 오만과 방자함의 바벨탑이 되어 있습니다. 진짜 성전이신 예수님을 무시하고 사람이 지은 건축물들을 가지고 성전이라 하고 있습니다. 도무지 이 사람들이 잡혀먹히기 위해 난자같이 영적인 것이 없습니다. 건물을 성전이라고 속이고 신성시하도록 미혹하여, 성전 짓는 거룩한 일에 참여 안 하면 복을 받지 못하는 것처럼 '너희들 복 받으려면 성전 짓는데 참여하라, 직분자는 의무로 얼마를 작정해라' 심지어 집까지 팔아대라고 하고 있습니다. 그래서 믿음이라는 미명아래 그 작정들 힘에 겹도록 하여 수년 또는 평생 매달려서 그 돈 해내느라고 수고하는 겁니다. 제 주변 사람도 지금 그러고 있는 것을 보았습니다.

그리고 그 일로 스스로 도취에 빠져 사는 겁니다. 그 예배당 짓는데 돈 벌어서 작정한 헌금 내려고 많은 세월 고생하며 힘은 들었지만, 하나님의 성전 짓는데 함께 했으니 자기도 하나님을 위해 큰일 했다는 자부심을 마음속에 간직하고 자기 스스로에게 자랑이 되어 도취해 있는 것입니다. 그것이 하나님을 잘 믿는 것이라 여기고, 하나님에 대한 믿음인 줄로 생각하는 것입니다. 그렇지 않으면 작정한 그 돈 때문에 일생 부담을 안고 마음속에는 불만과 불평을 두고, 그 돈 안 내자니 집안에 어떤 해가 들어올까 봐 두려워서 안 낼 수도 없고, 억지 춘향이처럼 그 돈 만들어 내느라고 전전긍긍하며 사는 겁니다.

예수님이 성전이시니 내가 그 안에 거하기를 원하고, 성영님께서 내 안에 오시는 성전의 관계가 되어야 하는 이것이 하나님께서 원하시는 뜻이지, 어디 건축물인 예배당 건물을 가지고 성전이라고 합니까! 건물 자체를 신성시하도록 하여 지옥으로 끌고 가는 거짓의 탈을 쓴 것들을 분별하여 확신한 믿음으로 들어오기를 바랄 뿐입니다. 여러분, 예수님의 교회는 더 큰 예배 장소가 필요하다 할지라도 성도들에게 건축 헌금을 하라 하거나 집 팔아 건축하라 하지 않습니다. 집을 몇 채 가지고 있어서 집 부자라 할지라도 집 팔라 하지 않습니다. 만일에 필요하다면 그 필요는 하나님 아버지가 아시니 아버지가 하실 것입니다. 여러분은 앞에서 말한 두 가지 당부에 명심하시고 그 믿음의 능력으로 확고히 세워지기를 바랍니다.

　예수님께서는 성전이신 예수님을 영접하지 않고 건물을 신성시하여 붙들고 있는 유대인들에게 하나님의 뜻에서 벗어난 제사로 하나님을 격노케 하였으므로 "너희 집이 황폐하여 버린바 되고 너와 및 그 가운데 있는 네 자식들을 땅에 메어치고, 칼날에 죽임을 당할 것이며 예루살렘의 성전을 돌 위에 돌 하나 남지 않고 무너뜨리우리라" 하셨습니다. 이후 예수님의 말씀대로 사람의 손으로 건축된 구약 성전은 돌 위에 돌 하나도 남지 않고 무너졌습니다. 왜입니까? 이제 예수님이 성전이시니 예수님 안에서 하나님을 예배하고 하나님을 만나게 되었으므로 예수님 오신 이후로는 거룩케 하셨던 건축물 성전의 역할이 끝났기 때문입니다. 그런데 예배당 건물 만들어 놓고 그것을 성전이라 하고 있으니 이거 하나님을 얼마나 우롱하는 일인지 알기나 합니까? 유대인들에게 진노하신 심판이 어떠했는지 좀 감각 좀 가져보기 바랍니다.

제가 십수 년 전에 예배할 처소가 필요해서 하나님께 계속 예배드릴 곳을 달라고 기도했었습니다. 가진 돈이 넉넉지 않아서 그 비용으로 갈 장소가 없으니 아버지가 주시라고 했더니 어느 날 말씀하시기를 "내 교회는 전세도 아니고 월세도 아닌 내 능력으로 줄 것이라" 하셨습니다. 그러니 내 입장에서 이해하기는 전세도 월세도 아니면 건물 하나를 주시려는가 하고 제가 기대가 크고 기쁘지 않았겠습니까? 그런데 지금까지도 안 주셨습니다. 이 예배당이 남의 건물에서 임대료 내고 있잖아요? 그런데 성경에 보니까 사람은 자꾸 땅의 것을 구하는데 예수님은 어디 것을 말씀하셨어요? 하늘의 것을 말씀하시더라는 것이죠. 그래서 제가 후에 깨달은 것은 나는 보이는 건물 예배당을 달라고 했는데 성영님께서는 보이지 않는 성전, 곧 예수님이 성전 내가 성전인 이 관계가 된 것을 교회라고 하고, 나를 교회 되게 하신 그 능력으로 또 함께 교회가 될 자들을 주시겠다고 하신 약속이셨다는 것을 깨달은 것입니다. 아니, 성영님께서 깨닫게 하셨습니다. 이 말뜻을 알아듣습니까?

그 뒤 또 저의 집 옆에 자그마한 아담한 교회 건물이 있습니다. 뒤편 베란다에서 보이는 것이라 볼 때마다 그 교회가 생명을 주는 교회가 되기를 기도하곤 했지요. 건물이 작지만 아담하고 알맞은 복을 받은 교회라고 주차장도 확보되어 있고 그 외에 주차할 공간들이 여유가 있으니 그것 때문에 마음 쓸 일 없고 교회가 안정돼 있는 것 같아서 나도 저 정도의 건물과 환경을 주시면 좋겠다는 생각을 하며 부러운 마음을 가졌습니다. 어느 날 또 그 예배당 건물을 바라보면서 부러워하는 마음으로 기도하는데 제안에서 들리는 음성이 있었습니다. "너는 저 사라질 것을 보고 부러워하지 말라 너의 그것이 마땅치 않다.” 고 하신 겁니다. 제가 아차 싶어 정신이 번쩍 들었습니다. 아하! 하나님께서는 건물 보고 좋다고 하는 것도 원치 않으시는구나, 아니, 이미 알고 있는 것이었지만 어느새 잊고 그것을 바라보며 부러워하는 마음을 가졌다는 것에 아차! 하고 정신이 번쩍 들었던 것입니다. 그런 것들은 다 불탈 것이요 언젠가는 없어질 물질일 뿐인데 바라보고 좋다고 했으니 성영님께서 불편하셨던 것이지요.

그러니까 좋은 것은 뭐예요? 오직 십자가를 지신 예수님의 사랑입니다. 예수님으로 말미암은 신앙, 믿음, 예수님 안에서 자랑할 이 하나님 아버지의 은혜와 하늘의 것, 이것만이 좋은 것입니다. 그래서 세상 것은 그 어떤 것이라도 좋다고 자랑하는 것 믿음에 합당치 않습니다. 건물을 좋다고 부러워하고 바라보는 것도 내게서 원하시지 않는다는 것, 그것은 믿음에서 나는 것이 아님을 다시 깨닫게 하신 것입니다. 그러므로 여러분 자신이 성전이 되십시오. 진짜 믿음이 되자 말입니다. 예수님의 말씀을 행하는 반석 위에 집 지은 자와 같은 지혜로운 사람, 진짜 믿음의 사람이 되자는 말입니다. 그 믿음이 되어 믿음의 도리를 행함으로써 사람들에게 예수님이 누구신지를 보이는 성도가 되자는 말입니다. 이 두 가지가 확실히 세워진 믿음이 돼야 합니다. 그러므로 누구든지 교회 건물 건축한다고 돈 벌게 해달라고 하지 마세요. 그건 하나님께서 원하시지 않습니다. 하나님의 뜻대로 된 참믿음, 그래서 이웃에 예수님을 나타냄으로써 사람들을 구원의 길로 이끄는 것 외에는 하나님을 위한답시고 외적인 겉포장, 겉치레에 매이도록 하시지 않습니다. 무너질 것들 때문에 하나님을 위한답시고 매어 놓으신 것 아니란 말입니다. 알아듣습니까?

예수님의 산상말씀 5장에서 7장까지의 말씀을 듣고 행하는 지혜로운 자냐? 아니면 행하지 않음으로 어리석은 자냐? 이 질문에 "예, 행하는 지혜로운 자입니다" 라는 믿음을 원하시는 것이지 너희 보고 성전 지어 달라 하지 않으신다는 것입니다. 왜요? 성전은 누구십니까? 성전은 바로 예수님이시기 때문입니다. 그렇기에 삶의 목적을 하나님의 뜻에다 두고 자기 자신을 성전으로 지어가는 것 외에는 하나님을 위해서 일한다고 하는 짓들 그치라 하시는 것입니다. "네가 성전의 관계가 되는 것이 내 뜻이다"는 것입니다. 그것이 하나님의 뜻이라는 말입니다.

여러분이 예수님으로 말미암은 하나님의 아들이 되는 것도, 예수님을 구주로 믿고 영접하여 구원받았기 때문이 아닙니다. 구원받았다고 아들인 것이 아니라, 마5:44, 45에서 원수를 사랑하는 믿음, 핍박하는 자를 위해 기도하는 믿음, 이것이 바로 예수님의 사랑을 나타내는 것이므로 아버지의 아들이 된다고 하셨습니다.

그다음 7:19에서 아름다운 열매를 맺지 아니하는 나무마다 찍혀 불에 던지우느니라 했습니다. 아름다운 열매 맺는 것이 무엇입니까? 예수님의 모든 말씀을 듣고 행하는 것을 말합니다. 예수님의 말씀은 살리는 영이요 생명입니다. 세상의 모든 것을 다 잃을지라도 예수님의 이 말씀을 듣고 행하는 자는 예수님의 모든 것을 다 가진 자입니다. 그래서 21에서 **주여 주여 하는 자마다 천국에 다 들어갈 것이 아니요 다만 하늘에 계신 내 아버지의 뜻대로 행하는 자라야 들어가리**라고 하신 것 아닙니까? 그러면 아버지의 뜻대로 행하는 것이 뭡니까? 예수님은 아버지의 뜻을 말씀한 겁니다. 그래서 저는 지금까지 예수님께서 아버지의 뜻을 말씀하신 것을 안타까운 마음으로 말씀을 드려왔습니다.

예수님이 심판주로 오실 때에 많은 사람이 예수님께 이르되 **주여 주여 우리가 주의 이름으로 선지자 노릇 하며 주의 이름으로 귀신을 쫓아내며 주의 이름으로 많은 권능을 행치 아니하였나이까** 했어도 예수님께서는 **그 때에 내가 저희에게 밝히 말하되 내가 너희를 도무지 알지 못하니 불법을 행하는 자들아 내게서 떠나가라 하리라** 하신다는 것 아닙니까. 여러분 생각해 보세요. 주의 이름으로 선지자 노릇을 했다는데 그러면 무엇을 선지자라고 했습니까? 말씀을 가르치고 전파하고 선포하는 자, 바로 '설교자'입니다. 그런데 주의 이름으로 선지자 노릇 했는데 왜 불에 던지움을 받습니까? 도대체 왜입니까?

하나님의 말씀 가지고 유창하게 설교하고 전파했는데 왜 불에 던지움을 받습니까? 그리고 주의 이름으로 귀신도 쫓아냈다고 했습니다. 권능도 행했다고 했으니 병든 자들도 분명히 주의 이름으로 고쳤다는 것 아니에요? 그것도 아주 많은 권능을 행했다 했으니 많은 병자들을 고쳐주고, 많은 귀신들도 쫓아내고 했으니 얼마나 유명하겠습니까? 모르는 사람이 없을 만큼 유명했을 것이고, 이 선지자에게 얼마나 모여들었겠습니까? 그럼에도 모른다고 하신다는 것입니다. 불법을 행했기 때문에 불에 던져진다고 했습니다. 불법을 행하는 선지자 따라다니고 그에게 붙어있는 자들도 다 불법 행하는 자들입니다. 그래서 한통속입니다.

그렇기에 병 고침 받았다고, 귀신 쫓겨나갔다고 구원받은 줄로 착각하지 말란 말입니다. 신비체험 많이 한다고, 기도에 응답을 많이 받았다고 구원받은 줄로 착각하지 마시라는 것입니다. "불법"이 무엇입니까? 불법이 무엇인지 누차 말씀드렸습니다만, 예수님의 말씀을 세상 것이나, 세상 복에다가 맞추어 놓는 것이 불법입니다. 예수님의 말씀을 도덕률이 되게 하는 것이 불법입니다. 예수님을 믿으라고 말하면서도 사람들의 관심을 땅에 것에다가 세상 것에다가 두게 하는 것이 불법입니다. 귀신 쫓고 병 고쳐주는 것이 예수님을 믿는 것의 주 목적인 것처럼 하는 것이 불법입니다.

예수님께서 마 23:27에 불법을 행하는 자들의 특징이 무엇인가를 말씀하셨는데 그것이 사람에게는 옳게 보인다는 것입니다. 그러므로 자기가 보기에 옳게 보인다고 해서 '참 선지자'라고 할 수 있는 것이 아니요, '참 그리스도인'이라고 할 수 있지 않다는 것을 알아야 합니다. 자기 자신도 참 선지자가 아닐 수도 있고, 참 그리스도인이 아닐 수도 있는데 어떻게 자기에게 옳게 보인다는 것으로 참이다 아니다 할 수가 있는 것입니까?

여러분이 생각해보십시오. 예수님께서 직접 하신 말씀입니다. 이 산상의 말씀을 누구든지 행하지 않으면 모래 위에 집 지은 자와 같아서 무너짐이 심하다고 하셨으니 말씀을 가르치고 전하는 자가 예수님의 의도대로 깨닫지 못하여 행하지 아니한다면 그 위치에 설 자격 있습니까? 없습니까? 하늘이 무너져도 없습니다. 자기가 알지 못하고 뜻대로 행하지 않으면서 어떻게 줄 수가 있는 것입니까? 예수님은 예수님의 것을 말씀하는데, 자기 말, 자기 것을 전하는 것입니다.

그래서 불법 행하는 것입니다.

 자신도 거짓이면서 사람들도 거짓 믿음이 되게 하고, 종교인 만들고 도덕가 만들어 놓는 것입니다. 그래서 마지막 때에 예수님의 교회를 세우신 것은 예수님을 사랑하고 예수님의 가르쳐 이르신 말씀이 생명인 줄을 알아 말씀을 깨달아 행하고자 하는 진실한 이들을 깨우고 세우기 위해서요. 한 사람이라도 말씀의 목마름으로 고통 하는 영혼을 위하여 이 교회가 세워진 것입니다. 그러므로 예수님의 마음을 전해드리는 말씀을 여러분이 잘 듣고. 하나님께 인정받는 믿음이 되기를 간절히 진심으로 바랍니다. 이제 산상의 모든 말씀은 오늘 말씀을 마지막으로 하여 마치게 되었습니다.
 그동안 마5장에서 7장까지의 말씀을 기름 부음으로 가르쳐 깨닫게 하시고 전하게 하신 성영님께 무한 감사드리고 삼위 하나님께 모든 영광을 올려드립니다. 아멘